中国记忆

上海大学出版社

丁华东　主编

图书在版编目(CIP)数据

中国记忆/丁华东主编.—上海：上海大学出版社,2022.12(2023.8重印)
ISBN 978-7-5671-4613-6

Ⅰ.①中… Ⅱ.①丁… Ⅲ.①中国历史—高等学校—教材 Ⅳ.①K20

中国版本图书馆 CIP 数据核字(2022)第 228749 号

编辑策划　徐雁华　江振新
责任编辑　贺俊逸
助理编辑　陈　荣
封面设计　倪天辰
技术编辑　金　鑫　钱宇坤

中国记忆

丁华东　主编

上海大学出版社出版发行
(上海市上大路 99 号　邮政编码 200444)
(https://www.shupress.cn　发行热线 021 - 66135112)
出版人　戴骏豪

*

南京展望文化发展有限公司排版
江苏凤凰数码印务有限公司　各地新华书店经销
开本 710mm×1000mm 1/16 印张 21.75 字数 378 千
2022 年 12 月第 1 版　2023 年 8 月第 2 次印刷
ISBN 978-7-5671-4613-6/K·266　定价 78.00 元

版权所有　侵权必究
如发现本书有印装质量问题请与印刷厂质量科联系
联系电话: 025-57718474

前　　言

革命导师列宁曾说:"忘记过去就意味着背叛";习近平总书记也深刻地指出:"不忘本来才能开辟未来,善于继承才能更好创新"[1],"走得再远都不能忘记来时的路。"[2]在人类的生存、奋斗和发展史上,记忆承担着保存、累积和传递社会基因信息、历史经验和实践智慧的重任。它是凝结提升人类主体能力和本质力量,维护历史连续性和文化统一性的内在要素与机制。

人是善于记忆的动物,人和一般动物的区别不只在于记忆的强度和持久性,更在于记忆的存储性、集体性、民族性、社会性,在于将记忆从个体生存本能的需要上升为群体/社会文明进化的原动力。个体总是能从社会记忆中汲取他们所需要的东西,"当他们失去目标的时候,过去给予他们方向;当他们在外漂泊的时候,过去给与他们归属;当他们绝望的时候,过去给予他们力量。换言之,记忆是一种文化规划,它导引着我们的意向,设定着我们的心境,指导着我们的行为。"[3]

集体/社会记忆是构成各民族国家自我认同的思想基础和力量之源。"构成一个民族自我认同的要素是什么？就是它的集体性记忆,充满瑰丽奇想的神话,先民开疆拓土的壮烈故事,体现民族睿智的典籍,历经岁月沧桑存留下来的格言,脍炙人口几十个世代流传至今的诗歌、小说、戏曲、演义和轶闻。这种集体性记忆的内涵、风格和强韧性,构成了一个民族的精神素质。"[4]考察任何古老、智慧的民族,可以发现,在其文化传统中,记忆与民族国家的生存、尊严、未来之间都存在着紧密的联系。一个民族、一个国家难免有悲剧发生,但不论祸患是起于内部还是外部,只要还保有祖先的记忆,就不会失去尊严;反之,遗忘记忆,就会丧失荣誉感、道德感和责任感,就会迷失自己的文化身份和精神归属。记忆的遗

---

[1] 中共中央宣传部.习近平总书记系列重要讲话读本[M].北京:学习出版社、人民出版社,2014:100.
[2] 习近平.谈治国理政(第三卷)[M].北京:外文出版社,2020:497.
[3] Barry Schwartz. Memory as a Cultural System:Abraham Lincoln in World War II[J]. *American Sociological Review*,1996,61(5):908—927.
[4] 徐川.记忆即生命[M]//夏中义.人与国家.桂林:广西师范大学出版社,2002:7.

失不仅是过去的缺损,更是未来的坍塌,在此意义上说,一个没有记忆的民族是一个没有前途的民族,一个没有记忆的国家是一个没有希望的国家。因此,守护记忆,珍视它、管理它、控制它、传承它,是生死攸关的永恒话题。

"中国"作为世界文明古国,在五千年的文明发展史中,创造并留下了无以胜数的物质与精神遗产:从巍峙一方的万里长城,到精致乖巧的江南园林;从金碧辉煌的皇宫禁城,到粉墙黛瓦的徽派民居;从敦煌莫高窟翩跹的飞天,到蒙古草原上悠扬的长调;从缠绵婉转、柔漫悠远的昆曲,到"高山流水遇知音"的古琴幽韵;从孔子"删诗书,定礼乐,赞周易,修春秋"编订的《六经》,到汇聚古今精华、汗牛充栋的《四库全书》;从流行乡间日常的家族祭拜,到气势恢宏的祭孔、封禅大典;从拯救生灵于天塌地陷的"女娲补天",到英勇抗战、壮烈殉国的"八女投江";从盘古开天、三皇五帝、禹立夏代,到经过浴血奋战、艰苦卓绝创立的新中国……这些物质与精神遗产,以人们或可触摸,或可神会的方式传递着中华历史文化的血脉,是中华民族最为珍贵的记忆和记忆资源。它们以典籍、档案、文物、仪式、口头传说、建筑物,以及各种文化事项表达表现出来,经过千百年的沉淀、浸润,构成今天中国人最深刻的文化基因和独特的"生命体征",深邃而宏阔,悠远又鲜亮。

1992年,联合国教科文组织在全球范围内组织发起"世界记忆工程",旨在实施联合国教科文组织组织法中规定的保护世界文化遗产的任务,促进文化遗产利用,提高人们对文化遗产重要性的认识。工程重点对具有国际、地区和国家意义的档案文献遗产(如手稿、图书馆和档案馆保存的任何介质的珍贵文件,以及口述历史的记录等)进行确定、登记,以促进其保护、利用和交流。该工程得到世界各国的积极响应和广泛参与,截至2017年,已有来自118个国家的429项遗产列入《世界记忆遗产名录》,其中我国先后有中国传统音乐录音档案、清代内阁秘本档、纳西东巴古籍、清代科举大金榜、清代"样式雷"建筑图档、《本草纲目》《黄帝内经》、元代西藏官方档案、侨批档案——海外华侨银信、南京大屠杀档案、清代澳门地方衙门档案(1693—1886)、近现代中国苏州丝绸档案、甲骨文13项珍贵历史档案文献入选。在"世界记忆工程"的示范效应推动下,2002年以来,我国各级档案局馆、图书馆、文化文保部门、影视媒体、高校等相继推出一系列具有"记忆工程""记忆项目"性质的历史文化保护传承行动,持续挖掘、开发、展演中国记忆,讲述中国故事。如国家档案局"中国档案文献遗产名录"评选,山东、浙江、山西、福建、广东、重庆、上海等省市开展的各层次城乡档案记忆工程;国家图书馆"中国记忆"项目建设;中央电视台、凤凰卫视、北京卫视、上海卫视、重庆卫视等主流媒体创办的《国家记忆》《中国记忆》《记住乡愁》《舌尖上的中国》

《档案》《纪实》专题栏目;中国人民大学信息资源管理学院开展了"台州古村落数字记忆""北京记忆"项目等等。这些记忆工程或项目充分展示和彰显了中国记忆的历史深厚性与时代魅力,进一步提升了人们对中国记忆当代价值的现实认知,也进一步激发了人们保护、开发、利用、传播、传承中国记忆的历史使命感和责任感。

2011年以来,上海大学全面实施大类招生与通识教育,构建起由"政治文明与社会建设""经济发展与全球视野""人文经典与文化传承""科技进步与生态文明""艺术修养与审美体验"等模块组成的通识教育课程体系。2020年,为贯彻落实教育部《高等学校课程思政建设指导纲要》和《新文科建设宣言》,学校结合"四史"学习教育,开设特色新课程,深化教学内容的多学科融合,全面推进"大思政"和"大文科"格局。为响应、配合和融入学校教育教学改革行动,文化遗产与信息管理学院(原图书情报档案系)结合自身的学科专业优势和研究特色,开设"中国记忆"课程,作为"一院一大课"之"红色传承系列课程"新课程,纳入"人文经典与文化传承"通识教育课程体系。

"中国记忆"课程的宗旨是以中国传统与红色历史文化为思想元素,传承国家记忆,厚植爱国情怀。课程以历史档案、典籍文献、文化遗产、非物质文化遗产、国家仪式、民间传说、传统节日、传统服饰、历史文化遗迹、革命纪念地等为具体考察对象,运用社会学、历史学、文化学等多学科理论,深刻解释和揭示中国记忆深厚的历史内涵、丰富的文化表征、多彩的时空表象,探讨国家记忆在国家认同、历史传承、文化发展、民族凝聚、社会和谐等方面所具有的重要价值和现实意义;并结合当代社会变迁,分析国家记忆资源在传承保护方面面临的新形势新任务新要求,探索思考国家记忆的传承保护策略。通过课程教学,促进学生全面、准确、系统地认识和理解国家记忆,在历史文化深处思考国家记忆的形成与变迁,提高历史文化涵养与文化自信;增强对中华文化的认同感和自豪感,自觉做中华文化的继承者、守护者、传播者和建设者。

根据上海大学短学期制的特点,课程首批开设了"宅兹中国""历史印记""经典崇拜""华夏儿女""镇国重器""礼仪之邦""华夏衣冠""风华国乐""民族脊梁""时代音符"10个专题,既各自独立,又融为一体。在专题内容设计上,力求贯穿过去、现在和未来,融历史、文化、传统于一体,采撷与萃取中华文化精华,厚植与丰沃华夏文明基因,将价值塑造、能力培养和知识传授"三位一体"的育人理念有机地内化于课程教学中,带领学生走进中国记忆之门,感觉感受感知中国记忆之无限魅力,让中国记忆与记忆中国,内化于心、外化于形,时时不忘中国心。

目　录

第一章　宅兹中国：中国记忆构成与价值 ·· 1
　　第一节　"中国"名称的历史 ··· 2
　　第二节　"中国"国家观形成与古今同一性 ································· 9
　　第三节　"中国记忆"的构成与特点 ·· 16
　　第四节　中国记忆的当代价值 ·· 30

第二章　历史印记：档案文献与中国记忆 ·· 39
　　第一节　档案文献与中国记忆概述 ·· 39
　　第二节　甲骨档案中的中国文字记忆 ····································· 50
　　第三节　元代西藏官方档案中的中国边疆记忆 ························ 59
　　第四节　"样式雷"建筑图档中的中国建筑记忆 ······················· 66
　　第五节　侨批档案中的中国侨胞记忆 ····································· 70

第三章　经典崇拜：文化典籍与中国记忆 ·· 78
　　第一节　何谓"经典"？——经典记忆的形成 ··························· 78
　　第二节　经典记忆的文化内涵 ·· 88
　　第三节　经典的危机——近代经典记忆的变迁 ························ 96
　　第四节　中国传统经典与经典阅读的当代价值 ····················· 103

第四章　镇国重器：青铜钟鼎与中国记忆 ····································· 111
　　第一节　青铜时代与青铜器 ··· 111
　　第二节　钟鼎的象征意义与流转 ·· 119
　　第三节　从"钟鼎"到"大国重器"：重器的新文化内涵 ··········· 129

第五章	礼仪之邦：礼乐仪式与中国记忆	137
第一节	中国礼乐文明的历史演变	137
第二节	礼乐仪式与国家记忆	149
第三节	礼乐仪式与民族记忆	155
第四节	礼乐仪式与生活记忆	160
第五节	弘扬中国礼仪之邦传统	166

第六章	华夏儿女：族源传说与中华民族凝聚	172
第一节	族源传说与华夏族群的形成	173
第二节	民族融合与华夏变迁	185
第三节	"中华民族"的提出与认同	189
第四节	华夏儿女与中华民族伟大复兴	194

第七章	风华国乐：华夏音乐与中国记忆	199
第一节	华夏音乐与中国记忆概述	199
第二节	宫廷音乐与帝国雄风	207
第三节	民间音乐与民间悲喜	213
第四节	民族音乐与民族团结	220
第五节	红色经典音乐与红色记忆	225
第六节	音乐记忆的传承与保护	231

第八章	华夏衣冠：传统服饰与中国记忆	235
第一节	华夏衣冠：流淌的记忆	235
第二节	传统服饰与社会等级记忆	244
第三节	传统服饰与时代风尚记忆	250
第四节	传统服饰的传承与复兴	259

第九章	民族脊梁：长城象征与国家记忆场	267
第一节	关于长城的历史记忆	268
第二节	长城作为国家象征的形成	279

第三节　作为国家记忆场的长城象征 ················· 289
　　第四节　长城保护与"新长城"再筑 ················· 299

第十章　时代音符：奏响国家记忆传承的时代强音 ········· 312
　　第一节　中国记忆传承的认知取向 ··················· 313
　　第二节　中国记忆传承的实践行动 ··················· 316
　　第三节　中国记忆传承的青年使命 ··················· 324

后　　记 ·· 335

第一章　宅兹中国：中国记忆构成与价值

人之所以为"人"，就在于他是最善于记忆的动物，"记忆是人的特权，也是人的宿命"。① 德国思想家卡西尔在《人论》中引用奥尔特加·伊·加塞特的话说，"人根本没有本性，他所有的是……历史"。② 作为记忆的存在物，人虽然直接地生活在现实的当下时空中，但他的过去的生活一刻也没有也不可能真正消失，人永远生活在过去的"掌心"中。离开了人类的历史和记忆，"人类的现实生存就如同刀刃上无限小的一点，在这个不断游移、稍纵即逝的瞬间，人类既无法认识自己，也无从理解他与环境的关系，因而失去了清醒地从事现实行动的可能性"；正是人类的记忆才将"无限狭窄的现实与广阔的过去岁月结合起来，为我们的现实行动提供了解自己、观察形势的坚实基础，使我们得以在过去的基础上创造现实和未来"。③ 尼采曾指出："每个人和每个国家都需要对过去有一定了解，不管这种了解根据他的目标、力量和需求，是通过纪念的、怀古的，还是批判的历史而取得。这种需要不是那些只旁观生活的单纯的思考者的需要，也不是少数渴望知识且对知识感到满足的人的需要，它总是生活目标的一个参考，并处于其绝对的统治和指导之下。这是一个时代、一种文化和一个民族与历史之间的天然联系。……只有为了服务于现在和将来，而不是削弱现在或者损毁一个有生气的将来，才有了解过去的欲望。"④

毛泽东说："今天的中国是历史的中国的一个发展；我们是马克思主义的历史主义者，我们不应当割断历史。"⑤作为有着五千年文明史的"中国人"，我们不能不了解我们"中国"的历史、葆有对"中国"的记忆，这种对历史的了解和记忆，

---

① 孙德忠.社会记忆论[M].武汉：湖北人民出版社，2006：27.
② 卡西尔.人论[M].甘阳，译.上海：上海译文出版社，1985：294.
③ 严建强.关于社会记忆与人类文明的断想[J].浙江档案，1999(3)：24.
④ 尼采.历史的用途与滥用[M].陈涛，周辉荣，译.上海：上海人民出版社，2000：25.
⑤ 毛泽东选集（四卷合订本）[M].北京：人民出版社，1967：499.

| 中国记忆

既是对"我是谁？我从哪里来？我要到哪里去？"的认知、理解和确认，更是鼓舞和激励我们充满信心和希望，建设国家美好未来的勇气与力量！

第一节 "中国"名称的历史

"中国"一词出现于旷世珍宝"何尊"（见图 1-1），其青铜铭文记载，周武王灭商后告祭于天："余其宅兹中国，自兹乂民"，意思是：我将"中国"作为统治地，亲自统治那里的民众。从通俗的理解看，"宅兹中国"也可以引申为定居或居住于"中国"、家住在"中国"，或生于"中国"、身在"中国"的意思。那么，生在中国的"中国人"，我们不能不思考：何尊上的"中国"是指什么？今天的"中国"又是如何演化而来？作为"中国人"，我们需要认识我们的"历史身份"，从而把握我们前行的方向。

图 1-1 何尊（现藏于中国宝鸡青铜器博物院）

一、从"万国"到夏朝

成龙有首歌叫《国家》，歌词唱道："一玉口中国，一瓦顶成家；都说国很大，其实一个家；一心装满国，一手撑起家；家是最小国，国是千万家；在世界的国，在天地的家;……国的每一寸土地,家的每一个足迹;国与家连在一起,创造地球的奇迹;……国是我的国,家是我的家;我爱我的国,我爱我的家。"这首歌深刻诠释和表达了中国人的家国情怀、家国意识:国即是家,家即是国。

在中国传统语境中,"国家"是"国"和"家"的合称。国是在家的基础上演化而来,也是一种家的表现,家、国具有内在统一性,即"家国一体"。"家天下"意即"国家"(天下)是一人一姓的家。不过,要厘清"家"如何演化为"国"、演化为"国家",乃至今天的"中国",还需要深入原始人群—血缘家族—氏族公社(氏族、国、邦)—胞族—部落—部落联盟—国家(王朝)—朝代这一历史演化脉络才能看得清楚。

国家是从氏族制度逐步演变而来的。历史学、社会学把原始社会分为前氏族公社、母系氏族公社、父系氏族公社三个发展阶段。这三个发展阶段所出现的社会组织又区分为原始人群、血缘家庭、氏族、胞族、部落、部落联盟等几种形式,在部落联盟的基础上,最终形成了国家(王朝)。

前氏族公社时期也称原始人群时期,祖先们靠渔猎和采摘植物果实为生,必须依靠集体的力量来完成,这种集体是按照血缘关系组成的群体。群体中设有首领,以身强力壮而又凶勇剽悍的人来充当,为的是能够较多地捕获猎物,并保护本群体赖以生存的领地。原始人群的首领通常是经过激烈的体力搏斗,胜者成为首领。

血缘家庭是从原始人群中分裂出来的,具有同一血统的亲族集团,这种集团由一个母亲及其生育的后代子女所组成,因为血统相近,故称为血缘家庭,是人类"第一个'社会组织形式'"。① 它是一个生产和生活单位,又是一个内部互婚的集团,但排除了上下辈之间的通婚。这种集团的首领是按照辈分排定。血缘家庭大约产生于旧石器时代早期偏后的阶段,北京人和蓝田人即生活于这个时期,距今约四五十万年前。

氏族是脱离原始群居的乱婚状况,进入血缘群婚以后逐渐形成的一种血缘组织,"自一切兄弟和姊妹间,甚至母方最远的旁系亲属间的性交关系的禁例一经确立,上述的集团便转化为氏族了"。② 氏族既是一种血缘组织,又是生产劳动单位,其规模是很小的,一般只有几十人或几百人。根据考古学的研究成果,氏族形成于旧石器时代的中期,距今有四五万年。在人类逐渐学会利用自然条

---

① 马克思.摩尔根《古代社会》一书摘要[M].中国科学院历史研究所翻译组,译.北京:人民出版社,1965:20.
② 恩格斯.家庭、私有制和国家的起源[M].张仲实,译.北京:人民出版社,1955:150.

件建筑房屋巢穴,并且使用了火和自制的简单石制工具,有了比较稳定的生活条件以后,氏族逐渐发展起来。这是在旧石器时代的晚期,距今有三四万年,约相当于我们传说中的有巢氏和燧人氏时期,当时"人民少而禽兽多,人民不胜禽兽虫蛇,有圣人作,构木为巢,以避群害""有圣人作,钻燧取火,以化腥臊"。这时,历史已踏进氏族社会的门槛了。①

氏族社会是原始社会基本的社会经济单位,也称氏族公社。我国氏族社会经过了母系氏族公社和父系氏族公社两个发展阶段。

母系氏族公社,又称母系社会,是氏族社会前期的社会形态。它的存在从考古学上看相当于旧石器时代的中期到新石器时代的中期,大约开始于三四万年前,结束于五六千年前,相当于我国传说中的天皇、地皇、人皇到神农氏时期。

父系氏族公社,又称父系社会,是氏族社会后期的社会形态,是直接从母系社会发展而来的。母系氏族公社向父系氏族公社的过渡从考古学上看处于新石器时代中期到晚期,距今五六千年前,相当于我国传说中的黄帝时期。

"国"正是在氏族形成的过程出现的。这时的"国"也即是"氏""族""氏族"或"邦"。《左传》等先秦文献中,称邦或国,即为"某某氏",如少典氏、共工氏、祝融氏、蜀山氏、方雷氏。古籍中称"古有万国",意即天下有许许多多的"邦"或氏、族、氏族。"某某氏"即是以氏族为单位的国或邦的名称。

胞族是同一部落内两个或两个以上的氏族,为了共同目的结合而成的社会组织。最初组成胞族的几个氏族是随着人口的繁衍由一个氏族分化而成的,同一胞族的氏族互为兄弟或姊妹氏族,对于其他胞族的氏族来说则为从兄弟或从姊妹氏族。因此,胞族是由几个氏族结合起来的联合体,是分而复合的组织。胞族虽然是由氏族分化和重新组合而成,但"国"仍处于"氏族"范围之中。

部落是氏族组织的联合体,由若干个氏族、胞族联合而成,部落内部存在着不同的血缘关系,有自己的名称和固定的领土范围以及共同的语言,实际上是一个规模较大的亲族集团。部落设有酋长,由本部落各氏族推选有威望的氏族首领担任。部落的人数增加了,事务也逐渐增多,除了负责调节各氏族、胞族之间关系的酋长之外,各氏族首领、胞族长也要参加议事,而且还出现了一些既从事生产又负责管理的人。这大概是从传说中的伏羲氏时期开始,所以后人认为"伏羲氏以龙纪,故为龙师名官"②。官,管也,就是管理事务的人。

---

① 韩非.韩非子[M].上海:上海古籍出版社,1989:152.
② 杜佑.通典[M].杭州:浙江古籍出版社,2007:105.

部落联盟是由两个以上的部落为了共同的利益而结成的联合组织,产生于原始社会后期,这一时期也称为军事民主制时期,设有部落联盟首领或酋长。初期的部落联盟军事首长或酋长由推选产生,后来逐步地演变为在氏族贵族内部产生。

据文献传说记载,中国古代部落有三大集团。其一是华夏集团,分别由三个亚集团组成,即黄帝和炎帝两大分支,近东方的华夏、东夷混合集团的高阳氏(颛顼)、有虞氏(舜)、商人支系,接近南方、与苗蛮集团融合的祝融氏等支系。其二是东夷集团,由太皞、少皞、蚩尤等部落组成。其三是苗蛮集团。古人有时称之为苗,有时称之为蛮,后来综合称为苗蛮。这个集团聚居和活动区域在长江中游两岸一带,尧舜时称"三苗"。这三大集团生活在黄河和长江流域,时而斗争,时而和平相处,逐渐同化而形成后来的汉族。① 在部落联盟时期,这三个大集团都曾先后出现多次大联盟和战争,最后在黄河流域形成了以黄帝部落为核心的、比较巩固的大联盟。在此基础上,经过几百年,又形成了陶唐氏、有虞氏、有夏氏的部落联盟,尧、舜、禹相继为这个部落联盟的首领,并多次向黄河以南的苗蛮部落进行征伐,使苗蛮集团的驩兜部落并入尧的部落联盟之内。②

部落联盟首领一般是由各氏族中推举产生,如黄帝称为黄帝氏或轩辕氏,颛顼称为颛顼氏或高阳氏,帝喾称为高辛氏,尧属陶唐氏,舜出自有虞氏,禹来自有夏氏,等等。部落联盟首领早期实行"禅让制",即推选有能力、有才干的部落首领担任部落联盟的首领,但禹死后,禹的儿子启废除禅让制,直接继承部落联盟首领的位置,建立中国历史上第一个朝代——夏朝,也开创了中国近四千年世袭的先河,形成中国历史上的"家天下"格局。夏朝统治者在位时称"后",去世后称"帝"。

在部落、部落联盟时代,"国"仍是氏族的代称,所以大禹治水定九州,会盟各"国"于涂山,传说当时"执玉帛者万国"③,此时的"国"即是依托一定地理位置,有一定活动范围、自然形成的同姓氏族。

夏朝建立和大禹分封,都以国为氏,故有夏后氏、有扈氏、杞氏、有男氏、彤城氏、费氏、缯氏、辛氏等,是构成夏族的核心族群,称"诸夏"。"氏""族"具有血缘和地缘的含义,也具有民族、族群的含义。以"万国"结构而成的夏族,内部不仅族群构成复杂,而且在不断进行互动、战争、整合。

---

① 徐旭生.中国古代的传说时代[M].北京:文物出版社,1985:37—66.
② 韦庆远.中国政治制度史[M].北京:中国人民大学出版社,1989:1—5.
③ 左丘明.左传[M].蒋冀骋,点校.长沙:岳麓书社,2006:345.

在由地缘和血缘关系基础上形成的数量庞大的"氏族"或"万国"中,居于统治地位、处于夏王朝核心区域的氏族或王朝都城所在地,才逐步被称为"中国"。

二、古代"中国"的基本意涵

"中国"一词,在我国有三千多年的文献记载。因年代久远,含义演变,记载互异。《辞海》对"中国"一词含义的历史演变进行了搜集、考释。根据历史文献记载,"中国"的基本意涵可归纳如下。

(1)指国中。上古建国于黄河流域时,用以指南蛮、东夷、西戎、北狄(或称"四夷""蛮夷"等)以外的中央地区。《榖梁传·昭公三十年》:"中国不存公。"注:"中国,犹国中也。"《史记·孝武本纪》:"天下名山八,而三在蛮夷,五在中国。"

(2)指京师。《诗·大雅·民劳》:"惠此中国,以绥四方。"毛传:"中国,京师也。"

(3)指帝王都城的地方。《史记·五帝本纪》:"夫而后之中国,践天子位焉。"《集解》:"刘熙曰:'帝王所都为中,故曰中国。'"

(4)指华夏族(古代汉族的自称,以其在四夷之中)。《尚书·武成》:"华夏蛮貊,罔不率俾。"疏:"华夏为中国也。"《诗·小雅·六月序》:"《小雅》尽废,则四夷交侵,中国微矣。"《礼记·中庸》:"是以声名洋溢乎中国,施及蛮貊。"

(5)指诸夏(周代王室所分封的诸国)。《论语·八佾》:"子曰,'夷狄之有君,不如诸夏之亡也'。"《集解》:"诸夏,中国。"

(6)指中华。《魏书·礼志》:"下迄魏、晋、赵、秦二燕虽地据中华,德祚微浅。"《唐律·名例·疏议·释文》:"中华者,中国也。亲被王教,自属中国,衣冠威仪,习俗孝悌,居身礼义,故谓之中华。"

(7)指春秋齐、宋地,相当于现在山东、河南两省黄河流域一带。《榖梁传·僖公二年》:"中国称齐宋,远国称江黄。"

(8)指战国时关东六国的总称。《史记·天官书》:"其后秦遂以兵征六国,并中国。"

(9)指三国时魏国。《晋书·宣帝纪》:"孟达于是连吴固蜀,潜图中国。"

三、古代"中国"的别称或代称

现在的"中国"作为"中华人民共和国"的简称或代称,有着五千年的文明史和悠久灿烂的历史文化,在历史的沿革演变中,除了"中国"一词可以表达不同的指称、意涵外,也被赋予了许多美好的别称或指代性称谓。

（1）赤县神州。赤县神州之称最早见于《史记·孟子荀卿列传》，其中提到战国时齐国有个叫邹衍的人，他说："以为儒者所谓中国者，于天下乃八十一分，居其一分耳，中国名曰赤县神州。"后来人们就用赤县神州来指代中国，时合时分，称赤县、神州，或赤县神州。毛泽东在《浣溪沙·和柳亚子先生》一词中，有"长夜难明赤县天，百年魔怪舞翩跹"句，此"赤县"用的就是这个历史典故。

（2）华夏。古代将华夏族人居住的中原地区称为华夏，周边则称为夷蛮戎狄。作为中国的代称，华夏一词不仅是地理层面的，而更多体现在文化积淀方面，唐孔颖达在《春秋左传正义》中有言："中国有礼仪之大，故称夏，有服章之美，谓之华。"

（3）华。华在古文献中与"花"意相同，引申为美丽而有光彩。把华作为中国的别称，一说是古中原地区的人民，自认为自己衣冠整齐而华丽，所以自称为华，如上引《春秋左传正义》："中国……有服章之美，谓之华"；一说是华有赤色之意，周朝人喜欢红色，把红色当成吉祥的象征，所以就自称华；一说是华是古称华夏的简称。

（4）诸华。周朝立国后，在统治区内分封了很多诸侯国，因为周人自称华，所以这些诸侯国就称诸华或诸夏，晋杜预在《春秋左氏传注疏》中说："诸华，中国也。"

（5）中华。上古时代，华夏族自认为自己居住在天下之中，故称自己居住的中原地区为中华，后成为全中国的代称。

（6）诸夏。诸夏一词与诸华类同，在上古时代华夏二字相互通用，华即是夏，夏即是华。如《左传·定公十年》："孔子曰，裔不谋夏，夷不乱华。"即把华和夏作为同义词使用。

（7）夏。"夏"在古代有大的意思。中国历史上第一个世袭奴隶制王朝，即大禹建立的夏王朝，《史记·夏本纪》："禹封国号为夏。"后来人们便用夏来指代中国。

（8）有夏。有夏即夏，古代习惯于在朝代之前加"有"字，故夏又称为"有夏"，如《尚书·召诰》："我不可不监于有夏，亦不可不监于有殷。"后来有夏便成为中国的代称，如《尚书·君奭》："惟文王尚克修和我有夏，亦惟有若虢叔。"

（9）中夏。中夏，出自《后汉书》："目中夏而布德，瞰四裔而抗棱。"吕向注："中夏，中国也。"

（10）方夏。方夏，指中国，最早见于《尚书·周书·武成》："诞膺天命，以抚方夏。"《后汉书·董卓传》："方夏崩沸，皇京烟埃。"李贤注："方，四方；夏，华夏也。"

（11）函夏。函夏指中原地区，后代指中国。《汉书·扬雄传》："以函夏之大汉兮，彼曾何足与比功。"颜师古注引服虔曰："函夏，函诸夏也。"此后，函夏便指代中国，如《晋书·武悼杨皇后传》："群黎欣戴，函夏同庆。"

（12）禹城、禹迹、禹甸。相传古代洪水滔天，人民苦不堪言，大禹历十三年治水成功后，依山川形势将全国分为九州，后世便称中国为禹城。又因大禹治水足迹踏遍九州，所以又称中国为禹迹。因大禹治水为中国人垦辟了新的土地，所以又用禹甸（治理之意）来代指中国。

（13）九州。大禹治水成功之后，或者说夏朝建立初期，将全国划分为冀州、兖州、青州、徐州、扬州、荆州、豫州、梁州、雍州等九州。此后，九州便成为中国的代称。由九州演化而来的中国代称还有九城、九有、九土、九区、九牧等。

（14）八州。古代中国划分为九州，因京畿占一州，所以，自京畿角度而言，则为八州。如《汉书·许皇后传》："殊俗慕义，八州怀德。"

（15）中州、中土。中州本指黄河中下游的中原一带，因处于之中，华夏之中，所以称为中州，后用来指代中国。如《汉书·司马相如传》："世有大人兮，在乎中州。"颜师古注："中州，中国也。"与中州意义相同的还有中土，也常用来代指中国。

（16）四海。古人认为中国居于天下之中，东南西北四方皆有海，因此以四海指代中国。《尚书·大禹谟》："大禹曰文命，敷于四海，祗承于帝。"与四海类似的还有海内，人们常用海内指代中国，而海外则指代外国。

（17）六合。六合，指上下和东南西北四方，即天地四方，用来指代全天下，即中国。如《史记·秦始皇本纪》："六合之内，皇帝之土。"

（18）八荒。八荒，指东、西、南、北以及东北、东南、西北、西南等八个方向，泛指各地，如《过秦论》："囊括四海之意，并吞八荒之心。"

（19）宇内。四面八方曰宇，宇内，即天下整个世界，因为古人对整个世界的认识程度局限于中国之内，因此宇内即指全中国。如《史记·秦始皇本纪》："皇帝明德，经理宇内，视听不怠。"

四、"中国"作为国别在国外的称呼

中国是世界文明发达最早的国家之一，是"四大发明"的发祥地。但是，历史上外国人却往往用另外的名称来称呼中国，他们对中国一词是陌生的。从夏商周三代起，至宋元明清，不论朝代一统或分裂，都不以"中国"一词闻名于世。古时外国人对今天中国的称呼具有时代性和文化交流的特点。

古代希腊和罗马人称中国为"赛里斯国",意即"丝国",这是由于中国古时即向西方输出蚕丝而得名。古代印度、希腊和罗马等地人,也有称中国为 Cina、Thin、Sinae 等,这些都是"秦"(秦国)字的外文对音。在佛教经籍中,这些对音有"至那"、"脂那"等译称。也有称中国为"汉土"的,这是由于汉朝打通了西域交通,开辟了"丝绸之路"的缘故。唐朝声誉远及海外,后来海外称中国为"唐家"。中世纪西方伊斯兰教徒,有称中国为 Tamghai、Tomghai 或 Toughai 者,或以为即"唐家子"的对音。清人王士镇《池北偶谈·汉人唐人秦人》:"昔予在礼部,见四译进贡之使,或谓中国为汉人,或曰唐人。谓唐人者,如荷兰、暹罗国诸国,盖自唐始通中国,故相沿云尔。"东南亚各国以及美国等地的华侨,至今有时亦自称为"唐人"。华侨或中国血统的外国籍人聚居该国城市的街道或地区,有的称为"唐人街"等,即渊源于此。①

国外虽然早已知道中国的存在,"中国"一词在外交文件中的出现,却是近代的事情。从夏商周三代起,经历秦汉魏晋隋唐五代宋元明清等,不论是一统的或分裂割据的朝代,都不以"中国"一词闻名于世。1842 年(清道光二十二年)签订的《南京条约》中,才第一次使用"中国"一词②,"中国"遂以战败国的身份在不平等条约中登上了国际舞台,这是历史的耻辱。辛亥革命后,中华民国虽然简称"中国",但是日本军国主义者接二连三侵略我国,并强硬以"支那"作为轻辱中国的称谓。直至第二次世界大战结束,1946 年 6 月,战胜国的中国命令战败国的日本,不许再用"支那"指称中国,必须改称"中国"。

1949 年 10 月 1 日中华人民共和国诞生,中国人民以"中国"的伟大称谓而感到光荣和自豪。新中国成立以后,"中国"一词在世界各国的语言中生根、发芽、成长,现已根深蒂固、世界通用了。③

第二节 "中国"国家观形成与古今同一性

清朝以前,"中国"两字并不曾被作为任何某一个朝代的专属称谓。自清入

---

① 早期国内一般认为在外文(英文)中将中国称为"China",是由于中国的瓷器在国外的影响。但国外学者更多地认为,"China"作为中国的译法,是源于秦朝的音译。法国学者鲍狄埃(M. Pauthier)等人认为,China 名称起于梵语,而梵语中支那是因为中国古代秦朝而得名,所以中国为"秦"(Sin,Chin),而 China 后的 a 是葡萄牙人加上为了表示地域。这种说法后来得到了法国汉学家伯希和的支持。
② 中文版没有"中国",英文版有 China。
③ 朱方.关于"中国"一词的含义[J].辞书研究,1979(2):42—45.

| 中国记忆

主中原、代明而立以来,清政府以中华正朝自居,开始以"中国"自称其全部统治区域。"真的有这样一个具有同一的'中国'吗?这个'中国'是想象的政治共同体,还是一个具有同一性的历史单位?它能够有效地涵盖这个曾经包含了各个民族、各朝历史的空间吗?各个区域的差异性能够被简单地划在同一的'中国'里吗?"①面对这样的疑问或质疑,我们需要在深刻认识中国历史的基础上,理解和把握古今"中国"的历史连续性和同一性。

一、作为空间位置和文明的"中国"观

早期的"中国"并非指向今天意义上的国家——国别或国号,它不是一个有着明确国界的政治地理观念,由于地域疆界并不明晰,只是一个地理空间概念,或王朝中央、中心的概念,也可以说是一个文明的概念。

大约在春秋战国时代,就已经形成了与夷狄相对应的"中国"概念;至少在战国时代,中国人从自身经验和想象中,建构了一个"天下",认为自己所处的地方就是世界的中心,也是文明的中心。世界像个磨盘,中心是王所在的京城,中心之外是华夏或者诸华,诸华之外是夷狄。因此,"中国"是相对于南蛮、北狄、东夷、西戎而言的,意即"中央"。"居天地之中者曰中国","居天地之偏者曰四夷"。作为国家政权意义上的王朝,并没有明确的边疆边界,而是"家天下",即天下都是王朝的家族领地。王朝政权所处的核心区域或朝廷所在地即为天下的中心,即"中国",中心与边缘不完全清晰,往往中心清晰,而边缘模糊。"溥天之下,莫非王土;率土之滨,莫非王臣。"

"中国"和"四夷"之间,没有敌国的概念,"自我""他者"差异也并不清楚,更多地是文化的差异或依附的关系。中国与四夷之分不在于地域、种族,而在于文化,特别是汉文化。强调君臣、礼乐、冠婚、祭礼等等,体现的是文明的中国;而被文身、雕题交趾、被发皮毛、衣毛穴居的,为四夷。凡是周围的国家,中国人就相信他们比其文明等级低,应当向其学习、进贡、朝拜。"来则惩而御之,去则备而守之。其慕义而贡献,则接之以礼让,羁縻不绝,使曲在彼,盖圣王制御蛮夷之常道也。"②"怀柔远人",是自足与自满。钱穆先生在《中国文化史导论》中指出:"在古代观念上,四夷与诸夏实在有一个区别的标准,这个标准,不是'血统'而是'文化'。所谓'诸侯用夷礼则夷之,夷狄进于中国则中国之',此即是以文化

---

① 葛兆光.宅兹中国:重建有关"中国"的历史论述[M].北京:中华书局,2011:3.
② 班固.汉书[M].赵一生,点校.杭州:浙江古籍出版社,2000:1148.

为华夷分别之证明，这里所谓文化，具体言之，则只是一种'生活习惯与政治方式'。"①

二、宋代"中国"国家观念的出现

宋代之前，"中国"大体等同于"王朝"，而且常常只是指某一家某一姓的政府，它没有边界，王朝等同于"天下"，即后人说的"家天下"。"天下"乃天下人的天下，非一人一姓之天下，意味着这个"天下"谁占领就归谁所有，因此"入主中原"是周边各民族政权的夙愿，"中原"具有向心力。"问鼎中原"，是把中原、"中国"看作是自己的领地。即使到清代康熙皇帝，还在批评秦始皇筑长城，"当时用尽生民力，天下何曾属尔家"。意思很明了，这"天下"是你家的吗？你筑长城能挡得住挑战者吗？

宋代虽然出现了统一国家，但是，燕云十六州被契丹所占据，西北方的西夏建国与宋对抗，辽与西夏都对等地与宋同称皇帝，而且宋王朝对辽每岁纳币，与西夏保持战争状态。宋景德后，宋、辽间常用"南北朝"的称呼，是中国第一次有了对等的外交意识，漫无边际的"天下"幻影开始散去，昭示着"他者"的存在。在此"多元国际体系"下，宋代当政者逐步认识到中原也是一个"国"，辽也是一"国"，认识到国界、边疆的存在，在外交文书常有"邻国""兄弟之国""大宋皇帝谨致书于大契丹皇帝阙下"等称法；同时，称自身政权为"中国"的用法也越来越多。欧阳修《新五代史》："自古夷狄之于中国，有道未必服，无道未必不来。"《言西边事宜第一状》：西夏"欲自比契丹，抗衡中国，以为鼎峙之势"。《宋文鉴》："契丹自强北方，与中国抗者，盖一百七十元年矣，自西晋割地，并有汉疆，外兼诸戎，益自骄大。"苏澈《栾城集》："今夫夷狄之患，是中国之一病也。"这些称呼可以看出，这时的"中国"约等于"大宋"政权，具有了国别的意识，是一种地理空间与政权的融合体。葛兆光教授说："在北宋，一切都在变化了，民族和国家有了明确的边界，天下缩小成中国，而四夷成了敌手。"

宋以后，"中国"不再是与"天下"对应的王朝中心，而相当于中原王朝。② 中国与周边的关系也不再是"怀柔远人"的关系，而是国与国的关系。但国与国之间的边界是移动的，你来我往，我来你去，合合分分、分分合合。经过元、明、清三代，"中国"的边疆已囊括了以往各民族的界域，强化了多民族统一的国家，也为

---

① 钱穆.中国文化史导论[M].上海：上海三联书店,1988：35.
② 清人褚人获《隋唐演义》中，也常常将唐朝称为"中国"，那是清人作品，说明清人也将中原王朝视为"中国"。

今天的中国奠定了历史基础和意识基础。

辛亥革命后,"中国"作为国别名称正式登场,虽然历史内涵不同,但反映出"中国"概念的历史演化规律。它不是凭空想象的,而是经历史演化,在各王朝政权分合基础上形成的,有其历史、文化、政治、民族和记忆的基础。

三、"中国"作为国家的古今同一性

"中国"自古以来是一个多民族的国家,从政治意义上说,不同于西方现代意义上的所谓民族国家。如何认识和理解历史上"中国"的整体性、连续性、统一性,关系到我们的国家意识和民族意识。虽然朝代有更迭,政权有分合,中心和边缘、汉族与异族有大小差异,但自秦汉之后,多数时间为中央集权的统一的多民族国家,政治、文化、传统一直延续下来,具有高度的文化、疆域、民族的统一性和连续性,也具有高度的记忆同一性和连续性。

(一)"中国"是相当稳定的"文化共同体"

"中国"是文化文明概念,历史上不是朝代、国别,但我们把古代中原各王朝及其部分周边王朝统称为"中国",正是看到其文化的同一性。经历秦汉一统,习惯认同早期的"华夏",而且经过"车同轨,书同文,行同伦"的文明推进,汉文化是相当清晰和稳定的,其影响力不断从中心区域向四周辐射,形成了汉文化圈。

葛兆光指出:在文化意义上说,中国是一个相当稳定的"稳定的文化共同体",它作为"中国"这个国家的基础,尤其在汉族中国的中心区域,是相对清晰和稳定的,经过"车同轨、书同文、行同伦"的文明推进之后的中国,具有文化上的认同,也具有相对清晰的同一性,过分强调"解构中国(这个民族国家)"是不合理的,历史上的文明推进和政治管理,使得这一以汉族为中心的文明空间和观念世界,经由常识化、制度化和风俗化,逐渐从中心到边缘,从城市到乡村,从上层到下层扩展,至少在宋代起,已经形成了一个"共同体",这个共同体是实际的,而不是"想象的",所谓"想象的共同体"这种新理论的有效性,似乎在这里至少要打折扣。①

在中华文化的形成过程中,"汉文化"起到核心作用:汉族、汉人、汉字、汉语、汉服、汉化,作为中国人、中国语言文字的代名词,就是文化认同的典型体现。朝代的更迭与延续是一个连续性的历史发展过程,后一朝代承认此前朝代的文

---

① 葛兆光.宅兹中国:重建有关"中国"的历史论述[M].北京:中华书局,2011:32.

化成果、礼乐制度、风俗习惯。

与其他文明古国相比,中华文明的同一性与延续性不仅通过文献记载得到证实,而且通过一次次考古发现得到证实。以文字为例,考古发现的甲骨文、青铜器上遗存的金文,证实了汉字至少在商周时代已经成为王家祭祀实际使用的文字。秦代统一文字,汉字正式成为国家统一的文字得到推广使用。此后,无论汉字的书体如何变化,但其造字、语法等基本体系一直延续流传。再看其他文明古国,曾经流行过的古文字或者消亡,或者被融入后起的语言文字中,没有一例像汉字这样一直作为国家官方文字使用至今。①

中华文化的内在同一性还表现在:少数民族入主中原、统治中原后,其文化内核还是中华文化:孔孟之道还是根本指导思想;衍圣公还是要尊崇的;宗法礼仪也还是要遵循的;"二十四史"还是一朝一代接着写下去的;黄帝陵、炎帝陵还是要祭拜的;春节还是要过的,等等。以前人们称之为"汉化",其实就是强调文化的内在统一性。

(二)"中国"是一个相当稳定的"地域共同体"

从地理环境看,中华民族活动的舞台即生存空间是一块比较特殊的地域:西起帕米尔高原,东临太平洋,北有广漠,东南是海。地形的天然隔绝形成了一个半封闭的地理单元。这个地理单元幅员辽阔,南北跨纬五十度,内陆腹地长江、黄河流域是适于农业的耕作区。地理环境在一定程度上影响了我们民族的性格和思想感情。作为中华民族核心的汉族长期以来发源、生活于长江、黄河流域,创造了以农耕为特点的华夏文明,从事农业生产的人们安土重迁,崇尚安静、平和的生活,其理想社会是"兼爱""非攻""礼运大同"的美好前景,人与人能够和睦、友好相处。另一方面,对于居处四边的人们而言,地形的天然隔绝则使他们产生了向中心移动的向心力。因此,在我们这个民族中较少存在其他民族海外扩张、征服世界的狂想。②

秦始皇统一中国后,实施郡县制,共同的生活地域,是统一文化的空间条件。秦朝完全彻底废除周代以来的封邦建国制度,粉碎地区壁垒,将东至大海,西达陇右,北抵阴山,南越五岭的辽阔版图统一于中央朝廷的政令、军令之下。又通

---

① 央广网.更好认识源远流长博大精深的中华文明(专题深思)[EB/OL].(2021-01-29)[2022-08-20].news.cnr/native/gd/20210129/t20210129_525402627.shtml.
② 陈琳国.中华民族的形成[M].广州:广东人民出版社,1996:106.

过大规模移民,开发边疆地区,传播中原文化。①

在历史意义上,"中国"是一个移动的"中国",因为不仅各个王朝的分裂与统一是常有的事情,历代王朝中央政府所控制的空间边界更是常常变化,但主要王朝政权的中心都是在黄河中下游地区。因此,不必以现代中国的政治边界来反观历史中国,也不必简单地以历史中国来看待现代中国。

(三)"中国"是一个相当稳定的"民族共同体"

"中国"是一个多民族共同组成的"大家庭",各民族在地域上交错分布,经济上共通互补,文化上水乳交融,在不断的交往融合中,经过华夏化、中国化,最终形成心理上的认同,形成多元一体的格局和"中华民族"这一民族共同体。

历史上这种大规模的融合现象出现过三次:魏晋南北朝、宋辽金元、清代。魏晋南北朝时,北方的匈奴、羯、鲜卑、氐、羌等少数民族先后南下,史称"五胡乱华",也称"永嘉之乱"。李白有诗云:"三川北虏乱如麻,四海南奔似永嘉。"中原虽然受到侵扰,但也促进了民族的融合;同时,在南方,山越、蛮、俚、僚、爨等少数民族与汉族的接触也很频繁。宋辽金元之际,出现了一些由少数民族建立的较强大的政权,元灭金后,曾将国内居民分为四等,其中居住在黄河以北原金统治下的女真、契丹、汉人都被称为"汉人"。清朝时期,清政府虽强调满汉之分,但还是有许多汉人通过编旗佐领、投充、通婚与过继等方式加入了旗籍,成为满族一员②,而且满人入主中原后也逐步汉化并一再强调"华夷不分"。

雍正皇帝在编纂《大义觉迷录》时,就批驳曾静等的"华夷之辨"。《大义觉迷录》是由清雍正皇帝钦定的一部档案文献汇编,包括曾静的供词、《归仁说》和雍正的多篇谕旨。书中一方面是吕留良、曾静等"华夷之分"、反清复明的记忆叙事;另一方面则是雍正皇帝"华夷不分""清朝正统"的政治叙事。通过"华夷之辨"的交锋和曾静等的"归仁"于清,体现出族群记忆、族群身份的冲突、融合、认同与和解。以前人们对此历史事件的分析多立足于雍正"大兴文字狱",控制反清言论;而从记忆的冲突与和解角度看,雍正所主张的清朝正统与"华夷一家"的立场无疑更具有积极意义。

在中国古代,传统的"华夷"是存在的,但"华夷""中国""正统"等观念不断变更。华夏共同体的族群、区域与文化一直被普遍认同,异国、异域、异族的观念也

---

① 冯天瑜,何晓明,周积明.中华文化史[M].上海:上海人民出版社,1990:434.
② 陈琳国.中华民族的形成[M].广州:广东人民出版社,1996:131—132.

一直存在。各民族既有差异也有同一,是兄弟关系。流行于古代神话传说中的各种不同姓氏的神人之间通婚的内容便反映了氏族间杂婚的特点。①

中华民族共同体是"由许许多多分散存在的民族单位,经过接触、混杂、连结和融合,同时也有分裂和消亡,形成一个你来我去、我来你去,我中有你、你中有我,而又各具个性的多元统一体"②;也是建立在共同历史条件、共同价值追求、共同物质基础、共同身份认同、共有精神家园基础上的命运共同体。长期以来,中华各族人民能够友好相处,齐心协力,共同创造了辉煌灿烂的物质、精神文化,这是与各民族虽"多元"却"一体"的存在状况分不开的。③

（四）"中国"是一个相当稳定的"记忆共同体"

记忆是中华民族的基因与根脉。历史学家王明珂指出:"凝聚华夏的是集体的历史记忆,由此产生的族群感情模仿同胞手足之情。"④王明珂认为,华夏如何凝聚成一个人群,在华夏边缘的扩展中,非华夏如何成为华夏(如发生在华夏边缘的"汉化"),这些问题需要借助共同的历史记忆或祖源记忆来说明。在春秋战国时期,华夏各国(诸侯国)都述说、记录祖先的起源故事,形成纷杂的古帝王、英雄传说,在各家族与地域人群的竞争与融合中,这些古帝王英雄传说彼此不断地串联起来。如传说中的帝喾成为商人与周人的共同祖先,如此逐渐产生了一个树状的华夏祖先源流体系。各地的华夏贵族,都将自己的祖先如枝叶般地依附在此华夏源流树枝上。到了汉代,黄帝成了所有华夏的共同始祖,也就是这个华夏源流树的"根"。此后,华夏多以黄帝子孙来彼此认同。华夏周边民族,假借华夏祖先记忆来成为华夏。如汉代江南吴地的山越民族借着"泰伯奔吴"这一历史传说或历史记忆,认为吴地山越人的祖先为吴国王室之祖"周太伯",从而嫁接到中原华夏民族的源流树上;再如汉代的蜀郡与会稽,人们借着强化"舜,东夷之人也""禹兴于西羌"等历史记忆,来使得整个地区人群摆脱华夏边缘地位;再如畲族,也是借着"盘瓠传说",使自己的族源记忆延伸至帝喾,从而与华夏民族接上血缘关系。正是借着历史记忆、族源记忆,华夏民族、中华民族逐步形成了一个相对稳定的"记忆共同体",成为有着悠久历史族源的民族。

自秦汉统一中国后,中华民族作为"记忆共同体"的意识不仅借着族源记忆,

---

① 陈琳国.中华民族的形成[M].广州:广东人民出版社,1996:131.
② 费孝通.中华民族的多元一体格局[J].北京大学学报(哲学社会科学版),1989(4):3—21.
③ 陈琳国.中华民族的形成[M].广州:广东人民出版社,1996:106.
④ 王明珂.华夏边缘:历史记忆与族群认同[M].北京:社会科学文献出版社,2006:252.

也借着先圣先贤、历史典籍、礼乐仪式等不断强化。从宋至和二年(1055年)孔子嫡长子孙封为"衍圣公"始,历经宋、金、元、明、清、民国,直至民国二十四年(1935年)国民政府为止,历朝历代,无论中原民族还是少数民族统治,都采用这一世袭封号;虽然朝代更迭,"四书五经"也仍然作为经典,作为治国的最高方略与准绳。清代虽然是满族贵族主导的政权,但对历史上的历代帝王,也是尊崇供奉的。康熙皇帝下令,除了那些历史上无恶不作的帝王外,其他帝王一律庙祀;乾隆皇帝更是将入祀的皇帝增加至一百八十八人。《清史稿》记载,康熙二十四年,在文华殿以东建传心殿,专门供奉"师"。有皇师、帝师、王师、周公、孔子,而轩辕氏(黄帝)在这里是作为三皇之一出现的。"孔孟之道"作为中华民族记忆,自汉代之后,就一直存在。

中华文化五千年,因革不断,"中国"原本不是问题,是文明的基础单位和历史论述的前提。但部分外国学者认为"中国"是想象的政治共同体,企图质疑与消解历史上的"中国",否定中国历史的合法性,这种错误观点的根源就在于歪曲中国历史和中华各民族文化的内在同一性和连续性。因此,古代的"中国"与现在"中国"虽然在概念内涵上有所差异,但今天的"中国"正是古代"中国"的延续和结果。

第三节 "中国记忆"的构成与特点

"记忆是人的全部,而人的全部就是记忆";[①]它"是一片神奇的疆域","这片疆域的确奇异,但并非不可理解"。[②] 自法国社会学家莫里斯·哈布瓦赫开创性地提出并研究"集体记忆"以来,社会记忆已日渐成为一个重要的分析概念和理论工具,受到多学科的重视和探讨,构成"中国记忆"分析的理论基础。哈布瓦赫说:"每一个集体记忆,都需要得到在时空被界定的群体的支持",群体构成集体记忆的社会框架,社会有多少种群体,就有多少种记忆。"中国"作为一个特定的空间和人群概念,也是构成特定社会记忆对象的概念框架——"中国记忆"。"中国记忆"有哪些具体内涵构成?其特点如何?是我们分析的重点内容。

---

① G. Baron. Memoire Vivante: Vie et Oeuvre de Marcel Jousse[M]//法拉,帕特森.记忆(剑桥年度主题讲座).户晓辉,译.北京:华夏出版社,2006:86.
② 德利奇.记忆与遗忘的社会建构[J].陈源,译.第欧根尼,2006(2):74—87.

一、中国记忆的基本意涵

"中国记忆"概念的意涵需要结合对集体记忆、社会记忆内涵的理解来概括。

莫里斯·哈布瓦赫认为集体记忆不是一个既定的概念,而是一个社会建构的概念,是一个特定社会群体成员共享往事的过程和结果,这种记忆并非某种神秘的群体心灵,而是一群人对于过去的记忆,是"过去的集体性的共同表象"。① "我们所谓记忆的集体框架,就只不过成了同一社会中许多成员的个体记忆的结果、总和或某种组合。"② 人们头脑中的"过去"并不是客观实在的,而是一种社会性的建构,"本质上是立足现在而对过去的一种重构"。③

德国汉诺威大学社会心理学教授哈拉尔德·韦尔策将社会记忆定义为"一个大我群体的全体成员的社会经验的总和"。④ 他将社会记忆分为交往记忆(或交流记忆、沟通记忆)和文化记忆,认为哈布瓦赫所讲的集体记忆是在社会交往互动中形成和保持的记忆,属于交往记忆;而文化记忆则是"每个社会和每个时代所特有的重新使用的全部文字材料、图片和礼仪仪式……"的总和。通过对它们的"呵护",每个社会和每个时代巩固和传达着自己的自我形象。⑤

王明珂教授在区分社会记忆、集体记忆、历史记忆的基础上,认为社会记忆是"指所有在一个社会中藉各种媒体保存、流传的'记忆'。如图书馆中所有的典藏,一座山所蕴含的神话,一尊伟人塑像所保存与唤起的历史记忆,以及民间口传歌谣、故事与一般言谈间的现在与过去"。他认为关于社会记忆主要论点可以总结为以下四点:① 记忆是一种集体社会行为,人们从社会中获得记忆,也在社会中拾回、重组这些记忆;② 每一种社会群体皆有其对应的集体记忆,该群体借此得以凝聚及延续;③ 对于过去发生的事来说,记忆常常是选择性的、扭曲的或是错误的,因为每个社会群体都有一些特别的心理倾向,或是心灵的社会历史结构。回忆是基于此心理倾向上,使当前的经验印象合理化的一种对过去的建构;④ 社会记忆需要依赖某种媒介,如实体文物、图像、文献、各种集体活动来保存、强化、重温。⑥

---

① 坎斯特纳.寻找记忆中的意义:对集体记忆研究一种方法论上的批评[M].张智,译//李宏图.表象的叙述:新社会文化史.上海:上海三联书店,2003:139—166.
② 哈布瓦赫.论集体记忆[M].毕然,郭金华,译.上海:上海人民出版社,2002:70.
③ 科瑟.莫里斯·哈布瓦赫[M]//哈布瓦赫.论集体记忆.毕然,郭金华,译.上海:上海人民出版社,2002:59.
④⑤ 韦尔策.社会记忆:历史、回忆、传承[M].季斌,王立军,白锡堃,译.北京:北京大学出版社,2007:6.
⑥ 王明珂.华夏边缘:历史记忆与族群认同[M].北京:社会科学文献出版社,2006:27.

中国记忆

孙德忠在《社会记忆论》中对"社会记忆"进行了专门研究,在《社会记忆论》一书中,他从认识论的角度对社会记忆的概念、生成、本质、结构、特点和功能及当代社会转型等进行了系统分析,认为社会记忆是人们将在生产实践和社会生活中所创造的一切物质财富和精神成果以信息的方式加以编码、储存和重新提取的过程的总称,其深层内涵是人类主体能力和本质力量对象化结果的凝结、积淀,以及后人破译、复活的双向活动。①

根据上述对集体记忆、社会记忆、文化记忆等的理解,我们可以将"中国"作为概念框架,以"中华民族"或"中国人"为记忆共同体(群体主体或社会框架),将"中国记忆"定义为:中国记忆是中华民族或中国人在中国历史发展过程中所创造的一切历史、文化、传统、知识的总和。对此定义我们可做三点说明。

其一,中国记忆的主体是中华民族或中国人。古代和今天的"中国人"都是"中华民族"大家庭的一员,是构成中国记忆的"大我群体"(我们)框架,既是中国记忆的创造者,也是中国记忆的承担者、传承者。站在今天看,古代的中国人是中国记忆创造者,今天的中国人是中国记忆的传承者;站在未来看,古代和今天的中国人都是中国记忆的创造者,未来的中国人是中国记忆的传承者、承担者。正是古代(过去)、今天(现在)、未来的中国人作为中国记忆创造者和传承者的统一性,形成了"中华民族"的连续性和记忆主体的互渗性,今天的"我们"是古代的"我们"生命的延续,而未来的"我们"也是今天的"我们"生命的延续。

其二,中国记忆的内容是在中国历史上由中华民族共同体所创造的一切物质和精神财富。按照韦尔策的理解,社会记忆是"一个大我群体的全体成员的社会经验的总和",那么,中国记忆即由中华民族或中国人所创造的一切历史文化的总和,或物质和精神财富的总和。在此意义上,我们可将"中国记忆"称为"中国历史记忆"或"中国文化记忆",历史、文化、记忆都有互涵、重叠的一面;也正是在此基础上,我们可以从历史文化现象(包含物质和精神)中解析和阐释中国记忆。反过来看,中国记忆不是虚空的建构,而是对中国历史文化现象的重新阐释。

其三,中国记忆必须依赖某种物质实体而存在。载体是记忆的物质中介,没有脱离载体而存在的记忆。记忆载体包括口头传说(人脑为载体)、文献记录(文本、典籍、图像、图片、声像等)、仪式动作(表演)、工具(器物)、遗迹(空间)等等,记忆承载、栖息、流淌、存储于其间,是中国记忆的隐喻、表象和表征,也是发掘、分析、展示中国记忆的工具和场所。

---

① 孙德忠.社会记忆论[M].武汉:湖北人民出版社,2006:24.

二、中国记忆的构成解析

"中国记忆"是一个整体性概念,有着丰富的内涵,可以从不同角度加以分类解析。

（一）从记忆主体角度划分

群体是社会记忆的构成框架,社会记忆是泛指不同群体的记忆。由于群体的层次性和多样性,"中国记忆"也可以划分成国家记忆、民族记忆、地方记忆、组织记忆、家庭记忆等不同群体对象或记忆范围。

1. 国家记忆

国家记忆既可以等同于"中国记忆",也可以作为中国记忆的一个部分,即国家整体层面的记忆,是与地方记忆、民间记忆等对称的概念,一方面指向具有普遍性、全民性的历史文化记忆,如抗战记忆、五四运动记忆、鸦片战争记忆、孔孟之道记忆,以及科举考试、国家宝藏、科技发展、著名人物、自然灾害等记忆;另一方面也指向王朝中央或中央政权、国家机构活动的记忆,如王朝记忆、封禅大典、祭孔大典、开国大典、机构改革、重要会议、重大工程等等记忆。宽泛地说,无论是民间记忆、家族记忆还是个人记忆,如果成为一种具有普遍意义的记忆,都可以成为国家记忆。如中央电视台CCTV-4的《国家记忆》节目,内容就涉及国家政治、经济、文化、科技、教育、社会等方方面面,也涉及社会各层面。

2. 民族记忆

"中国"是一个多民族的国家或记忆共同体,即"中华民族"。在"中华民族"内部,各民族作为记忆主体也有自己的民族记忆,特别是各民族的族源记忆、英雄传说、文化记忆、宗教仪式、风俗习惯、民族工艺、生产生活等等,是各民族历史、文化、传统的体现。

3. 地方记忆

地方是一个空间地域概念,也是一个文化概念。地方记忆可以分为两类:一类是行政区划意义上的地方记忆,根据不同层级的行政区划,每个行政层级的区划都有自己的地方记忆,如江苏记忆—南京记忆—浦口记忆—下辖乡镇记忆,每个层级行政区划的地方记忆都涉及本区域范围内历史、文化、传统、地方性知识、风俗习惯等等;另一类是文化区域的记忆,是在历史上形成的比较富有区域特色文化的地方记忆,如江南记忆、齐鲁记忆、巴蜀记忆、吴越记忆、潮汕记忆、淮扬记忆、湖湘记忆、徽州记忆等,一般属于特定的历史文化地域或文化圈。地方记忆在社会的底层(乡镇、乡村)即为基层社会记忆。

4. 组织记忆

组织记忆一般是以特定的组织机构(有独立法人资格的各类企事业单位或行业领域)为记忆主体或记忆对象的记忆,如高校记忆、企业记忆、航空航天记忆、交通记忆、邮电记忆等等。组织记忆往往也是国家记忆、地方记忆的构成部分。

5. 家族(家庭)记忆

家庭是社会细胞,也是传统中国社会的基本单位。家族(家庭)记忆在传统中国社会极为发达,祠堂、家谱、祖墓是家族记忆的三大构成要件。

以上五种记忆只是从主体层级上的大致划分,并非彼此独立,而是存在"涟漪"般的互构关系。如家族记忆也是一种组织记忆,而家族记忆、组织记忆也是地方记忆的构成部分,也可称为国家记忆的构成部分。

(二) 从记忆载体角度划分

1. 口头传承记忆

口头传承是无文字社会中社会记忆传承的典型形式,在有文字社会中同样存在。口头传承记忆有神话传说、民间故事、民间说唱、歌谣。说的有故事、有谚语,唱的有创世史诗(如英雄史诗《格萨尔王》)、京韵大鼓、河北梆子、山东快板、纳西民歌、"二十四节气歌诀"。孟姜女、梁祝、牛郎织女、白蛇传四大民间传说故事千年流传,家喻户晓,妇孺皆知。

2. 仪式记忆

仪式记忆也被称为体化记忆、体化实践。即通过身体动作表达、表现、操演社会记忆。康纳顿把纪念仪式和身体实践(习惯)作为社会记忆体化传授至关重要的行为。

仪式记忆可以从纪念仪式延伸到节庆仪式、民俗仪式;从身体习惯延伸到风俗习惯、传统手工艺、乡规民约;从自然形态的体化实践到表演形态的体化实践;等等。如祭拜炎帝黄帝陵、传统节日(春节、中秋、清明、端午)等,都可被视为中国人的仪式记忆。它不仅表现在我们的行动上,也表现在我们的身体行为习惯中,在无声无息、不知不觉中展演并传承社会记忆。

3. 文献记忆

文献记忆也称文本记忆。文字产生是人类社会记忆的一次"飞跃",使记忆可以脱离口头传承和仪式表演,而被刻写、记录下来,以文本、文献的形式固化起来,构成我们的社会记忆(资源),以便传播和传递给其他人。

文献记录最初是以图形、文字为主要的记录符号和记录手段(见图1-2),

第一章 宅兹中国：中国记忆构成与价值

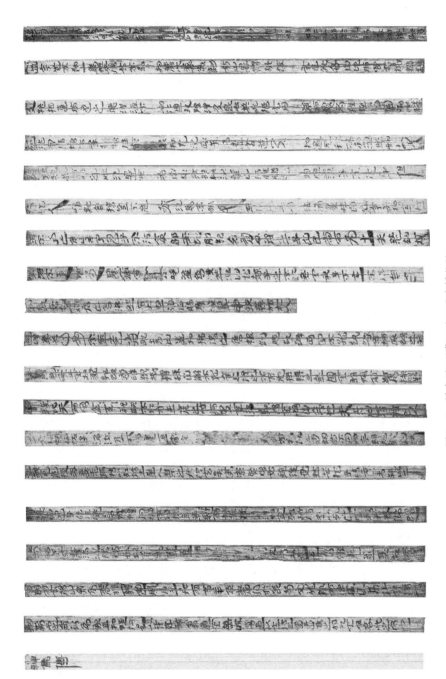

图1-2 神乌赋（现藏于连云港市博物馆）

后来发展到以文字、图形、图像、符号、声频、视频等技术手段记录人类活动和知识,今天都被视作文献;在现代信息技术的影响下,文献正在向电子化、数字化、网络化、多媒体方向发展。

4. 器物记忆

器物记忆也可称为文物记忆或实物记忆,主要是依托人们在生产生活中使用的劳动工具、劳动成果,以及各种生活物品来表达和展示记忆。如生产工具(犁、耙、锹锄、水车、渔具)、陶瓷制品、漆器(大漆髹饰)、武器(戈矛、刀枪、火器等)、家具用具、祭仪用品等,这些器物凝结了人类生产生活经验和人类生存情感,是寄寓人们记忆的重要工具。

5. 空间记忆

空间记忆侧重历史发生地、活动场景(地)或建筑物等所承载与表现的记忆,既包括历史活动发生的空间,如古民居、古村落、古桥梁渡口、古道驿站、古运河水坝、古牌坊碑刻、各种历史纪念地(战争等重大事件)、封建王朝的宫殿和地方衙门、各种宗教场所(古庙、古寺、古塔)等;也包括人们创造或制造的记忆场所、记忆宫殿,如档案馆、纪念馆、陈列馆、博物馆、图书馆、文化馆、美术馆等。宽泛地说,中国记忆也主要是在"中国"地域空间中生成和流传的记忆。

(三) 从记忆内容角度来划分

中国记忆从内容构成上,包括中国历史上各时期创造的一切精神和物质财富,是历史上各时期政治、经济、军事、科技、文化、宗教、社会生活等各方面活动的表现和凝结。从比较突出的感性认知出发,可以把它归为以下几方面。

1. 族源记忆

族源记忆涉及家族、民族、国家的起源记忆。如"龙的传人""炎黄子孙""华夏儿女"、三皇五帝以及各民族、种族、家族的族源传说,这是中国人"根"的记忆。

2. 人物记忆

历史是人的活动过程和结果,人既是记忆的创造者,也是记忆的内容对象。在中国历史上,从三皇五帝,到秦皇汉武、唐宗宋祖,历朝历代先圣先贤、帝王将相、文人墨客、医家工匠,近现代以来的革命先烈、政治领袖、科技专家、社会贤达,等等,都是中国人的记忆。无论是历史人物,还是传说中的人物,无论是推动历史发展的贡献者,还是阻碍历史发展的落后者,甚至叛国者,都是记忆的一部分。

3. 事件记忆

事件是历史活动的单元和脚印,历史是由大大小小的事件构成的。历史上的事件,从传说中的炎黄大战,到后来的朝代更替、历次战争、社会改革、历史工程建造、突发事件,如"焚书坑儒""玄武门之变""杯酒释兵权",鸦片战争、五四运动、抗日战争、解放战争、改革开放,等等,都是中国记忆必不可少的重要内容。

4. 文化记忆

文化是历史过程中创造的物质和精神财富,包括物质文化、精神、行为、制度等等(见图1-3)。中国历史文化极为丰富,从有形的文化形式,如文字、书法、文房四宝,四书五经、《四库全书》,文学艺术(如小说、戏剧、绘画、音乐、诗歌、雕塑、舞蹈、影视),祖训、家规、典章制度、法律法规、仪式、科举考试、节庆活动;到无形的精神文化形式,如"孔孟之道"、"礼仪之邦"、诸子百家思想等,都是中国记忆的构成部分。

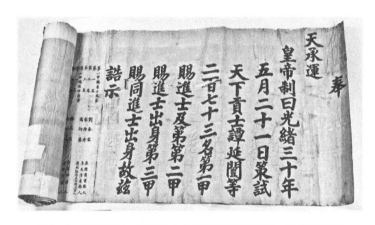

图1-3 清光绪三十年科举大金榜(现藏于中国第一历史档案馆)

5. 工艺记忆

包括各种劳作技艺、知识经验。如"罗盘","农耕文明"的劳作方式、灌溉技术,今天开展的各种"非物质文化遗产保护项目",中央电视台的《舌尖上的中国》,中国记忆实验网站上展示的大漆髹饰,等等,都是工艺记忆的内容。

6. 建筑记忆

建筑不仅是记忆载体、"记忆场",也是记忆内容。长城、故宫、明十三陵、中山陵、上海外滩建筑群,以及遍布各地的古城墙、城隍庙、寺庙、工业厂房等都是建筑记忆,也是中国记忆。

7. 地方风物

中国记忆不仅包括国家整体的记忆事项(对象),也包括各种风土人情、地方特产。如与地方风俗仪式相关的赛龙舟、地方崇拜；与地名有关的"霸陵桥""阳关""扬州"（广陵、江都）、荆州（江都）、南京（金陵、建康）；与地方特产相关的"鱼米之乡""西湖龙井""黄山毛峰""狗不理包子"；与方言有关的"沪语"、"津味"、东北腔、闽南语、粤语；等等。

以上只是"中国记忆"构成的"速写""素描"，概言之，中华上下五千年的历史、文化、传统、知识都是中国记忆的内容。

（四）从情感性质角度来划分

说"情感性质"只是权宜性称法，是指带有感情色彩或对记忆进行价值、感性判断的成分的一种划分。从二分法角度，中国记忆可以分为以下几种。

1. 红色记忆与白色（黑暗）记忆

红色记忆是指中国共产党在领导中国革命、社会主义建设、改革开放和中国特色社会主义建设新时代各时期创造、留存下来的各种物质、文化、历史、传统、精神的总称。包括各种红色档案、红色文物、红色场馆（地）、红色文艺经典等等，也包括在革命战争和社会主义建设各时期形成的中国共产党精神谱系，如伟大的建党精神、井冈山精神、延安精神、抗战精神、铁人精神、改革开放精神、航天精神等等，是中国人民巨大的物质和精神财富。

白色记忆也可以称为黑暗记忆，既包括历史上各时期独裁政权、反动政权对广大人民施加的白色恐怖或进行的黑暗统治，如古代的"文字狱"，明代的"锦衣卫"，国民党统治时期的"四一二反革命政变"、对革命志士镇压屠杀的记忆；也包括外国侵略者对中国人民的残酷屠杀，给中国人民造成的极大伤害记忆，如南京大屠杀、大同煤矿"万人坑"、日本"731"部队的活体试验等记忆。白色记忆是必须铭记的历史记忆。美国犹太人哲学家阿维夏伊·玛格利特在谈到什么是全人类都应该或有义务记住的事情时，他的回答是："绝对的恶和反人类罪，如奴役、驱逐平民和集体灭绝等。"[1]

2. 幸福记忆与苦难记忆

幸福记忆即快乐喜悦的记忆，是中国人民在抵御外侮、反抗暴政、进行社会主义伟大建设中取得伟大成就的记忆，如抗战胜利、解放战争胜利、新中国成立、根治血吸虫病、南京长江大桥通车、卫星上天、空间站对接等等；也包括日常生活中人们越来越多的感受到的幸福快乐的记忆，如春节联欢晚会、端午赛龙舟、春

---

[1] 玛格利特.记忆的伦理[M].贺海仁，译.北京：清华大学出版社，2015：70.

节逛庙会等等。

苦难记忆,有时也称为创伤记忆,包括自然灾害造成的伤害、痛苦,如古代黄河决堤、唐山大地震、汶川地震、SARS等造成的苦难(灾难)记忆;也包括人为灾害所导致的苦难、灾难、伤痛、创伤等,如战争、政治事件、人为事故;还包括由于生产力低下、物质资料供应不足,或创业过程中所面对的困苦记忆,如红旗渠修建中经历的苦难等。

幸福记忆与苦难记忆并非截然分开,幸福中有困难,困难中也有幸福,彼此可以转化,克服困难,战胜困苦,就是幸福!

3. 成功记忆与挫折记忆

在新中国的建设过程中,我们有过无数次的成功:"两弹一星"、大庆油田、改革开放、深圳特区、战胜SARS、青藏铁路、杂交水稻、载人航天、探月工程、量子科学、深海探测、超级计算机、北斗卫星导航、高速铁路、国产大飞机等,中国的发展正是由一个个成功累积构成的,也构成我们一代代中国人的成功记忆。

成功与挫折、失败是矛盾的对立统一体,有成功,就有挫折、失败。在新中国建设中,我们也经历了无数的挫折和失败,成功的背后是无数次的失败。"杂交水稻之父"袁隆平三千多次试验未成,其中的挫折和艰难可想而知。每一次成功都经历了无数次的挫折、失败,挫折和失败可以成为前进的动力与勇气。习近平总书记指出:"中华民族历史上经历过很多磨难,但从来没有被压垮过,而是愈挫愈勇,不断在磨难中成长、从磨难中奋起。""多难兴邦",但关于"磨难"的记忆必须被记住。

三、中国记忆的总体特点

(一)形成主体的多元性与层级性

孙德忠说:"社会记忆的主体无疑是人,但不是抽象的人,而是现实的从事社会历史活动的人。"[①]"中国记忆"从宽泛意义上说是由中国人或中华民族在历史活动中生成与创造的记忆,其形成主体是"中国人",但具体到记忆对象,以及这些记忆对象整体构成的中国记忆而言,其形成主体则是由不同类型、性质和人群的主体构成的。

从记忆塑形而言,中国记忆的形成主体包括记忆的创造者和记忆的制造者。记忆的创造者是历史活动的主体,是创始事件或原初事件的活动者,正是这些历

---

① 孙德忠.社会记忆论[M].武汉:湖北人民出版社,2006:13.

史活动主体创造历史、文化,形成传统、经验,才产生国家记忆。没有陈胜、吴广起义,也不会有陈胜、吴广及秦末农民大起义的记忆。记忆的制造者是对创始事件记录或加工主体,包括历史活动的记录者、历史的书写者,以及创始事件记忆的改造者。司马迁撰写《史记》,使早期国家的记忆得以留存。在社会历史活动中,有许多记忆的主体既是历史的创造者,也是历史的制造者。

从记忆主体性质而言,中国记忆形成主体包括国家统治集团的记忆、社会精英的记忆和民间大众的记忆。国家统治集团的记忆往往是指王侯将相形成的记忆,如历朝历代统治王朝的记忆;社会精英的记忆往往是指政治、经济、文化、知识、科技、社会活动精英人物形成的记忆,如古代工匠的记忆、医药医书的记忆、古代知识分子的记忆;而民间大众的记忆往往是由社会基层民众、家庭、家族形成的记忆,如侨批档案、徽州民间文书等。三者在划分上,并非全然排斥,其记忆对象内容具有同源互构性。

从记忆主体人群构成看,国家记忆形成主体包括国家、民族、地方(不同层级的象征区划和文化空间)、组织机构、乡镇、村落、家族、特定人群(知青、抗战老兵、志愿军战士、三线建设者、归侨人员、水库移民、抗疫卫士)等,不同主体都会形成不同的社会记忆,也是中国记忆的构成部分。

(二)存在方式的多样性

中国记忆既在人们的思想观念中,也在各种实体的表象表征中,它们以典籍、档案、文物/实物、非遗、仪式、口头传说、建筑物、历史纪念地,以及各种文化事项表现出来。《中国记忆——中国文化遗产档案》开篇就指出:"泱泱华夏,五千年的文化赋予中华儿女无以胜数的遗产。从巍峨一方的万里长城,到精致乖巧的江南园林;从金碧辉煌的皇宫禁城,到粉墙黛瓦的徽派民居;从敦煌莫高窟蹁跹的飞天,到蒙古草原上悠扬的长调;从姹紫嫣红开遍的昆曲,到高山流水识知音的古琴幽韵,中国的物质与非物质文化遗产,以人们或可触摸,或可神会的方式传递着中华文化的血脉。"[1]

截至 2022 年,中国已有包括山东泰山、甘肃敦煌莫高窟、周口店北京人遗址、长城、陕西秦始皇陵及兵马俑、明清皇宫、安徽黄山等在内的 45 处世界遗产,位居世界第二位;有昆曲、古琴艺术等 34 个项目入选联合国教科文组织"人类非物质文化遗产代表作名录";羌年、中国木拱桥传统营造技艺等 7 个项目入选"急

---

[1] 阎东.中国记忆:中国文化遗产档案[M].北京:中国建筑工业出版社,2007:13.

需保护的非物质文化遗产名录";1 366个项目入选国家级非物质文化遗产。这些物质与非物质文化遗产都是中国记忆"物态化""体化动作"存在形态。

自1992年实施"世界记忆工程"以来,我国已先后有中国传统音乐录音档案、清代内阁秘本档、纳西东巴古籍、清代科举大金榜、清代"样式雷"建筑图档、《本草纲目》《黄帝内经》、元代西藏官方档案、侨批档案——海外华侨银信、南京大屠杀档案、清代澳门地方衙门档案(1693—1886)、近现代中国苏州丝绸档案、甲骨文13项文献遗产被列入《世界记忆名录》,这也是中国记忆的档案化、文本化存在形态。

(三) 历史内涵的深厚性

中国历史文化的深厚性是中国记忆历史内涵深厚的基础和来源。在世界文明发展史中,中华文明从未中断,人们经常用"博大精深,源远流长"来形容。我国考古学者从河姆渡文化中发现距今约6 000年的古稻遗存,随后又相继发现湖南城头山、彭头山和江西万年仙人洞、吊桶环等多处遗址,将我国新石器时代稻作农业的起源上溯到距今1万年前后,中国成为世界公认的稻作文明起源地。① 传统上,我们常说中华文化五千年,林语堂先生曾评论说:"不管怎样,无论怎样混法,能混过这上下五千年,总是了不起的,说明我们的生命力很顽强。"

"二十四史"是中国古代各朝撰写的正史总称,上起传说中的黄帝时期(约公元前2550年),下至明朝崇祯十七年(1644年),共计3 213卷(《汉书》《后汉书》《魏书》和两《唐书》有复卷,实际为3 300卷),约4 700万字(以中华书局点校本统计)。记述的范围自传说中的黄帝开始,到明末崇祯皇帝止,涵盖中国古代政治、经济、军事、思想、文化、天文、地理等各方面的内容。"二十四史"以本纪、列传、表、志等形式,纵横交错,脉络贯通,记载了各个朝代的历史概貌;同时又以中国历代王朝的兴亡更替为框架,反映了中国错综复杂的历史进程,使中国和中华民族成为世界上拥有近四千年连贯、完整历史记载的国家和民族,集中反映出中国记忆的深厚性。

冯惠玲教授曾从档案学角度提出构建"中国记忆数字资源库",将数字资源库建设分"历史子库"(收录1949年中华人民共和国成立之前的文献资源)和"当代子库"(收录1949年中华人民共和国成立之后的文献资源)两部分。其中"历史子库"分为:文明起源、图腾宗教、民族迁徙、民族融合、疆域地图、家谱方志、

---

① 央广网.更好认识源远流长博大精深的中华文明(专题深思)[EB/OL].(2021-01-29)[2022-08-20].news.cnr.cn/native/gd/20210129/t20210129_525402627.shtml.

朝代更替、改革变法、科举考试、儒家经典、诸子百家、文学艺术、语言文字、丝绸陶瓷、民族英雄、科技发明……"当代子库"分为开国大典、抗美援朝、社会改造、两弹一星、唐山地震、自卫反击、联产承包、经济特区、国企改革、香港回归、澳门回归、三峡工程、抗击非典、汶川地震、北京奥运……这样的列举是无尽的,却反映出中国记忆丰富性、深厚性。虽然从总体看仍是"设想",但在国家各行各业中不同程度地逐步推进。

（四）记忆内涵的时代性

哈布瓦赫认为"过去是一种社会建构,这种社会建构,如果不是全部,那么也是主要由现在的关注所形塑的";"在每个历史时期分别体现出来的对过去的各种看法,都是由现在的信仰、兴趣、愿望形塑的"。① 虽然哈布瓦赫所主张的社会记忆建构的"现在中心观"受到不同程度的批评,但还是体现出社会记忆建构的某些突出特点,即对历史记忆的认知和重新阐释,体现出很强的时代性。在中国记忆的形成和重构中,这一特点也同样存在。

比如,对于秦始皇,历史上多认为他是"暴君",而且通过"焚书坑儒"、《陈涉世家》、《过秦论》等叙述或评论得到不断强化。不过,新中国建立后,虽然对秦始皇也有批判,但也有许多新的认识,既充分肯定了他在建立中央集权制的多民族国家中的作用,也充分肯定了他在统一文字、货币、度量衡,建立全国驿道上的贡献。毛泽东为郭沫若的《封建论》还写过一首七律诗,替秦始皇翻案:"劝君少骂秦始皇,焚坑事业要商量。祖龙魂死秦犹在,孔学名高实秕糠。百代都行秦政法,十批不是好文章。熟读唐人封建论,莫从子厚返文王。"② 对秦始皇的记忆有不同的重构。

再如对待曹操,历史上批评也很多,特别是民间依据《三国演义》中对曹操的叙述,有许多演绎,多刻画出其"奸雄"的脸谱,即所谓"白脸的曹操";然而,今天人们对曹操的认识有更多的历史客观性,认识到作为政治家、军事家和文学家的曹操。

社会记忆的时代性建构或重构,受多种要素的影响,虽然看法（历史观点）有所不同,图像时有变化,但记忆的事件却是存在的,不能因其建构性,就否认历史的客观性。历史的重构并不是一个关于虚无的文本,"不可能把实在的、曾经发生过的,并残留在各种遗迹、文献、记忆中的'过去'完全放逐。能够面对殷墟那

---

① 科瑟.莫里斯·哈布瓦赫[M]//哈布瓦赫.论集体记忆.毕然,郭金华,译.上海:上海人民出版社,2002:45.
② 毛泽东.七律·读《封建论》呈郭老[M]//陈晋.文人毛泽东.上海:上海人民出版社,1997:670.

个巨大的遗址说'殷商'与'夏'一样不存在么？能够面对二十四史的记载说历史上的王朝是虚构的么？"①

（五）历史构成的层累性

正是由于社会记忆的建构性，所以不同时代人们对历史有不同的认知，形成了不同的历史图像；但这些图像并非不连贯、彼此不重合不关联，而是互有重叠、叠加。美国学者施瓦茨认为社会记忆的建构"既可以看作是对过去的一种累积性的建构，也可以看作是对过去的一种穿插式的建构"。

中国记忆是在历代传承中形成和重构的，后世的建构可以找到前代的影子、前代的影响，由此对历史记忆的描绘代有差异但又彼此关联，逐步形成中国记忆层累的构造。我国历史学家顾颉刚先生提出"层累地造成的中国古史"观，他认为：第一，"时代愈后，传说的古史期愈长"。譬如，周代人心目中最古的人王是禹，到孔子时始有尧舜，到战国时有黄帝神农，到秦时三皇出来了，汉以后才有所谓"盘古"开天辟地的传说。第二，"时代愈后，传说中的中心人物愈放愈大"。第三，在勘探古史时，我们即使"不能知道某一件事的真确的状况，但可以知道某一件事在传说中的最早的状况"。譬如，我们即使不知道东周时的东周史，也至少能知道战国时的东周史；我们不知道夏商时期的夏商史，也至少能知道东周时的夏商史。"我们要辨明古史，看史迹的整理还轻，而看传说的经历却重"②；"不立一夏，惟穷流变"③。

顾颉刚先生的"层累地造成的中国古史"观，从社会记忆/中国记忆的形成与重构上看，也可以说是"层累地造成的中国记忆"观，每朝每代对中国记忆的不同建构，相互叠加，就造成了中国记忆层累的构成性，也显示出中国记忆的历史连续性和统一性。

（六）物质与精神的统一性

社会记忆具有双重性，"既是一种物质客体、物质现实，比如一尊塑像、一座纪念碑、空间中的一个地点，又是一种象征符号，或者某种具有精神涵义的东西、某种附着于并强加在这种物质现实之上的为群体共享的东西"。④

---

① 葛兆光.中国思想史·导论[M].上海：复旦大学出版社，2004：134—135.
② 顾颉刚.古史辨（第一册）[M].海口：海南出版社，2005：75.
③ 顾颉刚.古史辨（第一册）[M].海口：海南出版社，2005：223.
④ 哈布瓦赫.论集体记忆[M].毕然，郭金华，译.上海：上海人民出版社，2002：335.

中国记忆的物质性是中国记忆物态化的凝结和反映,是自然记忆(社会活动创始记忆)通过各种记忆承载体,实现向人工记忆的转化。通过创建各种记忆工具和记忆系统,人类不断形成记忆的"人工制品",使记忆通过"人"与"非人"(照片、文献、仪式、器物、建筑物等)之间的互动而"生成""组装"和"亲历"。"人在记忆的同时也被物所记忆"。①

中国记忆同时也表现出精神性特点,既是某种具有精神内涵的东西,附着于物质载体之上,体现出记忆的意义;更是一种思想观念的记忆、文化品质的记忆和精神象征的记忆。如儒家、道家、佛教思想的记忆,中国文化中的"仁义礼智信""勤俭持家""耕读之家""祖先崇拜""经典崇拜"等,今天我们讲的"伟大的建党精神"和"党的精神谱系"等,都是精神层面的记忆。中国记忆的精神内涵既存在于中国历史文化之中,也具体表现在各种物质的、文本的、仪式的、空间的实体上,显示出物质性与精神性的统一。

第四节　中国记忆的当代价值

集体记忆是一个国家、一个民族的身份之根、历史之源、文化之魂,对国家记忆的掌控是事关民族国家生死存亡、尊严与未来的重大问题。一个没有记忆的民族是一个没有前途的民族,一个没有记忆的国家是一个没有希望的国家。清代思想家龚自珍说:"欲知大道,必先为史。""灭人之国,必先去其史;灭(隳)人之枋,败人之纲纪,必先去其史;绝人之材,湮塞人之教,必先去其史;夷人之祖宗,必先去其史。"②美国文化人类学家保罗·康纳顿指出:"谁控制过去,就控制未来;谁控制现在,就控制过去",在谈到极权统治对历史的重构和对被征服者社会记忆的剥夺时指出,"可怕的不仅在于侵犯人的尊严,而且还在于这样的恐惧:可能再也不会有人真实地见证过去"。③ 作为国家、民族生存与发展的根基,中国记忆对"中国人""中华民族"的发展具有十分重要的价值和意义,不容忽视和轻视。

一、为民众提供身份感与根源感

记忆是生命之魂,"记忆即生命"。记忆对人的重要性首先在于可以给自己

---

① 祁和平.记忆活动、记忆史与记忆的物质性[J].人民论坛·学术前沿,2019(17):116—119.
② 龚自珍.龚自珍全集[M].上海:上海古籍出版社,1999:22.
③ 康纳顿.社会如何记忆[M].纳日碧力戈,译.上海:上海人民出版社,2000:11.

提供身份感和根源感,知道"我是谁?""我从哪里来?"法国历史学家雅克·勒高夫指出:"记忆是构成所谓的个人或集体身份的一个基本因素,寻求身份也是当今社会以及个体们的一项基本活动,人们或为之狂热或为之焦虑。"① 冯惠玲教授曾指出:"遗忘了记忆,我们就会丧失荣誉感、责任感和道德感;遗忘了记忆,我们就会迷失自己的文化身份和精神归属;遗忘了记忆,他人就会窃取我们祖宗留下来的财富;遗忘了记忆,我们的同胞就会成为'他们'。"②

身份感与根源感紧密相关,其实质就是对"我是谁?""我从哪里来?"的追问和感知,只有追寻祖先之根,才能确认自己身份。水有源,树有根,寻根问祖、追根溯源是中华民族的传统美德。"寻根"既是中国人的普遍情怀,也是中国人作为古来、智慧民族的一种特征特质。每个家庭、家庭中的个体都要追寻自己的"祖先之根"。一个国家、一个民族也要有自己的"民族之根""国家之根"。

记忆或者说国家记忆、祖源记忆是我们维系身份,追寻根源的思想动力,也是增强身份感和根源感的基本途径。对于忘记自己祖先的人,我们经常痛骂其"忘本";对于罔顾历史、违背先人的人,我们也经常痛骂其为"数典忘祖"。只有牢记历史,才能摆脱身份迷失和身份焦虑,找寻到生命的真实身份。这些都表明国家记忆对于增强民众身份感和根源感的重要价值。

葛兆光教授曾用"寻根"和"挖根"来分别表达人们为了现实的需要而对过去传统、经验的弘扬和抛弃。他说历史记忆转化为思想资源有两种方式,一种是"寻根",即以向回看的方式进行文化认同,确认自己处在一个强大的历史空间中,凭着凸显和夸张这种文化传统,获得所需要的自信心和凝聚力,不仅得到相互认同的基础,而且仿佛找到力量的来源;另一种是"挖根",或者说"斩草除根",即以发掘历史记忆的方式反省自身传统来源,为了现实的需要,自愿放弃来自历史的统一经验和统一身份,淡化旧的历史约束,坚决扬弃过去的传统,融入新的知识与经验中。③ 在中国人的情感世界中,都有对根的依恋,强调"参天之树,必有其根;怀山之水,必有其源",在使命的终结,都寄希望能"落叶归根"。而对个人、对国家"根的追寻","追根溯源",就是对记忆的追寻。

二、增强民族的认同感与归属感

认同感、归属感与身份感、根源感是一个问题的两个方面,身份感和根源感

---

① 勒高夫.历史与记忆[M].方仁杰,倪复生,译.北京:中国人民大学出版社,2010:111.
② 冯惠玲."中国记忆"与数字档案资源建设(学术报告课件)[Z].2012.
③ 葛兆光.中国思想史·导论[M].上海:复旦大学出版社,2004:89—93.

是从个体的角度确定"我是谁?""我从哪里来?",而认同感和归属感则往往是从个体与个体之间、个体与群体之间的关系上确认个体的身份和群体的归属,确认彼此之间的同一性,从而将自身纳入群体之中,确认我们是"共同体的成员"或者说"一个大我群体"的一员,从而增强民族的团结和凝聚力。

以色列伦理学家阿维夏伊·玛格利特指出:"人是符号性的动物,这是人之为人的一个显著特点,人与人之间可以在不必面对面接触的情况下形成象征性的团结关系。狼群和狮群之间只能通过舔和嗅发生面对面的关系。人类的做法就好得多,通过操作共同记忆的符号而形成集体共同体。"①自社会记忆研究以来,学者们越来越意识到个人("小我")与社会(群体或"大我")的相互依存关系,也越来越意识到社会记忆在群体身份认同中的作用与价值。康纳顿指出:"任何社会秩序下的参与者必须具有一个共同的记忆。对于过去社会的记忆在何种程度上有分歧,其成员就在何种程度上不能共享经验或者设想。"②扬·阿斯曼也说:"身份认同归根结底涉及记忆或回忆。正如每个人依靠自己的记忆确立身份并且经年累月保持它,任何一个群体也只能借助记忆培养出群体的身份。"③

集体记忆构成了各个民族国家自我认同的基础。"构成一个民族自我认同的要素是什么? 就是它的集体性记忆,充满瑰丽奇想的神话,先民开疆拓土的壮烈故事,体现民族睿智的典籍,历经岁月沧桑存留下来的格言,脍炙人口几十个世代流传至今的诗歌、小说、戏曲、演义和轶闻。这种集体性记忆的内涵、风格和强韧性,构成了一个民族的精神素质,即民族性。"④

《七子之歌》是近代爱国主义诗人闻一多 1925 年在美国留学期间创作的组诗作品,用拟人化的手法,把中国的澳门、香港、台湾、威海卫、广州湾、九龙岛、旅顺和大连等七个被割让、租借的地方,比作祖国母亲被夺走的七个孩子,让他们来倾诉"失养于祖国、受虐于异类"的悲哀之情,"以抒其孤苦亡告,眷怀祖国之哀忱"。在 1999 年澳门回归祖国之前,《七子之歌·澳门》被谱曲传唱,唱出了亿万华人的心声,增强了海内外中华儿女对祖国的爱和赤子之心。

三、提升中国人的荣誉感与自豪感

《中国记忆》的序言有言:一个人的记忆,记载着一个人对一段时期的经历;

---

① 玛格利特.记忆的伦理[M].贺海仁,译.北京:清华大学出版社,2015:86—87.
② 康纳顿.社会如何记忆[M].纳日碧力戈,译.上海:上海人民出版社,2000:3.
③ 阿斯曼.文化记忆:早期高级文化中的文字、回忆和政治身份[M].金寿福,黄晓晨,译.北京:北京大学出版社,2005:87.
④ 徐川.记忆即生命[M]//夏中义.人与国家.桂林:广西师范大学出版社,2002:7.

一个民族的记忆,记录着一群人的历史变迁;而一个国家的记忆,谱写着一个时代、一个社会对数千年过往的感怀与传承!"悠悠上下五千年的历史,向世人展示了一个多民族国家的辉煌历程。我为能生活在有如此深厚的文化底蕴的古国而自豪,更为自己是中华民族的一分子而骄傲!""在记忆里回味沧桑,在记忆里寻找来时的力量。沉淀的是千年的历史精华,留存的是感动的希望!"①

从蜀地三星堆青铜文化到汉唐长安,从三国曹操墓到西汉海昏侯墓,从玉器、青铜器、丝绸到漆器、瓷器、金银器,一次次重大考古发现都从不同层面和角度向世人展示了中华文物之精美,无声地述说着一个民族的伟大智慧。今天,中国人通过与这些上千年历史遗留下来的文物进行"对话",无不为中华优秀传统文化感到自信和骄傲,也正是这种世代传承的文化,激励着每一代人奋发图强,建立各个时代的强盛文化留给后人,进而衍生出更加强大的文明和强盛的文化。

在世界四大文明古国中,古埃及、古巴比伦、古印度都相继陨落,只有中华古代文明留存了下来,而且在新的时代焕发出愈益璀璨的光芒。中华文化之所以沿革不断、历久弥新,原因是多方面的,从记忆的角度看,有两点值得强调:一是中华文化有着极强的同化力,尤其在春秋时期孔子的儒家思想诞生后,讲究包容、仁爱,对各种外来文化兼收并蓄,增强了中华文化的影响力和深度。纵观历史上各个入主中原的少数民族,最终都成了华夏大家族中的一分子,流淌着中华记忆"血脉"。二是汉字的传承。纵观其他三大文明古国的消失,首先便是文字的失传,古埃及的象形文字直到近代才被破译,古巴比伦的楔形文字也是如此,但这些国家已不复存在。古印度的印章文字,其含义直到今天还是个未解之谜,这也是这些文明古国文化断层的根本原因。而我国的文字,自秦始皇统一六国后,小篆便成了中国的官方文字,虽然后世经过几千年的演变发展,成了如今的简体字,但其和小篆本质上是一脉相传的。秦朝以后乃至先秦时期出土的诸多历史古籍,放到现在还是能释读,这就是记忆的力量!

四、捍卫国家领土与主权完整

2008年3月14日,西藏发生了拉萨打砸抢烧暴力犯罪事件,不法分子的目的就是要分裂西藏。面对西藏的严重暴力犯罪事件,国家档案局从自元代以来浩如烟海的档案中,列出15条历史铁证,向世人展示中国中央政府有效管辖西藏七百多年这一改变不了的事实。

---

① CCTV-10 中国记忆摄制组.中国记忆[M].上海:上海科学技术文献出版社,2007:序.

| 中国记忆

2012年前后的中国钓鱼岛主权争端中,我国公布了大量历史档案文献,证明钓鱼岛及其附属岛屿自古以来就属于中国固有的神圣领土。如明嘉靖三十五年(1556年)抗倭名将、福建总督胡宗宪的幕僚郑若曾著《筹海图编》,其中"沿海山沙图"中不但记录了钓鱼岛、黄尾屿、赤尾屿等岛屿属于福建海防范围的情况,而且标明了这些岛屿的位置与统管区域。明万历三十三年(1605年),吏部考功司郎中徐必达以《筹海图编》中的"万里海防图"及有关"图论"为据,摹绘成一组条屏式样的海防图,命名为《乾坤一统海防全图》,图中明确标明钓鱼岛在清朝海疆海防范围内。明天启元年(1621年)茅元仪绘制的《武备志·海防二·福建沿海山沙图》,也将钓鱼岛等岛屿划入中国海疆之内。

在维护钓鱼岛领土主权问题上,中国第一历史档案馆研究员鞠德源先生潜心十余载,查阅数以吨计的历史文献,出版了100多万字的巨著《日本国窃土源流:钓鱼列屿主权辩》,以大量翔实的、无可辩驳的史实证明,自14世纪起钓鱼列屿就是中国的领土。在南海诸岛主权之争中,广东省中山图书馆以其馆藏丰富的南海诸岛文献,多次在中国南海诸岛国际争端中为中国政府提供文献证明。①

为更加强有力地捍卫国家领土和主权,2011年教育部设立人文社会科学基金重大项目"民国时期中国政府维护南海主权的档案资料整理与研究",由南京大学沈固朝教授担任首席专家;同时设置"西南中沙群岛档案馆",可以说档案记忆正在构建起我国"信息边疆""记忆边疆"的"铜墙铁壁"。

五、增强文化遗产传承与保护力度

冯骥才先生说:"遗产就是'记忆'。"文化遗产与中国记忆相生相成,互为表里。记忆是文化遗产的内在特质,文化遗产则是记忆非表征和表象,文化遗产保护的目的和宗旨在一定程度上就是保存人类记忆。文化部原副部长王文章先生也说过:"人类口头和非物质遗产与人类其他历史遗迹、遗址及人文景观一样,都是人类伟大文明的结晶。作为现有文化的记忆,无形文化遗产与物质形式的文化遗产,对一个民族来说,具有同等重要的意义。而从历史的角度看,'人类口头和非物质遗产'包含了更多随时代变迁而曾经被人们忽视或忘却了的文化记忆,我们只有在保护和重新唤起这些'记忆'的基础上,才有可能真正懂得人类文化

---

① 冯惠玲.档案信息资源在国家经济社会发展中的综合贡献力[J].档案学研究,2006(3):13—16.

整体的内涵与意义。"①

文化名人毛佩琦说："我们祖先留给我们的文化遗产,包括物质文化遗产和非物质文化遗产都是非常丰富的,也是非常珍贵的,我们这一代人,有责任保护好它们,继承好它们。这份文化遗产是我们民族的记忆,是我们的身份,是我们自立于世界文化之林而不同于其他国家、其他民族的身份证,所以我们要发扬光大,在我们面向未来的时候,让我们保存好这份历史的记忆,开创辉煌的未来"。②

以文化记忆方式留存文化遗产,社会文化遗产保护的最后底线。中国民俗学会副理事长贺学君研究员指出："一个民俗事象,如果没有继续发展的可能,那么它的消亡也是时代和历史的必然,并不需要感到可惜和悲伤","当然对此还是需要用科学手段将其作为资料加以保存和保留"。③ 北京大学陈平原教授也曾悲愤地说："保不住城墙,保不住四合院,那就保住关于这座城市的历史记忆,这也是一种功德……那就是用文字构建的、带有想象成分的北京。"④

今天,伴随着文化、知识、历史、信息的传播,中国记忆渗透进我们的日常生活,并且随着旅游文化产业的发展而大放异彩,在传承国家记忆的同时,也正发生着功能上的转变,演变成为社会中具有经济价值的记忆资源——记忆资本。

六、还原历史真相,维护人类正义

国家记忆资源是还原历史真相、维护社会正义的有力武器和道德根基。"档案(已)从支撑学术精英的文化遗产转变为服务于认同和正义的社会资源。"⑤

为纪念抗战胜利70周年,国家档案局网公布了一批抗战时期的档案,揭露日军的侵略行径,维护历史正义,包括《伟大的胜利——中国受降档案》《档案天天看——馆藏抗战档案系列》《日本战犯的侵华罪行自供》《日本侵华战犯笔供选》《"慰安妇"——日军性奴隶档案选》等。2015 年,在十二届全国人大三次会议记者会上,外交部部长王毅就"中国的外交政策和对外关系"相关问题回答中外记者提问时指出:"70 年前,日本输掉了战争。70 年后,日本不应再输掉良知。""加害者越不忘加害于人的责任,受害者才越有可能平复曾经受到的伤害,

---

① 王文章.非物质文化遗产保护研究[M].北京:文化艺术出版社,2013:8.
② CCTV-10 中国记忆摄制组.中国记忆[M].上海:上海科学技术文献出版社,2007:71.
③ 贺学君.非物质文化遗产"保护"的本质与原则[J].民间文化论坛,2005(6):71—75.
④ 陈平原.想象北京城的前世与今生:答新华社记者刘江问[J].北京师范大学学报(社会科学版),2005(4):106—111.
⑤ 库克.四个范式:欧洲档案学的观念和战略的变化:1840 年以来西方档案观念与战略的变化[J].李音,译.档案学研究,2011(3):81—87.

这句话既是人与人的交往之道,也是对待历史问题的正确态度。"①

当代犹太裔学者舒衡哲在《流离的记忆女神》一文中说,记忆是指有系统并经过反省的民族记忆,这也是犹太人忍受苦难的力量源泉。"我们不但要记住美好的恩赐,也要记住邪恶的、令我们受苦的东西……忘记就是遗弃记忆、出卖记忆、出卖历史。换句话说,遗忘就是甘冒战争的危险。"②回顾一下中华民族五千年的发展史,我们也能深切感受到中华民族集体记忆维护正义的能力。

七、促进社会的和谐繁荣稳定

记忆的社会框架既可看作群体框架,也可看作观念框架或观念系统。哈布瓦赫说:"时间在流逝,记忆的框架既置身其中,也置身其外。超出时间之流,记忆框架把一些来自框架的稳定性和普遍性传达给了构成它们的意向和具体回忆。"③"只要每一个人物、每一个历史事实渗透进入了这种记忆,就会被转译成一种教义、一种观念,或一种符号,并获得一种意义,成为社会观念系统中的一个要素。这就是为什么传统和现在的观念能够共存的原因。"④

中国记忆作为中国历史文化遗产的内在本质,也是复杂有机的社会记忆系统,总会以各种方式渗透进人们的社会行为之中,对个体行动、人际关系、社会秩序产生着不易察觉却又至关重要的影响,全方位、多层次地调控人们的社会行动,并力图实现社会有序与和谐。

在微观上,记忆为个体提供行动规则,具有导向作用。人们总是凭借对过去的记忆来确定自己当下的行为,记忆赋予行动以意义,并指示行动者在特定的处境内,怎样的行动才是恰当的或适宜的。在宏观上,记忆生成与塑就社会秩序,为社会共同体成员提供一致的思想意识形态和价值观念系统。"在所有经验模式中,我们总是把我们的个别经验置于先前的脉络中,以确保它们真的明白易懂;先于任何个别经验,我们的头脑已经预置了一个纲要框架和经验事物的典型形貌。感知一个事物或者对它有所为,就是把它放到预期体系中。"⑤

中国记忆是中国人长期传承、凝聚形成的思想意识形态和价值观念系统,是在历史发展中中国人不断创造和养成的经验模式,不同时期有不同的内涵。在

---

① 人民网.王毅.日本70年前输掉了战争 70年后不应再输掉良知[EB/OL].(2015-03-09)[2022-08-20].opinion.people.com.cn/n1/2021/0129/c1003_32015911.html.
② 徐川.记忆即生命[M]//夏中义.人与国家.桂林:广西师范大学出版社,2002:6—9.
③ 哈布瓦赫.论集体记忆[M].毕然,郭金华,译.上海:上海人民出版社,2002:302—303.
④ 哈布瓦赫.论集体记忆[M].毕然,郭金华,译.上海:上海人民出版社,2002:312.
⑤ 康纳顿.社会如何记忆[M].纳日碧力戈,译.上海:上海人民出版社,2000:1.

古代有"仁政""非攻""水能载舟，亦能覆舟""民为贵，君为轻"等等；今天，更强调并倡导社会主义核心价值观（富强、民主、文明、和谐，自由、平等、公正、法治，爱国、敬业、诚信、友善）。在传统和现代正确观念和思想意识指导下，社会就能和谐、稳定、繁荣；反之，抛弃中国记忆，社会就会陷入混乱和失序。

八、培育青年奉献国家的责任意识

责任伦理是人类赋予每一个体、每一群体，乃至整个社会所"不能不承担、并且一定要承担的使命和责任，不能不遵守、并且一定要遵守的社会规范"，它的根本特征就是"必须如此，非如此不可！"①从中国记忆角度看，对于当代青年人，我们能够感知和体会的责任意识来自两个方面。

一方面是对祖先记忆遗产保护和传承的责任。法国哲学家保罗·利科提出一个与记忆遗产、历史遗产保护相关的概念——"债责"，他认为债责和遗产息息相关，我们对那些和我们同属的、先我们离世的人是负债的。记忆的责任，不仅是保存已经过去的事实的物质、书写或其他形式的痕迹，而且保持那些我们来说现在不再存在，但已经存在过的他者的负有债务感。人类留存下来的记忆遗产包括既抽象的如观念、信念、精神；也包括具体有形的如纪念馆、建筑物、档案文献等。对于过去的"债责"，人类需要"偿还债务，以及清点遗产"，而偿付记忆债责的方式，就是强化对过去记忆遗产的留存、保护和传递的责任。过去已然过去，但并不意味着放弃，并不意味着遗忘，我们应当作为一种义务、一种债务把它们继承和保留，并将其传给后代，以实现一种"延迟的弥补"，这是对先人的补偿。

另一方面是对历史创造和历史发展的推动责任。在中国记忆中蕴含着极为丰富的思想力量，历代仁人志士，都在为国家、为民族，奋斗不息，既是中国人前进的思想动能，也是中国记忆的深刻内涵。"为天地立心，为生民立命，为往圣继绝学，为万世开太平"②历来是中国知识分子的宏图志向，习近平总书记2016年在哲学社会科学工作座谈会上的讲话中指出："中华文明历史悠久，从先秦子学、两汉经学、魏晋玄学，到隋唐佛学、儒释道合流、宋明理学，经历了数个学术思想繁荣时期。在漫漫历史长河中，中华民族产生了儒、释、道、墨、名、法、阴阳、农、杂、兵等各家学说，涌现了老子、孔子、庄子、孟子、荀子、韩非子、董仲舒、王充、何晏、王弼、韩愈、周敦颐、程颢、程颐、朱熹、陆九渊、王守仁、李贽、黄宗羲、顾炎武、

---

① 许苏民.唤醒道德良知 强化责任伦理：学习邓小平关于"人格"、"国格"、"四有"和"责任"的论述[J].湖北社会科学，1994(11)：6—10.
② 孔子文化大全编辑部.诸儒鸣道（一）[M].济南：山东友谊书社，1992：328—329.

| 中国记忆

王夫之、康有为、梁启超、孙中山、鲁迅等一大批思想大家,留下了浩如烟海的文化遗产……为人类文明作出了重大贡献。"① 继承和发扬先圣先贤的传统,创造新的历史辉煌,在传承中华优秀历史文化传统的同时,接续创造更加繁荣辉煌的中国历史和中国记忆,开创伟大民族复兴的新时代,是当代年轻人的光荣使命。

学习思考题

1. 古今"中国"的统一性表现在哪里?我们在哪里找寻"中国"?
2. 国家记忆与国家历史文化有何关系?
3. 中国记忆应如何进行类别划分?
4. 寻找我们的国家记忆,除了课中列举的"中国记忆"外,还有哪些事项属于"中国记忆"?
5. 阅读哈布瓦赫《论集体记忆》、康纳顿《社会如何记忆》、王明珂《华夏边缘》等,谈谈国家记忆的理解维度和内涵。
6. 阅读葛兆光《宅兹中国:重建有关"中国"的历史论述》。

参考文献

1. 许倬云.说中国:一个不断变化的复杂共同体[M].桂林:广西师范大学出版社,2015.
2. 葛兆光.宅兹中国:重建有关"中国"的历史论述[M].北京:中华书局,2011.
3. 哈布瓦赫.论集体记忆[M].毕然,郭金华,译.上海:上海人民出版社,2022.
4. 康纳顿.社会如何记忆[M].纳日碧力戈,译.上海:上海人民出版社,2000.
5. 王明珂.华夏边缘:历史记忆与族群认同[M].北京:社会科学文献出版社,2006.
6. 丁华东.档案与社会记忆研究[M].北京:人民出版社,2016.
7. 阎东.中国记忆:中国文化遗产档案[M].北京:中国建筑工业出版社,2007.
8. CCTV-10摄制组.中国记忆[M].上海:上海科学技术文献出版社,2007.

---

① 习近平.在哲学社会科学工作座谈会上的讲话(2016年5月17日)[M].北京:人民出版社,2016:4—5.

第二章 历史印记：档案文献与中国记忆

费孝通先生曾说："文化得靠记忆，不能靠本能，所以人在记忆力上不能不力求发展。我们不但要在个人的今昔之间筑通桥梁，而且在社会的世代之间也得筑通桥梁，不然就没有了文化，也没有了我们现在所能享受的生活。"①德国文化学者阿莱达·阿斯曼和扬·阿斯曼也指出："文字的发明是文化记忆历史上具有决定性的一步。伴随着文字的出现，一种全新的展现过去的形式，即'今日里的昨天'也跟着出现了。文字不仅能记下不再被使用的东西，还给了被孤立的（反对的）声音一个机会，打开了社会共识的视野。"②文字的发明，产生了档案，形成了独立于人脑的社会记忆存储系统，从而开启了人类文明的新进程。人们普遍认识到"一个没有档案的国家必然是一个没有记忆的国家，一个没有智慧没有身份的国家，一个患有记忆缺失症的国家"。本章以档案文献这一重要记忆载体为切入点，选取甲骨档案、元代西藏官方档案、"样式雷"建筑图档、侨批档案为重点分析对象，阐释、揭示我国珍贵的档案文献中蕴藏的中国历史记忆。作为国家、民族、社会各种群体的重要记忆载体和记忆形态，保护好档案文献，特别是历史遗留下来的珍贵档案文献遗产，是我们需要肩负起的时代使命。

第一节　档案文献与中国记忆概述

中国记忆的构成可以从记忆主体、记忆载体、内容构成、情感性质进行划分，其中档案文献这一记忆载体承载了我国独特的记忆，留下了深深的历史印记。

---

① 费孝通.乡土中国　生育制度[M].北京：北京大学出版社，1998：19—20.
② 阿莱达·阿斯曼，扬·阿斯曼.昨日重现：媒介与社会记忆[M]//冯亚琳，等.文化记忆理论读本.余传玲，等，译.北京：北京大学出版社，2012：35.

一、档案文献的含义和形态演变

（一）档案文献的含义

文献是存贮着信息与知识的记录性资料，又称文献资料。图书、报刊、文件与档案，以及其他各种类型的特种文献，都是文献的组成部分。档案文献是文献的子集，文献包含档案。不同于图书那样经过了思维加工和组织，档案文献是历史的客观记录，比如《水浒传》这类书籍虽然形成于客观存在的历史背景下，但其中的人物和故事很多都是作者想象出来的，是思维加工的产物，具有很强的主观性。除具有文献所具备的知识性、载体性等基本属性外，档案文献还有自己的本质属性——原始记录性，即它往往未经修改和加工，是直接形成的历史纪录，是再现历史真实面貌的原始文献，留存着客观的历史印记，具有重要的查考和使用价值，是一手的原生信息，比图书资料更加真实可靠。因此可以说档案一定是文献，而文献不一定能成为档案。

另外档案文献也可被纳入文化遗产下的文献遗产（Documentary Heritage）中，是和图书、古籍等并列的一个属概念。1978 年 11 月，联合国教科文组织在《关于保护可移动文化遗产的建议》中提出："文化遗产除了不可移动文化遗产外，也包括文献形态的可移动物品，即作为记录和传递知识、思想的文献遗产，如具有特殊意义的文件档案、照片、电影胶片、录音录像带、机读记录和手稿、古版图书、古籍抄本、现代图书等出版物。"据此，具有特殊意义的档案、古籍等才能成为文献遗产。因此档案和古籍是文献遗产下同一层次的概念。[1] 人类历史文化遗产的保留、继承和发扬，是以档案文献为最原始的。档案文献是人类文化的记录者和承载者，作为凭证和信息，它揭示了人类历史文化；档案文献中蕴含的丰富的历史文化知识，是人类必需的文化营养和精神财富，是人类文明进步的阶梯；档案文献作为一种文化载体，它和史书、文物一样，其自身也是文化遗产的重要组成部分。[2]

（二）档案文献形态的演变

档案文献制成材料/载体是承载档案文献遗产内容的物质材料。任何一种档案都是以一定的物质形态存在的，不同的历史时期、不同的科技发展水平以及

---

[1] 冷静.浅谈中国档案文献遗产的抢救和保护路径[J].内蒙古科技与经济,2020(10):30—31.
[2] 邹宁宁.档案在我国历史文化传承中的作用[J].兰台世界,2016(4):139.

第二章 历史印记：档案文献与中国记忆

不同的需要，也就形成了不同形态的档案文献。① 考察研究中国档案文献形态的演变，不仅对研究人类历史以及档案的产生和发展规律具有重要的理论价值，对保护、开发和利用档案文献也有具重要的实现意义。

殷商时期的甲骨档案是我国现存最早的有文字记录的档案文献，它以龟甲和兽骨作为原始记录载体。这种档案文献载体特殊，质地坚硬，在甲骨文书的形成过程中，甲骨要经过锯、削、刮、磨的处理，还要经过凿、钻、灼烧，用锋利的刀刻卜辞的程序，可见其硬度之大，而且坚固耐久，这也有利于档案文献的长久保存。尽管甲骨坚固耐久，但毕竟来源有限，制作程序繁多，且较为笨重不便于传递，与大量产生的公务文书不相适应。

继甲骨档案后又出现了一种珍贵的档案文献——金石档案，它是一种将文字铸在青铜器内或刻在石头上的档案文献。这类载体的档案文献如著名的"毛公鼎"和"泰山石刻"。商末周初我国的青铜技术进入了繁盛时期，青铜器质地坚固，易于长久保存，所以统治者但凡有大事记载，便铸器铭文，以青铜器作为载体逐步取代甲骨。随着需要记录的文字大幅增加，青铜的冶炼技术虽有所提高，其产量仍不足以作为文献载体，需传到后世的文字便刻在石头上，出现了石刻档案，刻石取材容易，便于保存，传世久远，弥补了甲骨的不足。将文字刻在青铜器和石头上的档案，今天我们统称为金石档案（见图2-1），或金石铭文档案，也分称金文档案、石刻档案。

图 2-1 金石档案

资料来源：北京化工大学档案馆（https://dag.buct.edu.cn/mshc/listm.htm）。

---

① 金波.档案学导论[M].上海：上海大学出版社，2018：8.

将文字刻在竹木上的档案文献,即为简牍档案(见图2-2),其载体是由竹木加工而成,通常是削成长条形,将写字的一面磨光;竹质的还要在火上炙干,这道工序叫做"汗青"或"杀青",目的是使其易于着墨和防蠹。简牍档案历经春秋战国、秦汉,特别是从周代到汉代1 000余年之间,多用竹片和木板撰写文书与保存档案,直到东晋末年,纸张普遍应用后才逐步消失。著名的简牍档案有如反映汉朝历史情况的居延汉简等。

图2-2 简牍档案

资料来源:人民网(http://m.people.cn/n4/2017/1009/c2771-9960845.html)。

与简牍档案、金石档案并存的还有缣帛档案(见图2-3),它是写在缣帛这类丝织物上的档案文献。缣帛作为书写载体材料最早出现于战国时期,到了秦代,使用更为广泛。缣帛具有质地坚韧、轻柔、随意裁剪的特点,以缣帛为载体的档案具有便于携带和保管等优点,但是由于其价格十分昂贵,无法普及使用。封建朝廷的一些重要文书都是用缣帛来书写的。

因为甲骨金石镂刻不易,缣帛成本高昂,简牍则较为笨重,不便展阅和存藏。因此,古人开始探索制造一种更为简便的书写材料,这就是纸张(见图2-4)。纸张发明的时间,尚难确考,根据考古发掘所获古纸,其出现时间至少可以上溯到西汉,这也形成了我们现在比较熟悉的纸质档案。纸张发明之后,并未直接替代缣帛简牍,而是经过了一个较长的并用时期,大概在汉末三国时期,纸张才正式成为通行的书写材料。纸张制作成本低廉,易于书写和修改,纸书也极便于流播和存藏。纸张的发明和造纸术的改进,给中国乃至世界的档案载体形态演变带来一次巨大的革命,纸的发明使文字的使用变得简单易行,到了3、4世纪,基本取代简帛,成为国家的主要书写材料,一直使用至今,极大地促进了文化的传播和交流。

第二章 历史印记：档案文献与中国记忆

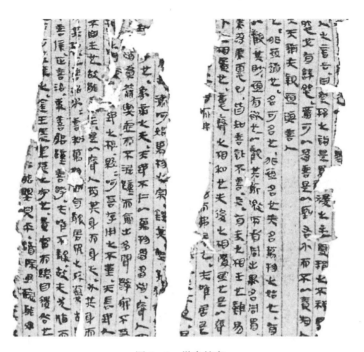

图 2-3 缣帛档案

资料来源：文化艺术报（http：//www.whysb.org/whysb/20211122/html/page_05_content_000.htm）。

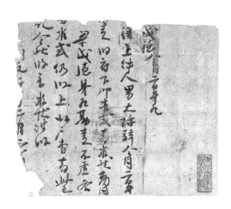

图 2-4 唐代开元年间纸质档案（现藏于辽宁省档案馆）

中国记忆

随着工业和信息技术的发展,出现了声像档案(见图2-5)。声像档案也被称为视听档案,可分为视觉、听觉、视听综合等不同形式,包括照片、影片、唱片、录像带、录音带等。声像档案具有直观性强、易于复制等优点,但由于它的成分复杂、质地脆弱,且大多不能直接阅读,因而较之纸质档案在保管条件、管理方法和管理要求上都有所不同。

图2-5 声像档案

资料来源:文档网(https://www.wendangwang.com/doc/e39319fe3393196346e09fdd/11)。

档案文献经历了从甲骨、金石、简牍、缣帛、纸张等传统载体向胶片、磁盘、磁带、光盘等新型载体的历史演变过程。档案文献遗产制成材料的多样性和复杂性带来了档案文献保护工作的差异性,也使得档案文献保护的内容愈加丰富。

二、档案文献与记忆的关系

要理解档案文献和记忆的关系,就必须了解文字和记忆之间的关系。所谓记忆是指人脑对经验过的事物的识记、保持、再现或再认,它是进行思维、想象等高级心理活动的基础。① 德国著名学者、文化记忆理论重要奠基人的扬·阿斯曼认为:文字的发明最初都是为记忆服务的,文字的重要作用不仅仅是便于沟

---

① 杨治良.漫谈人类记忆的研究[J].心理科学,2011,34(1):249—250.

通交流,更重要的是存储我们的记忆①;法国著名历史学家雅克·勒高夫在《历史与记忆》一书中不仅指出文字既是档案产生的前提条件,更是人类记忆的飞跃。② 实际上,随着社会的发展、文字的发明、私有制和国家的形成,为了适应管理上的需要,便产生了相应的文字记录,这些文字记录处理完备后,人类往往会有意识地将他们认为具有保存价值的那一部分保存起来,这就形成了现代概念中的档案。③ 这说明了文字的出现对档案文献的产生和人类记忆的进步具有划时代的意义。而何谓文字? 有学者认为文字是人们用来传递信息、表达一定意义的图画和符号④;也有学者认为文字是采用实体符号来储存信息的方式。⑤ 档案文献作为文字得以留存的重要物质载体,它对记忆存储的作用更为直接和客观。丁华东在《档案与社会记忆》一书中指出,档案记录是我们记忆存储潜能的一次极大的扩展,它打破了我们的生理限制,将原本存储在人脑中的记忆,通过档案文献这种外在的物质记录方式,实现了记忆在社会中的保留。⑥ 冯惠玲教授等在《档案学概论》中具体指出:"从档案的出现到每一次变化,都是人类记忆的一次进步,人类的记忆从大脑中独立出来之后,由其记录载体和记录方式的变化,不断向高密度、易传递、易查找、多媒体的方向变化,越来越丰富、准确地反映社会生活的真实面貌,成为连接过去、现在与未来的纽带。"⑦具体而言,档案文献改变了人类记忆的传承方式,构成了国家和社会的记忆。

(一)档案文献改变了人类记忆的传承方式

档案文献的出现,改变了人类记忆的传承方式。记忆是"保存和忘却相互作用的结果",其本身便意味着过去在今天的延续或过去在当今的重现,没有传承的记忆便意味着"遗忘"⑧。

人类最初是凭借自己的大脑来记住自己需要记住的事物、信息的,但遗忘往往伴随着人类的记忆,为抵抗遗忘,在文字发明以前,我们更多地通过口头传播的方式来进行交流,对记忆的传承更多依靠回忆和口头的讲述,那个时代的传

---

① 扬·阿斯曼.有文字的和无文字的社会:对记忆的记录及其发展[J].王霄冰,译.中国海洋大学学报(社会科学版),2004(6):72—74.
② 勒高夫.历史与记忆[M].方仁杰,倪复生,译.北京:中国人民大学出版社,2010.
③ 金波.档案学导论[M].上海:上海大学出版社,2018:6.
④ 裘锡圭.文字学概要[M].北京:商务印书馆,2013:1.
⑤ 尤瓦尔赫拉利.人类简史:从动物到上帝[M].林俊宏,译.北京:中信出版社,2014:120.
⑥ 丁华东.档案与社会记忆[M].北京:人民出版社,2016:72.
⑦ 冯惠玲,张辑哲.档案学概论[M].北京:中国人民大学出版社,2006:43.
⑧ 埃尔.文化记忆研究指南[M].李霞,李恭忠,译.江苏:南京大学出版社,2020.

说、口诀、歌谣就是一种记忆的传承方式,这种记忆的传承往往是后辈听前辈讲传说,学习以前流传的口诀和歌谣。然而在这样的口传时代,语言声音的传达受到时间和空间的极大限制,不能直接通达远处,也不能长久地留存下来,很多记忆都是靠口头无法精准地贮存和传播的,这就难以完整准确地传承给后人。①另外,在文字发明以前,人们也有一些简单的原始记事方式,例如给绳子打结,在木头上刻上符号、结珠、穿贝、图画等,但这些方式对记忆的存储比较粗略,往往局限在计数和简单的形象记事,不能够进行更为复杂的叙事,不同的记事方法可能有不同的解读方式;而且结绳、刻契、结珠、穿贝、图画等都是脱离语音的,没有记录语言,和有声语言不相联系,无法表达、交流,因此这种方式很难准确对人类记忆进行长久传承。

文字的出现和档案文献的产生,使得人类能将自己存储在大脑中的想要留存的记忆固定下来,既克服了口头传承时代无法长期存储记忆的问题,也解决了原始记事时代无法准确记录复杂事件记忆的缺陷,大大促进了人类交流和对记忆的共享,使得记忆能够不断传承和呈现。档案文献作为刻写的、文本的、存储的记忆形态,作为社会记忆传承系统的组成部分,其形成"就是为了强化社会和强化人的记忆功能,保证社会发展的连续性和联系性"。②

(二)档案文献构成了国家和社会的记忆

档案文献形成的原初功能就是记事备忘,随文字出现而出现,人类进入文明时代最初、最古老的记忆形式,对人类记忆系统的演化和发展具有重大意义。档案文献既是人们辅助记忆的重要工具,更是在特定国家和社会背景下承载记忆的重要载体,是社会重要的记忆资源。法国著名的哲学家、社会思想家米歇尔·福柯强调了记忆构建中文献的作用,他指出:"历史是上千年集体记忆的证明。这个记忆依赖于物质的文献以重新获得对自己过去事情的新鲜感"③;2004年修订的《国际档案理事会章程》提出:"档案构成国家和社会的记忆,形成国家和社会的认同,是信息社会的基础";"档案在民主、问责制和善治中起着非常重要的作用";"国际档案理事会(ICA)将致力于保护和增进世界记忆"。2011年联合国教科文组织第三十六届大会通过的《档案共同宣言》中明确提出:"档案守护并服务于个人和团体的记忆";档案对于"建立个人与集体记忆,了解过去、记录现在

---

① 刘东斌.论档案的直接形成历程[J].档案,2015(3):17—22.
② 丁华东.论档案传承社会记忆的机制[J].档案管理,2013(5):22—24.
③ 福柯.知识考古学[M].谢强,马月,译.北京:生活·读书·新知三联书店,2003:6.

并指导未来非常重要"。在人类产生的所有信息资源中,只有档案文献的"记忆"才是最原始、最真实,而且是不可更改、替代和再生的。这就是档案文献在国家和社会中的价值和珍贵性所在。① 因此,档案文献作为人类记忆的固化物,它承载着人类的记忆,同时也是建构甚至是重构个人、集体、社会、国家记忆的重要元素。

三、中国档案文献是中华文明记忆的承载

不同的民族、不同的国家在不同的时代,有不同的文化传统,档案文献就是它的记录、它的见证。从国家和社会历史背景下来看,我们是有着几千年文明史的世界古国,中国的档案文献正是历史留给我们的宝贵遗产,是中华文明流传下来的重要结晶。它们能证明历史、昭示未来,是中国历史的真实记录,更是中国历史长河中各种记忆的承载体;它们记载着中华民族洪纤巨细、绵亘不断的中华文明记忆,翔实记录和展现了中华民族创造历史的奋斗足迹和光辉历程,凝结和承载了丰富的文化传统和人文精神,对后人正确认识社会发展起着重要的意义和作用。

从中国最早的甲骨档案到现代社会的声像档案、电子档案等新型载体档案,我们可以看到光辉灿烂的中国古代文化、近代文化和当代文化。春秋战国时期,士人们利用散落民间的档案文献进行多种文化活动,孔子编订"六经"就是其中的典型代表。通过阅读档案文献记录的特定历史阶段的文化,可以了解到我国某一时期人们的生活状态和历史活动,从而对当时的经济文化发展程度得出判断,为当今社会所借鉴。② 所以说,没有档案文献,中国历史和记忆将失去记载和传承,社会政治经济的发展也将受到阻碍,优秀传统历史文化也无法代代相传。

四、中国档案文献成为世界记忆的重要组成部分

世界记忆是以文献形式记载下来的世界各族人民的集体记忆,也是世界文化遗产的重要组成部分。由于自然灾难、人为破坏、战争掠夺或其他原因,许多民族的文献遗产正处于极度濒危状态,更为令人遗憾的是,有太多的文献遗产已经永远消失了,因此,提高保护文献遗产的危机意识,刻不容缓。1992年,时任

---

① 吴绪成.唤醒沉睡的记忆:档案的价值究竟有多大[J].湖北档案,2006(7):13—15.
② 邹宁宁.档案在我国历史文化传承中的作用[J].兰台世界,2016(4):139.

中国记忆

联合国教科文组织总干事的费德里科·马约尔作出了一个明智的决定：继1972年世界遗产项目对自然和文化遗产进行保护成效显著后，还需在世界范围内发起人们对图书馆、档案馆和博物馆中的文献遗产进行保护，"世界记忆工程"项目应运而生。[1] 该项目旨在唤起人们对世界范围内濒危、散失或正在遭受厄运的文献遗产的关注。通过建立《世界记忆名录》、授予标识等方式，向政府和民众宣传保护珍贵文献遗产的重要性，同时鼓励通过国际合作和使用最佳技术手段等，对上述文献遗产开展有效保护和抢救，进而促进人类文献遗产的广泛利用。

中国的档案文献不仅仅是我们国家的记忆，也成了世界乃至人类重要的记忆遗产。我们国家有许多珍贵的档案文献入选了《世界记忆名录》。《世界记忆名录》与《世界遗产名录》《人类非物质文化遗产代表作名录》并称为联合国教科文组织的"三大名录"。《世界记忆名录》主要收录各个国家档案馆、博物馆、图书馆、文化馆和研究所等文化事业机构收藏的具有世界意义、任何介质的珍贵档案、文献、手稿、口述历史纪录以及古籍善本等，通过国际合作与最佳技术手段，对这些正在逐渐老化、损毁、消失的文献记录进行抢救，从而使人类珍贵的文献记忆得以保存。

截至2022年，我国共有13个档案文献被《世界记忆名录》收录，这些承载中国记忆的档案文献已上升为人类共同的记忆，具体如下。

（1）中国传统音乐录音档案：保存于中国艺术研究院的中国传统音乐录音档案，时长7 000小时，包括中国50多个民族的传统音乐、文人音乐、宗教寺庙音乐、城市大众音乐等录音档案。最具代表性的如20世纪50年代初利用钢丝录音机录制的瞎子阿炳的《二泉映月》。

（2）清代内阁秘本档：保存于中国第一历史档案馆，包括清代内阁秘本档中有关17世纪中叶西方传教士在华活动的满文档案文献，共24件。这部分档案系统完整地反映了西洋传教士在华活动的情况。

（3）纳西东巴古籍文献：纳西族创造的独特而鲜明的民族文化，通过宗教传承下来，被誉为"古代纳西族的百科全书"的纳西东巴古籍文献。历代东巴用纳西象形文、标音"格巴文"记录的宗教祭词卜辞及其他相关资料，经过长期加工整理，融入民间口头文学的内容，形成卷帙浩繁的东巴古籍文献。

（4）清代科举大金榜：清代科举考试的候选名单在大小两种金色榜单上公示。大金榜用于张挂以告示天下，小金榜则为大金榜的副本，供皇帝御览。2005

---

[1] 李美慧，李天硕.中国档案文献与《世界记忆名录》研究[J].图书馆学刊，2020(10)：40—45.

年,入选《世界记忆遗产名录》的大金榜为光绪二十年(1894年)公示于长安街的大金榜单件。

(5) 清代"样式雷"建筑图档:是清代200多年间主持宫廷建筑设计的雷家数代人积累留存下来的负责图样绘制、烫样制作的建筑档案,如故宫、颐和园、天坛、承德避暑山庄等档案,计两万多件,是清代建筑和文化知识的宝库。

(6)《本草纲目》:是明代李时珍(1518—1593年)历时27年编著的一部药物学专著,内容涉及医学、植物学、动物学、矿物学、化学等诸多领域。入选《世界记忆名录》的《本草纲目》版本是1593年的金陵版,它是中外一切版本的祖本,也是中医史上最完整最全面的医学著作。

(7)《黄帝内经》:为公元1339年胡氏古林书堂印刷出版,是世界上保存最早、最完好的版本,是中国以及周边国家传统医学的共同鼻祖。

(8) 侨批档案——海外华侨银信:是华侨华人通过民间渠道以及后来的金融邮政机构寄回国内的家书或简单附言及汇款凭证,是一种"信款合一"或"银信合一"的家书,记录和反映了19世纪至20世纪华侨华人在海外的生计和活动。

(9) 中国西藏元代官方档案:共有22份珍贵的元代历史档案,为1304年至1367年间形成的,是仅存于世的中国现存最古老的官方档案之一,包含元朝皇帝的圣旨和西藏地方统治者的命令等宝贵的原始资料,为了解古代西藏的政治、宗教、经济和文化等提供了真实的证据。

(10) 南京大屠杀档案:由三部分组成,第一部分为南京大屠杀的史实(1937—1938);第二部分为军事法庭记录的战后对战犯的调查和审判(1945—1947);第三部分是新中国司法部门记录的南京大屠杀档案(1952—1956)。

(11) 清代澳门地方衙门档案:由1 500多件中文文书原件、5册澳葡议事会葡文译本和4小包零散文件,共3 600份档案文书组成,是澳门地方官员在行使中国对澳门管治权过程中,与澳门议事会理事官之间文书往来所形成的地方衙门档案。

(12) 近现代中国苏州丝绸样本档案:由纸质文本和丝绸样本实物组成,记录了每一种丝绸的原料、工艺以及纹样色彩的发展。档案中有大量用于出口的贸易认证和设计,反映了一个多世纪以来东西方贸易交流和文化变迁,是唯一由地市级档案部门单独申报并成功入选的档案文献。

(13) 甲骨档案:形成于殷商时期,记录着大量的商代历史,商代前后许多古史上的问题可以从中找到答案。以93 000片甲骨文为申报主体。甲骨文(档案)入选《世界记忆名录》,标志着世界上最古老的文字之一,穿越数千年成为人类共同的记忆遗产。

以上这些入选《世界记忆名录》的中国档案文献从不同的视角呈现了中华文明的丰富历史记忆,也在人类文明史上留下了浓墨重彩的历史印记。由于中国档案文献卷帙浩繁,承载的中国记忆内容也异常丰富,本章主要撷取甲骨档案、元代西藏官方档案、"样式雷"建筑图档和侨批档案四个具有鲜明特色的代表性档案文献,系统介绍它们各自承载的中国文字记忆、边疆记忆、建筑记忆和侨胞记忆。

第二节 甲骨档案中的中国文字记忆

一、甲骨档案是什么

甲骨档案是档案文献形态演变中最早的一种,出土于河南安阳殷墟遗址,是距今三千多年的商代后期的文字记录。殷商时期,人们用今天所称的"甲骨文"在龟甲兽骨上进行占卜活动,并对这些龟甲兽骨加以集中管理,就形成了我国迄今为止最早的甲骨档案。

甲骨档案是我国历史档案的重要组成部分,真实地记录着中华民族的早期历史进程,是我们伟大祖国数不尽的文化宝藏中一颗光彩夺目的明珠,在世界文明发展史上占据着极其重要的地位,散发着绚丽的光辉。甲骨档案保存了大量的信息符号——甲骨文。甲骨文是一种殷商时期古老的文字系统,用甲骨文记事书史形成的甲骨档案是殷商时期重要的档案文献资料。甲骨档案承载了中国的文字记忆,从甲骨文到汉字,中国文字的发展演化一脉相承,使中华文明发展没有中断,为研究中国源远流长的灿烂文明史和早期国家与社会形态提供了独特而真实的第一手资料。甲骨文已经具备象形、指事、会意、形声、转注、假借等造字方法,是中国文字进入成熟阶段的重要标志,对于研究我国文字发展史和书法具有重要的参考价值。

二、甲骨档案的发现

甲骨档案的发现离不开两个非常重要的人物——王懿荣和刘鹗。其中,王懿荣是清朝著名的金石学家,是甲骨文的最早发现者之一。1899年,担任国子监祭酒的王懿荣不幸得了疟疾,便请太医到家中治疗,并让家人到药店抓药。当时太医开的药方中有一味叫"龙骨"的药材,王懿荣一看,上面刻有文字,但并不是当时所知道的最早文字金文和篆书,为一探究竟,他便开始大量收购"龙骨"。王懿荣对"龙骨"进行了反复推敲、对比、拼合,深厚的金石功底让他很快认识到这些"龙骨"是龟甲和兽骨,而上面的符号是用刀刻上去的,裂纹则是高温灼烧所致。最后,王懿荣断定这些刻在甲骨上的符号是一种文字,而且早于金文和篆书,因其刻在龟甲和兽骨上,被称为"甲骨文"。通过多方询问和走访,王懿荣得知"龙骨"是从河南安阳小屯村出土,经考证这个地方正是殷商首都遗址所在——"殷墟",这个地方发现的甲骨文也被称为殷墟甲骨文。王懿荣的发现对中国学术史,特别是历史学、古文字学产生了划时代的影响。[1]

王懿荣去世后,其收藏的大部分甲骨卖给了刘鹗。刘鹗是清末小说家,字铁云,号老残,我们熟知的《老残游记》就是其代表作。刘鹗博学多才,嗜古成痴,喜好金石、碑帖、字画及善本书籍,尤其是一生孜孜不倦地收藏甲骨,在买入王懿荣收藏的1 000余片甲骨后,刘鹗自己也开始购买甲骨,最后总共收集5 000余片甲骨。随后刘鹗开始独立研究,并首次提出甲骨文是"殷人刀笔文字"[2]。他还将甲骨上面细小的字迹拓印下来,并整理分类,挑出精细者拓印成1 058片,1903年出版了中国第一部甲骨文著录书《铁云藏龟》,共计6册。《铁云藏龟》虽未对甲骨文作深入研究,且印刷不精,但作为第一部著录书,在甲骨学发展史上具有开创之功。

王懿荣和刘鹗奠定了国际性学问甲骨学形成和发展的基础,后续涌现出许多甲骨文的研究学者,其中影响卓著的代表性人物有被古文字学家唐兰评为甲骨学的"四堂":"雪堂(罗振玉)导乎先路;观堂(王国维)继以观史;彦堂(董作宾)区其时代;鼎堂(郭沫若)发表辞例。"[3]甲骨文发现以来,一代代学人爬罗剔抉,寻坠绪于茫茫,考释文字,印证历史,推动甲骨文学逐渐发展为一门世界性专门学科。[4]

据著名甲骨学家胡厚宣统计,共出土甲骨154 600多片,其中中国内地收藏有97 600多片,中国台湾地区收藏有30 200多片,中国香港地区收藏有89片,我国总计收藏127 900多片。此外,日本、加拿大、英国、美国等共收藏有26 700多片。1996年,中国邮政发行《中国古代档案珍藏》特种邮票,1套4枚,其中第一枚即《甲骨档案商代龟甲》。2009年11月17日,在甲骨文发现110周年之

---

[1] 刘珍.王懿荣与甲骨文发现[J].神州,2013(30):35—37.
[2] 周惠斌.刘鹗首次提出:甲骨文是"殷人刀笔文字"[J].东方收藏,2010(12):107.
[3] 唐兰.天壤阁甲骨文存并考释[M].上海:上海古籍出版社,2016:4.
[4] 专题:纪念甲骨文发现120周年[J].中国国家博物馆馆刊,2019(12):6.

际,中国邮政发行《千字甲骨文》个性化邮票。2019年习近平总书记在《致甲骨文发现和研究120周年的贺信》中肯定了甲骨档案的重要性,认为"殷墟甲骨文的重大发现在中华文明乃至人类文明发展史上具有划时代的意义,甲骨文是迄今为止中国发现的年代最早的成熟文字系统,是汉字的源头和中华优秀传统文化的根脉,值得倍加珍视、更好传承发展。"①

三、甲骨档案文字记忆——文字载体

从文字载体来看,甲骨档案有如下特点:一是载体硬度比较大,耐久性强。甲骨档案的文字多用铜刀或石刀刻在坚硬的龟甲兽骨上,载体主要是龟甲和牛肩胛骨及其他兽骨。从公元前14世纪至前11世纪形成,历时几千年仍能保持原貌。二是载体形式多样。龟的腹甲、背甲、牛的肩胛骨及猪骨是主要载体形式,但也有其他的载体形式,如还有为数不多的羊骨、兽骨牙、鹿头骨,甚至人骨、虎骨。图2-6是三种比较常见的甲骨档案载体。第一块是龟甲,龟甲质地坚硬,能够长久保存,另外龟甲上的纹理被古人看作具有某种神秘的规律,很适合进行占卜,甲骨文多数是为了占卜而刻上去的,也有一些记事的甲骨文。古人相信乌龟与兽类是神的使者,宗教祭祀活动都少不了它们,所以才在龟甲和兽骨上

图2-6 般无咎全甲刻辞、"祭祀狩猎"涂朱牛骨刻辞和明有蚀卜骨刻辞

资料来源:搜狐(https://www.sohu.com/a/525765183_121294371)。
中国共产党新闻网(http://cpc.people.com.cn/n/2014/0819/c83083-25493198.html)。
睢县网(http://www.suixianwang.net/e/wap/show.php?classid=72&id=1254)。

---

① 柴如瑾.迎接甲骨学的新辉煌:习近平总书记致甲骨文发现和研究120周年的贺信反响热烈[N].光明日报,2019-11-04(4).

刻字。第二块是牛骨,在牛的身体里长有一块最硬的骨头,而这块最硬的骨头就长在脖子与身体的连接处,这个部分的骨头就是牛的肩胛骨,因其质地坚硬,便于长久保存,因此很多甲骨档案以牛肩胛骨作为载体。第三块是猪骨,我国早在六七千年前,便已经开始将野猪驯化为家猪,在距今约 7 000 年前的河姆渡文化遗址,其中出土的文物就有猪骨。到了殷商时期,我国的养猪业已经走过了三千年的漫长道路,甲骨档案中也有关于猪的记载:"陈豕(猪)于室,合家而祀"。从甲骨文材料所揭示的情况来看,殷商时期的养猪成就在我国的早期历史阶段已达到一个新的水平。① 因此不少甲骨档案也以猪骨作为载体。

四、甲骨档案文字记忆——文字字形

甲骨档案的文字记忆还体现在文字的字形上。汉字造字历来有"六书"之说,即象形、指示、会意、形声、假借与转注,它基本上概括了汉字的造字规律。② 甲骨档案文字资料的出土,为汉字结构研究提供了新的材料。对甲骨文字形体进行考古学研究,是释读甲骨文字的一种有效的方法。甲骨档案中有不少象形字和会意字,形象反映了殷商社会客观事物的主要特征和生活状况,记载了人类发展的历史,传承了人类的智慧。

甲骨文大部分是象形字,象形属于"独体造字法"。用文字的线条或笔画,将要表达物体的外形特征具体地勾画出来。例如图 2-7 这个"车"字,可以看出当时的车有两个轮子,轮子上有辐条,有车轴。而且考虑不能让辁辘掉了,两侧有阻挡机制,同时为了更加形象,还增加了车的扶手。殷墟已陆续发现近百座车马坑,从中清理出二三十辆比较完整的马车,这些马车实物和甲骨文字的形体相对照,也印证了"车"字属于非常典型的象形字。

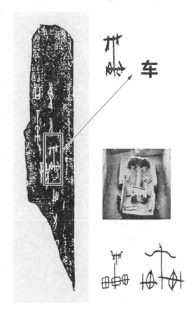

图 2-7 甲骨象形字

资料来源:搜狐网(https://www.sohu.com/a/230393067_184802)。

---

① 卫斯.从甲骨文看商代养猪技术[J].农业考古,1985(1):292—293.
② 朱彦民.中国文字的象形之美:论甲骨文中的象形字[J].书法教育,2019(6):49—54.

| 中国记忆

虽然甲骨文大部分是象形字,但有些带有比较原始的图画性质,再加上用青铜刀在龟甲上刻字相当不方便,导致某些甲骨文象形程度降低,看起来像花纹。已知的人类最早的几种文字都是象形文字,除了古代中国,还有美索不达米亚、古埃及、古印度以及玛雅的文字。

甲古文中还有部分会意,属于"合体造字法"。郑樵《六书略》指出:"象形、指事,文也。会意,字也。文合而成字。"也就是说,会意字是一种由象形、指事等独体之"文"组合而成的一种合体之"字"。戴侗认为:"何谓会意？合文以见意,两人为从,三人为众,两火为炎,三火为焱,由此是也。"戴侗所谓的会意字只是会意字中的一部分。段玉裁《说文解字注》指出:"会者,合也。合二体之意也。一体不足以见其义,故必合二体之意以成字。"①可见会意字由两个或多个独体字组成,以所组成的字形或字义,合并起来,表达此字的意思。例如图2-8这些甲骨档案中的文字,拿"酒"字举例,以酿酒的瓦瓶"酉"和液体"水"合起来,表达字义。

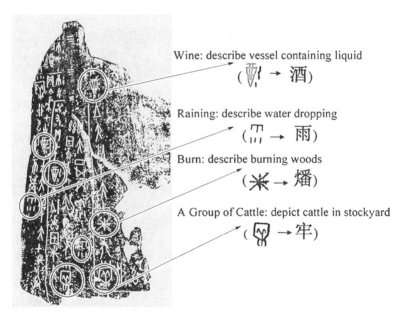

图2-8 甲骨会意字

资料来源:搜狐网(https://www.sohu.com/a/229891886_100135974)。

---

① 李茂.甲骨文会意字构形模式初探[J].大众文艺(理论),2009(14):80.

五、甲骨档案文字记忆——文字格式

甲骨档案的文字记忆还体现在文字格式上，这里主要指的是甲骨文的书写格式。从现存的商周甲骨档案来看，我国早期文字记录的排列特征是以右为首，竖行刻写的，这也在一定程度上奠定了我国古代竖行记录、以右列为首的传统文字书写格式。

远古时期文字记录的格式并没有定型，到了商周时期，由于甲骨被普遍作为文字记录的载体，它的物质属性决定了文字记录应采用竖行排列的方式。首先，甲骨质地坚硬，刻写时，竖刻较横刻省力省时。其次，由于甲骨形体各异，面积不等，凸凹不平，所以初期的甲骨文出现为了迁就形状及占有面积的非直线型刻写的现象。后来随着处理甲骨水平的提高，刻写艺术的上升，由习惯中萌发的统一渴望的强化，对甲骨材料进行了趋于统一方向的处理。西周将牛胛骨的骨臼和中脊部分首先锯割掉，使骨壁变薄，与肩胛扇取平。这样，中间外露的骨腔是不能刻字的，文字仅能直行刻写在两边狭长地带。而龟骨经掏损后，留有宽厚的边缘作刻写空间，一般说这些边缘也是狭长形的。① 另外，商周时期上下观念、尊天奉上的观念已出现，竖行刻写正是当时人们上述思想观念在生活中的反映。沿狭长方向直行记录卜辞，既表示这是上天降临的旨意，又反映了浓郁的遵从、膜拜的世俗心理。我国文字记录格式的定型，乃是历史进化的产物。在此之前，对竖行排列的认可，可视为今日文字记录格式定型进程中的一大步骤。

商周甲骨档案中的文字以右为首稍占优势，但在同一时期，横、竖刻的比例相较优势极不明显。例如在《西周甲骨探论》和《甲骨文选注》收录的363片甲骨中，其中的多行多字甲骨中，以右列为首，商有31片，西周为33片；以左列为首列的，商有18片，西周有17片。以右为首稍占优势的原因，是与人类的便右相联系的，徐锴《说文疑义》："凡人作为，皆以右手著力，而以左手佐之"，毛晃《增韵》："手足使右，以左为僻"。因此，选取应因人而异。但"左手把持，右手刻字"的常情占多数。② 历经变换，在抛弃了竖行记录、以右列为首的传统格式之后，才确立了横行记录、以左为首的现代格式。

---

① 杨天保.商周甲骨文献中文字排列的特征及其成因[J].玉林师范学院学报，2001(4)：46—48.
② 朱彦民."殷人尚右"观念的再考察：以甲骨文字形和考古资料为视角[J].中国社会历史评论，2006(0)：85—98.

六、甲骨档案文字记忆——文字内容

(一) 仪式记忆

甲骨档案的文字记忆还体现在具体的文字内容上,甲骨档案很多都是产生于占卜仪式中。占卜仪式是中国上古盛行的一种习俗,至殷商时期,商王朝的一切大小事件,诸如祭祀、征伐、年成、天时以及商王的游猎、疾病、生育、今夕来旬的祸福等,都要通过商王或史官,用龟甲或兽骨卜问于上帝鬼神和先王先公,有的要卜问多次,以求得保佑与赐福,这体现了当时对占卜仪式的重视,因此甲骨档案中包括了很多仪式记忆。甲骨档案上的文字具有一定的卜辞结构,主要包括前辞、命辞、占辞和验辞。图2-9中的这个甲骨,主要由两个大的部分组成,右半部分的卜辞叫右辞,属于正占,问的是"嘉(吉利)?",左半部分的卜辞是反占,问的是"不其嘉(不吉)?",当然事情都是同一件,就是商王武丁的夫人妇好要生孩子了,他想知道生的是男是女,古代并没有我们现在这样发达的医学检测技术,所以当时比较迷信采用占卜的方式来判断生育这样不确定的事。商代社会重视生育的原因在于生产力和抵御自然灾害的能力低下,周边方国的频频入侵,

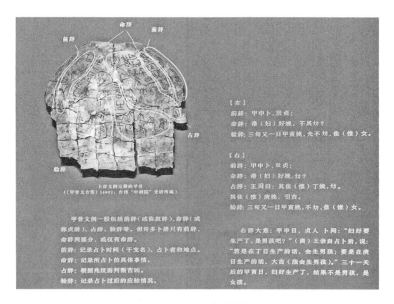

图2-9 甲骨卜辞结构

资料来源:豆瓣(https://www.douban.com/photos/photo/2578887259/)。

战争不断,需要众多人力资源,于是把生育看作头等大事。但是,像这样完整卜辞的甲骨文是很少见,一般仅仅有几个字,没头没尾的甲骨卜辞非常多。

(二)天象记忆

甲骨档案中也有关于当时天象的记忆,不仅仅限于占卜各种人事。我国古代是一个农业社会,历代统治者对气候都非常重视,因为风云变幻直接影响着祭祀、征伐、农耕、田猎等活动。另外,中国的史书有"记异"的传统,"异"在古书中常指自然界的异常现象,这些异常现象包括日月星辰、风云雷电、各云出虹等。古人以为自然界的某种异常现象往往是神灵给予的启示,预示着未来的吉凶祸福,所以殷人十分重视并予以记载。甲骨档案中保留着丰富的天文气象纪录,这也说明商代设有专职人员来观测记录天象情况,这些人可能就是商代的史官。例如图2-10出自《殷虚书契菁华》第三片(又见于《甲骨文合集》第10 405片)上的"王宾中丁·王往逐兕涂朱卜骨刻辞",上面就记录了"彩虹吸水"这一神奇的自然现象,翻译出来大致描写了"庚戌日,层云从东方涌来,投下一片晦暗,而日头偏西时北方出现彩虹,在黄河中饮水"。这段文字刻在牛肩胛骨的背面,现藏于中国国家博物馆,长32.2厘米,宽19.8厘米。文字的书体风格雄健宏伟,笔画遒劲,字内涂朱,十分漂亮。① 它也生动反映和记录了当时人们对奇异天象的记忆。另外还有一些甲骨档案记录了诸如"日月频食""大骤风"这类奇特的天文气象。

图2-10 王宾中丁·王往逐兕涂朱卜骨刻辞

资料来源:搜狐(https://gov.sohu.com/a/584742125_120612082)。

(三)征战记忆

《左传》言"国之大事在祀与戎",因此古代王朝除了重视祭祀占卜等仪式外,

---

① 黄天树.甲骨文气象卜辞精解:以"各云""冒晦""出虹"等气象为例[J].书法教育,2019(5):66—68.

还非常重视征战之事。战争对于古代国家意义非凡,是进入国家社会以来政治生活的主题。商周时期方国林立,族群众多,各个国族为了保护自己的利益,谋取他方的利益,自然会互相征伐,纷争不断,因此甲骨档案中就有很多记载军事和战争的内容。图2-11这块叫做"土方征涂朱卜骨刻辞"的甲骨档案,记载了五月、六月这两个月内,商朝遭受了五场异族侵犯的事件。第一条记载巳日,异族侵害田稼并掠走七十五人。第三条记载丁酉日,两个部族土方和舌方侵害商东部边境沚地的两个小邑。根据其他的甲骨档案记载,随后商王武丁亲自征讨了这两个部族,取得了重大胜利。实际上,商王朝在几百年间曾发动了无数次对外战争,这其中既有进攻性的征伐战,也有防御性的守卫战。众所周知,在商代,中华大地

图2-11 土方征涂朱卜骨刻辞

资料来源:中工网(https://www.workercn.cn/32681/201911/08/191108091551782.shtml)。

上遍布着众多方国,商王国便是这其中实力最强、处于领导地位的王国。为了自己的利益,商王国与诸方国之间或其他各方国之间常免不了发生战争,它们之间的关系错综复杂,有些方国与商王国结盟成为友邦,有些方国始终和商王国保持敌对关系。而有些方国则时而臣服于商王国时而又发生叛变。① 这些都可以从甲骨档案中找到相关的内容,它们记录和反映了当时商王朝战事频发的征战记忆。

(四)女性记忆

据统计,在甲骨档案中大约有一百多位女性,关于她们的记忆在甲骨卜辞中频频出现,她们参与种种社会活动,在占卜、祭祀、征伐、生育、农业耕种等方面都承担重要角色和任务,彰显了女性非凡的能力,为商代社会的全面发展做出了杰出的贡献,从而受到从商代社会从下而上乃至商王的尊崇。图2-12

---

① 王绍东.甲骨卜辞所见商王国对外战争过程及行为的研究[D].山东大学,2010:6.

第二章　历史印记：档案文献与中国记忆

的甲骨档案上写了"辛巳卜,贞,登妇好三千登旅万,呼伐(羌)",记录了商王朝时期,女将妇好(商王武丁的配偶)率军伐羌(在商王朝的西北部)。根据历史学家的考证,武丁有很多妻妾,其中最有名的是妇好,其次是帚妌,她们不但有土地财产,而且还掌握军队。既能主持宗庙祭祀,又能领兵打仗。在武丁对周围20多个"方国"的战争中,妇好经常统兵率将,驰骋疆场,屡立战功。而妇好这位为商王朝建立过赫赫战功的将领,应该是我国最早见于文字的女将军,说明商代贵族妇女的社会地位较高。虽然商代妇女的地位比较母系氏族社会而言有了很大的下降,男女有别、男尊女卑观念逐渐形成,但更多遗留了大量母系氏族社会的遗风。①

图 2-12　记载妇好的甲骨档案
资料来源：百度(https://baijiahao.baidu.com/s?id=17111610539381499919&wfr=spider&for=pc)。

第三节　元代西藏官方档案中的中国边疆记忆

公元13世纪中叶,蒙古帝国横扫亚欧大陆,一向偏居一隅的西藏也未能幸免,被纳入元朝的控制之下,使西藏正式成为中国的一个行政区域。当时的元朝皇帝扶植西藏的萨迦派宗教首领统治西藏的十三万户,不仅结束了西藏近四百年的分裂割据历史,而且开创了以宗教首领为统治阶级代表的西藏政教合一的独特统治模式。② 元代西藏官方档案就是在这样的历史背景下产生的历史记忆。

一、元代西藏官方档案的形成与价值

元代西藏官方档案形成于蒙古帝国横扫亚欧大陆的元代时期,2013年入选世界记忆名录的"元代西藏官方档案"共有22份,其中有4份圣旨、5份法旨和13份铁券文书,这部分档案文献自成体系,是一个有机的整体。其中,铁券是中

---

① 王瑞英.从甲骨文金文看商周妇女地位的变化及原因[J].求索,2008(6)：215—217.
② 康夏扎西."元代西藏官方档案"成功入选世界记忆亚太地区名录[J].中国西藏(中文版),2012(5)：16—17.

国古代由皇帝颁赐给功臣、重臣、信臣及宗亲、近幸的一种荣誉性符契信物,同时赋予本人乃至后代免罪、免死等法律特权。此外,安抚有离心倾向的军事权贵,也颁赐铁券;有的朝代还赐给归顺的少数民族头人或归降的反叛武装的首领。①

元代西藏官方档案是元朝皇廷和西藏统治阶级所发布的文书原件,是此类档案文献中仅存于世的,也是中国现存最古老的官方档案文献之一,其罕见性、独特性与珍贵性在世界范围内亦可数一数二,堪称14世纪人类档案文化和记忆的标志。② 著名藏学家、中国藏学研究中心历史研究所原所长陈庆英先生充分肯定了档案文献在研究西藏与中央关系的重要作用,他认为早期对西藏历史的研究,都是来自文学史料和历史书籍的类似记载,而后来发现的档案文献中的相关记载,更能确切地说明问题,因为档案文献是事件发生的当时书写的,是一种客观记录。

二、元代西藏官方档案边疆记忆——边疆版图

元代西藏官方档案承载了当时中国的边疆版图记忆。在唐朝(公元618—907年),西藏与唐王朝通过联姻、会盟建立了密切的政治、经济和文化关系。我们熟知的唐代文成公主进藏,就带去了很多中原地区的文化、农耕、科技、医药等,今天的藏医学里就有很多的名词术语和医药理论都和中医有关,例如藏医里也有号脉的这种方法。13世纪初,成吉思汗在中国北部建立蒙古汗国,1247年,西藏宗教领袖萨迦班智达同元太祖成吉思汗之孙蒙古皇子阔端在凉州(今甘肃武威)白塔寺议定了西藏地方归顺的条件,后世称为"凉州会盟",成为西藏正式纳入中国版图的历史见证。公元1271年元王朝建立后,西藏成为中央政府直接管辖的一个行政区。虽然之后中国历经几代王朝兴替,几经政权更换,但西藏一直处于中央政府的有效管辖之下。

元代西藏官方档案详细记载了元朝帝王颁布的法律政令和帝师与地方政务官提出的规章条例,蒙古执政者通过诏书和敕令统一了西藏,反映了13世纪时西藏即已归入中国版图的历史记忆,体现了西藏自古以来就是中国的一部分,再现了西藏正式纳入祖国行政版图的过程。元朝时期将吐蕃(今西藏)划为一个单独的行政区,由宣政院直接统辖。从此,西藏地区正式成为我国中央政府直接管辖的一个地方行政区域。

---

① 关树东.宋辽金元铁券考[J].北方文物,2018(4):92—96.
② 扎西.唤醒七百年的档案记忆:《中国元代西藏官方档案》成功入选《世界记忆名录》[J].中国档案,2013(8):40—41.

如今,国际上少数反华势力明里暗里插手西藏事务,目的就是要把所谓的"西藏问题"变成遏制中国的一张牌。元代西藏官方档案以无可辩驳的历史记忆和证据,表明了西藏自古以来就是中国的一部分,自元朝开始便正式纳入中央有效管辖,这才是符合历史正确的表述,有力地驳斥了"藏独"言论,为维护国家主权和领土完整发挥了巨大作用。

三、元代西藏官方档案边疆记忆——边疆文字

除了边疆版图记忆,元代西藏官方档案还承载了边疆文字记忆。这些档案文献文字独特,其中 4 份皇帝圣旨为八思巴文,18 份法旨和铁券文书则为藏文,能够较为全面地呈现当时西藏的文字记忆,对研究藏文字、蒙文字的演变有重要价值。其中的八思巴文即蒙古新字,为元世祖忽必烈时期,西藏萨迦派宗教领袖八思巴奉命仿照藏文创制的一种文字,故称八思巴文,但伴随着元朝的覆灭,八思巴文亦被逐渐废弃。

八思巴文作为元朝的官方用文,可转写其他任何一种语言文字,为后人留下了其转写的蒙文、汉文、藏文和维吾尔文等许多历史文献资料。八思巴文属于方型拼音文字,共有 41 个字母,以藏文字母为基础,结合了藏语、蒙古语、汉语、维吾尔语的读音和拼写特点,有音无意,可以读出拼音来,但是意思需要懂得这个语言的背景、含义才能翻译过来,这种八思巴文属于官方文字,一般涉及军政方面,在民间并不通用,因此至元六年八思巴文作为国字颁行全国后,其推广就受到很大阻力。

八思巴文用藏文字母的形式表示,它是一种拼音文字,但是它的拼音字母形式是方块形式的,具体见图 2-13。另外藏文字母是从左向右横着读写的。八思巴创造八思巴文的时候,吸收了藏文两种特点,一种是用方型形式把它写成字母,所以八思巴文的字母仿造藏文字母做了一些改动,把它做成了方型字母,但它拼写的时候不是从左向右横着写,而是从上到下、与当时汉文的书写习惯是一样的,这种文字在元朝的各种公文、官府印章,还有碑刻里面都用过。

汉文一直从象形文字发展下来,靠偏旁和会意来表达它的意思,但是到元朝通过八思巴文,汉文就出现了另外一种形式,即用八思巴的字母写出来,可以念出它的音,成为一种拼音的形式。所以汉文出现的这种拼音符号形式,实际上最早是在元代,元代后来就把它编成了《蒙古字韵》,上面是用八思巴文的字与拼音,然后写上与这个音相同的汉文字有哪一些,这样就变成了很多同音的汉字,上面就成了八思巴文写的这种拼音文字,这在中国的文字史上也是一个很大的

编号	1	2	3	4	5	6	7	8	9	10	11	12
八思巴字	ꡀ	ꡁ	ꡂ	ꡃ	ꡊ	ꡑ	ꡒ	ꡏ	ꡤ	ꡓ	ꡪ	ꡋ
藏文字母	ཀ	ཁ	ག	ང	ཅ	ཆ	ཇ	ཉ	ཏ	ཐ	ད	ན
注音汉字	葛	渴		誐	者	车	遮	倪	怛	挞	达	那
转写符号	k	k'	g	ŋ	tš	č'/tš'	ǰ/dž	ñ	t	t'	d	n

13	14	15	16	17	18	19	20	21	22	23	24	25	26	27	28
ꡌ	ꡍ	ꡎ	ꡏ	ꡐ	ꡑ	ꡒ	ꡓ	ꡔ	ꡕ	ꡖ	ꡗ	ꡘ	ꡙ	ꡚ	ꡛ
པ	ཕ	བ	མ	ཙ	ཚ	ཛ	ཝ	ཞ	ཟ	འ	ཡ	ར	ལ	ཤ	ས
钵	癹	末	麻	抄	撍	惹	嚩	若	萨	阿	耶	啰	罗	设	沙
p	p'	b	m	ts	ts'	dz	w	ž	z	·	y/j	r	l	š	s

29	30	31	32	33	34	35	36	37	38	39	40	41
ꡜ	ꡝ	ꡞ	ꡟ	ꡠ	ꡡ	ꡢ	ꡣ	ꡤ	ꡥ	ꡦ	ꡧ	ꡨ
ཧ	ཨ					(ཀ)						
诃	哑	伊	邬	翳	污	遏轻呼	霞	法	恶	也	尚	耶轻呼
h	·	i	u	ė/e	o	q	γ	f/hu	e	u̇	ų	i̯

图 2-13 八思巴文字母转写表

资料来源：照那斯图,宋洪民.八思巴字正字法研究[J].中国语言学,2018(0)：49—62.

创举,应该说由于西藏的文化与元朝的蒙古皇室结合起来,再结合文字、文化的统治需要,就在中国的历史上创造了一种像用拼音字母来写各个民族文字的八思巴文。

八思巴字母有三种不同的风格,第一种被称标准体,主要用于中国、蒙古的印刷文本和文件(见图2-14);第二种被称为印章体,主要用于加盖公章及在一些纪念碑上题词(见图2-15);第三种被称为藏文体,主要用于书籍的标题和寺庙碑文(见图2-16)。

除了4份皇帝圣旨是八思巴文书写的,另外18份法旨和铁券文书则为藏文。因此,除了八思巴文,我们还可以通过元代西藏官方档案了解到藏文的发展变化。

公元7世纪中叶,吐蕃英主松赞干布的名臣吞弥·桑布扎以玛尔文为蓝本,并参照古印度的古巴达文创制现行的藏文,即"乌金"和"乌梅"两大书体。① 前

---

① 藏地阳光.藏文书法：历史渊源[EB/OL].(2020-12-02)[2022-08-20].https://www.zangdiyg.com/article/detail/id/18366.html.

第二章　历史印记：档案文献与中国记忆

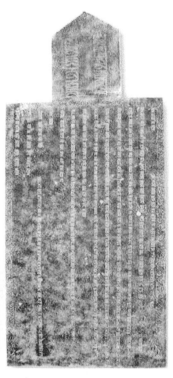

图 2-14
西藏档案馆藏
《丁沙鲁宣慰司文告》
资料来源：熊文彬.证经补史：西藏札达县皮央杜康大殿新现元代诏书录文和八思巴字印文初探[J].世界宗教研究,2022(6):30—35+131—132.

图 2-15
"尚书礼部造"
元代八思巴文
资料来源：搜狐(https://www.sohu.com/a/270252542_772510)。

图 2-16
大兴隆禅寺圣旨碑
资料来源：中新网(https://www.chinanews.com.cn/cul/2012/10-16/4251380.shtml)。

者类似汉文的楷体,后者类似汉文的行书。按照著名学者更敦群培先生的考究,藏文行书因楷体速写而成,两者并非一开始就呈现完全不同的两种独立字体。按照这个角度理解,吐蕃后期已经出现了藏文楷书和行书混写的风格,说明已经有行书的孕育。① 这部分档案文献的法旨和铁券文书皆为藏文"珠匝夏仁玛"和"珠匝夏滚玛"书写,为行书的一种,且与后来通行的行书有较大的区别(见图2-17、2-18和2-19)。由此,可以断定元代萨迦地方政权时期,藏文行书

---

① 交巴李加,周毛先.更敦群培研究[M].兰州:甘肃民族出版社,2010:17.

63

字体已经从楷体里完全分离出来,并在不断地自我规范和完善中。这组档案的藏文字体为人们呈现了藏文字体发展演变的一个重要阶段。①

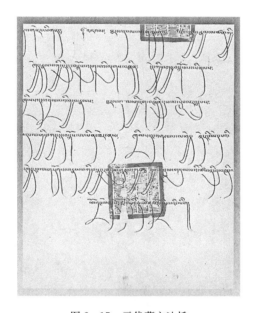

图 2-17　元代藏文法旨
资料来源：搜狐(http://mt.sohu.com/20180115/n528210667.shtml)。

图 2-18　现代藏文乌金体(左)和现代藏文乌梅体(右)
资料来源：左：中国藏族书法网(http://www.zgzzsfw.com/h-nd-400.html)。
　　　　　右：艺术中国(http://art.china.cn/education/2011-10/14/content_4545580.htm)。

---

① 康夏扎西."元代西藏官方档案"成功入选世界记忆亚太地区名录[J].中国西藏(中文版),2012(5)：16—17。

四、元代西藏官方档案边疆记忆——边疆管理

元朝最盛行的宗教是佛教,尤其是藏传佛教,忽必烈登基前,受戒于吐蕃高僧八思巴,登基后即尊八思巴为国师(授以王印,任中原法主,统世界教门),使得蒙古皇室接受了藏传佛教,藏传佛教高于其余佛教派别的地位由此确定,从此皇帝进入王位,必须先受佛戒。至元六年(1269年),八思巴制成蒙古新字,忽必烈升其号为帝师。八思巴也是元朝的第一位帝师,他也是北京城的选址者、设计者和规划者。每位帝王均有帝师,而帝师最重要的职责就是向皇帝及皇室成员传授佛法,作为皇帝的精神导师。为了表达对帝师的敬重,元朝帝王给予其崇高的地位,百官上朝时,皇帝的座位边上设有帝师专座。八思巴和忽必烈关系密切(图 2-19 的画像展现了两人密切的关系和地位),开创了中央政府与西藏佛教领袖的宗教政治关系,八思巴用毕生精力强化了中央政府对西藏的管辖,维护了国家的统一,并让这一传统延续至今。

图 2-19　八思巴(左)与忽必烈(右)
资料来源:搜狐(https://www.sohu.com/a/586165852_121161090)。

元代西藏官方档案还详细记载了皇帝和帝师对西藏一些寺庙予以免税、赐赠庄园,对部分活佛、法师委任官职等内容,呈现了西藏独特的政教合一统治模

式的雏形,体现了元代中央政府对西藏地方的有效管辖,构成当时边疆的管理记忆,为研究当时的历史提供了不可多得的档案文献资料。元代西藏官方档案中所反映的中国边疆记忆,证实了我们国家自古以来就能处理好中央与西藏地方之间的关系,如今西藏人民在中国共产党的领导下更是实现了社会制度的历史性跨越,西藏边疆的记忆变得更加丰富、深刻和美好。

第四节 "样式雷"建筑图档中的中国建筑记忆

一、中国建筑艺术的传统表达

中国是世界著名文明古国之一,中国建筑艺术是东方文明整体中典范性的文化范式,并影响了广大东亚地区。在漫长的历史发展过程中,中国建筑始终保留着完整的建筑体系和基本的建筑风格。从中国建筑发展史看,其全部历史大致可以分为以下几个阶段:商周到秦汉是萌芽与成长阶段,秦和西汉是发展的第一次高潮;从魏晋、隋唐到宋,是成熟与高峰阶段,唐宋的成就更为辉煌,是第二次高潮,可以认为是中国建筑的高峰;元至明清是充实与总结阶段,明至盛清以前是发展的第三次高潮。但由于历史的原因,中国古代没有留下有关建筑理论的系统论著,其论述散见于各种文史典籍中,并采取了"中国式"的阐述方式,即以高度的建筑技巧及大量成熟的建筑作品表现中国建筑的伟大成就。有的虽然还没有被古人总结为文字,但从大量的建筑作品中人们还是有可能读懂其中深藏的信息。[①]

在"样式雷"建筑图档面世之前,中国没有足够的史料证明中国是有建筑史的。很多外国人认为中国的古建筑一直是依据工匠的经验来建造,甚至于不需要设计图、施工图,由此可见,历代建筑完整的建造记忆并没有完整展现出来。"样式雷"建筑图档的发现,从档案文献的层面呈现了辉煌的中国建筑记忆,证明了中国古建筑设计的精彩绝妙。

二、中国建筑记忆的新呈现——"样式雷"建筑图档

"样式雷"建筑图档是世界上规模最大,内容最丰富的古代建筑设计图像资源,现存两万余件,中国国家图书馆收藏有 15 000 余件,其余主要收藏在故宫博

---

① 李慧兰.中国建筑的文化精神[J].商业文化,2017(5):86—92.

物院、中国第一历史档案馆、中国文物研究所。

"样式雷"为中国清代宫廷建筑匠师家族。之所以叫"样式雷"是因为当时的皇家建筑设计院称为"样式房",而雷家连续八代人都供职于这个机构,其中七代人作为掌案,也就是总设计师。雷家始祖雷发达(1619—1693),清初直至清代末年,雷氏家族前后八代人,传承两百多年,担纲皇家建筑的设计,至今遗存众多建筑杰作,诸如名列世界文化遗产的北京和沈阳故宫、天坛、颐和园、避暑山庄、关外三陵、清东陵和西陵,以及圆明园、北海与中南海、静明园、静宜园、南苑及恭王府等全国重点文物保护单位等的图样绘制、烫样制作,其中还包括"楠木作",即内檐装修、家具、陈设的设计。① 雷氏家族设计制作的建筑烫样独树一帜,是了解清代建筑和设计程序的重要资料。在那个没有绘图软件的年代,靠着毛笔手画图纸,用硬纸板做模型,来给皇帝御览,造出了我国六分之一列入世界文化遗产名录的建筑,包括故宫、天坛、颐和园、承德避暑山庄、清东陵和西陵,可见雷氏家族的惊人之处。

和这些优秀建筑遗产相对应的,还有近两万件"样式雷"建筑图档传世。"样式雷"的名号之所以能够在近现代史上始终保持活跃,依靠的不仅仅是金碧辉煌、气势恢宏的清代皇家建筑群、精湛的建筑工程技艺和传颂多代的口碑,更为重要的是雷氏家族保存并流传下来的"样式雷"建筑图档。"样式雷"在参与诸多清代皇家建筑的修建过程中产生的大量工程设计图、相关谕旨、销算备要等记录,包括烫样在内的两万多件图样模型以及《意旨档》《堂司谕档》等传世文档,被统称为"样式雷"建筑图档。② 在中国古代封建社会已经发展到专制主义中央集权高度强化的清代,为皇家设计修建宫殿园林是一件万马虎不得的"差事"。为了能够在不出纰漏的同时设计建造出令统治者满意的皇家建筑,雷氏家族在设计施工过程中,将工程营造的每一个细节进行了详细记载(见图 2-20),其形成的记录很多都以图的形式呈现出来,涵盖了投影图、正立面、侧立面、旋转图、等高线图等众多种类的工程图纸③。

精密准确的工程图并不是"样式雷"建筑图档的全部内容,"样式雷"建筑图档中包含着一个令世人惊艳的工程模型——"烫样"。"以纸裱使厚,按试做纸屋

---

① 王其亨.华夏意匠的世界记忆:样式雷设计理念和方法评介:纪念样式雷建筑图档入藏国家图书馆 90 周年[J].建筑学报,2020(8):92—99.
② 史箴,何蓓洁.高瞻远瞩的开拓,历久弥新的启示:清代样式雷世家及其建筑图档早期研究历程回溯[J].建筑师,2012(1):50—59.
③ 文汇报.《国家宝藏》中的"样式雷"是什么?中国六分之一"世遗"身上有它的烙印[EB/OL].(2018-12-10)[2022-08-20].https://wenhui.whb.cn/third/baidu/201812/10/229477.html.

| 中国记忆

图 2-20　国家图书馆藏样式雷图档

资料来源：网易（https://www.163.com/dy/article/F0U905CH05508UER.html）。

样,令工匠依格放线,谓之烫样。"这是清代学者李斗在《工段营造录》中的记载,较为形象地描述了"烫样"这一工程模型的作用。烫样,即古时营造按图制作之缩尺模型,是古建筑施工的立体图纸,与图纸、做法说明一起表达建筑设计意图。① "样式雷"建筑图档于 2007 年被联合国教科文组织列入世界记忆遗产名录,成为其中规模最大、内容最丰富的古代建筑设计智慧资源,充分彰显了中国古代哲匠的非凡才艺。

　　关于雷氏家族民间流传着许多故事,其一是雷发达长子雷金玉在修建皇宫建筑中作出的贡献。重修太和殿即将完工,康熙十分重视,亲自主持上梁大典,一切准备就绪,当大梁升到应有高度时,榫卯却悬而不合。雷金玉自告奋勇,借梯攀爬上去,拿着小斧头咔咔几下梁就合上了,康熙帝现场亲睹,召见奏对,钦赐内务府总理钦工处掌案,赏七品官,足见雷氏家族的建筑技艺之精湛。另外,国家大剧院多次上演原创话剧《样式雷》,就是截取了"样式雷"家族第六、七代传人雷思起、雷廷昌父子二人重修圆明园的一段富有传奇色彩的故事进行改编创作的。雷廷昌心思机敏,为人刚直,不仅识破了贪官奸商"偷梁换柱"的把戏,还亲眼看见朝廷为了修园对底层百姓层层盘剥的丑恶面目。雷廷昌被奸人陷害,得义士相助,用自己的诚信与才干赢得谈判筹码,最终冒死进言慈禧太后,停修圆明园。这部话剧也凸显了雷氏家族的精神品格。"样式雷"家族执掌清朝样式房

---

①　白丽娟,王景福.清代官式建筑构造[M].北京：北京工业大学出版社,2000：20.

200多年期间,成就非凡,在中国建筑史上留下了辉煌的印记,有"一家样式雷,半部古建史"的说法,可以说半部清代建筑史由"样式雷"家族写就,既是样式雷家族记忆,更是中国古代建筑记忆。

三、"样式雷"建筑图档的收藏整理

清朝灭亡后,雷氏家族日渐败落。1930年雷廷昌之子雷献瑞将大部分"样式雷"建筑图档以4500银元的价格卖给了北平图书馆。其后雷氏各房子孙又陆续出卖自己所存的图档几千件,样式雷的大部分建筑图档流入民间。① 1930年,以大公报记者朱启钤先生为首的有志之士创办了中国营造学社,从事古代建筑实例的调查、研究和测绘,并开始有远见抢救性的搜索和研究样式雷世家及建筑图档。为避免"样式雷"建筑图档流失,20世纪30年代朱启钤先生多方筹集资金,将市上售卖及雷氏后裔家藏的图档由国立北平图书馆收购(现藏中国国家图书馆善本部)。故宫博物院除接收了转自原北京图书馆的80多件样式雷烫样之外,还接收了原中法大学收购的"样式雷"建筑图档(现藏故宫博物院图书馆)。此外,中国营造学社收集的《雷氏大成谱》等资料现存中国文物研究所,中国国家博物馆、清华大学建筑学院、北京大学图书馆也收藏了部分"样式雷"建筑图档。②

著名的古建筑学家、天津大学教授王其亨及其团队,沿着营造学社开创的道路,从1982年开始,奔波行走在全国进行实地测绘,到世界各处寻找散落的"样式雷"建筑图档。36年间,王其亨整理、鉴识、判读出一万多张"样式雷"建筑图档,直到能够清晰还原雷氏家族在相关建筑工程中一天的工作细节和内容。2004年,王其亨带着团队根据整理成果举办了"清样式雷建筑图档展",2006年以后相继在巴黎、瑞士、德国推出了展览的外文版。2007年"中国清代样式雷建筑图档"入选联合国教科文组织《世界记忆名录》,中国建筑作为人类智慧资源的不朽价值,在那一刻终于得到世界的认同和尊重。

四、"样式雷"建筑图档在中国建筑记忆中的贡献

"样式雷"建筑图档是"样式雷"建筑、园林、陵墓设计思想及变化过程的史料,填补了古代建筑史研究的空白,它呈现出的建筑设计记忆,为后世研究、修复古建筑与园林提供了依据。很多学者在研究现存的"样式雷"建筑图档时发现图

---

① 房厚泽.凝固的历史:中国建筑故事[M].北京:北京出版社,2007:143.
② 段伟.样式雷图档与清代皇家建筑研究[J].档案学研究,2017(2):126—128.

档与清代皇家园林("三海""三山五园")、宫殿(南苑内团河宫殿、乐善园、五台山行宫)、坛庙(天坛、太庙)等各种形式的皇家建筑都有着极为密切的联系。借助"样式雷"图档,相关工作者即可对图档中关于清代宫殿园林建筑细节进行研究,了解每一个建筑物整体和部分的具体构造、施工过程以及所用材质的属性,从而在尊重历史原貌、保护珍贵历史文化遗产的基础上实现对清代皇家建筑真正的维护。①"样式雷"建筑图档不局限于建筑设计,还涵盖城市、园林、室内的建筑和设计,甚至府邸、学堂等方面,对古建筑、考古、风水研究也具有重要的实物参考价值。

另外,从"样式雷"建筑图档中,可以清楚地了解到圆明三园(圆明园、长春园、绮春园)20 余处风景群的园林布局变迁情况。圆明三园诸多园林风景群的建筑形制、体量、数量,120 座楼阁、140 余座亭子、近 200 座桥梁的位置、类别,诸多殿宇及帝后游憩寝宫的内装修,数十座大小庙宇、十余座戏台、九所船坞、两处习武马道,以及超过 11 公里长的外围大墙和 30 余座园门等等,基本上都能从"样式雷"建筑图档中找到依据。圆明三园的成百处园林风景群,建筑面积达 20 万平方米。其中悬挂康雍乾嘉道咸诸帝御题匾额的有 800 多个景物,共有内外匾额 1 200 余面。但长期以来,人们却对其中的大多数景物无法对号入座。现据"样式雷"的 2 000 幅藏图,不仅可以模绘出三园所有园林风景群的全部山水、建筑布局,而且 80% 以上的题名景物也得以确指其位。

总之,"样式雷"建筑图档是中国古代建筑文化和建筑智慧的记忆表征,原本只留存在设计者大脑中的建筑样式和格局,通过"样式雷"建筑图档实现了记忆的留存和传承,是我国乃至世界的稀世珍宝。"样式雷"建筑图档的存世也证明了中国古代建筑决不完全是靠工匠的经验修建而成的,展示出中国古代建筑设计的高超技艺和水平。

第五节 侨批档案中的中国侨胞记忆

"侨"即华侨,"批"为广东潮汕侨乡方言中"书信"的意思。侨批专指海外华侨通过海内外民间机构汇寄至国内的汇款暨家书,是一种信、汇合一的特殊邮传

---

① 王昊.皇家建筑档案开发的现实意义与路径分析:以"样式雷"图档为例[J].档案与建设,2019(5):34—37.

载体。① 侨批其实是一种方言,潮汕地区叫"侨批""番批"等,江门地区叫"银信",其实两者是一种东西。"银信"既是"汇银、侨汇",也是给家乡亲人的家书。有款必有信,一般在汇款的同时留下"家信",叙述家事并声明汇款,因而侨批兼有汇款和家书的双重功能。侨批广泛分布在广东省潮汕地区、福建、海南等地。

一、侨批档案的形成

据资料记载,在公元8世纪,中国广东、福建就有民众出洋到东南亚谋生。1840年以后随着中国国门被打开,海外移民形成潮流,广东、福建成为中国最大的国际移民迁出地,华侨也逐渐由东南亚扩散到美洲和大洋洲。直到1979年外汇业务归口中国银行管理后,侨批才退出历史舞台,历时近一个半世纪。

侨批档案是指侨批以及与之相关联的信件、账册、票据、证书、谱牒、照片、广告、匾额、印鉴等不同形式的历史记录。② 海外华侨华人肩负着改善家人生活境遇的重任,他们通过源源不断地汇寄血汗钱和书信,与亲人和家乡保持着密切的经济、情感和信息联系,形成"侨批"(银信)这种独特的书信与侨汇合一的国际移民档案文献。侨批档案是研究近代华侨史的珍贵档案,被国学大师饶宗颐誉为"海邦盛馥""侨史敦煌"。③ 在国际移民文献中,中国侨批档案不仅保存数量庞大、系统完整,而且涉及侨居地域广、时间跨度长,它蕴含着丰富的历史文化信息。目前,中国广东、福建保存的侨批档案及相关文献有20万件之多,集中分布在广东的潮汕侨乡、五邑侨乡、梅州侨乡和福建的厦门、泉州、福州等侨乡。其中,广东侨批数量最大,现存约有15万件,福建侨批约有1.1万件。

二、侨批档案成为人类集体记忆的遗产

侨批档案保留下来的中华民族数千年独特的书信形式与风格,是重要的华侨记忆载体,具有不可替代的世界意义。

2013年,侨批档案入选联合国教科文组织《世界记忆名录》,使侨批档案从"中国记忆"上升为"世界记忆",成为"世界记忆遗产",是人类集体记忆的遗产。正如世界记忆项目亚太地区委员会主席艾德蒙森所说:侨批档案中所涉及的人群是一个成千上万的人群,他们承载着东西方的交流并持续了数个世纪,留下了

---

① 邓绍云,邱清华.中国侨批文化研究文献综述[J].北部湾大学学报,2021(5):46—52.
② 张国文.从侨批档案说起:对民间档案、民间档案工作的思考[J].档案与建设,2021(9):61—62.
③ 黄海燕.加强侨批档案保护研究 推广弘扬"侨史敦煌":汕头市档案馆贯彻落实习近平总书记重要指示精神[J].中国档案,2022(2):26—27.

丰富的档案,这些文件并不仅仅属于他们自己,也属于一个时代,属于世界。侨批档案能够成功入选世界记忆名录,与其真实性、唯一性、不可替代性、罕见性和完整性等息息相关。① 侨批记载翔实,系统性强,覆盖面广,是人类共同的记忆遗产。侨批档案价值已被学界和社会广泛认可。现存 20 万件侨批不仅具备历史价值,还具有很高的社会价值和时代价值。

三、侨批档案承载侨胞丰富的鲜活记忆

侨批档案承载着大量早期海外华人的"中国故事",蕴藏着大量有价值的原生态史料。不仅见证了华侨的海外奋斗史,同时也蕴含着社会变迁、世代更替丰富而鲜活的记忆。

(一)侨批档案中的乡愁记忆

一封封饱含深情的侨批,诉说着四处漂泊的海外游子无尽的思念,记载了他们永难释怀的乡愁记忆。可以说一封侨批就是一个故事,侨批是华侨华人记忆中不可磨灭的历史符号。

毋容置疑,侨批档案是一种具有鲜明特色的文化记忆遗产。它能带我们回到原生态的历史现场,体味早期远赴海外奋斗的华人原初的乡愁,传播海外中国人最早的、最鲜活的"中国故事"。一名侨胞给其姐所寄的侨批中就叙说了 20 多年前他从澄海凤岭乡到泰国投靠其兄,随后兄去世,投靠无门,只得出外流浪街头的惨境,"非笔墨所能尽述"。许多像他一样的侨胞尽管过着艰辛的日子,仍不忘竭尽赡养父母、抚养妻儿的义务,从一封封寄回故里侨批的字里行间,可以窥见海外侨胞对家乡的挂念之情。"迢递客乡去路遥,断肠暮暮复朝朝。风光梓里成虚梦,惆怅何时始得消。"图 2-21 的这首以"难"为题的七言绝句是印度尼西亚陈君瑞寄给潮州侨属的侨批,写尽侨胞出洋谋生的艰辛和对故乡的思恋。2019 年厦门歌仔戏研习中心还以歌仔戏《侨批》(曾学文编剧、韩剑英导演)的形式将这一群体记忆搬上舞台,生动再现当年闽南华侨华人的这一乡愁记忆和文化符号。

(二)侨批档案中的家国记忆

家是最小国,国是千万家。海外侨胞不仅一手撑起了家,更一心装满了国。

---

① 钱淑仪."侨批档案"成功入选世界记忆名录[J].广东档案,2013(3):1.

第二章 历史印记：档案文献与中国记忆

侨批档案留下了海外游子与亲人相通相思的点滴痕迹，见证了华人的拳拳真情，也承载着旧时侨胞沉甸甸的家国记忆。

侨胞尽管远隔重洋，依然时刻关注着祖国的前途命运。它不仅仅是维系海外侨胞与国内亲人情感的特殊纽带，更反映了当时社会发展状况。1937年9月2日，旅居菲律宾侨胞林助成寄给安溪县老家母亲的侨批（见图2-22），谈的更多的是国事。信中，他密切关注卢沟桥事变后的事态发展。他认为中日之间的大战已是在所难免了，现在为了民族的存亡和保全国土的完整，全国上下应团结一致，下定决心不惜一切与日本抗战到底。从这封侨批可以看出，在海外侨胞心中，祖国遭受侵略和国土沦陷已经

图2-21 印度尼西亚陈君瑞寄给潮州侨属的侨批档案
资料来源：搜狐（https://www.sohu.com/a/587989257_121124794）。

图2-22 菲律宾侨胞林助成和康起图的侨批档案
资料来源：新侨网（http://www.xqiaowang.com/index.php?c=show&id=320）。

成为国耻家恨,他们已下定决心抗战到底。1939年4月3日,旅居菲律宾侨胞康起图寄给泉州府同安灌口下霞美妻子王申妃一封侨批,信中提及,当地海关异常繁杂、处处刁难,说明华侨旅居海外亦是艰难,但当知道政府募捐抗战经费时,仍宽慰妻子"多出一点亦无问题,可免介意"。他表示"因现在当在抗战中,凡是中国国民份子有钱出钱,有力出力,此乃当然职责",并嘱咐妻子能为抗战捐款实在是件乐事,鼓励妻子应支持抗战。短短几行字将这位普通华侨的深明大义和赤诚爱国情怀展现得淋漓尽致,令人感动和钦佩。

(三)侨批档案中的诚信记忆

作为那个特殊年代的产物,侨批跨越重洋,建立起了国内外两地的社会关系网和亲情网。侨批最早由"水客"携带,全盛时期则由专门的侨批局解送,有银信局、批馆、汇兑信局等十多种名称。侨批局创设主要有三种形式:一是由水客直接创办;二是由各业商人创办;三是由部分民信局兼营侨批或改营侨批业务而来。史料记载,早在清道光七年(1827年)漳州地区就出现了侨批局。水客也不只是单纯"带货",他们也经常充当初到南洋华侨的引路人。这在不少侨批中都有反映。侨批档案也承载了海内外侨批工作者的诚信记忆(见图2-23),折射

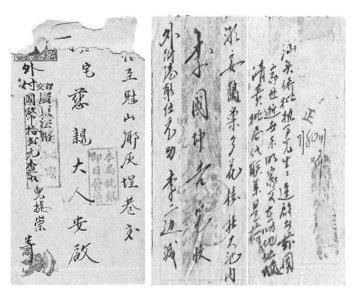

图2-23 反映侨批局以诚信立业的侨批档案
资料来源:搜狐(https://www.sohu.com/a/424820259_589061)。

出"经营有信""敬业有信"和"践诺有信"的道德光辉。

海内外侨批局以各种形式,公开向华侨和侨眷承诺,向社会宣示约法。如盖章"本局批银,即日发派",公开承诺批银限时送达。尤其是春节的侨批,侨批派送员要赶在大年三十甚至新春初一凌晨送达。有的收批人因难以联系到在海外亲人,寄批地址不明无法回批,还可以托批局代寻。有时信件周转延误,批局会按先期接到的批单所列金额先付批款,待批信转递到潮汕后,再将信送还,故于信上盖一印戳,写明"批银先发"。这些都是侨批局以诚信为立业之本的真实写照。

第二次世界大战期间,日寇侵占东南亚各地后,制定了限制华侨华人汇款的各项条款;二战结束后,出于对巨额侨汇的不安,南洋当局延续了限制华侨华人汇款的政策。为保证侨批顺利送达,海内外的侨批业者发明了"暗语"(见图 2-24)。侨胞们对侨批中随信汇寄银钱的数目等信息进行隐藏,只有懂相关隐语的人才能破解。"兹付去烟纸壹佰块""兹付去烟纸柒拾片查收""门牌柒拾伍号""外付饼干捌拾斤"这些侨批内容看似平常,但其实另有乾坤:信中的"烟纸""门牌""饼干"等代指的是钱及相应的数目,是华侨华人寄送侨批使用的"暗语"。

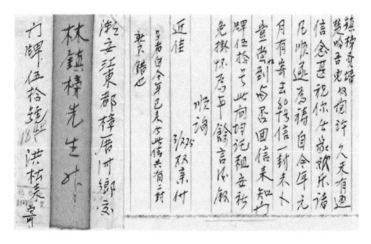

图 2-24　以门牌伍拾号代替港币五十元作为暗批的侨批档案
资料来源:腾讯网(https://new.qq.com/omn/20210412/20210412A0BES600.html)。

2020 年 10 月,习近平总书记参观广东省汕头市侨批文物馆后强调指出:"'侨批'记载了老一辈海外侨胞艰难的创业史和浓厚的家国情怀,也是中华民族讲信誉、守承诺的重要体现。要保护好这些'侨批'文物,加强研究,教育引导人们不忘近代我国经历的屈辱史和老一辈侨胞艰难的创业史,并推动全社会加强诚信建设。"①

　　档案文献是历史馈赠给后世的独特遗产和无价瑰宝,对档案文献的保护是中国记忆最为虔诚的守护。档案文献作为文化遗产的重要组成部分,具有形成时间久远,保管地域广等特点;同时在自然环境因素的作用下,存在着老化、损毁和消失等安全隐患,作为国家和社会重要的记忆载体,保护好档案文献,特别是历史遗留下来的珍贵档案文献遗产,是我们需要肩负起的使命。同时,不同的民族有着本民族珍贵的档案文献遗产,保护各民族的档案文献遗产也就是在保护不同民族的文化。各个民族的档案文献遗产汇集到了档案馆、图书馆、博物馆等文化事业机构,保护这些遗产也就是在保存国家和民族的记忆。从这个角度看,保护档案文献遗产也是各民族共同的心理需求,是确认自己民族身份的必然结果。

学习思考题

　　1. 甲骨档案中的文字记忆是如何传承的?对后世有何影响?
　　2. 元代西藏官方档案能从哪些方面证明西藏自古以来就是中国的一部分?
　　3. 你认为现在能根据"样式雷"图档还原圆明园这一记忆遗产吗?有没有必要?如果有必要,可以使用什么样的方法?
　　4. 从个人记忆到集体记忆,侨批档案中承载的侨胞记忆隐含着哪些价值观?
　　5. 档案文献所承载的记忆是否是历史事实?试举例说明。
　　6. 查找中国历史上的一种档案文献,并阐述其中承载的中国记忆,以及作为中国人,你对于这种记忆的传承可以有何作为?

参考文献

　　1. 勒高夫.历史与记忆[M].方仁杰,倪复生,译.北京:中国人民大学出版社,2010.
　　2. 金波.档案学导论[M].上海:上海大学出版社,2018.
　　3. 裘锡圭.文字学概要[M].北京:商务印书馆,2013.
　　4. 尤瓦尔赫拉利.人类简史:从动物到上帝[M].林俊宏,译.北京:中信出

---

① 求是网.习近平在广东考察:以更大魄力在更高起点上推进改革开放[EB/OL].[2020-10-15].

版社,2014.

5. 丁华东.档案与社会记忆研究[M].北京：人民出版社,2016.

6. 冯惠玲,张辑哲.档案学概论[M].北京：中国人民大学出版社,2006.

7. 埃尔.文化记忆研究指南[M].李霞,李恭忠,译.南京：南京大学出版社,2020.

8. 福柯.知识考古学[M].谢强,马月,译.北京：生活·读书·新知三联书店,2003.

9. 交巴李加,周毛先.更敦群培研究[M].兰州：甘肃民族出版社,2013.

10. 房厚泽.凝固的历史：中国建筑故事[M].北京：北京出版社,2007.

第三章　经典崇拜：文化典籍与中国记忆

从"为殷先人，有册有典"(《尚书·多士》)，到"建构中国自主的知识体系"①，典籍在中华文明的孕育和发展过程中发挥了重要作用，也在中国人的记忆里留下特殊的印记。著名史学家钱穆曾经总结南北朝世家大族特征说道："当时门第传统共同理想，所希望于门第中人，上自贤父兄，下至佳子弟，不外两大要目：一则希望其能具孝友之内行，一则希望其能有经籍文史学业之修养。此两种希望，并合成为当时共同之家教。前一项之表现，则成为家风。后一项之表现，则成为家学。"②事实上，不止是魏晋南北朝，中国历史上任何一个时期，人们对书香传家的憧憬与期许都是一致的。今天，不论是行走在明清古巷时随处可见的"书香继世"匾额，还是父母口中数十年如一日"好好读书"的叮嘱，无不在默默诉说着中国人典籍记忆的幽深久远。

那么，中国人关于典籍的记忆由何而来？在漫长的历史长河中，形成了哪些具体的内容？在纷繁复杂的当今社会，是否仍然具有现代价值？是我们在本章要共同探索的问题。

第一节　何谓"经典"？——经典记忆的形成

文字是典籍产生的基础，汉字是世界上最古老的文字之一。随着汉字的诞生，我国产生了最早的典籍——甲骨文书，在相当长的一段时间里，由于生产力水平低下，文字、典籍掌握在少数贵族阶层手中。这种"学在官守"

---

① 张振.建构中国自主的知识体系的四个维度[N].光明日报,2022-06-20(15).
② 钱穆.中国学术思想史论丛(三)[M].北京：生活·读书·新知三联书店,2009：159.

的局面,直到春秋战国时期才被打破。相继而起的列国在图强争霸的道路上,对人才、治国学说的需求愈发迫切,随着"士"阶层的兴起,私人著述、自由讲学之风盛行,各种学术主张在竞争中融合,融合中发展,开启了百家争鸣的新时代。

经历了春秋战国数百年的分裂,天下复归于秦。秦火过处,诸子百家都受到沉重的打击,百家争鸣化作了历史的尘埃,中国进入了漫长的帝制时代。西汉建立后,为了恢复国力,初期奉行"黄老之术",与民休息,同时重新搜集先秦典籍,复兴文化。而两汉在学术史上最突出的成就,就是经学的建立。汉儒奉经书为经典,立经典为经学,由此形成了其后中华两千年学术思想之主流。此后,在经学的主干外,魏晋玄学、隋唐佛学、宋明理学、清代朴学,各种学术思潮先后登场,在不断的交流融合中发展壮大,各领一代风骚,形成了中国古代典籍、学术文化异彩纷呈的面貌。

就像国学大师王国维在《宋元戏曲考》总结的那样:"凡一代有一代之文学,楚之骚、汉之赋、六代之骈语、唐之诗、宋之词、元之曲,皆所谓一代之文学,而后世莫能继焉者也。"①其所云虽为"文学",但颇可代表中国古代学术文化的总体特征。我国的文化传统,当新学说、新文体诞生时,并不以"消灭"旧学说、旧文体为前提,而是以包容的姿态,在新旧碰撞融合中形成新学说、新文体。其后,新学说、新文体为主流,而旧学说、旧文体亦在一定范围内延续,直到下一场思想、文体变革时代到来,共同作为新思潮的养分,去孕育更具生命力、更具时代性的思想和学术。这是中国学术文化脉络能够延续数千年从未断绝的重要原因,也是我国自古重视典籍生产、收藏、整理的文化渊源。惟其如此,作为学术、文化载体的典籍历来受到人们的尊崇。从历代朝廷"盛世修典""稽古右文"②,到藏书之家"家藏巨万""插架琳琅";从庙堂之高的"修齐治平",到江湖之远的"颜回之乐";从饱学宿儒的"微言大义",到贩夫走卒的"水浒西游",典籍在每个中国人的生活中都扮演着重要角色,而我们对于典籍的独特情怀也逐渐沉淀成中国记忆的一抹底色。那么,中国人尊崇典籍的传统由何而来?如何演变成民族之共同记忆?首先需要从文字的起源谈起。

---

① 王国维.王国维文学论著三种[M].芜湖:安徽师范大学出版社,2014:55.
② 西汉刘向、刘歆父子校理官府藏书,是我国典籍史上第一次国家规模的官府藏书整理活动。此后历朝历代,国家承平之时,都会组织学者进行国家藏书的整理、编目等工作,较有代表性的包括:晋荀勖、束皙等整理《汲冢书》,荀勖典校秘书;唐代马怀素、毋煚等校理秘书监藏书;宋初《崇文总目》的编写;明代两次校理文渊阁藏书、清代《四库全书》及目录的修撰。参见:傅璇琮,谢灼华.中国藏书通史·上[M].宁波:宁波出版社,2001:65—67,103—105,196—201,327—331,533—536,760—773.

| 中国记忆

一、文字诞生与典籍记忆

> 昔者苍颉作书,而天雨粟,鬼夜哭。① ——《淮南子·本经训》

汉字的起源传说,"仓颉造字"是其中最广为人知的一种。早在战国末期,"仓颉造字"的记载就出现在《荀子》《吕氏春秋》《韩非子》等先秦典籍中。西汉淮南王刘安整理了前代传说,在其组织门客编写的思想史名著——《淮南子》中,首次较为完整地记载了这个故事。东汉文字学家许慎在此基础上,进一步描述了仓颉造字的过程:"黄帝之史仓颉,见鸟兽蹄爪之迹,知分理之可相别异也,初造书契。"②

在古人的认知中,仓颉是黄帝时期的史官,他观察山川形胜、草木鱼虫,以及人类社会的种种现象,按照象形的原则创造了汉字。自此,华夏民族脱离了野蛮蒙昧,走向了文明发展的道路。对于这则故事,大家都不陌生,但是,有心的读者在读了上面的介绍后,可能会提出一个疑问:仓颉造字是一件利国利民的大好事,为什么会天上下小米(天雨粟),鬼神夜嚎哭(鬼夜哭)呢?

今天,我们受唯物主义教育,自然能分辨鬼神之事的荒诞不经,但在华夏先民时期,人们信奉朴素的自然观,保持对鬼神、超自然现象的敬畏。古人为什么会把"仓颉造字""天雨粟""鬼夜哭"这几件事联系在一起呢?东汉经学家高诱注解的《淮南子》被公认为该书最好的注本,对于《本经训》的记载,高诱是如此阐发的:

> 苍颉始视鸟迹之文造书契,则诈伪萌生;诈伪萌生,则去本趋末,弃耕作之业而务锥刀之利。天知其将饿,故为雨粟;鬼恐为书文所劾,故夜哭也。③

这段话的大致意思是说,仓颉观察鸟兽虫鱼的形迹创造了汉字,(人类)掌握了汉字后,欺诈的邪念便萌生了。邪念一旦萌生,人类便舍本逐末,放弃农耕而热衷于追求蝇头小利。上天知道(如此以往)人们就将挨饿了,于是天上降下小米。鬼神唯恐(人们掌握了文字),将它们的恶行记录下来,因此夜夜哭泣。这种唯心主义的阐释或不足信,但至少清晰地展示了一点,在中华先民心目中,文字

---

① 刘安.淮南子[M].开封:河南大学出版社,2010:316.
② 许慎.说文解字[M].北京:中华书局,1985:499.
③ 张斌,许威汉.中国古代语言资料汇纂·文字学分册[M].福州:福建人民出版社,1993:9.

拥有超自然的力量,人类掌握了文字,便从此具有了沟通天地、探索自然奥秘的能力。面对如此神秘、巨大的力量,人们又如何能够不心生敬畏、尊崇呢?

在民智初开、文明发生的时代,人们普遍信仰文字的神秘力量,认为文字是沟通自然、探索宇宙奥秘、协调社会发展的重要桥梁,而这种对文字的尊崇,自然而然地移植到了文字、知识的载体——典籍之上。

二、"经典"观念的起源

先民认为文字具有神秘的力量,对由文字记载的典籍也天然怀有敬畏之心。在典籍史早期,能够被记载下来的内容都是对国家、族群最重要的知识与经验,人们的这种尊崇心理也就越发明显。这一点从"经典"二字的原始字形上已有具象的体现(见图3-1、图3-2)。

图3-1 "典"字的甲骨文
资料来源:彭邦炯.契文释录[M].上海:上海书店出版社,2017:249.

图3-2 "经"字的金文
资料来源:字形出自西周时期的《虢季子白盘》。参见:陈世辉,汤馀惠.古文字学概要(修订本)[M].福州:福建人民出版社,2017:235—236.

"典"字的甲骨文,上半部分为用绳子编联起来的"册",下半部分是人的双手,合在一起就是一个恭敬地用手捧着典册的形象。我们知道,在中华文明的早期,阅读是少数人的特权,古人认为文字是沟通天地神灵的工具,在神权和世俗权力界限尚不明晰之际,这些掌握文字的贵族阶层,在侍奉神明之余,同样担负着政治治理的重任。这种手持典册的形象,代表的就是这样一种意象:恭敬地捧持着典册,代表神明行使治理人间的权力。因此,何者为"典"? 就是那些可以成为社会治理依据的东西。

再来看"经"字,青铜器铭文中的"经"字,指代的意象是织机上的纵线,古人织布时,先布经线作为标准,以便横线穿织。引申义就是那些经过检验的,可以作为依据的东西。由是观之,古人的语汇中,"经""典"二字各有来源,但同时指向那些具有权威性的,可以作为准则、标准的东西。远古时期,刻写不易,只有非常重要的内容才会用文字记录下来,因此,典册、书籍便具备了"经""典"的神圣性。后世随着载体形态的变迁,书籍数量越来越多,但尊经重典的文化记忆已经深入人心。

对于中国古代的读书人来说,书籍是他们生活的重要组成部分,在书籍中,经典又具有重要而特殊的地位。在古代中国,人们对经典有着严格的定义。南朝刘勰《文心雕龙·宗经》说:"经也者,恒久之至道,不刊之鸿教也。"①唐刘知几《史通·叙事》谓之:"自圣贤述作,是曰经典。"②也就是说,只有圣贤的著作才能被称为经典。在传统文化中,经典具有神圣不可侵犯的地位。孔子说:"君子有三畏:畏天命,畏大人,畏圣人之言。"③杨伯峻先生将之释为"畏惧"④,唐钰明先生则认为当作"敬畏"解,更切合孔子原意。⑤ 不论是"畏惧"还是"敬畏","圣人之言"何以拥有如此巨大的力量?那是因为,圣人的言论(著作)是为人处世的依据,敬畏圣人的言论,就是要严格按照圣人的教诲去修身处世,而圣人的境界并不易及,怎能不让人心生惕戒? 总而言之,在中国人的文化传统中,"尊古"或"好古"是被普遍接受的群体价值观念,在这种群体观念的支配下,人们尊崇"古法",信奉"圣人之言",以之为人生、社会运转的依据,从而奠定了"经典崇拜"文化记忆形成的基础。

三、"经典"的形成与记忆构建

无独有偶,西方世界"经典"同样具有类似的涵义。在英语词汇中,经典的表述方式有三种:"Sutra""Classic"和"Canon"。"Sutra"和"Canon"带有宗教性质,多用来代指宗教经典著作。"Classic"蕴含"古典"的含义,指具有典范性和权威性的著作,不仅表示其价值,更包含时间的维度。扬·阿斯曼指出:"卡龙(Canon)的特别之处在于它能够促进身份认同。那些被神圣化的文本、规则、价值能够支撑和助长一个特定的(群体)身份。"⑥阿莱德·阿斯曼指出:"将文本列入经典意味着这些文本得到了'封圣',其存在被宣告为不可侵犯。"⑦从文字到典籍,主要依靠精英阶层的知识生产,而从典籍到经典,则需要经历一个文本意义被不断解释,最终定型、规范化,最终成为人们行动的主导性价值取向和准则

---

① 戚良德.文心雕龙校注通译[M].上海:上海古籍出版社,2008:20.
② 郭绍虞.中国历代文论选·上册[M].北京:中华书局,1962:366.
③④ 杨伯峻.论语译注[M].杨逢彬,注译.长沙:岳麓书社,2009:205.
⑤ 唐钰明.孔子"三畏"释诂[J].学术研究,1986(4):91.
⑥ 扬·阿斯曼.文化记忆:早期高级文化中的文字、回忆和政治身份[M].金寿福,黄晓晨,译.北京:北京大学出版社,2015:129.
⑦ 阿莱达·阿斯曼.记忆中的历史:从个人经历到公共演示[M].袁斯乔,译.南京:南京大学出版社,2017:78.

的过程。也就是说,文本变成"经典"并非自发自觉,而是通过人们的反复阐释,而被"奉为卡龙"的漫长过程。在中国历史上,这一进程主要是靠儒家学者推动的。

先秦诸子时期,"经"并不专指儒家经典,各家各派都有将自己学派最重要著作称为"经"的习惯,如《墨子》中的"墨经"①,道家的《道德经》等。春秋前"学在官府",春秋时期"礼崩乐坏",学术下行②,出现了第一个以"有教无类"为号召的学派——"儒家"。儒家学派的创始人孔子,利用前代流传下来的文献资料《诗》《书》等进行教学,并对其内容进行了一定程度的整理和改造。西汉以后,这些由孔子删定的典籍随着儒家学说地位的提升而"水涨船高",日益神圣化,"经"也最终成为了儒家经典的专称。

"六经"一词,初见于《庄子·天运篇》③,指的是三代以来的,特别是周公制礼以后流传下来的先王旧典。孔子暮年回归鲁国,设坛课徒,对他收集到先代文献进行了一次系统整理,整理的结果就是《诗》《书》《礼》《乐》《易》《春秋》六部书。六经中,《诗经》是西周至春秋时期的诗歌总集。《书》,也叫《尚书》《书经》,是三代直至西周的政事合集。《礼》,在西汉时期,专指高堂生所传的《仪礼》,被称为"礼经"。汉代以后多以《仪礼》《礼记》《周礼》并称为三礼,并以《周礼》为首。《礼记》本来不是"经",只是汇集若干有关礼的"传"和"记"而成的资料集,由于其记载了大量先秦时期礼节习俗的资料,越来越受到人们的重视,最终取代了《仪礼》成为"五经"之一。《乐》在《汉书·艺文志》中尚记载有六家,汉代以后慢慢都散佚了,因此后世的"五经"减少的一种就是"乐经"。《易》是周人的卜筮用书,记载了六十四卦的卦辞和爻辞。"春秋"本不是史书的专名,春秋时期鲁国的史籍叫"春秋",晋国的史籍叫"乘",楚国的史籍叫"梼杌",现在看到的《春秋》经是在鲁国史书的基础上删削修订而成的。《左传》《谷梁传》《公羊传》并称为"春秋三传",都是解释《春秋》的书。其中《左传》重视补充史实,而《公羊传》《谷梁传》则偏重阐释义理。

从战国到西汉初年,人们普遍认为六经都是由孔子编定并用作教材的,因此这六部书最早取得了"经"的地位。战国至秦汉时期,解释经的文字叫做"传",最著名的传就是阐释《春秋》经的《公羊传》《谷梁传》《左传》,解释《易》的"十翼"等,由于

---

① 冯友兰.中国哲学史新编(上卷)[M].北京:商务印书馆,2020:415—416.
② 张积,徐林祥,张立兵.中国阅读通史(先秦秦汉卷)[M].合肥:安徽教育出版社,2017:86—90.
③ 《庄子·天运》:"夫六经,先王之陈迹也,岂其所以迹哉!"见:方勇,刘涛.庄子译注[M].上海:上海古籍出版社,2019:244.

"传"都是随着"经"流传的,所以汉代的人常常把某个"经"的"传"也称为"经"。

上述六经和六经的重要注本,是最早的一批"经"。除此之外,还有几部重要的典籍,虽然不被汉代学者认为是"经",但同样是士子的必读书。首先就是《论语》,这部书是孔子弟子整理的孔子言行录,历战国至秦汉,各个时期的儒生均有所增益。汉代的人读经之前,首先要读《论语》《孝经》,可以看作是当时读书人的启蒙书。《孝经》,篇幅短小,文意浅白,汉代立国后,以"孝"治天下,因此经短小易读,被作为宣传孝道的重要材料。

汉代学者奉儒家原典"六艺"为"经",取其经天纬地之义,"经"慢慢演化为儒家经典的代名词。"六艺"的经典化过程,是伴随着汉代以来学者对其文本的考辨固化,以及对意义的不断阐释而最终完成的。那么,汉代为何会产生经学?根本原因是帝国政治的内在需求,经过长时间的休养生息后,汉代的社会经济得到了恢复,"黄老学说"讲究清静无为,不适应加强中央集权,强化帝制的需要。汉武帝时的大儒董仲舒抓住了这个历史机遇,将阴阳五行学说与儒家思想相结合,建立了一套与天道圣统和宗法制度相契合的新政治伦理,在汉武帝的强力支持下,让儒家获得了独尊的地位。经学就是阐释经书的学问,儒家经典大多微言大义,人们对其理解必须依赖于当代人的解释。而其出现的直接诱因,则要溯及贯穿整个汉代的"今古文"之争。

秦帝国建立后,实行文化专制,不允许民间私藏医书、农书之外的典籍,诸子百家之书均在禁止之列。汉代建立后,重新访求书籍,按照记录所用文字的不同,被分为今文和古文两类。今文,就是今天所说的隶书,是西汉时期使用的通行文字,今文经大多是由曾在战国、秦代生活过的老儒口授,再被以通行文字记录下来的。古文相对于今文而言,是秦代以前使用的各种古老文字,又被称为籀文。古文经大多是向民间征集或通过献书而来,最著名的事件就是武帝末年,鲁共王发孔子旧宅,在旧宅壁中发现大量经书,被孔子后代孔安国整理后献于学宫。今古文经内容有大量不同之处,汉代学者为了证明自己信奉的经书文本的正确性,做了大量文献考证和文本阐释的工作,分别形成今文经学和古文经学两派。从汉代至清末,两派学者争讼不休,今古文经学之间的交锋构成了中国古代学术的中轴,在客观上也促进了汉代经学的形成与完善。近人周予同在《经今古文学》中曾比较两者的差异:

今文学:崇奉孔子;尊孔子为受命的"素王";认孔子是哲学家、政治家、教育家;以孔子为托古改制。以《春秋公羊传》为主,是经学派。斥古文经传是刘歆伪造之作。信纬书,以为孔子微言大义间有所存。

  古文学:崇奉周公。尊孔子为先师,认孔子为史学家。以"六经"为古代史料,以《周礼》为主,是史学派。斥今文经传是秦火残缺之余。斥纬书为诬妄。①

  董仲舒是今文经学派大师。武帝元光元年(公元前134年),下诏征召贤良讨论国是,董仲舒也在被征之列。见到武帝后,董仲舒分三次奏对其政治思想,这就是著名的"天人三策"。在这三次奏对中,董仲舒首先强调了国家实施改革的急迫性,汉初至此时,国家虽然取得了发展,但是并没有得到很好的治理,而现在就是改革的最好时机。当汉武帝对改革的提议表现出极大的兴趣,董仲舒顺势抛出了他的改革计划。

  第一,君权神授,但君主所行也必须合乎天道,否则就会遭受天谴。因此,君主要努力实施德政,贬抑刑罚,更改陋习。

  第二,"小材虽累日,不离于小官;贤才虽未久,不害为辅佐"②。因此,君主应该任人唯贤,让真正有才德的人出来治理国家,而不应该论资排辈,按照门第高贵抡才。同时,要大力兴办教育,为国家培养人才。

  第三,凡是不在儒家经典之内的其他各家各派学说,以及与儒家思想相违背的学说,都应该断绝,不得使其流传于世。这些异端邪说被消灭后,道德和社会秩序才能建立起来,统治者的法令才可以实行,人民才会服从统治。

  以上是"天人三策"的主要内容,"罢黜百家、独尊儒术"是其中的核心思想。从上面的介绍不难看出,董仲舒提出的思想和策略,完全是为加强专制统治量身定制的。汉代社会发展到武帝时,内外两方面的因素共同决定了,加强皇权、实行集权统治符合社会发展需要,而董仲舒的改革措施,就是将这种需求转化为现实的桥梁。以现代观念来评判,董仲舒的大部分思想无疑是腐朽的、落后的,但若以历史发展的眼光来看问题,在汉代初期,乃至整个中国古代社会,董仲舒的思想为维护国家统一、维持社会稳定,发挥了重要的作用。而从"六经"经典化的角度来看,"罢黜百家"之前,儒家学说只是"显学"之一,而"独尊儒术"之后,儒家核心的礼法思想被最高统治者采纳,成为教化民众、维持社会稳定的制度设计之理论依据。由此,儒家最重要的典籍——"六经",在精英知识阶层的不断阐释、

---

① 周予同.周予同经学史论著选集[M].上海:上海人民出版社,1983:9.
② 姚鼐.古文辞类纂[M].上海:上海古籍出版社,2016:262.

皇权力量构建的"保卫"屏障中，从精英走向社会，在潜移默化中，成为了中国古代最核心的典籍，同时取得了神圣的地位。

汉代以后，六经的地位愈发稳固，而儒家经典的范围又有进一步的扩大。唐文宗时刻开成石经，包括：《周易》《尚书》《毛诗》《周礼》《仪礼》《礼记》《春秋左传》《公羊传》《谷梁传》《论语》《孝经》《尔雅》。但《旧唐书·文宗纪》记载此事称："立石壁《九经》"①，可见直到唐代中期人们仍然认为《论语》《孝经》《尔雅》②还只是"传"而非"经"。直到宋徽宗时再次刊刻石经，增刻《孟子》入内，才标志着儒家"十三经"概念的正式形成。

魏晋南北朝至唐代经学家的研究成果，被称为"义疏""疏"或"正义"，"传"是"经"的注释，"疏""正义"则既注"经"也注"传"。唐宋人为上述十三种经书先后做了注疏或正义，与经传合刊就成为了《十三经注疏》。北宋时，"正义""疏"一般是与经注单独刻印的，南宋以后合刊本才相继出现，《十三经注疏》的名称日渐通行。现在通行的《十三经注疏》本，是清代中期阮元根据宋元间十行本校勘后的善本，已经成为文史工作者案头必备的工具书。

从中唐开始，经学上出现了摆脱旧注疏另寻新解的风气，直接导致了经学分支——理学的出现。唐宋时期的学者，以朱熹为代表，不满意汉儒寻章摘句的注释，纷纷另行注释五经，朱熹本人还编定了著名的《四书章句集注》。"四书"指《大学》《中庸》《论语》《孟子》。《大学》《中庸》是从《礼记》中抽出的单篇，朱熹认为这四篇文章或书，是治学的基础，读的顺序应该是：《大学》《论语》《孟子》《中庸》。后人因为《大学》和《中庸》的篇幅太短，便将四者合为一册。宋元人的注本，相比汉儒注本，其优点在于通俗易懂，并且符合中古以后社会变革的需要。大约在宋元之交的时候，便规定科举考试的内容，要依从四书五经及其宋元注本，明清延续了这一传统，官方刊刻的《四书五经大全》全用宋元人注，古注基本上被废止了。

理学在明代末年日益显现空疏的学风，清初的有识之士在探寻明朝灭亡的原因时，发现学问空疏导致的社会风气败坏是其中一条重要的原因。因此，清代学者又致力于重新恢复汉学的传统，专务搜辑阐发汉人之说，特别是汉代古文经学家所讲的训诂制度，将文献考证的学问发展至巅峰，《四库全书总目》

---

① 王欣夫.文献学讲义[M].上海：上海古籍出版社，2016：104.
② 《尔雅》本来是一种训诂书，类似于今天的词典，属于古代的"小学"，分为"释诂""释言""释训""释亲""释宫""释器""释乐""释天""释地""释丘""释山""释水""释草""释木""释虫""释鱼""释鸟""释兽""释畜"19篇。

就是这一时期汉学成就的集中反映。道光以后,受西方列强入侵的刺激,清朝内部亦变乱不断,学者不满汉学家皓首穷经,不关注现实问题的弊病,积极在经学传统中寻找救国之道,今文经学在清末得到了复兴,其代表就是康有为的《新学伪经考》。

此外,经部还有一个特别的门类——小学。"小学"的名称,出自《汉书·艺文志》,原指古时小孩子初学识字的读本。由这些识字读本发展起来的讲究文字的结构、读音和训释的学问,分别为"文字""音韵""训诂",这几个专门的学问合起来被称为"小学"。此时的小学已经是研究文字学精深学问的学科门类,与其原意不啻天壤。

上海大学谢维扬教授指出:"文献在整个古代生活中发挥着特别重要的作用,这是中国古代发展的一个重要特征,构成中国古代的文献传统。其最高表现是特定文献的组合即儒家经典,不仅是人们行为目标和规范的最高说明,而且是表明国家活动合理性和国家权力合法性来源的终极依据。汉代经学的发展对这一传统的形成有重要影响。包括通过立五经博士而使六艺被置于特殊地位,以及通过对儒学形上学的建设和强化对儒学的经世运用使儒家经典组合最终具备指导国家政治和国民生活的至高品质。"[①]自汉武帝实行"罢黜百家、独尊儒术"的文化政策,儒学"一家独大"日渐取代了"百家争鸣",从汉代经学的诞生,到南宋朱熹将《大学》《中庸》《论语》《孟子》等汇为"四书",宋理宗宝庆三年(1227年),皇帝下诏将朱熹集注的四书作为士子学习的指定教材和科举考试命题范围,"四书五经"才最终定型,正式成为中国历史上最重要的典籍。

在这个漫长的历史进程中,一代又一代儒士通过注解经书、阐发义理的形式,完成了儒家文本经典化的过程。经学的基本原则"疏不破注,注不驳经",维护了经书文本的稳定性,对义理的阐释则保证了经典的内容能对社会发展保持足够的包容力、解释性。而官方政治力量的加入,则又为儒家文本的经典化提供了制度支撑。可见,"经典"的形成受到学术思潮、政治文化制度等多因素的综合影响,反过来说,正是在漫长的时间和空间维度中不断经受淬炼,完成从精英到平民阶层的广泛传播,被中华民族各族群普遍认可,才会最终形成关于经典的"中国记忆"。

[①] 谢维扬.经典的力量:中国传统的现代去路:从汉代经学的发展对中国古代文献传统形成的影响谈起[J].上海大学学报(社会科学版),2011(2):1—15.

图3-3 山东曲阜孔庙

第二节 经典记忆的文化内涵

从古至今,各个朝代、不同地域、不同阶层的中国人,在"典籍记忆"方面有许多共同特征。下面我们就将从共性的角度去总结中国人对待典籍的独特认知。

一、尊经崇道——知识阶层的典籍记忆

对于中国人来说,经典是力量的象征,经典或阅读经典具有重要的象征意义。唐代魏征在《隋书·经籍志》中,对经典的力量与象征意义作了极其精彩的概括:

> 夫经籍也者,机神之妙旨,圣哲之能事,所以经天地、纬阴阳、正纪纲、弘道德,显仁足以利物,藏用足以独善,学之者将殖焉,不学者将落焉。大业崇之,则成钦明之德,匹夫克念,则有王公之重。其王者之所以树风声、流显号、美教化、移风俗,何莫由乎斯道?[1]

经籍是圣贤智慧的结晶,可以用来领悟宇宙的奥妙,探究天地、阴阳的消息,

---

[1] 李致忠.隋书·经籍志总序笺注[J].文献,2001(4):79—95.

第三章 经典崇拜:文化典籍与中国记忆

端正世间的纲纪,弘扬人类的道德。显可救济世人,藏可独善其身。读经籍可令人进步,否则就会落后。成大业者推崇经籍,将有令人敬重的光明德性;普通人以经籍为念,将为世人所重。统治者若要树立政声、显扬德威、敦励教化、移风易俗,哪有不依靠经籍的呢?古人认为,经籍既是知识的宝库,也是读书人踏入官场的阶梯;既是提高个人修养的手段,也是治理国家的利器。不论对个人还是国家,经典都有无可替代的价值。

正是基于上述认知,中国古代才形成了经典崇拜的文化传统。古代知识阶层关于经典的观念主要包括以下几个方面。

首先,经籍是知识的宝库,是文明传承的保障。北宋苏轼在《李氏山房藏书记》中说:"用之而不弊,取之而不竭,贤不肖之所得,各因其才,仁智之所见,各随其分,才分不同,而求无不获者,惟书乎。"①经典不像其他物质资源,彼取则此弱,书籍中记载的知识是取之不尽用之不竭的,人人都可以读书,人人都能从读书中有所得。更具体一些,阅读经典对提升道德修养和写作能力有重要的促进作用,如柳宗元在《答韦中立书》中所说,"本之《书》以求其质,本之《诗》以求其恒,本之《礼》以求其宜,本之《春秋》以求其断,本之《易》以求其动,此吾所以取道之原也。参之《谷梁氏》以厉其气,参之《孟》《荀》以畅其支,参之《庄》《老》以肆其端,参之《国语》以博其趣,参之《离骚》以致其幽,参之《太史公》以著其洁,此吾所以旁推交通而以为之文也"。②《诗》《书》《礼》《乐》《易》《春秋》、诸子百家、史籍诗赋,同属经典,对个人修养的提高却各有其用。经籍贮存知识,并为人们的创造提供基础。

其次,通经博古,是"修齐治平"的基础。"修身齐家治国平天下",是古代读书人的人生最高追求,小至修身,大至国家治理,都需要从经典中汲取经验。司马迁论述《春秋》的价值时说:《春秋》明辨人事经纪,判别嫌疑、是非、善恶,以宣扬王道,是一部政治、百官之大法,人伦、礼义之大宗,有国者、为人臣者,都不可不知《春秋》(《太史公自序》)③。司马光撰《资治通鉴》,并非单纯地著书立说或进行史学研究,而是从一开始便有明确的政治目的。他在给皇帝的《进资治通鉴表》中称:该书"专取关国家兴衰、系生民休戚、善可为法、恶可为戒者,为《编年》一书"④。又说,通过此书可"监前世之兴衰,考当今之得失,嘉善矜恶,取是舍

---

① 李之亮.苏轼文集编年笺注·诗词附2[M].成都:巴蜀书社,2011:134—135.
② 胡云翼.历代文评选[M].北京:知识产权出版社,2016:64—65.
③ 司马迁.百家汇评本《史记》下[M].北京:商务印书馆,2020:899.
④ 司马光.司马温公集编年笺注6[M].成都:巴蜀书社,2009:87.

非,足以懋稽古之盛德,跻无前之至治"。① 《资治通鉴》成为治理国家的一面镜子,颇受当朝皇帝的赏识,对后世中国政治发展也产生了深远影响。

第三,经籍有助于信仰的确立与教化的形成。儒家经典崇尚人伦道德,注重品德修养,中华文化的很多传统美德,都可从经典中得到体现。从《礼记》的"正心诚意、修身齐家"中,我们学到了为人处世的准则;从《孟子》的"老吾老以及人之老,幼吾幼以及人之幼"中,我们学会了"仁爱";从《论语》的"己所不欲,勿施于人"中,我们学到了宽容和理解;从范仲淹的"先天下之忧而忧,后天下之乐而乐"中,我们感受到了忧国忧民的家国情怀。

第四,经籍或读书具有象征意义,从某种程度上来看,它体现了一个人的地位、权利或特征。孔子删述"六经"之前,"学在官守",民间没有诗书流传,孔子系统整理前代典籍后,私家讲学之风大盛,书籍才流传到民间。然而在整个帝制时代,能熟练识读文字的人毕竟是少数,围绕"原道""宗经""征圣"等活动进行的典籍阅读和注释仍为士大夫阶级的特权。一般老百姓对读书有一种敬意,都有"耕读传家久,诗书继世长"的愿景。另外,对个人而言,读书可以陶冶情操,"腹有诗书气自华"说的就是这个道理。经典中所蕴含的语言之美、哲理智慧,能涵养人的性灵,内化人的气质。

第五,"学而优则仕"的文化传统。科举制度成型后,中国古代的人才选拔,是以对儒家经典的掌握程度为标准的。传统经典的筛选和诠注,由孔子开其端,经过子思、孟子等人的发挥,到《四书》时期形成完整的理论构架,并以极简明扼要的语言表述出来。自汉代大儒董仲舒将儒家思想与"天人感应"学说结合,说服武帝实行"罢黜百家,独尊儒术"的文化政策,学习、研究与诠注儒家经典便被历代知识分子视为学问正途。隋朝实行科举取士制度后,国家抡才制度便以熟读儒经为重要条件。南宋朱熹注解《四书》,此后,《四书集注》便一直是科举考试的教科书,成为读书人踏入官场的阶梯。

上述五个方面,是中国古代知识阶层普遍具有的典籍记忆,被奉为"经典"的作品,特别是以"四书五经"为核心的先秦儒家著作,千百年来一直是古代知识阶层的必读书,甚至需要"熟读成诵"。而从思想史的角度,虽然自汉代经学形成以来,代有学者对经典进行不同角度的释读,或不断完善儒家哲学体系,但却从来没有人否认经典的价值。这种高度的文化同一性,是中华文明的重要特征,也是我们形成中华民族独特价值观、文化认同、族群认同的思想基础。

---

① 司马光.司马温公集编年笺注 6[M].成都:巴蜀书社,2009:88.

二、"敬惜字纸"——庶民的典籍记忆

如果说"经典崇拜"是中国古代知识阶层的典籍记忆,那么,具有高度文化同一性的中国古代社会,精英思想总会通过常识化、制度化、风俗化的过程进入普通百姓的生活日常,成为指导人们生活的准则。[①] 换句话说,虽然对于大多数古代中国人而言,四书五经都显得生疏,修齐治平的人生理想亦遥不可及,他们也许只是粗通文墨,甚至目不识丁,然而在千百年来文化传统的浸润下,在精英思想的"向下兼容"中,经典崇拜亦以一种世俗化的形态内化为普通国人的文化基因。"敬惜字纸"及其相关民俗活动就是其典型体现。

先民认为文字拥有神秘的力量,不仅可以护佑生活平安顺遂,还能予人功名利禄,因此但凡有字的纸张都不可以随意玷污,而要采用专门的方式处置(一般为火烧,也有投入活水的方式),这种民间信仰及其衍生的各种民俗活动被称为"敬惜字纸"。早在魏晋南北朝时期,敬惜字纸已在士大夫阶层形成共识,《颜氏家训》云:"吾每读圣人之书,未尝不肃敬对之。其故纸有《五经》词义,及贤达姓名,不敢秽用也。"[②]唐代科举制度产生,打破了贵族阶层对国家权力的垄断,读书仕进逐渐成为知识阶层的人生"正途"。宋代实行"重文轻武"的国策,科举制度愈发完善,社会对教育的需求达到空前的高度,敬惜字纸的风气随之传播开来。到了明清时期,"敬惜字纸"的文化传统与"文昌帝君"民间信仰相结合,完成了从精英到平民阶层的传递,发展成为一种遍布整个社会的民俗活动。图3-4就是一座建于清道光年间的惜字塔,位于江西莲花县,塔高五层约7米,通体由石板雕砌而成,一层正面的孔洞叫做焚纸窗,上面镌刻的

图3-4 江西莲花县惜字塔

---

① 葛兆光."唐宋"抑或"宋明":文化史和思想史研究视域变化的意义[J].历史研究,2004(1):18—23.
② 颜之推.颜氏家训译注[M].北京:商务印书馆,2016:31.

"惜字处"三字依稀可见。① 从城市里坊到江南乡村,类似的字纸炉遍布乡野,许多存留至今,在历史长河中默默诉说着逝去的民族记忆。

从魏晋到明清,"惜字"信仰的辐射力不断扩大,逐渐渗透到社会各阶层,从精英阶层的"家教",逐步衍生出层次丰富的"惜字"习俗和活动,以至于还有学者专门辑录"惜字"材料,以备查考。如清罗绪《惜字规条》开篇即云:"惜字之法甚多,惜字之途甚广。"②时至明清,"惜字"信仰已经席卷大江南北,各地的"惜字"习俗虽因地方文化影响而各有特色,但约略言之,其表现主要有以下几个方面。

第一,设置字纸炉,要求妥善处理纸灰。罗绪《惜字条规》诗云:"世间字纸藏经同,见者须当赴火中。灰送长流埋净土,后世子孙必昌荣。"③将"惜字"与家族福祉联系起来,将之内化为人们认同的"善行"。因此,明清时期,寺庙、会馆、学校、官衙、宗祠之侧,常有"字纸炉"之设,供人们焚烧字纸。焚化后的纸灰也不能随意处置,而是在积累到一定程度后,将之倒入江海之中。清王之春《椒生随笔》卷三"惜字"条记载,有人向当时的江苏巡抚贺长龄建议,将巡抚衙门的字纸灰以大竹篓盛之,发交粮船带至津门,投入海中,"既镇风波,又为惜字一道",贺欣然从之,并要求全省州县照此推行。④

第二,以捡拾字纸为善行,组织惜字会。清韶公《燕京旧俗志·岁令篇》记云:"惜字会系于平日糊制极多数之竹胎纸糊小篓,分送各衙门、商店、住宅,请将废用有字之纸,收存篓内,不得抛弃道途污秽之地,只佣雇专役多人,身著黄布背心,大书'敬惜字纸'字样,肩荷巨筐,分赴各处,收取此种字纸。"⑤在尊经崇道文化氛围的长期浸润下,对普通中国人来说,即使不能通过读书科举谋取进身之阶,"敬惜字纸"也被认为是一种与家族福祉紧密关联的"善行",行之能得"善报"。这种善报,除了家宅平安,更多地是与子孙的功名仕宦联结起来的。简言之,行此善者所寄望之最大福报,就是本人或者后世子孙能够科举高中,改换门庭、光耀门楣。通过"营造"这样的关联,"敬惜字纸"获得了各阶层最广泛的认同,进而成为一种普遍信仰。即使目不识丁、不以科考为业者,也同样信奉这种方式能够为家庭、家族的未来带来丰厚的回报。这是"敬惜字纸"信仰形成的心理成因。而当信众达到一定规模,以宣扬惜字之风为主要目标的组织便自发产

---

① 刘新龙.莲花县惜字塔[J]新阅读,2016(10):43.
② 李乔.文史拾荒[M].青岛:青岛出版社,2014:279.
③ 李乔.烈日秋霜:李乔历史随笔[M].福州:福建人民出版社,2004:240.
④ 王之春.王之春集 2[M].长沙:岳麓书社,2010:857.
⑤ 李乔.文史拾荒[M].青岛:青岛出版社,2014:279.

生了,这种明清时期广泛存在于民间的组织,被称为"惜字会""惜字社""惜字局"等。这类组织的主要活动便是劝人敬惜字纸,并为之提供便利。他们或组织成员义务走上街头收集字纸,或集资雇佣专人收集,每月定期汇总焚烧之后投入江河湖海。

第三,形成各种惜字禁忌。除了鼓励人们妥善处理字纸,还形成了许多关于字纸的禁忌,规定人们不能做什么,从反方向强化人们对字纸、书籍的"敬畏"。常见的两种形态:一种是不能亵渎字纸,禁止将字纸用于一切非书写用途。如清代《惜字宜戒七则》详细规定:"一戒勿将字纸糊窗裱筐、抹桌拭秽、封罐包物;一戒勿将字纸捻绳扎物、燃灯吸烟;一戒勿将字纸换物卖钱(卖作纸筋还魂纸者罪过犹大);一戒勿当空焚字,弃灰于地,以致践踏;一戒勿抛弃有字笔管碎碗;一戒寿挽幛联,勿书黑字于上,免后改用以致亵字纸;一戒勿将已拾字纸,仍置墙隙,致与未拾者同。"①一种是要求人们慎重使用文字。如《惜字正诠十二则》要求:"一下笔有关人性命者此字当惜;一下笔有关人名节者,此字当惜;一下笔有误人功名者,此字当惜;一下笔有离间人骨肉者,此字当惜;一下笔属人闺阃阴事,及离间婚姻者,此字当惜;一下笔谋人自肥,倾人活计者,此字当惜;一下笔凌老欺贫欺孤寡者,此字当惜;一下笔挟私怀隙,故卖直道,毁人成谋者,此字当惜;一下笔唆人构怨,代人驾词者,此字当惜;一下笔颠倒人是非,使人衔冤者,此字当惜;一下笔托诗讥讪人者,此字当惜;一下笔刺人忌讳,发人阴私,终身饮憾者,此字当惜。"②这些禁忌的内在逻辑,首先出于人们对文字力量的敬畏和祖先崇拜,其次是对文字现实力量的重视和向往。在读书作文可以改变命运的社会现实下,人们将阶层上升的希望寄托其上,重视写过字的纸张,不敢稍加亵渎,就是自然而然的了。而当信仰衍生出仪式化的行为,后世之人可能并不完全了解仪式、行为规范的渊源,但作为社会的一分子,会约定俗成地遵守并延续同样的行为。最终,"敬惜字纸"由观念而仪式,由仪式而成为集体认同,变成了中国人的共同记忆。

从读书人的"尊经重典",到普通民众的"敬惜字纸",中国人关于典籍的记忆既绚烂多彩,又一以贯之。贯穿其中、勾连各阶层的是我们对于文字、书籍力量的敬畏,对"古典""先哲"的高度尊崇,这是我们民族性格的底色,也是中华文明最具特色的记忆。

---

① 慎独斋主人.惜字良规[M].北京:敬惜堂,清光绪二十五年(1899)刻本:10.
② 杜家福.惜字正宗[M].清光绪三十二年(1906)重刻本:10.

三、中国古代文化典籍的主要内容

中国古人认为往圣先贤所作的,能够为人生提供依据的著作,方可称为经典。从中外"经典"词源来看,神圣性是经典的首要特征,"四书五经"及其注解和小学书,就是这种具有"神圣性"的经典,位于中国古代文化典籍的顶端。除此之外,符合儒家思想要求,能够经过时间检验,对历史产生深远影响,受到各区域、族群广泛认可的著作,虽在"神圣性"方面下"四书五经"一等,但同样在民族记忆中打下了深厚的烙印,是中华文明的智慧源泉。

文字被发明后,由文字记载的书籍便随之出现了,当书籍的数量达到一定数量后,为了便于查找和使用,管理者需要按照一定的规则对书籍进行整理,目录学就是研究如何更好地管理和利用书籍的一门学问。夏商周三代之世,生产力水平还比较低下,文字掌握在少数贵族和巫史手中,只有与国家命运、战争祭祀等相关的大事才有被记载下来的可能,其中流传至今的代表就是殷墟甲骨。这一时期,由于典籍的数量还很稀少,人们整理文献时只需遵从时间或事件的次序,还没有知识分类的观念出现。历史上相对稳定的朝代都有整理国家藏书、编制书目的传统,即所谓的"盛世修文",而国家藏书目录的体系结构一般也被认为代表了那个时代人们关于知识分类的主流认知,因此,我们不妨从知识分类的角度来梳理古代文化典籍的主要内容和发展变化。

西汉初年,司马迁的父亲——汉武帝的太史令司马谈写下了中国学术思想史上的重要论文《论六家要旨》[1],对先秦诸子的思想和学术争论进行了系统总结,梳理了春秋战国以来最主要的六个学术流派——阴阳、儒、墨、名、法、道,各自的特点和优劣,已见学术分类的雏形。

公元前 26 年,汉成帝命光禄大夫刘向作为总负责人,领导官府藏书的整理编目工作。此后又经过了 20 余年的努力,到汉哀帝建平元年(公元前 6 年)刘向去世之前,刘向领导的校书团队基本完成了对汉代官府藏书的校理。在每部书校对完毕后,刘向和他的团队都会誊写清本,然后再"条其篇目,撮其指意,录而奏之"。[2] 即为每部书撰写一篇揭示图书内容的"叙录",内容一般包括三个方面:校定本的篇目;校定过程的记录;全书大意。这种"叙录",后世又称"解题""提要",开创了阐释图书内容,评价学术源流的导读体例。刘向去世后,他的儿

---

[1] 中国学术名著提要编委会.中国学术名著提要:先秦两汉编 魏晋南北朝编[M].上海:复旦大学出版社,2019:152—153.
[2] 张舜徽.汉书艺文志通释[M].武汉:湖北教育出版社,1990:7.

第三章 经典崇拜：文化典籍与中国记忆

子刘歆继承了父亲的事业。公元前5年左右，刘歆将所有新校本集藏于天禄阁，并编成综合藏书目录《七略》7卷。《七略》的大类称"略"，小类叫"种"，共著录图书"38种，603家，13 219卷"①。虽名为七略，但"辑略"为全书大纲，总论先秦到西汉的各种文化学术流派，评述各流派的兴衰分合，并没有具体的图书，因此实际上是将全部书籍分为六类：① 六艺略，收录儒家经典及传注之作。② 诸子略，收诸子百家作品。③ 诗赋略，收文学作品。④ 兵书略，收录军事文献。⑤ 术数略，收天文、历法、占卜等书。⑥ 方技略，主要收录各种医学、科学及方士、巫术等杂家著述。

魏晋之后，随着儒家经典地位的提升，私人著述的盛行，六分法不再适应知识分类的需要。大约在隋唐之交，"经史子集"四部分类法最终取代了六分法，成为之后知识分类和图书分类的主流。清代乾隆时期，朝廷组织纂修《四库全书》，该书是中国古代最大的丛书，其"副产品"《四库全书总目》，则是古代社会对中国典籍最完整、系统的一次整理，成书后的《总目》共200卷，著录书籍10 254种，172 860卷，其中包括"存目"中的书籍6 793种，93 551卷②，其分类体系基本可以代表古代文化典籍的主要构成。《四库全书总目》的类目及收书情况大致如下。③

经部：易、书、诗、礼、春秋、孝经、五经总义、四书、乐、小学10个大类。礼类又分周礼、仪礼、礼记、三礼总义、通礼、杂礼书六属，小学类分训诂、字书、韵书三属。

史部包括：正史、编年、纪事本末、杂史、别史、诏令奏议、传记、史钞、载记、时令、地理、职官、政书、目录、史评15类。收录历代纪传、编年、纪事本末三体史书；历史典故、资料；史学理论；典章制度；地理和目录金石等方面的著作。

子部包括：儒家、兵家、法家、农家、医家、天文算法、术数、艺术、谱录、杂家、类书、小说家、释家、道家14大类。概括来说，其来源有四：先秦诸子及各学派历代代表人物和代表作；收宗教典籍的释道二家；法律、军事、农艺工技、医药、天文算学、术数、谱录等带有技术性质的书；艺术、小说两类文艺领域的书。子部的各类之间基本上是并列且无统属关系的。

集部包括：楚辞、别集、总集、诗文评、词曲5大类。其中词曲类分词集、词选、词话、词谱词韵、南北曲5属。用今天的学科体系视角来看，收录的主要是文

---

① 吕绍虞.中国目录学史稿[M].武汉：武汉大学出版社，2012：49.
② 周文骏.图书馆学百科全书[M].北京：中国大百科全书出版社，1993：434.
③ 永瑢，等.四库全书总目[M].北京：中华书局，1965：1—8.

学作品。

从六分到四部,表面上看是图书分类的变革,实际上折射了学术升降、社会思潮,以及人们对典籍价值认知的变迁。在经历了先秦诸子百家争鸣的盛况后,思想上归于一统,诸子学说日渐衰落,相关著述大量减少。唐代以后,科举考试成为人才选拔的主要手段,而科举考试的范围被框定在儒家经典之中,读书人不得不投入巨大的精力"皓首穷经",使得我国古代在人文学术之外,科学技术诸项均不发达,表现在知识体系上,就是子部的庞杂,其他三部无法容纳的知识几乎全部被纳入此类。从核心思想上说,六分法和四分法是一以贯之的,即相比类分书籍,更重视对学术源流的梳理,这是中国古代目录学最大的特征,也是我国尊经崇道传统在知识分类领域的体现。

图3-5 钦定《四库全书》(复制本)

第三节 经典的危机——近代经典记忆的变迁

上两节回顾了"经典"的词源和概念内涵,以及伴随着中华文明进程同时形成的"经典崇拜""敬惜字纸"等民族记忆。应当说,整个中国古代社会,由于文化传统的延续性,人们对于经典价值的认知一般是比较正面的。但是,随着近代社

第三章 经典崇拜：文化典籍与中国记忆

会转型带来的剧烈变革,进入 20 世纪后,关于"经典是否还有现代价值? 要不要读经典?"等问题曾经产生了比较多的争论,其影响至今仍未消歇。下面我们就将在回顾这些论争的基础上,回答当今社会经典是否还有价值,以及为什么仍要阅读经典的问题。

一、胡适与梁启超国学书目之争

19 世纪后半叶以来,随着西学东渐的深入,有志救国的知识分子努力探索救亡图存之路,希望以西方思想改造中国社会,以科学方法条理中国学问。为了达到开启民智,融入世界的目标,其中不少人将矛头对准了中国传统文化,通过对传统文化的批判为新思想的传播铺平道路。科举制度的废除,白话文和学校教育的推行,客观上也让传统经典与读书人渐行渐远。青年人阅读传统文献的能力在持续下降。在这种社会背景下,"阅读经典"这一在古代社会带有天然"正义"性的论题便显得"危机四伏"了。

首先进入我们视野的代表性事件就是胡适、梁启超之间的国学书目之争。20 世纪的前 20 年,以"输入学理、整理国故、再造文明"为目标的新文化运动对中国社会,特别是青年学子产生了巨大的影响。新文化运动的主要领导者之一——北京大学教授胡适也自然地成为了"青年偶像"。

1923 年,胡适收到清华学校《清华周刊》学生记者来信,请求其为即将出国留学的少年提供一份书目,使其具有"国故学的常识"。胡适应允后,根据学生需求和自己对国学的理解,开列了《一个最低限度的国学书目》(以下简称胡目),分为"工具、思想史、文学史"三大类,收录国学文献 190 种,并言明:"这个书目不单是为私人用的,还可以供一切中小学校图书馆及地方公共图书馆之用。"①书目发表后,《清华周刊》的学生再次致信胡适,认为其目:"一方面嫌先生所拟的书目不广;一方面又以为先生所谈的方面——思想史与文学史——谈得太深了"②,并请胡适考虑清华学生的"时间"与"地位"简化书目。于是,胡适复函在《一个最低限度的国学书目》基础上再做精简,圈出了 39 种书,将其命名为《一个实在的最低限度的书目》。③

在向胡适发出邀请的同时,《清华周刊》的学生编辑也向另一位学界巨擘——梁启超提出了同样的请求。大概由于梁启超当时正在西郊翠微山中修

---

① 胡适.学问与人生:胡适四十自述(评注本)[M].北京:中国纺织出版社,2015:157.
② 胡适.学问与人生:胡适四十自述(评注本)[M].北京:中国纺织出版社,2015:167—168.
③ 胡适.学问与人生:胡适四十自述(评注本)[M].北京:中国纺织出版社,2015:169—171.

养,手头的参考书有限,他的回复比胡适晚了许多,在清华学生的再三催促下,1923年4月下旬,梁启超终于草就了《国学入门书要目及其读法》(以下简称梁目),分:(甲类)修养应用及思想史关系书类,收诸子百家及历代学术代表作;(乙类)政治史及其他文献学书类,主要收各类史书;(丙类)韵文书类,收包括《诗经》《楚辞》《文选》、唐诗、宋词、元明清剧曲在内的文学作品;(丁类)小学类及文法书类,收文字音韵之书;(戊类)随意涉览书类,包括《四库全书总目提要》《世说新语》《徐霞客游记》《曾文正公全集》等目录类、小说类、游记类、个人文集类图书。① 共收录古书约160种。后来作者觉得"青年学生校课既繁,所治专门别有在,恐仍不能人人按表而读"②,又将其精简成《最低限度之必读书目》,收各类图书20余种。③

对比胡梁二目的内容可直观发现,二人在对国学经典的认定方面存在着明显的差异。仅就类别的全面性而言,梁目的五分法比胡目的三分法要更加合理。胡目收书类别不全的问题,在《清华周刊》记者来书中已被学生明确指出了:"第一,我们以为先生这次所说的国学范围太窄了。先生在文中并未下国学的定义,但由先生所拟的书目推测起来,似乎只指中国思想史及文学史而言。思想史与文学史便是代表国学么?……既然如此,为什么先生不在国学书目文学史之部以后,加民族史之部,语言文学史之部,经济史之部呢?"④

由于胡目发表在先,梁启超在列书目之前应当已经看到了清华学生送来的胡目。梁启超看到胡目后,显然是非常不满意的,以至于在列出自己的书目后,还"意犹未尽"地写了一篇口气十分不客气的批评文章发表在报纸上。在这篇名为《评胡适之的"一个最低限度的国学书目"》的文章中,梁启超针对胡目提出了两点质疑:首先,认为这份书目"文不对题",清华学生希望的书目是"替那些'除却读商务印书馆教科书之外没有读过一部中国书'的青年们打算",对这样水平的青年来说胡适开列的书目实在是太难了。其次,是"把应读书和应备书混为一谈",梁启超不无反讽地说:

我最诧异的,胡君为什么把史部书一概屏绝?一张书目名字叫做"国学最低限度",里头有什么《三侠五义》《九命奇冤》,却没有《史记》《汉书》《资治

---

① 梁启超.读书指南[M].合肥:安徽人民出版社,2013:1—36.
② 梁启超.国学讲义[M].北京:中国画报出版社,2010:237.
③ 梁启超.读书指南[M].合肥:安徽人民出版社,2013:205.
④ 胡适.学问与人生:胡适四十自述(评注本)[M].北京:中国纺织出版社,2015:167—168.

通鉴》,岂非笑话?若说《史》《汉》《通鉴》是要"为国学有根柢的人设想"才列举,恐无此理。若说不读《三侠五义》《九命奇冤》,便够不上国学最低限度,不瞒胡君说,区区小子便是没有读过这两部书的人。我虽自知学问浅陋,说我连国学最低限度都没有,我却不服。①

此文一出,由于胡梁二人巨大的社会声望,很快便引起了社会各界的关注,两方各自的支持者你来我往,唇枪舌剑,一时之间好不热闹,终于演化成为一场被后世学者称为"国学书目之争"的学术"事件"。

近百年后,当我们以一个"旁观者"的心态来回顾这次事件时不难发现,事实上,在是否鼓励、甚至倡导青年学子阅读中国古代经典这个根本问题上,胡梁二人并无异议。争论的焦点主要在于入选的具体书目,概言之,即两人在对中国经典内涵的认知上存在着比较大的差异。胡适是新文化运动的旗手之一,一向积极鼓吹白话文、文学改良,对他来说,《三侠五义》《九命奇冤》这些普通民众爱读的通俗文学作品,与儒家经典具有同等重要的位置,而且这些"草根文学"更加鲜活,更能展现文学的"人民性",入选也在情理之中。梁启超的观点则更正统一些,入选的书目也更符合我国文化传统对于经典的认知。

二、《京报副刊》"两大征求"

如果说胡梁"国学书目之争"尚属学术观点之间的交锋,双方并未否定国学经典的价值。那么,1925 年的《京报副刊》"两大征求"活动,让我们更加直观地感受到了当时中国传统经典的"危险处境"。

1925 年 1 月 4 日,《京报副刊》刊发《一九二五新年本刊之二大征求 △ 青年爱读书十部 △ 青年必读书十部 △ 说明》,正式发起被后世称为"两大征求"的推荐书目活动。② 说明发出后,短时间里,《京报副刊》共收到 78 份"青年必读书"书单,208 张"青年爱读书"选票。从 2 月 11 日始,开始在报纸上连载"必读书"征求的结果。

而真正让这次征求活动"名声大噪"的,是登载在 1925 年 2 月 21 日《京报副刊》的著名作家鲁迅"青年必读书"选票。在这张"空白"选票上,鲁迅写道:"从来没有留心过,所以现在说不出",并在附注中特意说明:

---

① 梁启超.读书指南[M].合肥:安徽人民出版社,2013:212—216.
② 王世家.青年必读书:一九二五年《京报副刊》"二大征求"资料汇编[M].开封:河南大学出版社,2006:1.

中国记忆

> 我看中国书时，总觉得就沉静下去，与实人生离开；读外国——但除了印度——书时，往往就与人生接触，想做点事。
>
> 中国书中虽有劝人入世的话，也多是僵尸的乐观；外国书即使是颓唐和厌世的，但却是活人的颓唐和厌世。
>
> 我以为要少——或者竟不——看中国书；多看外国书。①

至此，一石激起千层浪，一场"中国书到底值不值得读"的大讨论拉开了帷幕。从1925年3月5日至4月8日，报刊上登出了大量辩论文章，其中大部分都是质疑和声讨性质的，如瞎咀（郝广盛）在《我希望鲁迅先生"行"》中直接喊话："鲁迅先生是感觉现在青年最要紧的是行，不是言，所以敢请你出来做我们一般可怜的青年的领袖（连家眷）。先搬到外国去……"柯柏森的《偏见的经验》②一文里说："喂！鲁迅先生！你的经验……你自己的经验，我真的百思不得其解，无以明之，名之曰：'偏见的经验'。"熊以谦发长文《奇哉！所谓鲁迅先生的话》③："奇怪！真的奇怪！奇怪素负学者声名，引起青年瞻仰的鲁迅先生说出这样浅薄无知识的话来了！……可不可以把先生平日看的中国书明白指示出来，公诸大家评论，看到底是中国书误害了先生呢？还是先生冤枉了中国书呢？"也有鲁迅的支持者："柯、熊辈，其浅薄殊令人作呕。本欲写一长篇《教会学校生活》呈览。头痛笔便来不及了。如可将此数语披露，似亦可以给彼辈一醒悟剂也。"④署名为Z.M.在《鲁迅先生的笑话》⑤中说："最打动我的是鲁迅先生的两句附注。"

不论是讥讽反对，还是为自己辩解之说，鲁迅似乎都不屑一顾。在此期间，鲁迅以一贯的斗士精神，多次撰文反击，并反复强调绝不修正观点，比如四月三日的文章《就是这么一个意思》："……只是倘若问我的意见，就是：要少——或者竟不——看中国书，多看外国书。"⑥

---

① 王世家.青年必读书：一九二五年《京报副刊》"二大征求"资料汇编[M].开封：河南大学出版社，2006：176—177.

② 王世家.青年必读书：一九二五年《京报副刊》"二大征求"资料汇编[M].开封：河南大学出版社，2006：232—233.

③ 王世家.青年必读书：一九二五年《京报副刊》"二大征求"资料汇编[M].开封：河南大学出版社，2006：236—239.

④ 王世家.青年必读书：一九二五年《京报副刊》"二大征求"资料汇编[M].开封：河南大学出版社，2006：244—245.

⑤ 王世家.青年必读书：一九二五年《京报副刊》"二大征求"资料汇编[M].开封：河南大学出版社，2006：250—251.

⑥ 王世家.青年必读书：一九二五年《京报副刊》"二大征求"资料汇编[M].开封：河南大学出版社，2006：287—288.

第三章　经典崇拜：文化典籍与中国记忆

事实上,持类似观点的并不止鲁迅一人。国民党元老吴稚晖甚至发出过更激烈的声音,据民国时期北大校长蒋梦麟回忆：

> (民国十一年)他老先生急遽地大步踏上台来,圆溜溜的两眼似乎突了出来,迸出两道怒火,这眯眯佛顿时变成了牛魔王,开口便说某先生的话,真是亡国之谈,**这次大战(指第一次世界大战)以后,没有坦克大炮,还可以立国么？那么古老的书还可以救国么？望你们快把那些线装书统统丢到茅厕里去。**(重点为引者所加,下同)①

投线装书于茅厕,与传统文化割裂的决心近乎决绝。应当看到,不管是不读中国书,还是投书于茅厕论,它们的出现都有特定的时代背景。在中国面临亡国灭种危机的时刻,首要任务是让国家富强,而想让国家富强,就必须向西方学习,建立近代工业化国家。今天我们说中国传统文化博大精深,在和平年代,文化传承保证了民族精神的延续,但在变革时期,传统的惯性也会给改革带来阻力。因此,这批忧心国家前途命运的知识分子采用了这种"偏激"的表述,希望激起普通民众,特别是青年人拥抱民主、科学的勇气。而当形势一有好转,同样也是这批人,在为保存文化传统而努力。1934年,民国教育部削减教育经费,吴稚晖为此事专门去函给当时的教育部长王世杰,希望其为唐文治开办的无锡国专网开一面：

> 故弟当日戏告汪先生曰："我是主张投线装书于毛厕中三十年者",然激宕之言,为极度紧张之词耳。设当时诚一致采纳,至今已三十年矣,则大炮、机关枪不可胜用,国货、重工业不可胜数,无严重之外患,此时尽听迎线装书于毛厕之中,尊孔读经,可曰"此其时矣"。**故共觉文、法可缓图,线装书仍应投入毛厕耳。**但当时弟欲投线装书于毛厕,私心亦何尝不望有最少数之人守候在茅厕边,将欲投者窃取而私藏之,以备三十年后之欢迎。②

在当时痛斥线装书,呼吁不看中国书的人,其实都具有深厚的国学功底,他们对于中国传统经典的看法,除了形势使然,似乎还有一丝"爱之深责之切"的意味。但是,由于这些人在当时的社会影响力,以及近代以来中国传统学问在面对

---

① 蒋梦麟.激荡的中国：北大校长眼中的近代史[M].北京：九州出版社,2015：327.
② 王世杰.吴稚晖先生关于"投线装书于毛厕"的解释[J].传记文学(台北),1971(6)：22—25.

"西学"时"节节败退"的局面,使得中国书不如外国书的观点,在当时有很强的影响力,其余绪甚至波及今日。

三、21世纪以来关于经典阅读的讨论

2003年起,政协委员朱永新教授连年向两会提交设立国家阅读节的提案,是倡导中国国家阅读节的发起人,但是他早期的提案并未引起广泛关注。2007年3月两会期间,在赵丽宏、王安忆、张抗抗、梁晓声、王余光等多位知名学者的支持下,朱永新在政协十届五次大会上作了《让阅读成为中国人的日常习惯》的发言,并向大会提交联署提案,呼吁设立"国家阅读节"。发言和提案被公布后,迅速引起社会各界的关注。

3月22日,文化学者余秋雨在其博客上发表《对四个重大问题的紧急回答》,就包括阅读、阅读节在内的问题提出了自己的观点,其中的第四篇,余秋雨写道:

> 与旧时代文人的向往不同,我不认为阅读是一件重要的事。对文化见识而言,更重要的是考察、游历、体验、创造。阅读能启发生命,但更多的是浪费生命。①

文章发表后,引起了极大的社会反响,针对其中的观点,朱永新连续撰写了《余秋雨先生,请不要误导中国人》《阅读是浪费生命吗?》《饱读不知饿读饥》等数篇文章进行回应。朱、余二人之间关于阅读意义、是否设立"国家阅读节"等问题的争论,通过媒体的发酵,很快演变为一个热点话题,支持者和反对者均为数甚众,双方展开了激烈的辩论。

以朱永新为代表的学者认为,阅读对于个人的精神发育史,民族的精神境界,以及学校教育和城市发展,均具有决定性作用。通过设立国家阅读节,可以唤醒全社会对读书的重视;在仪式中培育全民阅读文化;实现公民文化权利;推动阅读社会的形成;促进社会和谐。②

以余秋雨为代表的"反对派"也提出了三点理由:首先,现在已经有4月23日"国际阅读日",再设立中国自己的阅读节实无必要。其次,我们正身处信息爆

---

① 余秋雨.对四个重大问题的紧急回答[M]//朱永新.我的阅读观.北京:人民大学出版社,2011:114—115.
② 朱永新.中国人需要自己的"国家阅读节"[M]//朱永新.我的阅读观.北京:人民大学出版社,2011:94.

炸的时代,人们的阅读量不是少了,而是太多。第三,对文化识见来说,更重要的是考察、游历、体验、创造,阅读不是一件重要的事。① 此外,人们还对设立国家阅读节表达了如下忧虑:认为阅读属于个人体验,以设立节日的形式推广阅读有"以某种形式的国家意识形态取代个体的经验性阅读"之弊,更为甚者,会转嫁本应由政府承担的社会责任。② 亦有学者认为阅读属于公民的私人领域,不应通过政府治理的手段来规范,政府的介入,可能会使阅读节流于形式,变成不必要的表面文章。③

应当说,双方的论点都有一定的道理。朱永新方意见展现了对我国古代优秀阅读传统的高度尊崇,而余秋雨方也并非完全否认阅读的价值,而是担忧在当前社会阅读氛围总体尚不如人意的背景下,政府的干预、倡导是否会让本该是个人生活方式的阅读"变味"。事实上,这种担心也并非多余,从阅读的本质来看,阅读具有私人化、个性化等特征,阅读带给人们的帮助更多是心灵的成长,从这个意义上说,每一天都应该是阅读日。但是,任何事物的发展都不能脱离它所处的社会环境。虽然历史上我国拥有悠久的阅读传统和阅读文化,但是进入20世纪以后,这种传统实际上是被人为割裂了,今天我们面临的是重建中国人阅读传统的历史重任。

除此之外,随着信息技术的进步,人们在享受时代红利的同时,也不得不面对信息爆炸、信息鸿沟、信息茧房等随之而来的问题。一方面,今天的人们固然可以轻松拥有超越任何历史时期的知识总量;另一方面,泛化的阅读、泛滥的信息却不足以滋养我们日渐荒芜的灵魂。在这样的时代背景下,我们应当如何重新审视"传统经典"的价值? 传统经典以及阅读经典是否能够为社会发展、文化传承提供动力? 这些问题又重回人们的视野。

第四节　中国传统经典与经典阅读的当代价值

前面三节我们按照时间脉络梳理了中国人"经典"认知的时代变迁,以及各个时期"经典记忆"的内涵。应当说,"经典崇拜""文本尊重"在中国社会发展进程中始终占据一席之地,已经内化成优秀传统文化的组成部分,潜移默化地影响

---

① 余秋雨.对四个重大问题的紧急回答[M]//朱永新.我的阅读观.北京:人民大学出版社,2011: 114—115.
② 童大焕.我为什么反对国家阅读日[N].中国青年报,2007-04-03.
③ 陈蓉霞.设立阅读节犹如乱树典型[N].东方早报,2007-04-05.

着人们的生活与行为方式。然而,从文化传承的角度,"经典崇拜"的记忆固然为我们继承和弘扬优秀传统文化奠定了思想基础,但文化认同、文化自信的建立,仍然需要我们深入经典内部,从原典中汲取力量,实现"古籍活化"传承,这就要求我们深刻阐释经典及经典阅读当代价值的问题。

一、阅读经典与文化传承

中国古代的学术体系,是以经史子集四部分类为骨架,以儒家经典为躯干搭建起来的。早期书少价昂,读书人能够看到的书籍有限,而随着技术条件的进步和知识总量的累积,越到后来的朝代,人们所能拥有的书籍就越多。但是,在1840年以前,不管读书人的阅读范围如何扩展,仍然局限在传统的经史子集四部学科体系中。鸦片战争后,西方社会思潮迅速涌入中国。有学者统计,洋务运动期间,仅江南制造局翻译官出版的译书就达160种之多。[1] 知识体系的变化改变了人们对于"经典"的认知。

首先是经典范围的扩大。新文化运动兴起以后,儒家成为了批判的对象,而传统文化中本不受重视的通俗文学作品开始大放异彩,"新文化派"甚至要求将俗文学作品的地位提高到与传统经典平等的位置上来。前面提到胡适在为清华学生开列的国学书目中列入多种通俗文学作品,就是这种思潮的反映。在《〈国学季刊〉发刊宣言》中胡适更清晰地阐释了这个问题:

> 庙堂的文学固可以研究,但草野的文学也应该研究。在历史的眼光里,今日民间小儿女唱的歌谣,和《诗三百篇》有同等的位置;民间流传的小说,和高文典册有同等的位置,吴敬梓、曹霑和关汉卿、马东篱和杜甫、韩愈有同等的位置。……近来颇有人注意戏曲和小说了;但他们的注意仍不能脱离古董家的习气。他们只看得起宋人的小说,而不知道在历史的眼光里,一本石印小字的《平妖传》和一部精刻的残本《五代史平话》有同样的价值,正如《道藏》里极荒谬的道教经典和《尚书》《周易》有同等的研究价值。[2]

其次是对经典态度的转变。民国以后,在学术研究中强调科学方法的应用,胡适主张对于一切问题都要"大胆的假设,小心的求证"[3],经典与其他史料一

---

[1] 熊月之.西学东渐与晚清社会[M].上海:上海人民出版社,1994:499.
[2] 陈平原.胡适论治学[M].合肥:安徽教育出版社,2010:120—121.
[3] 胡适.倡导与尝试[M].哈尔滨:北方文艺出版社,2018:135.

样,仅被认为是供研究所用的材料。顾颉刚领导的"古史辨"运动,就是这种思潮的产物。这个后来对中国国学研究影响巨大的流派,其思想根源来自胡适的"宁可疑古而失之,不可信古而失之"①。如此,民国以后的读书人仍然阅读经典、研究古籍,但经典本身的"神圣性"在一定程度上被消解了。

通过上面的分析不难看到,对"经典"内涵的认知,不可避免地受到时代思潮的影响。而从另一个方向来说,真正的经典必然是那些能够随着时代发展不断生长新的内容,持续为人们提供思想养分的作品。事实上,即使在"西学"横扫的时期,人们在对经过了一段对传统经典的激烈批判后,又回过头来反思西方思潮与中国乡土社会、传统文化之间的关系,进而质疑"全盘西化"的近代化路径。这里我们不拟对这个过程进行回顾,引述近代史学大师陈寅恪先生的观点,颇可见当时知识界对于这个问题的深刻认识:

> 其真能于思想上自成系统,有所创获者,必须一方面吸收输入外来之学说,一方面不忘本来民族之地位。此二种相反而适相成之态度,乃道教之真精神,新儒家之旧途径,而两千年吾民族与他民族思想接触史之所昭示者也。②

可见,在与西方社会科学思想的比较中,中国传统文化并非毫无优势。中国的传统经典,历经岁月洗礼流传至今,反映的是中华民族的历史和精神。对于一个中国人来说,如果完全不了解本民族的思想传承,必然在认识世界的能力上有所缺陷。这是我们强调阅读经典、传承文化的根本原因。

事实上,这种关于典籍与文化传承之间关系的深刻理解,不仅出现在学者的论述中,更体现在中国乡土社会的方方面面。以浙江宁波天一阁、故宫文渊阁、燕京大学图书馆为例。天一阁兴建于明嘉靖中后期,是明兵部侍郎范钦家族的私家藏书楼,也是我国现存年代最古的藏书楼。乾隆三十八年(1773),纂修《四库全书》的同时,乾隆帝已经开始考虑书成后的收藏事宜,命杭州织造寅著亲往踏勘,仿天一阁样式在文华殿后新建藏书楼。乾隆四十一年(1776)建成,命名为文渊阁,专贮《四库全书》。③ 1921年,时任燕京大学教务长的"中国通"司徒雷登,多方募集资金在北京西郊新建校舍,由美国著名建筑师亨利·

---

① 胡适.胡适文集3·文论[M].北京:人民文学出版社,1998:355.
② 陈寅恪.审查报告[M]//冯友兰.冯友兰文集(第四卷).长春:长春出版社,2017:356.
③ 周文骏.图书馆学百科全书[M].北京:中国大百科全书出版社,1993:576.

| 中国记忆

墨菲负责校园的总体设计与规划。1926年冬,图书馆落成,占地720多平米,为一座四层(包括地窖)钢筋混凝土结构的建筑,其规模形制仿自文渊阁样式。①

图3-6 浙江宁波天一阁

---

① 王宽垒,苏明强.民国时期的燕京大学图书馆[J].北京档案,2018(10):57—60.

图 3-7 故宫文渊阁

图 3-8 原燕京大学图书馆

从天一阁到燕京大学图书馆,建筑理念一脉相承。时代在变,建筑材料、学术建制、藏书处所的功能都在发生巨变,但藏书的精神、典籍的力量世代延续,让中华文明拥有超越时间与空间的连接。

二、中国传统经典阅读的当代价值与启示

首先,经典是一种文化传承。朱自清先生在《经典常谈》中谈到为什么要读经典时说:"在中等以上的教育里,经典训练应该是一个必要的项目。经典训练的价值不在实用,而在文化。……再说做一个有相当教育的国民,至少对于本国

的经典,也有接触的义务。"①梁启超在《治国学杂话》中也强调"好文学是涵养情趣的工具,做一个民族的分子,总须对于本民族的好文学十分领略,能熟读成诵,才在我们的'下意识'里头,得着根柢,不知不觉会'发酵'"②。我们常说,中华民族是一个拥有五千年灿烂辉煌文化的文明古国,那么我们的文化传统有哪些?精髓何在?对于我们的现实生活有何影响?这些问题都需要通过阅读经典来解决,经典就是一道沟通古今的桥梁。

其次,经典是启迪智慧、涵养气质的养料。近代著名教育家唐文治先生在民族危亡之际曾经说过:"吾国经书,不独可以固结民心,且可以涵养民性,和平民气,启发民智。故居今之世而欲救国,非读经不可。"③时移世易,时代的发展让我们拥有了古人难以想象的知识,许多对古人来说难以想象的事情今天已经成为人们的基本常识。但数千年来先哲对人生价值、人类命运的探索永不褪色。人类从山林走向田野,从蒙昧走向文明,在漫漫历史长河中,如何与自己相处?与他人相处?与自然相处?古人的思考从未停歇,思考的结晶,凝练出的就是一部部流传千古的经典名篇。今天我们阅读经典,重点不是学习知识,而应着重体会贯穿其中的先哲智慧、人生敬仰,从经典中吸收营养,帮助自己形成独立完善的人生观、世界观和价值观。

最后,经典阅读是提高语文能力、培养写作水平的有效手段。这一点对于青少年读者尤其重要。经典作品经过了岁月的沉淀,其思想的深邃性毋庸置疑。但对经典思想性的理解,是需要以一定的人生阅历为基础,并且人们对经典的理解,会随着阅历的累积而不断深入,因此,经典才会成为那些常读常新的作品。青少年处在成长阶段,人生经验几乎是一张白纸,要求他们体悟经典的深邃思想,本身就是不现实的。青少年在阅读古代经典时,觉得读不懂,读不下去都是十分正常的现象。我们应当正视这一点,严肃阅读与休闲阅读本就不同,需要读者付出更多的努力,克服阅读上的种种困难。而当我们通过自己的努力,征服了文字上的障碍,所获得的阅读快感也是加倍的。而更为重要的是,我们在青少年经典阅读的读物选择上就应当是有所抉择的。在刚刚开始接触经典读物的阶段,应当选取内容较为简单,韵律感较强,更能体现文字之美的那些作品。举例来说,《论语》的思想价值堪称古代经典之巅峰,但很多内容孩子们是很难理解的,比如"三十而立,四十不惑"之类,这类作品就不宜选为青少年经典阅读的读

---

① 朱自清.经典常谈[M].北京:北京理工大学出版社,2020:1.
② 梁启超.国学要籍研读法四种[M].南昌:江西教育出版社,2018:167.
③ 唐文治.大家国学:唐文治卷[M].天津:天津人民出版社,2008:123.

物。古人发蒙，以小学为先，通过《三字经》《千字文》等韵律感强，朗朗上口的童蒙读物，让孩子掌握常用文字，并获得一些基本知识。长成之后，才开始系统学习经史子集四部学问，道理也是一致的。

经典，凝练了先哲思考与实践的智慧结晶，代表了人类反思己身、认识世界的最高成就。古往今来，一代又一代的人们从经典中汲取力量，提高修养，完善人格，完成文化传承。同时也在不断的思考中继续丰富经典的内容，赋予经典时代的特性。这是经典著作能够穿越时间的迷雾，代代流传，历久而弥新的根本原因。经典是那样一种著作，它不一定能够教会你谋生的手段，却能激励你鼓起探索未知的勇气；它诞生的年代也许远隔千年，但其中蕴含的道理却让人觉得仿佛就在身边。不论身处任何时代，我们总能从经典中找到现实生活的影子，在感叹古人智慧的同时，每个人也都在参与经典的现代演绎。这是经典的生命力，也是经典的最大价值所在。

过去的三十年，为了迅速摆脱中国贫穷落后的局面，我们在经济建设上投入了巨大力量，相对忽略了文化建设和价值观养成。今天，中国人面临的物质条件得到了很大的改善，但是精神世界却相对贫乏。对物质的过分追求蒙蔽了人们探寻高尚精神世界的乐趣，社会普遍存在着焦虑、浮躁的情绪，我们将经典阅读作为治愈这一切的良药，这是传统经典与经典阅读最大的当代价值。

学习思考题

1. 在"四书五经"经典化的过程中，有哪些影响因素？

2. 除了本章介绍的内容，古代社会"经典崇拜"的文化记忆，还有哪些表现形式？

3. 请使用《四库全书总目》，查找以下图书所属的类别和提要：《春秋左传正义》《郑本周易》《论语正义》《说文解字》《明史》《竹书纪年》《直斋书录解题》《荀子》《艺文类聚》《西京杂记》《楚辞章句》《李太白集》《张小山小令》。

4. "经典"是人类的财富，也是民族记忆的精华，其内涵随时代变化而赋予不同的意义，如何理解和阐释传统经典的当代价值？

5. 试分析当代红色经典作品的内涵和本质特征，如何打造具有时代精神象征价值的经典记忆作品？

6. 请以"我与典籍的故事"为题，撰写一篇小论文。要求选择一部中国经典著作，阐述对我作为一个中国人成长的影响，我的阅读感悟等。

参考文献

1. 皮锡瑞.经学历史[M].北京：朝华出版社,2019.
2. 章学诚.文史通义[M].上海：上海古籍出版社,2015.
3. 钱穆.中国思想史[M].北京：九州出版社,2011.
4. 张舜徽.中国文献学[M].武汉：华中师范大学出版社,2004.
5. 王余光.中国历史文献学[M].武汉：武汉大学出版社,1988.
6. 曹之.中国古代图书史[M].武汉：武汉大学出版社,2015.

第四章　镇国重器：青铜钟鼎与中国记忆

中国有关钟鼎的成语近百个，如钟鸣鼎食、钟鼎之家、一言九鼎、问鼎中原等。在中国各地的重要博物馆中，多有钟鼎的陈列展览。如湖北省博物馆藏有曾侯乙编钟，上海博物馆藏有大克鼎，国家博物馆藏有大盂鼎，台北故宫博物院藏有毛公鼎。在历史文献中，也多留有钟鼎的记录。《史记·封禅书》记载："闻昔泰帝兴神鼎一，一者壹统，天地万物所系终也。黄帝作宝鼎三，象天地人。禹收九牧之金，铸九鼎，皆尝亨鬺上帝鬼神。遭圣则兴，鼎迁于夏商。周德衰，宋之社亡，鼎乃沦没，伏而不见。"《汉书·郊祀志上》对此作补充："其空足曰鬲，以象三德，飨承天祜。夏德衰，鼎迁于殷；殷德衰，鼎迁于周；周德衰，鼎迁于秦；秦德衰，宋之社亡，鼎乃沦伏而不见。"这些成语、文物与史料构成了中国人对钟鼎的记忆，也反映出钟鼎与中国人之间的紧密关系。

钟鼎是我国青铜时代的宏伟遗作，凝结了古人的智慧与寄托。从日常的器用具逐步转变成古代贵族阶层祭祀、彰显特权的礼器，直至固化成国家象征，钟鼎的"镇国重器"身份终为世人所接受。世代转换，作为镇国重器的象征意涵是否已流转？能代表当下的大国重器又有哪一些？让我们走进镇国重器的历史画卷，一起领略它的风采。

第一节　青铜时代与青铜器

一、何为青铜时代

"青铜时代"（Bronze Age）这个名词最早可追溯到19世纪上半叶。1819年，丹麦学者克·吉地·汤姆森（Christian Jürgensen Thomsen，1788—1865）首

先在他所领导的丹麦国家博物馆古物陈列中,依据武器和工具的制作材料,划分出石器时代、青铜器(含黄铜器)时代、铁器时代三个相对独立的时代序列。此后,三期之说逐渐得到了历史界的公认。①

考古发现证明,早在公元前第 4 个千年初期,伊朗南部、土耳其和美索不达米亚一带已开始使用青铜器,稍晚,欧洲也出现青铜器。埃及在中王国时代(前 2133—前 1786)开始制作青铜器。印度在公元前第 3 个千年中,非洲约在公元前第 1 个千年进入青铜时代。②

中国的青铜时代,即古史上所说的"三代"时期,历夏(约前 2070—前 1600)、商(前 1600—前 1046)、周(前 1046—前 256,包括西周与东周)三个朝代,前后约两千年。③中国虽非世界上最早使用青铜器的国家,但中国青铜文化之路独辟蹊径,形成了显著的特点。最突出的表现是:公元前 21 世纪至秦始皇完成统一大业,中国人以难以置信的虔诚铸造了难以计数的以酒器、食器为基本构成的青铜礼器,而这些青铜礼器影响了中国社会发展近两千年。这两千年时间恰好与中国历史上的夏、商、周三代相合。夏、商、周三代对于中国的政治制度、文化基因、生活习俗、宗教礼仪甚至人们性格特征的影响,都是不可估量的。④

二、中国的青铜器制作

青铜是自然铜与锡或铅的合金,因氧化而颜色呈现青灰色,故名青铜。青铜的熔点在 700—900℃之间,比自然铜的熔点(1 083℃)低。含锡 10%的青铜,硬度为自然铜的 4.7 倍,性能良好。青铜器则是以青铜为原料制作的器物。冶炼矿石和铸造铜器需要复杂的技术,青铜器的出现和使用对人类社会的进程具有重大影响,学者们由此提出了"青铜时代"的概念。⑤

人类制造和使用铜器的历史始于以自然铜(红铜)锻打而成的工具、兵器和装饰品,但因红铜质地软,不适合制作工作,所以未能大批量地替代石器。中国古代的青铜主要是铜锡合金。铜与锡的比例对器物的物理性影响很大,锡的含量越高,器物硬度越高,但脆性也越大。战国时期《考工记》(见图 4-1,4-2)有言曰:

---

①②③ 李松.中国青铜器[M].北京:五洲传播出版社,2008:4.
④ 李伯谦.青铜器与中国青铜时代[M].合肥:中国科学技术大学出版社,2018:1.
⑤ 李伯谦.青铜器与中国青铜时代[M].合肥:中国科学技术大学出版社,2018:vii.

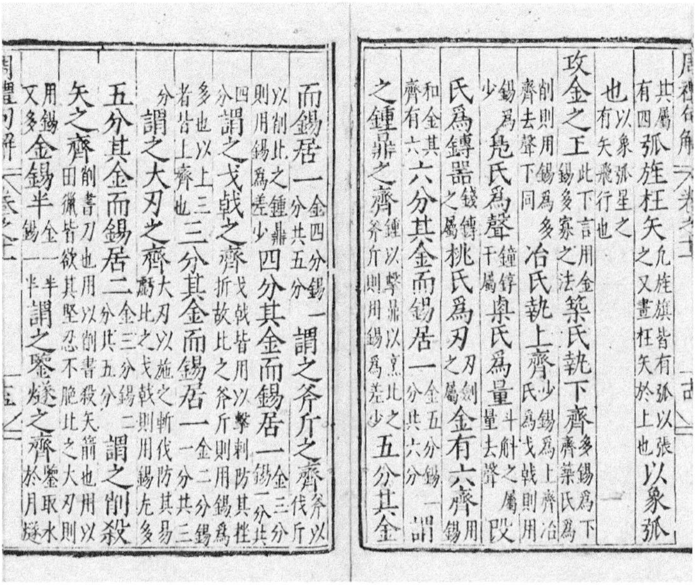

周禮句解 卷之十一

有四共屬弧旌枉矢凡旌旗皆有弧以張之又畫枉矢於上也以象弧
也以象弧星之有矢飛行也
攻金之工此下言用金錫多寡之法築氏執下齊多錫爲下齊築氏爲
削則用錫爲齊去聲下同多冶氏執上齊少錫爲上齊冶氏爲戈戟則用
錫爲少鳧氏爲聲鐘鎛干屬㮚氏爲量斗斛之屬量去聲段
氏爲鎛器錢鎛之屬桃氏爲刃刃劍之屬金有六齊用錫
和金其齊有六六分其金而錫居一金五分錫一分共六分謂
之鍾鼎之齊鍾以撃鼎以烹比之斧斤則用錫爲差少五分其金

而錫居一金四分錫一分共五分謂之斧斤之齊斧以伐斤以
以削比之鍾鼎則用錫爲差少四分其金而錫居一金三分錫一分共
四分謂之戈戟之齊戈戟皆用以撃刺防其性折故比之斧斤則用錫爲
多也以上三者皆上齊也三分其金而錫居一金二分錫一分共三
分謂之大刃之齊大刃以施之斬伐防其易斵比之戈戟則用錫尤多
五分其金而錫居二金三分錫二分共五分謂之削殺
矢之齊削書刀也用以削書殺矢箭也用以田獵皆欲其堅忍不脆比之大刃則
用錫又多金錫半金一半錫一半謂之鑒燧之齊鑒取水於月燧

周禮句解 卷之十一

图 4-1　《周礼句解》书影(宋朱申撰，明嘉靖三十五年蔡扬金刊本)

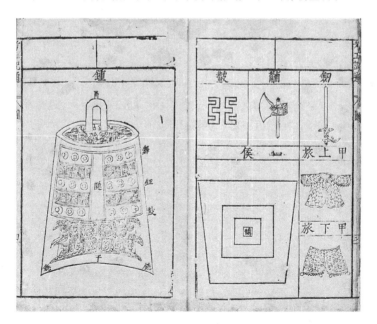

图 4-2　《考工记通》书影(徐昭庆辑注，梅鼎祚校阅，明万历花萼楼藏板)

| 中国记忆

> 金有六齐：六分其金而锡居一，谓之钟鼎之齐；五分其金而锡居一，谓之斧斤之齐；四分其金而锡居一，谓之戈戟之齐；三分其金而锡居一，谓之大刃之齐；五分其金而锡居二，谓之削杀矢之齐；金锡半，谓之鉴燧之齐。

上述文字详细论述了钟鼎、斧斤、戈戟、大刃、杀矢、鉴燧六类器物的铜锡比例，这是全世界最早的合金配比秘方，是中国先民制造青铜器遗存之记忆。

青铜时代初期，青铜器具比重较小，甚或以石器为主；进入中后期，其比重逐步增加。自从逐渐使用青铜器，表明农业和手工业的生产力水平提高，物质生活条件也渐渐丰富。青铜出现后，对提高社会生产力起了划时代的作用。已出土的商代和西周时期的铸有铭文的青铜器，有上万件之多，没有铭文的铜器更数倍于此。若无发达的采矿与冶炼业是不可能提供如此大量的铜金属原料的。

三、中国青铜器的种类

中国的青铜器种类繁多，有鼎、鬲、甗、甑、釜、簠、簋、盨、豆、盂、敦、匜、锜、瓿、尊、卣、爵、角、觚、觯、壶、觥、斗、方、彝、盉、罍、勺、鉴、匜、盘、缶、钟、镈、铙、钲、鼓、刀、矛、剑、斧、钺、戟、铲、镰、锥、镜、带钩、害、衔、轭、锤、斗、尺、量、权等。①

宋至清代的金石家仅依功用将相近的器类聚在一起。近代始有对青铜器进行生物学式的系统分类。具体方法主要有两种：一是以功用来分，分为容器、兵器、车马器等；二是以器形来分，分为三足目、圈足目等。② 还有将青铜器分为礼器与用器、生器与明器等的做法。后两种分类很难操作，但对我们思考青铜器的社会功能颇有助益。现在流行的分类实际上结合了功用、器形两个分类法。③

通过以下的分类举要，我们可以一窥青铜器常见的种类。

（一）食器

青铜食器属于礼器，主要指在祭祀和宴飨等礼仪活动中，用于炊煮和盛放牲肉以及黍、稷、稻、粱等食物的器具。用什么样的食器煮盛食物，代表着用器者不同的身份和等级④。根据器形可将食器分为鼎（见图4-3、4-4）、鬲、甗、簠、簋、

---

① 徐日辉.会说话的青铜器[M].武汉：华中科技大学出版社，2022：3.
② 朱凤瀚.中国青铜器综论[M].上海：上海古籍出版社，2009：77—83.
③ 李伯谦.青铜器与中国青铜时代[M].合肥：中国科学技术大学出版社，2018：3.
④ 李松.中国青铜器[M].北京：五洲传播出版社，2008：4.

第四章 镇国重器：青铜钟鼎与中国记忆

图 4-3　大盂鼎（现藏于中国国家博物馆）

图 4-4　大盂鼎铭文（中国国家博物馆）

中国记忆

甗,其中甑用于盛放黍等,鬲系煮饭用具,类似于蒸笼。根据功能可以分为煮食器、盛食器和进食器。①

道光初年出土于陕西郿县礼村的大盂鼎就是一件具有代表性的镇国宝器。该鼎通高101.9厘米,口径77.8厘米,重153.5千克。大盂鼎器壁较厚,立耳微外撇,折沿,敛口,腹部横向宽大,壁斜外张,近足外底处曲率较小,成垂腹状,下承三蹄足。器以云雷纹为地,颈部饰带状饕餮纹,足上端饰浮雕式饕餮纹,下衬两周凸弦纹,是西周早期大型、中型鼎的典型式样,雄伟凝重。器腹内壁铸铭文19行291字,记述了西周康王二十三年九月作器者盂所受之"册命"。铭文通篇章法规整,分为左右两段,奠定了西周时期长篇铭文布局之规范。②

(二)酒器

中国古人很早就学会了酿酒。在新石器时代晚期龙山文化的陶器中,考古学家分析出了古代酒的成分,那是用稻米、蜂蜜、水果和大麦等材料酿造成的发酵饮料。

酒器的种类繁多,有爵、角、斝、觚、觯、尊(见图4-5)、勺等。为了方便辨识,可以简单地归纳为两大类,一类是圈足器,一类是三足器。而依其用途,又可以分为饮酒器、温酒器、盛酒器、调酒器等。

图4-5 四羊青铜方尊(现藏于中国国家博物馆)

1932年出土于湖南宁乡黄材的四羊青铜方尊上口最大径44.4厘米,高58.6厘米,重34.6千克,是现存出土商代青铜方尊之中体型最大的。造型雄奇,肩部、腹部与足部作为一体被巧妙地设计成四只卷角羊,各据一隅,在庄静中突出动感,匠心独具。整器花纹精丽,线条光洁刚劲。通体以细密云雷纹为地,颈部饰由夔龙纹组成的蕉叶纹与带状饕餮纹,肩上饰四条高浮雕式盘龙,羊前身饰长冠鸟纹,圈足饰夔龙纹。

---

① 李伯谦.青铜器与中国青铜时代[M].合肥:中国科学技术大学出版社,2018:227.
② 中国国家博物馆."盂"青铜鼎[EB/OL].(2022-06-16)[2022-08-20].https://www.chnmuseum.cn/zp/zpml/csp/202008/t20200826_247375.shtml.

方尊边角及各面中心线,均置耸起的扉棱,既用以掩盖合范痕迹,又可改善器物边角的单调,增强了造型气势,浑然一体。此器采用了圆雕与浮雕相结合的装饰手法,将四羊与器身巧妙地结合为一体,使原本造型死板的器物,变得十分生动,并擅于把握平面纹饰与立体雕塑之间的处理,达到了技术与艺术的完美结合。出土器物的湖南洞庭湖周围地区在商代是三苗活动区,在此地发现造型与中原近似的铜尊,表明商文化的影响已远及长江以南的地区。①

商代的青铜酒器十分发达,并成为祭祀神灵和祖先最重要的祭器。西周初期,周王鉴于商人酗酒亡国的教训,曾下令在日常生活中严格禁酒。因此,西周青铜酒器的种类与数量大大减少,商代以酒器为主的青铜器组合演变成以食器为主。不过酒器仍是这一时期重要的礼器之一②。

(三) 乐器

中国古代所称的"乐",是包括音乐、舞蹈在内的文艺活动。《史记·乐书》记载:"乐者,德之华也;金石丝竹,乐之器也。诗,言其志也;歌,咏其声也;舞,动其容也。三者本乎心,然后乐气从之,是故情深而文明,气盛而化神,和顺积中而英华发外,唯乐不可以为伪。"

古人对乐十分重视,认为乐的规律与宇宙自然规律是相通的、一致的。在贵族举行的祭祀、宴飨等礼仪活动中,一般都要以乐配合。尤其在西周时代,由于礼乐制度的发达,乐舞艺术得到了高度的发展,形成了一套严格而又完整的用乐制度。③

古代乐器种类很多,依照制作材料,人们将其分为金、石、土、革、丝、木、匏、竹八类,称为"八音"。其中,"金"指的就是青铜乐器。青铜乐器有钟、铙(见图4-6)、镈、錞于、铎等。

钟是最重要的青铜乐器。据研究者考证,钟的样式是从南方地区的铙演变而来的,但两者使用方式不同。铙柄在下,口在上,用于仰击;钟则反之,是悬于钟架之上,口在下,柄在上,以木槌敲击演奏。单独一个悬挂使用的钟称为特钟;以多件钟大小相次,成组合悬挂使用的是编钟。西周中期的编钟多以三件为一组,到后来,数量愈来愈多。④

---

① 中国国家博物馆.四羊青铜方尊[EB/OL].(2022-06-16)[2022-08-20].https://www.chnmuseum.cn/zp/zpml/kgdjp/202108/t20210806_250991.shtml.
② 李松.中国青铜器[M].北京:五洲传播出版社,2008:36.
③ 李松.中国青铜器[M].北京:五洲传播出版社,2008:59.
④ 李松.中国青铜器[M].北京:五洲传播出版社,2008:60—61.

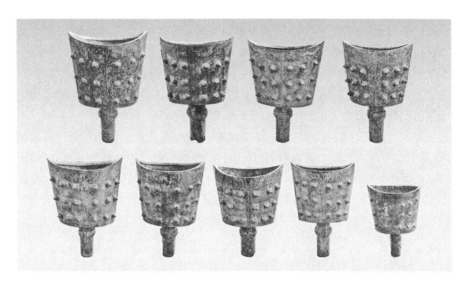

图 4-6　乳钉云雷纹编铙（现藏于长沙博物馆）

1993 年出土于湖南宁乡县老粮仓的乳钉云雷纹编铙,共计 9 件,造型基本相同,大小有序。通高 36.5—53.5 厘米,鼓间宽 18—28 厘米,最小的一件重 9.5 千克,最大的一件重 28.5 千克。通体阴刻云雷纹,钲部饰乳钉纹,乳钉凸出,基部肥实。经测音,每件铙的正鼓和侧鼓都能发出 2 个不同的乐音,且 C、D、E、F、G 五种调的音俱全,能组合演奏不同的调式,是目前我国出土时代最早的能成编演奏的青铜乐器。[1]

（四）兵器

夏商周时代,战乱连年不断,兵器制造成为青铜铸造的重要门类,各类兵器和防护装具在当时的青铜器中占了相当比例。如安阳殷墟妇好墓出土的青铜器中,兵器就占总数 30% 左右,仅次于礼器。一般的商周墓葬群中,兵器出土的比例更高。青铜兵器种类很多,有的用于短兵相接,有的用于车战或骑射。依其功用,一类为格斗兵器,主要有戈、矛、戟、戚、钺（见图 4-7）、剑等。一类为远射兵器,主要有镞（箭头）、弩机等。还有一类为防护装具,主要有盾、甲胄等。部分特别精工的兵器,是专门为国君、统帅、重臣制造的。例如象征贵族统治者军事权

---

[1]　长沙博物馆.乳钉云雷纹铜编铙[EB/OL].(2022-05-20)[2022-08-20].http://www.csm.hn.cn:9080/jpsx/index.php?m=goods&a=index&classify_id=206&content_id=57.

第四章 镇国重器：青铜钟鼎与中国记忆

势的青铜钺。

1965年出土于山东省益都（今青州市）苏埠屯的兽面纹铜钺，长31.7厘米，宽35.8厘米，重4.9千克。这件铜钺形体巨大，两面均透雕着张口怒目的人面形，眉、目、鼻均突起。直刃，双穿，两侧有扉。墓中还出土有铜鼎、斝、爵、矛、戈、斧、锛等，其中在一件铜爵和铜锛残片上，都有"亚醜"铭文。过去苏埠屯出土的器物上也有"亚醜"铭文。

图4-7 兽面纹铜钺（现藏于中国国家博物馆）

由于苏埠屯屡次出土"亚醜"青铜器，有人推测这里可能是"亚醜"族的墓地。根据文献记载，商末周初这一带为薄姑氏所居，因此铜钺等青铜器或即薄姑氏的遗存。①

第二节 钟鼎的象征意义与流转

钟、鼎均是我国青铜时代重要的青铜器，其形成时间不同：鼎产生在前，钟约到西周时期方才形成。作为礼乐制度物质载体的青铜器②，尤以钟鼎格外耀眼。阿莱达·阿斯曼主张，每一种文化都基于一套共享的规则和故事（记忆），连接着每个文化主体与对于共同居住的意义世界的体验。③ 以钟鼎为代表的青铜礼器是如何被"神圣化"④，进而承载先民最高的意义和价值的呢？又是如何成为连接华夏民族共同记忆与纽带的呢？

---

① 中国国家博物馆.兽面纹铜钺[EB/OL].(2022-05-20)[2022-08-20].https://www.chnmuseum.cn/zp/zpml/kgdjp/202107/t20210728_250877.shtml.
② 周亚.长江中下游地区的青铜鼓、铙及其他[M]//上海博物馆.古乐新韵：中国古代青铜乐器.上海：上海人民美术出版社，2000：8—11.
③ 哈特.文化记忆的发明[M]//埃尔，纽宁.文化记忆研究指南.南京：南京大学出版社，2021：109.
④ 阿莱达·阿斯曼.经典与档案[M]//埃尔，纽宁.文化记忆研究指南.南京：南京大学出版社，2021：127.

一、藏礼于器：青铜礼器与礼乐制度的形成

鼎是中国古代最为重要的青铜礼器，在各类青铜器中居于核心地位，是祭祀、朝聘、宴飨、丧葬等活动中必不可少的用器。依用途的不同，鼎又可分为镬鼎、升鼎和羞鼎。镬鼎是烹煮牲肉的特定炊具；升鼎用于盛装从镬鼎中取出的煮熟的牲肉；羞鼎又称陪鼎，用于盛放调味的羹汁。其中，代表贵族身份的是升鼎，因此升鼎又称正鼎。

早在原始社会，鼎不过是用陶土烧制的普通炊食器，其主体部分是盆、罐一类的容器，下边加上三个足，便于生火加温(见图4-8)。到原始社会末期，一部分陶鼎的制作加工讲究起来，体量也更加大了，实用意义逐渐减弱。进入奴隶社会后，青铜鼎诞生了(见图4-9)。1987年出土于河南二里头遗址的网格纹青铜鼎是迄今为止我国考古发现最早的青铜鼎，造型和纹饰风格与河南龙山文化晚期的陶鼎一脉相承，但材质却是当时罕见的贵金属——青铜。该鼎高20厘米，口径15.3厘米，底径10厘米。二里头青铜鼎的出现，是王权礼制萌生的象征。①

图4-8 方格纹陶鼎(现藏于郑州市文物考古研究院)

图4-9 网格纹青铜鼎(现藏于二里头夏都遗址博物馆)

---

① 赵腾宇.网格纹鼎[M]//上海博物馆.宅兹中国：河南夏商周三代文明.上海：上海书画出版社，2022：56.

第四章 镇国重器：青铜钟鼎与中国记忆

从陶鼎到青铜鼎，绝不仅仅是简单的材质改变和技术进步，更重要的是鼎所蕴藏的社会意义和精神内涵发生了质的变化。青铜鼎之所以成为象征国家政权的国之重器，在于器物的主人铸造这类青铜器用于祭祀活动的特殊权力，它代表着人物的地位和身份。①

钟是一种打击乐器，最早出现于西周，是西周时期青铜冶铸技术与音乐艺术达到一定水平的产物。编钟多用于宫廷演奏，在民间很少流传，每逢征战、朝见或祭祀等活动时，都要演奏编钟。编钟是上层社会专用的乐器，是等级和权力的象征。编钟音乐清脆明亮，悠扬动听，能奏出歌唱一样的旋律，又有"歌钟"之称。现藏于湖北省博物院的曾侯乙编钟（见图4-10）是我国青铜时代最为杰出的艺术珍品之一。

图4-10 曾侯乙编钟（现藏于湖北省博物馆）

曾侯乙编钟，1978年出土于湖北随州曾侯乙墓，年代为战国早期。钟架长7.48米、高2.65米。全套编钟共65件，分三层八组悬挂在呈曲尺形的铜木结构钟架上，上层为三组共19件钮钟、中下层五组共45件甬钟，及一件楚惠王赠送给曾侯乙的镈钟所组成。钟及架、钩上共有铭文3755字，内容为编号、记事、标音及乐律理论。每件钟均能奏出呈三度音程的双音，整套编钟音域可跨五个半八度，中心音区十二个半音齐备，能演奏五声、六声或七声音阶的乐曲。这套编钟是至今为止发现的最雄伟、最庞大的乐器，被誉为古代世界的"第八大奇迹"。此套编钟共六十五件，总重量达到2500千克，编钟分三层八组挂在钟架上。经

---

① 李松.中国青铜器[M].北京：五洲传播出版社，2008：24—25.

过对编钟测音,证实了战国时代已具有完整的十二乐音体系,打破了过去认为十二律是古希腊传入的说法,从而改写了世界音乐史。①

《春秋》是孔子整理的春秋时期鲁国的编年史,而战国中期成书的《左传》则是已知该书最早的注本。②《左传·成公二年》载有孔子"器以藏礼"之说。作为夏商周时期最为贵重的器类,青铜器正是当时礼制的物化表现。《左传·成公十三年》又说:"国之大事,在祀与戎"。祭祀容器与兵器正是中国古代青铜器的两大主要品类。以容器为主要的品类是中国古代青铜器最显著的特色。容器主要是祭祀祖先之时供奉食物和饮料的器物,也就是祭器。祖先崇拜是中国人世代精神生活中最主要的内容,而中国人对祖先的敬奉主要是供应饮食,这是中国人对饮食之礼特别重视的具体表现之一。③

从目前的考古发现可知,夏代青铜器一开始就具备了礼器、乐器、兵器三大功能。商王朝继承发展了夏代以来的社会政治结构和控制区域,吸纳了更广大区域内的宗教祭祀形式,确立以青铜礼器为核心的礼制文化。④ 商代前期,青铜器总体形态脱离陶器的窠臼,形成了自身的特点。这一时期的青铜兵器、工具有明显改进,青铜容器种类增加幅度较大,除了原有器种爵、斝、圆鼎外,新出现方鼎、鬲、簋、瓿、盉、尊、罍、卣、盘、盂等。青铜礼器占主导地位,表明中国古代青铜礼器系统已经基本形成。商代非常重视以酒祭祀的传统,酒器的种类和数量大大增加,并且形成以青铜觚和青铜爵为核心的礼器。⑤ 酒器不仅数量最多,而且种类繁多,有尊、卣、罍、壶、瓿、方彝、斝和觥等盛酒器和贮酒器,有爵、觚、角等饮酒器以及勺等挹酒器,这与商代贵族饮酒之风特别盛行有关。商代的青铜器造型和纹饰,给人一种狞厉、威严的感觉,透露出与商王朝统治权力一样的神秘气氛,表现出商王至高无上的统治权威。这是国家创始时期,人们对国家机器巨大能力的神秘化反映。⑥

周代商立,建立了统一的西周王朝,共历二百五十七年。西周时期按照宗法等级制定严格的礼乐制度,从天子到庶民都在礼乐制度所规定的框架内活动。以《周礼》为核心的典章制度及其礼制文化成为后世文化思想的宗基,对中国传

---

① 杨晓东.论曾侯乙编钟与编磬[J].丝绸之路,2009(20):11—12.
② 杨伯峻.春秋左传注[M].北京:中华书局,1981:43.
③ 李伯谦.青铜器与中国青铜时代[M].北京:中国科学技术大学出版社,2018:5.
④⑤ 胡嘉麟.夏商周三代文明的统一性与多元性[M]//上海博物馆.宅兹中国:河南夏商周三代文明.上海:上海书画出版社,2022:30—49.
⑥ 李琴.夏商周时期的中原青铜文化[M]//上海博物馆.宅兹中国:河南夏商周三代文明.上海:上海书画出版社,2022:22—29.

统文化影响深远。① 周代礼器是以食器为中心,酒器的种类和数量锐减,形成以青铜鼎和青铜簋为核心的礼器组合。周人吸取了商代酗酒而亡国的教训,严格规定饮酒的场合,节制饮酒的次数和量,这在传世文献《尚书·酒诰》中讲得非常清楚。② 西周的礼乐制度,在主要青铜礼器的配置上,具有严格的等级规定,即所谓的"鼎簋制"。鼎在祭祀、宴飨、随葬时的数量,依贵族身份分为五等。这五等界限森严,不可逾越,如有逾越,则受惩罚。五等人及其用鼎数量分别是:天子太牢九鼎配八簋,诸侯大牢七鼎配六簋,卿大夫少牢五鼎配四簋,士特三鼎配二簋,庶人一鼎无簋。在祭祀、宴飨、丧葬等活动中都要遵从"列鼎制度"。按照西周礼仪,身份不同,所用的鼎盛装的食物也不一样。西周中期,周代统治者的礼乐制度和政权建构走向完善与成熟。青铜器的制作与周制的实施结合更密切。青铜器的形制与纹饰逐渐摆脱殷商神秘繁缛的传统,呈现庄重素雅的自身风格,器用之礼开始有了定制。

西周中期开始出现了由大小不同的钟组成的编钟。③ 编钟是祭祀和宴飨场合中使用的一种成组的打击乐器。周人对音乐的社会功能有着充分的认识,并严格规定了各级贵族的用乐制度,即"乐悬制度"。《周礼·春官·小胥》记载"王宫悬,诸侯轩悬,卿大夫判悬,士特悬"。宫悬是指天子享用的编悬乐器,可以像宫室一样摆列四面。诸侯要去其一面,使用摆列三面的轩悬之制。卿大夫要再去其一面,为摆列两面的判悬之制。士再去其一面,只能是摆列一面的特悬之制。"钟鸣鼎食"是先秦时代最有代表性的社会生活方式,周王朝将宗法制度和王权意识渗透于礼乐制度,用来维护和巩固统治秩序。④

综上,"礼制"萌芽于新石器时代中晚期,诞生于夏代,完善于商周时期,为此后历代王朝所继承,并对东亚文化圈产生了深刻的影响。夏商周三代礼制的核心内容是祖先崇拜和社会等级制度,以钟鼎为代表的青铜器则称为中国古代礼乐制度的重要特征。⑤

二、镇国重器:钟鼎的象征意义

从日常的器用具逐步演化并被定格为礼器,钟鼎彝器开始被视为建国安邦

---

①③ 李琴.夏商周时期的中原青铜文化[M]//上海博物馆.宅兹中国:河南夏商周三代文明.上海:上海书画出版社,2022:22—29.

②④⑤ 胡嘉麟.夏商周三代文明的统一性与多元性[M]//上海博物馆.宅兹中国:河南夏商周三代文明.上海.上海:上海书画出版社,2022:30—49.

之重器,被寄托人神对话之期盼、国家政权之象征、礼仪秩序之传导等,我们究竟该如何理解这"镇国重器"的象征意义呢?

其一,形制巨大,庄重威严,象征权势。以鼎为例,三代以来的青铜鼎的制作整体呈现出体态增长的态势。河南二里头遗址出土的夏晚期网格纹青铜鼎高20厘米,口径15.3厘米,底径10厘米,总质量只有0.783千克。商前期的"乳钉纹青铜方鼎"(见图4-11),通高100厘米,口长62.5厘米,口宽61厘米,重86.4千克,此鼎是已发现商代前期青铜器中体积最大的。

图4-11 乳钉纹青铜方鼎(现藏于中国国家博物馆)

图4-12 "后母戊"青铜方鼎(现藏于中国国家博物馆)

为了让观赏者通过青铜鼎感受到器物主人权势的稳固、不可动摇,鼎的设计者一方面在设计上做到造型完善、严格对称,另一方面不断追求器物造型的巨大体量,从而产生强烈的视觉震撼力。目前已知中国古代最重的青铜器"后母戊"青铜方鼎(曾称司母戊鼎,见图4-12),是商王文丁为祭祀其母(武丁配偶)铸造的礼器。鼎高133厘米,口长112厘米,口宽79.2厘米,重832.84千克。器厚立耳,折沿,腹部呈长方形,下承四柱足。器腹四转角、上下缘中部、足上部均置扉棱。以云雷纹为地,器耳上饰一列浮雕式鱼纹,耳外侧饰浮雕式双虎食人首纹,腹部周缘饰饕餮纹,下部饰两周凸弦纹,形制巨大,雄伟庄严。

第四章 镇国重器:青铜钟鼎与中国记忆

其二,材料稀缺,工艺复杂,象征国力与财富。三代时期,青铜作为一种稀缺的金属,并非我们现在认为的那么普及,这些资源大多被贵族阶级所垄断。以商代为例,青铜工具虽然开始应用了,却没有完全替代原始的石、蚌、骨质工具,仍然是石器的配角。商代时青铜器是作为礼器的,生产工具还处于金石并用时代。①

中国在夏代已熟练掌握冶炼青铜的技术。商代时,中国青铜文化有了进一步的发展,商王盘庚将都城确定在殷以后,城市规模增大,国力日益增强,青铜器铸造工艺有了长足的进步,进入了中国青铜文化最繁荣的时期。②

前节所述之"后母戊"青铜方鼎的制造技艺可为此一时期的典范。"后母戊"青铜方鼎器身与四足为整体铸造,鼎耳则是在鼎身铸成之后再装范浇筑而成。铸造此鼎,所需金属原料超过1 000千克。制作如此大型器物,在塑造泥模、翻制陶范、合范灌注等环节中,存在一系列复杂的技术问题。"后母戊"青铜方鼎的铸造,充分说明商代后期的青铜铸造不仅规模宏大,而且组织严密,分工细致,足以代表高度发达的商代青铜文化。此外,经光谱定性分析与化学分析的沉淀法所进行的定量分析,"后母戊"青铜方鼎含铜84.77%、锡11.64%、铅2.79%,与《考工记》所记鼎的铜锡比例基本相符,从中可见我国古代青铜文明的内在传承。③

上海博物馆曾结合有关噩国重要的考古发现及存世资料,从噩国铜器组合的历史性变化进行考察后发现:两周时代噩国铜器轻薄粗陋,证明国力与铜器的使用直接相关。噩国在铜器组配的过程中,存在"凑配"之方式,也间接说明噩国在此时可能已经失去了定制或自行生产高等级铜器的能力甚至权利。④ 由此可见,青铜器的制作,特别是工艺复杂、体量巨大、制作精美的青铜器,非有强盛国力作支撑而难为。

其三,受命于天,传承有序,象征政权合法性。所谓"重器"既是表明以钟鼎为代表的礼器在形制上体态巨大,也在意涵上再次凸显其神圣化的意义。"镇国"则是直接表达以重器为物质载体的权力结构和政治制度对国家统治、教化四方的作用。《左传》《墨子》《史记》等典籍中多有钟鼎的记录或记忆。《史

---

① 丁孟.礼在东方:中国青铜器[M].台北:风格司,2015:6.
② 丁孟.礼在东方:中国青铜器[M].台北:风格司,2015:5.
③ 中国国家博物馆."后母戊"青铜方鼎[EB/OL].(2022-08-28)[2022-08-20].https://www.chnmuseum.cn/zp/zpml/kgdjp/202008/t20200824_247255.shtml.
④ 常怀颖.噩国铜器组合之变与周代铜礼器的统一[M]//上海博物馆.噩国六谈:一个神秘古国的文化面孔.上海:上海书画出版社,2021:109—158.

记·封禅书》中记载：泰帝铸有一只神鼎，象征天下一统。黄帝铸有象征天地人的三鼎。大禹则铸造了象征天下九州的"九鼎"。其中"九鼎"的故事可谓家喻户晓。

相传，夏朝初年，大禹划天下为九州，令九州贡献青铜，铸造了九个大鼎。禹事先派人把各州的名山大川和形胜之地、奇异之物画成图册，派精选来的著名工匠，将这些画仿刻在鼎上，一鼎象征一州，九鼎则象征九州。九鼎铸成后，置于宫门之外，让人一看便知道所去之处有哪些鬼神精怪，以避凶就吉。据说此举深得上天的赞美，因而夏朝获得了天帝的保佑。这样，九鼎成了王权至高无上、国家统一昌盛和民族认同的标志。

在夏、商、周三代近两千年的历史中，九鼎一直是立国重器。商灭夏，鼎迁往商王朝。周代商，又将九鼎迁往周都，据说周武王曾公开展示九鼎，以示天命所归。周成王亲自主持祭礼，将九鼎安放在太庙之中。

关于九鼎的下落，众说纷纭，不一而足。有一种说法是秦灭周时夺了九鼎，在运往秦都咸阳途中，一只鼎落入泗水（今山东中部）。秦始皇统一六国后，曾派数千人到当年失鼎的河中打捞，始终没找着。而其余八鼎，已不可考了。

于后世之中，又有武则天和宋徽宗再铸九鼎。武则天登基后，铸造九鼎。神功元年（697）四月，鼎成，置于洛阳明堂当中。神都鼎名永昌，高一丈八尺，容1800石；冀州鼎名武兴，雍州鼎名长安，兖州鼎名日观，青州鼎名少阳，徐州鼎名东原，扬州鼎名江都，荆州鼎名江陵，梁州鼎名成都，均高一丈四尺，容1200石。各图山川物产于其上，共用铜56万余斤。

北宋宋徽宗以铜二十二万斤铸造九鼎，中央之鼎为帝鼎，东方为苍鼎，南方为彤鼎，北方为宝鼎，东北为牡鼎，东南为冈鼎，西南为阜鼎，西方为晶鼎，西北为魁鼎。政和七年（1112年）又铸造了"神霄九鼎"，分别命名为"太极飞云洞劫之鼎""苍梧祀天贮醇之鼎""山岳五神之鼎""精明洞渊之鼎""天地阴阳之鼎""混沌之鼎""浮光洞天之鼎""灵光晃曜炼神之鼎""苍龟大蛇虫鱼金轮之鼎"。

纵观中国历史之发展进程，作为"镇国重器"的钟鼎在漫长的历史进程中，构成了我们的"公共的信仰"与"认同的基础"之一，并沿袭至今。

三、在德不在鼎：钟鼎象征意义的流转

西周后期，社会处于激烈的动荡之中，内外矛盾日益激化，周王室失去了原有的号召力和权威，直至最终灭亡。西周政权覆亡后，公元前770年，新继位的

第四章 镇国重器:青铜钟鼎与中国记忆

周平王被迫放弃原先的都城镐京,迁都洛邑(今河南洛阳),历史由此进入东周时代。

东周分春秋(前770—前476)、战国(前475—前221)两个历史阶段,是社会大变动,史称"礼崩乐坏"的时代。这一时期,周王朝统治地位中衰,诸侯争霸,战乱连年,经济中心转移到各诸侯国统治地区。思想界出现了"百家争鸣"的盛况,儒家、道家、墨家、法家、名家、阴阳家等不同学术流派在哲学、政治诸方面激烈争论,对当时的文化艺术产生了深刻的影响。

新的时代变革潮流挑战着原有的礼乐制度,作为"礼制"物质载体的青铜器自然也受到了冲击。虽然在上层社会中,作为贵族等级、权势和财富象征的青铜礼乐器仍然受到特殊的重视,然而在实质上却发生了深刻的变化,这突出体现在两个方面。

其一,对于旧制度的僭越。西周时期由宗法等级制度严格规范的用鼎制度被突破和改变。从一些东周贵族墓葬随葬的多件青铜鼎中可以看出,作为等级标识的鼎有的由一套发展为两套,数量多的一套是更高一级的用鼎标准,如本应用七鼎的诸侯享用了天子才能用的九鼎。如1997年新郑中国银行新郑支行郑国祭祀遗址K3出土的"新郑郑国祭祀遗址出土青铜器"共出土了九鼎、八簋、九镈、二方壶、一圆壶、一豆、一鉴,形成年代为春秋中期(前670年—前571年)。该铜鼎共九件,形制雷同,大小相次,为列鼎。高55.3—45.5厘米,口径52.8—45.8厘米。铜簋共八件,形制雷同,大小相近。高21.5—23.6厘米,口径19—21.5厘米。此为"周礼"天子之制,非诸侯之礼,是其僭越旧制度礼制规范的力证。这种现象在西周时期是没有的。乐也是如此,鲁国的季恒子潜于家庙"八佾舞于庭",公然用了天子的乐舞组合,所以为同时代的孔子所指斥:"是可忍孰不可忍也!"(见图4-13)

其二,从造型、装饰意匠、纹饰内容的变化可以看出,青铜器的性质开始转向生活化、实用化。早先作为祭祀用品、礼乐制

图4-13 《论语注疏》书影(三国魏何晏注,宋邢昺疏,南宋时期蜀刊本)

度载体的意义已不重要,生活实用的需要主导着青铜器生产的主流。青铜器由供祭神人、祖先的神器逐渐变为贵族们在宴飨活动中"钟鸣鼎食"的奢侈品。①

在这个过程中,"楚王问鼎"是一个人们熟知的历史故事。在《左传·宣公三年》和《史记·楚世家》均有记载:

> 楚王问鼎:楚子伐陆浑之戎,遂至于洛,观兵于周疆。定王使王孙满劳楚子。楚子问鼎之大小轻重焉。对曰:"在德不在鼎。昔夏之方有德也,远方图物,贡金九牧,铸鼎象物,百物而为之备,使民知神、奸。故民入川泽山林,不逢不若。螭魅罔两,莫能逢之,用能协于上下以承天休。桀有昏德,鼎迁于商,载祀六百。商纣暴虐,鼎迁于周。德之休明,虽小,重也。其建回昏乱,虽大,轻也。天祚明德,有所底止。成王定鼎于郏鄏,卜世三十,卜年七百,天所命也。周德虽衰,天命未改,鼎之轻重,未可问也。"

这段话说的是公元前606年,诸侯楚庄王兴兵攻打陆浑之戎,途径东周首都洛邑时,陈兵边界,派人询问保存于朝廷中的九鼎的重量。周天子派大臣王孙满去答复楚王说:当年夏朝建国之时,九州之牧进贡青铜,铸成九鼎,上面刻出百物图像,使人民看了知道如何趋吉避凶。九鼎由夏、商传至周代,谁有德就有能力保有它。如今周德虽衰而天命未改,鼎的轻重不是你们该问的。②

根据古代文献的记载,觊觎九鼎的非止楚王。秦国、齐国也都向周王室求过九鼎,全被善于说辞的大臣搪塞过去了。九鼎的传说神秘而又朦胧,但有两点是明确的:其一,与鼎有关的词汇,都明白无误地指向国家政权。如:定鼎,意味着政治权力的奠定;鼎迁,指国家政权的转移;问鼎,指对政权抱有野心;鼎祚,是国祚的同义词,指国家存在的时间。其二,九鼎的说法主要见于东周及其以后的文献,应为周代社会制度的产物,因为夏、商时代并没有九鼎的礼制规定。但鼎作为国家政权的象征之物却是肯定的。③

尽管春秋战国时期出现礼崩乐坏的局面,通过青铜礼器所体现的天命与德行仍然居于中国人政治伦理的中心,它不仅为秦汉时期恢复秩序,最终为建立大一统王朝奠定了基础,也成为整个中国古代社会伦理道德的核心。④

---

① 李松.中国青铜器[M].北京:五洲传播出版社,2008:16—18.
②③ 李松.中国青铜器[M].北京:五洲传播出版社,2008:24—25.
④ 胡嘉麟.夏商周三代文明的统一性与多元性[M]//上海博物馆.宅兹中国:河南夏商周三代文明.上海:上海书画出版社,2022:30—49.

第三节　从"钟鼎"到"大国重器"：
重器的新文化内涵

随着青铜时代的结束，青铜器慢慢消失在国家与庶民的日常生活中。作为镇国重器的钟鼎，在大家的日常生活中也鲜有现身，多藏于博物馆中。但钟鼎作为镇国重器的形象，深深刻印在华夏民族的记忆里。

一、镇国重器的当代记忆与作用

进入到近现代社会后，自古以来的镇国重器已然无法发挥"镇国"之"功效"。国家主权沦丧，战乱四起，民不聊生，中国进入华夏文明发展进程中的"至暗时刻"。故往之镇国重器开始与民族的"苦难记忆""保护国宝""民族气节"缠绕，勾连起中国人不屈不挠的斗争精神。

1931年9月18日，日本关东军发动九一八事变。故宫为确保文物的安全开始着手挑选各馆处精良藏品，依序包扎装箱，以备必要时移运（见图4-14）。1933年元月，日军进逼山海关，攻击长城各口，北平濒危，故宫理事会紧急集议，决定文物南迁，暂迁至上海的法租界、公共租界。后为进一步妥善存放故宫南迁的重要文物，当时的国民政府在南京朝天宫兴建了一座三层的钢骨水泥建筑，作为故宫南京分院保存库。1936年，存放于上海法租界、公共租界的文物顺利迁至南京。

1937年7月，卢沟桥事变爆发。8月，日军进犯上海，南京情势危急。时任故宫博物院长马衡奉命将故宫文物分三批西迁以躲避战火：第一批（南路）文物自南京启运后，经汉口、武昌、长沙、桂林，而至贵阳，后来又疏散至四川巴县；第二批（中路）途经汉口、宜昌，抵达四川重庆，又过宜宾最后抵达乐山；第三批（北路）则经徐州、郑州、西安，以及宝鸡、汉中，抵达四川成都，后又转运到峨眉。①

抗战胜利后，故宫西迁的文物先后从巴县、峨眉、乐山迁回南京。1948年12月，当时国共内战转趋激烈，故宫开始馆藏精品运送到中国台湾地区；一同迁运

---

① 宋兆霖.百年回眸：故宫紫禁城及文物播迁影像特展[M].台北："国立"故宫博物院，2016：223—251.

| 中国记忆

图 4-14 文物装箱前造册情形

资料来源：宋兆霖.百年回眸：故宫紫禁城及文物播迁影像特展[M].台北："国立"故宫博物院，2016：224.

的还有中央博物院筹备处（该处文物后来均转由台北故宫博物院管理）、中央图书馆、中央研究院历史语言研究所等单位的文物图书。上述约 20 万件故宫博物院古物历经兵荒马乱，烽火连天，文物的迁运过程时日绵长、道阻且艰，却无损毁丢失，实属奇迹。①

"海内三宝"之一毛公鼎（见图 4-15、4-16），其流转过程则格外牵动人心。毛公鼎，清道光年间出土于陕西岐山（今宝鸡市岐山县），西周晚期毛公所铸青铜器，鼎高 53.8 厘米，口径 47.9 厘米。圆形，二立耳，深腹外鼓，三蹄足。口沿饰环带状的重环纹，造型端庄稳重。饰纹也十分简洁有力、古雅朴素，标志着西周晚期，青铜器已经从浓重的神秘色彩中摆脱出来。铭文长达 487 字，为皇皇钜制，被誉为"抵得一篇尚书"。其内容是周王为中兴周室，革除积弊，策命重臣毛公，要他忠心辅佐周王，以免遭丧国之祸，并赐给他大量物品，毛公为感谢周王，特铸鼎记其事。其书法是成熟的西周金文风格，奇逸飞动，气象浑穆，笔意圆劲茂隽，结体方长，较散氏盘稍端整。李瑞清题跋鼎铭文拓本时说："毛公鼎为周庙堂文

---

① 宋兆霖.百年回眸：故宫紫禁城及文物播迁影像特展[M].台北："国立"故宫博物院，2016：223—251.

第四章 镇国重器：青铜钟鼎与中国记忆

字,其文则尚书也,学书不学毛公鼎,犹儒生不读尚书也。"毛公鼎是迄今发现的铭文最长的青铜器,具有弥足珍贵的史料和文物价值。也因此成为收藏家猎取的对象,在流传过程中当然发生了不少离奇曲折的故事,也有不惜以身家性命保护它,免遭日本侵略者抢掠的惊险传奇。

图4-15 毛公鼎(现藏于台北故宫博物院)

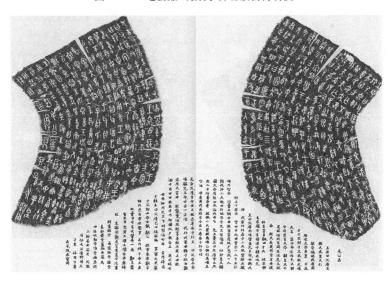

图4-16 毛公鼎铭文

资料来源：搜狐网(https://www.sohu.com/a/207419173_558516)。

| 中国记忆

在考古学家张光远(元山)所著《西周重器毛公鼎》一书和叶崇德所编《回忆叶公超》中披露了一件叶公超维护国宝毛公鼎的轶事。

毛公鼎在陕西省岐山县出土后,"士林瞩目,惊为至宝。但当初持有毛公鼎者,无不深有怀璧之惧,秘不示人,于是屡招同好之忌,迭以伪器相诬告……","数经私人秘藏,故清末民初的金石考古学家,最多只看到毛公鼎的铭文墨拓,无人能见元器的庐山真面目……"

清朝末年,毛公鼎落到两江总督端方手中。辛亥革命爆发,端方被革命党人杀死于四川资州。1916年前后,英国记者辛普森曾以五万美元向窘迫中的端方姨太太及家人购买毛公鼎,还有一日本人也在打毛公鼎的主意。国人闻讯,纷纷阻止国宝的出国,其阴谋终未得逞。毛公鼎后被质押给天津华俄道胜银行。经过这次风波,"毛公鼎身价陡增,尤其学术界都以国宝重器礼遇,实获商周青铜器所未有之最大荣尊!"

1926年,曾任国民政府铁道部长、国学馆馆长的叶恭绰(叶公超的叔父),在美国学者福开森的劝说和帮助下,购得毛公鼎。后来,叶恭绰携毛公鼎由北平迁居上海法租界劳里育路卫乐园三号。1931年,叶公超在北京大学任教时,曾为毛公鼎精拓一纸。在《西周重器毛公鼎》一书中说:

> 铭文拓系分置于器形拓的左右两翼,全纸作横幅。异于齐直式者。但簠齐之四块拓或二块拓,纸上均见重复拓字,颇有混淆识读之感;公超先生的铭拓,作双靴形,迳与原器铭同,其行款条理不紊,实在难能可贵,后出毛公鼎铭拓,多取此法。

叶恭绰(见图4-17)、商承祚、孙海波、唐兰、董作宾等人均在这张墨拓上题记。叶的铭记为:"此器兹移国有,可云得所。然抚今思昔,不能无感。怀璧之罪,不可不慎欤。遐翁。"

1937年年底,上海华界沦陷后,叶恭绰避乱中国香港。毛公鼎及其书画藏品来不及转移,留在上海。叶妾潘氏欲侵吞毛公鼎及叶氏在上海的家产。叶恭绰闻讯,即电召正在昆明西南联大任教的侄儿叶公超至中国香港,商谈讼事。见面

图4-17 叶恭绰,广东人。

第四章 镇国重器：青铜钟鼎与中国记忆

后，叶恭绰对叶公超说："已经有美国人和日本人两次想高价买毛公鼎，我没有答应。现在我把毛公鼎交付给你，日后不得用它变卖，不得典质，尤其不能让它出国，有朝一日，可以献给国家。"

叶公超到上海不久，日本宪兵队根据叶恭绰之妾的密告，搜查了劳里育路卫乐园三号的叶宅。日宪兵先是搜出一些字画，接着发现两只自卫手枪，当场将叶公超以间谍罪拘捕。幸运的是叶公超卧榻下的毛公鼎却没有被日本宪兵发现。

叶公超在日本宪兵总部身遭四十九日囹圄之苦，曾七次被审讯、两次受鞭挞、水刑，但始终未说出毛公鼎的藏处。1941年夏，叶公超由其兄具结作保获释后，携毛公鼎秘密逃到中国香港。这件价值连城的国宝终未落到洋人手中。

叶恭绰回到上海后，由于经过这一番重大变故，生计也发生了困难，又出于把宝鼎转移的目的，就以300两黄金转售给五金业老板陈咏仁（字伯陶），附加条件是抗战胜利后要将宝鼎上交国家。陈同意叶恭绰的约法三章，承诺胜利之后一定捐献国家。1946年，宝鼎被捐献给了当时在南京的中央博物院。后在1948年，故宫博物院文物南迁过程中，被国民党运送中国台湾，珍藏于台北故宫博物院（见图4-18）。

图4-18　故宫博物院与中央博物院共同理事于北沟
　　　　议事后合影（前排右起第五位是叶公超）

资料来源：宋兆霖.百年回眸：故宫紫禁城及文物播迁影像特展[M].台北："国立"故宫博物院，2016：246.

| 中国记忆

　　同样的故事还发生在"海内三宝"之"大克鼎""大盂鼎"身上,苏州望族潘氏家族守护国宝,终使"大克鼎""大盂鼎"得以保全存世,在经历历史的浩劫之后分藏于中国国家博物馆和上海博物馆,一南一北,共同见证了中华民族的苦难,也将见证中华民族的千秋伟业。

　　在器物与象征意涵之外,这些青铜宝器上的铭文是跨越历史时空展现在我们面前的上古遗爱,一篇铭文就是一处宝藏,"一字千金"也不足以形容铭文的价值。这一块块上古历史的"拼图",记录这上古贵族的荣耀、愿望和思想,开启了中华私人写作新的一页。铭文作家凭借个人的铭文,不仅将自己写进了历史中,还在史官之外从另一视角完成了历史记叙。① 1976年出土于陕西临潼的"利簋"(见图4-19)就是这样一件具有代表性的镇国宝器。利簋高28厘米,口径22厘米,方座长宽20.2厘米。该器侈口,兽首双耳垂珥,垂腹,圈足下连铸方座。器身、方座饰饕餮纹,方座平面四角饰蝉纹。此种方座青铜始见于西周初年。器内底铸铭文4行32字(见图4-20)②。短短32字记载了周武王甲子日清晨"武王伐纣"这一重大的历史事件。大致意思是:周武王征

图4-19　利簋(现藏于中国国家博物馆)

图4-20　利簋内底铭文(现藏于中国国家博物馆)

---

　　① 丁进.青铜器铭文:中华私人写作的起源[M]//全国哲学社会科学工作办公室.从考古看中国.北京:中华书局,2022:173—186.
　　② 中国国家博物馆."利"青铜簋[EB/OL].(2022-07-10)[2022-08-20].https://www.chnmuseum.cn/zp/zpml/kgdjp/202108/t20210802_250931.shtml.

伐商纣王,在甲子日的早晨,岁星正在适当的位置上,经过黄昏到第二天的早晨,周武王(带领军队)就把商朝的都城攻克了。甲子日七天后,周武王在阑师(论功行赏),赐给右利史吉金(青铜)等物(作为赏赐),(利)利用赏赐所得的青铜制作了这个祭祀祖先壇公的青铜簋。

虽《史记》有"甲子日,纣兵败";《韩非子》有"战,一日而破纣之国";《尚书·牧誓》有"时甲子日昧爽,王至于商郊牧野"等记载,但后人对这些史料是否属实一直存有争议。利簋铭文的出现,给了世人确切的答案。"利簋是武王伐纣的唯一文物遗存,征商的日辰,与历史记载完全相同"。① 利簋及其铭文在夏商周断代中起着极其重要的作用,是夏商周断代中的重要纪年"坐标"。

二、镇国重器的现代意涵与扩散

现代生活中已难觅钟鼎,但在少数场合仍能一睹鼎之风采,如在西藏和平解放 50 周年之际,中央人民政府赠送给西藏自治区的"民族团结宝鼎"。

鼎,国之重器。古时,盛世铸鼎,昭示国泰民安,国强民富。而今,中国民族自治地区团结和睦,民族关系和谐,各民族共同团结奋斗、共同繁荣发展,不论固国安邦或是增进团结,都值得铸鼎记之。

当代的镇国重器早已随着时代的发展而意义流转:一方面留存钟鼎可代表国家统一、民族团结的认知;另一方面,人们也逐步认识到能代表当代的国之重器,早已超出了钟鼎的范畴,比如,现代化的教育体系就是当代的"国之重器""大国重器"。2002 年,南京大学、东南大学、南京师范大学、河海大学、南京农业大学、南京林业大学、南京工业大学、江南大学和江苏大学九所高校迎来百年华诞,江苏省政府特意向九所高校赠送了"百年九鼎"以示纪念。东南大学的鼎中铭文:

> 百年沧桑,名与时迁,呈现代教育之辉煌,开江苏人文之伟观。负民族振兴之重任,育国家建设之栋梁。校风馥郁,学统端庄,千龄弗替,万代永昌。值此百年校庆,特铸斯鼎,世世相传。

在科学、文化、教育、军工等各行各业最尖端、最先进的技术、生产力工具、艺术品、思想理论等也是"国之重器""大国重器"。在各行各业致力于培育、生产、

---

① 马承源.中国古代青铜器[M].上海:上海人民出版社,2008:78.

研发这些"国之重器""大国重器"的人才本身,也是"国之重器""大国重器"。也正因为当代对重器意涵理解的拓展与提升,间接地推动了我国现代化事业的高速发展与长足进步。

学习思考题

1. 历史上有哪些"问鼎中原",都打着什么旗号?"问鼎中原"对中华民族大家庭形成的影响?
2. 能代表当下中国的"镇国之鼎"有哪些?为什么?
3. 本学科有哪些研究或技术领域亟须突破?从自身角度谈谈如何参与"国之重器"?

参考文献

1. 李伯谦、唐际银.青铜器与中国青铜时代[M].合肥:中国科学技术大学出版社,2018.
2. 李松.中国青铜器[M].北京:五洲传播出版社,2008.
3. 徐坚.时惟礼崇:东周之前青铜兵器的物质文化研究(修订本)[M].上海:上海古籍出版社,2021.
4. 上海博物馆.宅兹中国:河南夏商周三代文明[M].上海:上海书画出版社,2022.
5. 朱凤瀚.中国青铜器综论[M].上海:上海古籍出版社,2009.
6. 唐兰.中国青铜器的起源与发展[J].故宫博物院院刊,1979(1):4—10,107.
7. 杨晓东.论曾侯乙编钟与编磬[J].丝绸之路,2009(20):11—12.
8. 中央广播电视总台纪录频道.《如果国宝会说话》.
9. 中央广播电视总台,央视纪录国际传媒有限公司.《国家宝藏》.

第五章　礼仪之邦：礼乐仪式与中国记忆

中华民族具有五千年的灿烂文明传统，中华礼仪文化源远流长，博大精深，璀璨夺目，灿烂辉煌，在世界范围内享有盛誉，是打开中国记忆之门的文化密钥。"'礼'是一个内涵丰富、外延广泛的概念。举凡行为仪节、典章制度、伦理道德以及政治思想和社会观念都属于'礼'的范畴。'礼'既是社会各阶层的行为规范，也是历代社会共同体所追求的理想社会的理论框架和价值标准，并作为历代社会意识形态规范着人们的生活行为、心理情操、伦理观念和政治思想。"①本章以礼仪之邦为主旨，从礼乐文明的历史演变引入礼仪之邦理念，结合鲜活的礼乐仪式案例，分析礼乐仪式与国家记忆、民族记忆、生活记忆等之间的内在关联，并以华夏礼仪之邦复兴为归依，分析新时代如何从中国记忆视角弘扬礼乐仪式的文化魅力，厚植礼乐仪式价值内涵，彰显礼仪之邦的文化传统，凝聚国家认同，增强民族自信，厚植家国情怀，为实现中华民族伟大复兴中国梦勇担时代重任。

第一节　中国礼乐文明的历史演变

礼是一切文明民族的主要标志之一，是认识和理解中国作为礼仪之邦的重要窗口。钱穆先生认为："一国家一民族各方面各种样的生活，加进绵延不断的时间演进，历史演进，便成所谓文化。因此，文化也就是此国家民族的生命。如果一个国家民族没有了文化，那就等于没有了生命。"②中国作为礼仪之邦具有

---

① 丁鼎."礼"与中国传统文化范式[J]齐鲁学刊，2007(4)：13—15.
② 钱穆.国史新论[M].北京：生活·读书·新知三联书店，2005：307.

悠久的礼乐文明传承,在灿烂的中华文明历史演进中,形成了深邃的华夏礼乐文化传统,奠定了中国作为"礼仪之邦"的世界文化坐标,令世人瞩目惊叹,令华夏儿女无比自豪。

一、礼与中国人文精神

谈到中国传统文化,就不能不说到礼,中国文化与礼须臾不可分离,是中国传统历史文化和人文精神的集大成者。纵观中华民族文化传统,我们始终绕不开"礼",它不仅是中国悠久历史文化传统的代名词,而且是中国深厚人文精神的文化内核。简言之,"中国几千年来却都是统一的,因为中国文化在方言和风俗之上,有一个更高的东西,那就是共同的道德理性的具现,就是'礼','礼',维系着大江南北、黄河上下的所有中国人,并在'礼'的层面上得到了一致的认同"。[1]

《易经》有载:"观乎天文,以察时变,观乎人文,以化成天下。"[2]其内涵是指通过观察天地运行的规律,可以认知时节的变化规律;通过伦理道德培育,用行为美德去影响人、感化人、塑造人,让人的境界得到提升,以便教化天下人民。这里的"人文"就包含着通过人文手段创作礼乐制度,推行礼乐文化,以达到"化成天下"之目的。可以说,这是今天我们认识中华文化、理解中华文化、解读中华文化、弘扬中华文化等都绕不过的经典语录,体现出中华文化悠久的历史传统和深邃的人文内涵。

《左传·成公十三年》载曰:"君子勤礼,小人尽力。勤礼莫如致敬,尽力莫如敦笃。敬在养神,笃在守业。"[3]这充分说明了礼对于君子的重要性,勤于礼法不仅是对君子的基本要求,而且要对礼保持恭敬的态度。《礼记·乐记第十九》有载:"知乐,则几于知礼矣。礼乐皆得,谓之有德。德者,得也。"[4]意思是说懂得了乐就接近于懂礼,对礼乐均有心得方能称之为有德,所谓"德者"即为有德之人,是指通达"礼""乐"真谛的得道之人。关于礼与中国文化之关系,钱穆先生有着精辟阐释,钱先生就曾说过:"中国文化的核心就是礼","礼是整个中国人世界里一切习俗、行为的准则,标志着中国的特殊性","无论在(中国的)哪儿,'礼'是一样的,'礼'是一个家庭的准则,管理着生死婚嫁等一切家务和外事。同样,

---

[1] 彭林.礼乐文明与中国文化精神[M].北京:中国人民大学出版社,2016:26.
[2] 傅佩荣.解读易经[M].上海:上海三联书店,2007:150.
[3] 左丘明.左传(中册)[M].郭丹,程小青,李彬源,译注.北京:中华书局,2012:973—974.
[4] 戴圣.礼记(上册)[M].胡平生,张萌,译注.北京:中华书局,2017:466.

'礼'也是一个政府的准则,统辖着一切内务和外交,比如政府与人民之间的关系,征兵、签订和约和继承权位等等。要理解中国文化非如此不可,因为中国文化不同于风俗习惯"。① 今天,作为华夏儿女,我们不仅为有着光辉灿烂的中华文明历史而感到无比自豪,我们更有责任有义务去了解华夏礼仪之源,理解中华礼仪之核,传承文化礼仪之责,自觉践行礼仪之邦之义,做一名堂堂正正的中华儿女,主动扛起振兴中华礼仪之邦之责。

二、"礼"之字源释义

中国文化的核心要义就体现在"礼"上,"大到天人关系、国家典制,小至言谈举止、修身养性,无所不包"②,中国文化一定程度上可以视为"礼文化",这里的"礼"包含着"乐",与"礼乐"内涵一致,集中体现为中华民族五千年绵延不断的礼乐文明史,并通过丰富多彩的礼乐仪式、礼乐典籍、礼乐遗产等在现代社会得以呈现活化,这既是中国灿烂文化记忆之源,也是中国记忆深邃文化内涵的基础。众所周知,礼与中国休戚相关,与中国人的生活密不可分,是一个无人不知无人不晓的文化概念,从小便被教导要懂礼貌,无论是吃饭穿衣,还是说话做事,都要符合礼仪要求。《礼记·曲礼上》有云:"礼尚往来。往而不来,非礼也;来而不往,亦非礼也。人有礼则安,无礼则危。故曰:礼者不可不学也。夫礼者,自卑而尊人。虽负贩者,必有尊也,而况富贵乎?富贵而知好礼,则不骄不淫;贫贱而知好礼,则志不慑。"③

关于礼的起源,众说纷纭,丰富多样。有"饮食说",认为礼起源于原始人分配食物的习俗;有"风俗说",认为礼来源于风俗习惯,是一种极具普适性、日常习见性和文化仪式外现性的行为规范体系,与社会的文化、风俗、习惯关系密切,风俗习惯经过整齐划一的仪式化过程后便成为原始的礼仪;有"人情说",认为礼一方面是表达自然情感的需要,礼仪是随着人类从蒙昧野蛮进入文明时代的产物,另一方面,礼是用于规范人的行为欲望,尤其是人的不良欲望和造次行为;有"礼仪说",认为礼即起源于原始社会的种种礼仪;有"交往说",认为礼起源于人类原始的交往活动;而最为著名的便是"祭祀说",《左传·成公十三年》载曰:"国之大事,在祀与戎。祀有执膰,戎有受脤,神之大节也。"④东汉许慎从字形分析视角,

---

① 彭林.礼乐文明与中国文化精神[M].北京:中国人民大学出版社,2016:5—27.
② 彭林.彭林说礼:重建当代日常礼仪(增补本)[M].北京:清华大学出版社,2018:I.
③ 戴圣.礼记(上册)[M].胡平生,张萌,译注.北京:中华书局,2017:7.
④ 左丘明.左传(中册)[M].郭丹,程小青,李彬源,译注.北京:中华书局,2012:974.

认为礼来源于祭祀活动,将礼归结为以器行礼、祭神祀福之活动。许慎在《说文解字》中如是说:"礼,履也,所以事神致福也。从示从豊。示,神也;豊,行礼之器也,从豆,象形。"可见,从礼字的古文字训诂视角分析,礼、履二字音近,履是践履,即行动,而礼则正是行动的准则和规范。① 王国维先生通过甲骨文训诂研究,也认为"礼"字最早是指以器皿盛两串玉献祭神灵,后来也兼指以酒献祭神灵,再后来演化为泛指一切祭祀神灵之事。这与《左传》"国之大事,在祀与戎"之说一脉相承②。从"祭祀说"的观点来看,礼来源于古代的祭神、敬神活动,其原始意义主要表示祭祀神灵或祖先的仪式,祭祀时放在仪式器皿里的玉则是献给神灵或祖先的祭品,它是在祭祀活动中逐步形成的行为规范,并日渐演变为人们的行为准则和道德规范。由于祭祀神灵往往是有一套严格而隆重的仪式,所以"礼"也引申指"礼节""礼仪"之义;而在举行祭拜祖先神灵之时,必须恭恭敬敬,并配有庄重的礼仪形式。后来凡表示敬意,举行仪式都与"礼"字攀上了关系,引申开来,"礼"便成为表示敬意的通称。古代社会,礼被视为行为规则、道德规范和各种礼节的总称,在政治、文化和社会生活中占有重要的地位。"虽然关于'礼'的起源存在多种观点,但对'礼'发展成为涵盖宗教、政治、法律、伦理、道德、典章、制度等在内的国家体制和社会秩序,则是学界普遍认可的"③,这也是中国记忆视角下礼的文化内涵体现。

三、圣贤制礼弘礼

中国礼仪文化之所以博大精深并源远流长,这与古代先贤对礼仪文化的尊崇、注解、传承、弘扬是密不可分的,其中周公制礼作乐与孔子注礼弘礼之贡献尤为突出,奠定了中国传统礼仪文化、礼仪制度、礼仪精神的历史基础,成就了中国文化以"礼"为灵魂的精神传统。

(一)周公制礼作乐

周公,姬姓,名旦,是周文王姬昌第四子,周武王姬发的弟弟,曾两次辅佐周武王东伐纣王,并制作礼乐,历文王、武王、成王三朝。因其采邑在周,爵为上公,故称周公(见图5-1)。周公是西周初期杰出的政治家、军事家、思想家、教育家,被尊为"元圣"和儒学先驱。周公的历史成就突出表现在:军事上通过二次

---

① 张自慧.礼文化的价值与反思[M].上海:学林出版社,2008:30—37.
② 王国维.观堂集林(第1册)[M].北京:中华书局,1959:291.
③ 金龙.传统礼仪当代启示录[M].北京:商务印书馆,2021:27.

第五章　礼仪之邦：礼乐仪式与中国记忆

克殷建立以成周为中心的军事中心,政治上确立了以宗法制度为核心的嫡长子继承制和分封制,文化上通过制礼作乐集周礼之大成。"周公在中国历史上是一位极其伟大的人物,他的'制礼作乐'在中国历史上的意义非常重大,可以说是奠定了中国文化的走向。以道德治国,以礼和乐来治理国家,这在中国历史上影响甚为深远。"①

所谓周公制礼作乐,指的就是周公在殷周交替时代最为剧烈的中国政治和文化变革历史时期,亲自担当主持,对周朝以往的宗法传统习惯进行补充、整理,制定出一套以维护宗法等级制度为中心的行为规范以及相应的典章制度、礼节仪式,奠定了中

图 5-1　周公像

资料来源:网易首页(https://www.163.com/dy/article/DH24FPJ20523UQV2.html)。

国文化底蕴和走向,实现了"礼"从鬼神之道向人文之道的伟大转折,把礼原初的事神致福之意淡化,开启礼制新时代。"制礼作乐"作为周公的杰出功勋之绩,"一方面是接受殷商灭亡的教训,另一方面也是周代建政初期的实际情况所致",其根本目的就是要"建构一套规范的社会秩序,尤其是要将政治上的上下级关系固定下来,使国家能够在处理一些重大事件中具有可参照的规矩,从而避免像殷人那样问卜虚妄的鬼神,最终导致政治溃败"。② 王国维在《殷周制度论》中指出:"中国政治与文化之变革,莫剧于殷、周之际"③,并对周公制礼作乐进行了至高评价,认为"殷周之兴亡,乃有德与无德之兴亡,故克殷之后,尤兢兢以德治为务","欲知周公之圣与周之所以王,必于是观之矣"。④

周公实乃灭殷兴周、改朝换代的历史当事人,是中国历史上第一位全面系统制礼的先贤圣人,为后世中国礼仪制度的建立和延续奠定了文化基础,周公也因此成为中国文化史中的圣人。"周公制礼作乐,是建立古代中国人文精神的重要开端,其后,经过孔子的提倡和荀子的发挥,'礼'逐渐形成了博大的体系,不仅包

---

① 彭林.礼乐文明与中国文化精神[M].北京:中国人民大学出版社,2016:19.
② 周赟.中国古代礼仪文化[M].北京:中华书局,2019:272.
③ 王国维.殷周制度论[A]//观堂集林(外二种)[C].石家庄:河北教育出版社,2003:231.
④ 王国维.殷周制度论[A]//观堂集林(外二种)[C].石家庄:河北教育出版社,2003:244.

括政治制度,而且包括道德标准和行为准则。"①今天,当我们审视周公制礼作乐的历史功绩和文化地位时,可以说,周公制礼作乐不仅确立了周王朝社会统治的礼制礼规,推动着周王朝从稳定走向中兴,而且为中华文化后续的绵延发展确立了深厚的文化底蕴,奠定了中国作为礼仪之邦的文化基础。王国维在《殷周制度论》中对周公制礼作乐如此评价:"其旨则在纳上下于道德,而合天子、诸侯、卿、大夫、士、庶民以成一道德之团体。周公制作之本意,实在于此。"②

（二）孔子注礼弘礼

孔子(约公元前551—公元前479),名丘,字仲尼,春秋末期鲁国陬邑(今山东曲阜)人,祖籍宋国栗邑(今河南夏邑),中国古代著名思想家、教育家,开创了私人讲学的风气,倡导仁、义、礼、智、信,是儒家学派创始人(见图5-2);晚年主持修订《诗》《书》《礼》《乐》《易》《春秋》六经,成为后世儒学经典。

"孔子在中国四五千年文化史上为承先启后的关键性人物"③,他所创立的儒家学说以及在此基础上发展起来的儒家思想,不仅对中华文明产生了深刻影响,是中国传统文化的重要组成部分。中华文明,不仅对中国发展产生了深刻影响,而且对人类文明进步作出了重大贡献。④钱穆在《孔子传》中指出:"孔子为中国历史上第一大圣人。在孔子以前,中国历史文化当已有两千五百年以上之积累,而孔子集其大成。在孔子以后,中国历史文化又复有两千五百年以上之演进,而孔子开其新统。在此五千多年,中国历史进程之指示,中国文化理想之建立,具有最深影响最大贡献者,殆无人堪与孔子相比伦。"⑤孔子不仅是中国历史上的杰出圣

图5-2　孔子像

资料来源:搜狐网(https://www.sohu.com/a/477248612_121178813)。

---

① 彭林.彭林说礼:重建当代日常礼仪(增补本)[M].北京:清华大学出版社,2018:194.
② 王国维.殷周制度论[A]//观堂集林(外二种)[C].石家庄:河北教育出版社,2003:232.
③ 梁漱溟.今天我们应当如何评价孔子(上)[J].群言,1985(2):30—34.
④ 习近平.在纪念孔子诞辰2565周年国际学术研讨会暨国际儒学联合会第五届会员大会开幕会上的讲话[N].人民日报,2014-9-25(2).
⑤ 钱穆.孔子传[M].北京:生活·读书·新知·三联书店,2005:1.

贤,是儒家文化创始人,古代著名教育家,被尊为"万世师表",而且在世界文化史上也享有盛誉,在1956年联合国教科文组织确认的世界十大文化名人(孔子、柏拉图、亚里士多德、哥白尼、牛顿、达尔文、培根、阿奎那、伏尔泰、康德)中,被列为世界十大文化名人之首。

周代是孔子最向往的时代,《论语·八佾》有载:"周监于二代,郁郁乎文哉!吾从周。"①其中,"文"指的就是周代礼乐制度,"周礼和乐结合在一起,运用艺术的形式进行感染熏陶,使硬性的礼制融化在愉快和谐的乐舞之中。这些使周礼洋溢着更多的精神文化内容,使礼的完整性和文化底蕴获得又一次提升,体现了一个泱泱大国的文采和气度"。②孔子毕生都以重建周代的礼乐制度为己任,通过继承西周礼制文化,建构了以礼为底蕴的儒学体系,主张仁礼结合,重建礼制、礼仪、礼义,他一生尊礼、崇礼、注礼、行礼,通过总结、清理和反思夏、商、周三代的文化遗产,在对周礼的学习、批判、吸收和改造的过程中,继承和发展了古老的"礼"观念,赋予其新的思想内涵,形成了较为成熟的礼学思想,创造性地建立起一套以"礼"为核心观念的儒家思想体系。

孔子在《论语》中反复强调"礼"对于一个人在社会上安身立命的重要性。"孔子在礼仪上的重要贡献在于主张'克己复礼'。对于孔子而言,礼是儒家精神的载体,如果所有人都能言行符合礼的规定,那么必然'天下归仁'。这就把'仁'植入了礼中,让作为物质形式的礼拥有了灵魂,使礼具有了成己成物的道德价值。"③《论语·季氏》记载孔子曾教育其儿子孔鲤说:"不学礼,无以立。"④《论语·尧曰》还记载,孔子告诫弟子们:"不知命,无以为君子也。不知礼,无以立也。不知言,无以知人也。"⑤在孔子看来,"礼"是人生在世的根本,不学礼、不知礼,就难以在世上安身立命。"礼,可以说是孔子思想体系中的核心概念,他的社会理想、教育思想、伦理观念无不与此相关","孔子礼学思想强调礼的外在形式和内涵的对应和统一,注重礼的内圣化即仁在其中的核心主导地位,体现出关怀人类普遍愿望的博大胸怀"⑥,不仅成为一种社会政治之理想蓝图,而且也是一系列伦理道德的原则与规范的集大成者,奠定了其礼学宗师之地位,成为中国儒家礼学的珍贵文化记忆遗产。

---

① 孔子.论语·大学[M].陈晓芬,徐儒宗,译注.北京:中华书局,2011:32.
② 汤勤.孔子礼学探析[J].复旦学报(社会科学版),1999(2):130—134.
③ 周赟.中国古代礼仪文化[M].北京:中华书局,2019:274—275.
④ 孔子.论语·大学[M].陈晓芬,徐儒宗,译注.北京:中华书局,2011:204.
⑤ 孔子.论语·大学[M].陈晓芬,徐儒宗,译注.北京:中华书局,2011:241.
⑥ 汤勤.孔子礼学探析[J].复旦学报(社会科学版),1999(2):130—134.

四、礼乐文明形成

周公制礼作乐,奠定了中国礼乐文明的精神坐标;孔子重建西周礼制文化,开创了儒家礼学体系,成为中国礼乐文明之魂。"所谓'礼乐文明',指的是中国古代社会生活形成的并被广泛接受的以礼、乐为核心的一整套关乎社会秩序、生活方式的制度体系、思想体系、习俗体系",旨在希望通过礼乐文明的制度性框架设置,"约束人们在日常生活中的言行举止和建构日常生活规则,进而实现等级严明、各安其分的社会政治秩序",以达到"上至天子,下至庶民,都应该遵守礼乐制度,按照礼乐制度所规定的生活方式来安排自己的活动"的目的。[①]

(一)礼学体系的形成

在礼乐文明的形成过程中,除了周公、孔子等圣贤的不懈努力和身体力行外,礼经、礼仪、礼论等关于礼的注解、创立和研究等,推动着传统中国礼学的形成和发展,成为传统中国文化记忆的精神坐标,深刻影响着中国后世两千多年的文化发展。所谓礼学,概括言之,就是指关于礼的各种学说的总称。随着礼学的发展,礼经、礼仪、礼论等成为礼学的实际载体,承载着礼学的思想演变和历史沿革。其中,礼经集中体现在以《周礼》《仪礼》《礼记》为典型代表的"三礼"之中,它是中国古代典章制度的渊薮,是十分宝贵的历史文献,不仅是儒家礼学体系的集大成者,而且是研究传统礼学思想、复兴礼仪之邦的文化根基。礼论主要是指先贤们围绕礼而展开的系统论述和阐释,重在对礼的本质、价值、功能的系列研究。在礼学的发展演变史上除了前述的周公、孔子之功外,先秦诸子百家对"礼"的各类反思也是促进礼学发展的重要动力,丰富着传统华夏礼学的内容体系。

(1)《周礼》。《周礼》是现存儒家十三经中的一部经典之作,我国第一部系统、完整系统叙述国家机构设置、职能分工的专书。记载了先秦时期社会政治、经济、文化、风俗、礼法诸制,记述国家治理的礼制框架,是社会管理的制度体系,被誉为我们中国古代最好的一部分治国理政之宪法,所涉及之内容极为丰富,无所不包,堪称中国文化史之宝库,可谓研究上古文明的百科全书,为我国秦汉以来历代国家机构建制提供了全面的参照体系,在中国古代政治思想文化史上影响深远。[②]

[①] 朱承.礼乐文明与生活政治[J].中山大学学报(社会科学版),2014(6):100—111.
[②] 周公.周礼(上)[M].徐正英,常佩雨,译注.北京:中华书局,2014:1—20.

(2)《仪礼》,又称《礼经》,是中国最早关于礼的文献,是礼的本经,在"三礼"中,成书最早,无论是唐朝的"九经"还是宋朝的"十三经",《仪礼》均位列其中,是为儒家经邦治国的煌煌大典之一,材料来源广泛,内容丰富,涉及古代冠礼、婚礼、飨礼、射礼、聘礼、丧礼、葬礼等,详尽记述了古代宫室、车旗、服饰、饮食、丧葬之制以及各种礼乐器的形制和组合方式,蕴含了大量的古代宗法制度、伦理思想、生活方式、社会风尚等,犹如一幅古代社会生活的长卷,对中国文化影响深远,是一座亟待开发的富矿。①

(3)《礼记》。《礼记》是关于"礼经"的"记",即对"经"的诠释讲解,就是礼学家对礼经的解释以及他们所采择的各种意见的辑录。传世的《礼记》最具代表的有《大戴礼记》和《小戴礼记》。《大戴礼记》相传是由西汉礼学家戴德编纂而成,《小戴礼记》相传是由西汉礼学家戴圣编纂而成。其中,《小戴礼记》也称为《礼记》,凡四十九篇,是一部以儒家礼论为主的论文汇编,以《曲礼》始,以《丧服四制》终,被誉为礼学大宗,地位最高,流传最广,内容主要是先秦的礼制,体现了先秦儒家的哲学思想、教育思想、政治思想、美学思想,是研究先秦社会的重要经典文献资料,是一部儒家礼论为主的论文汇编,体现了儒家大到治国小至修身的种种思想,是"三礼"之一。②

纵观礼制沿革的历史,主要体现出从贵族时代的"五礼"逐渐走向平民时代的"六礼"。其中,贵族时代的"五礼"主要是从远古时代演变至周代,礼不断走向体系化、完备化,《周礼·春官·大宗伯》把"五礼"明确为吉礼(祭祀之礼)、凶礼(哀悼和吊唁)、军礼(战事之礼)、宾礼(往来之礼)、嘉礼(亲和万民之礼),后世普遍沿用此"五礼"说。随着"五礼"体系的形成,华夏礼乐文明达至巅峰。宋儒复兴礼乐,重整六种切合人伦日用,是士庶都要参与和遵循的普及于民间的礼仪,即"冠、昏、丧、祭、乡、相见"。对重建礼乐贡献最大的当属朱熹,朱子晚年以《仪礼》为经,以《礼记》为传,以《周礼》为纲,汇通三礼,建立了一个庞大的礼学体系,并著有礼学大全《仪礼经传通解》,乃为"贵族之礼"。与此同时,朱子对后世影响至深的还有《朱子家礼》,涉及祠堂、冠婚丧祭等,实为"庶民之礼",通过对贵族社会的礼节加以增删修订,使之世俗化,平民化,简便易行,从而深深地影响了中国社会特别是基层社会。③

---

① 周公.仪礼[M].彭林,译注.北京:中华书局,2012:1—16.
② 戴圣.礼记(上册)[M].胡平生,张萌,译注.北京:中华书局,2017:1—15.
③ 冯琳,何志攀,杨娜,等.华夏礼仪:亲近礼乐文明[M].北京:开明出版社,2018:6—9.

（二）礼乐仪式的功能

"来而不往非礼也""仓廪实而知礼节""礼多人不怪"等经典名言，无不体现着礼在日常生活中的重要性，"举凡道德、法律、政治、教育以至治军，都需有礼之精神贯穿于其中才能达成"①。《礼记·曲礼》有言："道德仁义，非礼不成；教训正俗，非礼不备；分争辩讼，非礼不决；君臣、上下、父子、兄弟，非礼不定；宦学事师，非礼不亲；班朝治军，莅官行法，非礼威严不行；祷祠祭祀，供给鬼神，非礼不诚不庄。是以君子恭敬、撙节、退让以明礼。"②无论是在政治生活、文化生活、军事生活、家庭生活还是在人们的日常生活中，琳琅满目、精彩纷呈、丰富多彩的各类礼乐仪式成为国家、区域、民族礼乐文明、礼乐文化、礼乐制度的外化形式。在礼乐文明的形成发展过程中，礼乐仪式作为礼乐文明的外在呈现形式和实践载体，不仅体现着礼乐文明的精神内核，而且承担着传承礼乐文化、弘扬礼乐文明、复兴礼仪之邦的重任。

《左传·隐公十一年》载："礼，经国家，定社稷，序民人，利后嗣。"③这是对礼之功能的最佳注解，体现了礼在治理国家、安定社稷、管理百姓、造福子嗣等方面作用显著，不仅可以使得国家获得长治久安，社稷获得安定稳定，而且能够让百姓尊卑有别、上下有序，子孙后代备受庇荫。"礼是文明民族的标志，任何一个进入文明时代的民族都有自己的礼仪，只有野蛮民族才没有礼仪。"④礼是中国人衡量文明进程的标尺，是中国文化之核心。在我国悠久礼乐文明发展中，逐渐形成了对礼的认识，造就了礼乐仪式承载的文化功能。简言之，礼是文明民族的标志，它终极目标是和，核心精神是敬，外在形式是规范，重要特色是典雅。⑤其中，外在形式便是我们所说的礼乐仪式所承载礼乐功能载体。在华夏礼乐文化之中，"礼"至少贯穿于四个层面，分别是人与自然的关系、政府与民众的关系、人与人之间的关系以及人自身的身与心的关系。⑥

礼乐仪式是礼乐制度的日常呈现方式，是礼乐制度功能实现的鲜活载体。礼乐仪式功能多样，通过营造特定场域而引导人们行为合乎规范，具有道德功能、政治功能、宗教功能等。通过礼乐仪式，弘扬道德的神圣性、庄严性；通过礼乐仪式，彰显政权的威严性、合法性；通过礼乐仪式，激活宗教的神圣性、敬畏性。

---

① 谢茂松.中国之天命：重建礼乐文明[J].天涯,2013(2)：15—25.
② 戴圣.礼记(上册)[M].胡平生,张萌,译注.北京：中华书局,2017：5.
③ 左丘明.左传(上册)[M].郭丹,程小青,李彬源,译注.北京：中华书局,2012：88—89.
④⑤ 彭林.彭林说礼：重建当代日常礼仪(增补本)[M].北京：清华大学出版社,2018：Ⅰ,Ⅲ.
⑥ 彭林.礼乐文明与中国文化精神[M].北京：中国人民大学出版社,2016：27—32.

当前,礼乐仪式广泛分布在人类生活的方方面面,成为人们在政治、经济、社会、文化等各方面生活的重要内容,大到国家礼制,小到个体身心,无不受其影响。礼乐仪式的功能主要表现在人文教化方面,旨在"将政治、道德和人情,乃至法治相结合,以一套象征意义的行为及程序来规范人与他人(群体)、人与神(宗教)、人与自身(情与礼)的关系,使交往关系'文化',把社会生活'仪式化',使人们都在一种和谐而有序的环境中生活"。①

(三)礼乐制度的传承

礼乐制度是礼和乐的合体,礼和乐相辅相成,构成了一个完整有序的社会政治文化制度。礼乐文明在数千年的中华文明发展史上产生了重大而深远的影响,至今仍有强大的生命力。早在夏商周时期,古代先贤就通过制礼作乐,形成了一套颇为完善的礼乐制度,并推广为道德伦理上的礼乐教化体系,用以维护社会秩序上的人伦和谐。周礼在西周用于定亲疏,决嫌疑,别同异,明是非,是社会的典章制度和道德规范。作为典章制度,它是社会政治制度的体现,是维护上层建筑以及与之相适应的人与人交往中的礼节仪式。

当前,礼乐制度随着人类社会的发展而延续,在古今中外备受推崇,形成了灿烂夺目的礼乐文化。在中国传统文化中,关于礼的论述广泛分布,耳熟能详的成语就有礼尚往来、礼贤下士、礼崩乐坏、礼轻义重、礼仪之邦、诗礼传家、诗礼之家、顶礼膜拜、傲慢无礼、知书达礼、克己复礼、博文约礼、谦谦有礼、彬彬有礼等等;除此之外,我们的古代圣贤也留下了关于礼的诸多经典名言,如孔子的"不学礼,无以立"(《论语·季氏》),"非礼勿视,非礼勿听,非礼勿言,非礼勿动"(《论语·季氏》),"君子博学于文,约之以礼,亦可以弗畔矣夫!"(《论语·雍也》);孟子的"不以规矩,不能成方圆"(《孟子·离娄上》),"君子以仁存心,以礼存心。仁者爱人,有礼者敬人。爱人者人恒爱之,敬人者人恒敬之。仁义者,博爱慷慨者也。"(《孟子·离娄下》),"权,然后知轻重;度,然后知长短"(《孟子·梁惠王上》);荀子的"人无礼则不生,事无礼则不成,国无礼则不守"(《荀子·修身》),"礼,所以正身也;师,所以正礼也。"(《荀子·修身》);管子的"礼义廉耻,国之四维,四维不张,国乃灭亡"(《管子·牧民·四维》);朱熹的"让者,礼之实也。"(《论语集注》)。②

---

① 王渭清.周代礼乐仪式象征对现代礼仪文明重建的启示[J].华夏文化,2017(3):17—19.
② 李荣建.中国优秀礼仪文化[M].南京:江苏人民出版社,2015:21—27.

| 中国记忆

《现代汉语词典》对礼的内涵也进行了界定,认为礼是"社会生活中由于风俗习惯而形成的为大家共同遵守的仪式",同时还有"表示尊敬的言语或动作""礼物"的意思。① 在现代礼仪文化体系中,礼被认为是一种道德规范,包含着制度、规则和社会意识形态等内容;仪被视为是礼的具体表现形式,并依据礼的规定和内容而形成的一套系统而完整的程序。在现代社会中,礼仪成为在人际交往中,以一定的、约定俗成的程序方式来表现的律己敬人的过程,涉及穿着、交往、沟通、情商等内容。从个人修养的角度来看,礼仪可以说是一个人内在修养和素质的外在表现。从交际的角度来看,礼仪可以说是人际交往中适用的一种艺术、一种交际方式或交际方法,是人际交往中约定俗成的示人以尊重、友好的习惯做法。从传播的角度来看,礼仪可以说是在人际交往中进行相互沟通的技巧,大致分为政务礼仪、商务礼仪、服务礼仪、社交礼仪、涉外礼仪等。

专栏5-1　乡射礼的亘古传承②

乡射礼是中国古代一乡之民举行的射箭比赛活动,在乡或州举行,盛行于先秦时期。儒家的射礼,实际上是逐步诱导射手学习礼乐、使心志与形体都合于"德"的教化过程。一般每年春秋两季,各乡的行政长官乡大夫都要以主人的身份邀请当地的卿、大夫、士和学子,在州立学校中举行乡射礼。乡射礼的主持者,由一名德行卓著、尚未获得官爵的处士担任,称为"宾"。

乡射礼的核心活动是射手之间的三轮比射,称为"三番射"。每番比射,每位射手都以发射四支箭为限。第一番射是"礼射",侧重于射的教练。司射将挑选出来的六名州学弟子搭配成三组,分别称为上耦、次耦、下耦,即所谓"三耦"。第二番射是正式比赛,要根据射箭的成绩分出胜负。输了一方要喝酒,强调参与人员的广泛性,除了三耦之外,州长、学生、乡里贵族、大夫、宾客都要配合成耦参与。第三番射的过程与第二番射相同,只是增加了乐工演奏,要求内心、情感与演唱浑然一体、高度和谐。结束之后设有旅酬环节,它是乡射礼的余兴节目,宾客遍饮酬酒,音乐或间或合,歌奏不已,尽欢而止。

---

① 中国社会科学院语言研究所词典编辑室.现代汉语词典(2002年增补本)[M].北京:商务印书馆,2002:772.
② 参阅:(1)彭林.中国古代礼仪文明[M].北京:中华书局,2004:150—165;(2)彭林.礼乐文明与中国文化精神[M].北京:中国人民大学出版社,2016:147—174.

乡射礼具有深厚的人文内涵,强调"文武之道,一张一弛。张而不弛,文武不能。弛而不张,文武不能",凸显射箭与人的内外和谐,既有利于人格的养成,也有利于培养良好的竞争心态。乡射礼提倡的君子之争,对东亚文化圈有着重要影响。今天的日本、朝鲜的相扑、跆拳道等传统竞赛项目,在比赛之前和结束之后,双方都要作揖或者鞠躬,互致敬意,这不仅是乡射礼的遗风流泽之体现,而且是中华礼仪文化的世界影响之所在。

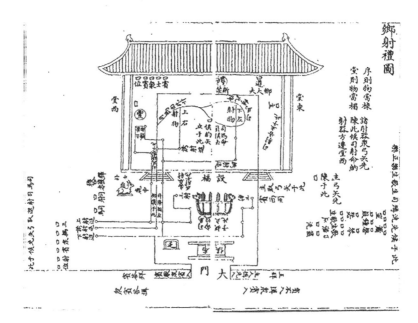

图 5-3 古代乡射礼

资料来源:彭林.从《仪礼·乡射礼》看中国古代体育精神[EB/OL].(2022-08-24)[2022-08-20].https://history.sohu.com/a/167999250_523132.

第二节 礼乐仪式与国家记忆

国家记忆是国家政治、经济、社会、文化等各方面的历史记忆,具有政治性、经典性、多样性、认同性等特征,体现着国民对国家的历史认同、历史建构和历史记忆,在一定程度上体现的是人们在国家层面上的集体共同记忆。礼乐仪式是在漫长的历史演变过程中逐步形成的,不仅在国家的历史演变过程中发挥着重要作用,而且在一定程度上体现着国家记忆,是国家记忆的一种特别呈现方式,对追寻国家记忆、凝聚国家认同等具有重要作用。从记忆视角观察,国家记忆主要体现在"国家如何规定和运用记忆""如何形成国家记忆"以及"国家记忆在现实生活中发挥作用的主要方式是什么",即"国家记忆既内在于国家历史,又外在于国家历史;既是人类高度社会化的文化证明,又是呈现国家历史的一种特殊形式"。这是理解国家记忆的基础,对整理和辨析国家记忆的形成、界定及其现实意义具有借鉴价值。①

一、礼乐仪式与国家记忆传承

一般来说,仪式是一种标准化的重复性行动,它是在历史发展中逐步积淀下来的一种表征或符号文化,具有极强的外在表现能力,能够通过一定程序的仪式活动再现文化内涵。"从文化的意义上而言,仪式是一种定义、一种功能、一种人类文明与文化的积淀,是来自人内心的渴望与现实的伟大创造,是文化折射在人的具体行为上的表征与体现,还是一种符号化的实体或实物"②,对人类的生产生活产生着重要影响,成为人类文化记忆的重要呈现载体。"仪式"一词译自英、德文中的 Rithual,具有两层含义:一是宗教意义上的仪式、礼俗;二是指日常生活中的仪规、礼俗、程序。法国社会学派代表人物涂尔干在 1912 年发表的《宗教生活的基本形式》一书中对仪式进行了分析,认为仪式在个人社会化过程中所担负的不可取代的作用,仪式无时不有、无所不在,是建立一个群体所必需的最基本的社会组织方式。③

当前,"无论是全球文化、人们生存方式和价值观念,还是外界物质环境,都发生了许多变化。仪式也走出了一个比较封闭和狭小的群体范畴"④,除了传统礼乐仪式的传承延续外,还出现了诸如家庭生活、校园生活、职业生涯、公共领域等举行的各类现代仪式或礼仪,涉及人们的衣食住行、生老病死等各个生活层面。传统礼乐文化"涵盖了记载礼仪的礼经、作为主体部分的仪式、作为重要辅助工具的礼器、礼服与礼乐。这种多元素的共通交互,构成了蔚为壮观的中华礼仪文化"⑤。礼乐仪式作为传统礼乐文化的重要组成部分,不仅是民族礼乐文明

---

① 赵静蓉.国家记忆的生成机制与经典建构[J].学习与实践,2020(10):120—131.
②④ 李育红,杨永燕.文化独特的外现形式:仪式[J].广西社会科学,2008(5):202—205.
③ 王霄冰.文字、仪式与文化记忆[J].江西社会科学,2007(2):237—244.
⑤ 周赟.中国古代礼仪文化[M].北京:中华书局,2019:1.

的外化形式,更是国家礼制的鲜活载体,体现着民族文化传统和国家文明程度,既是国家记忆形成、演化和发展的重要实践场域,也对国家记忆的再现、活化、保护、传承等具有重要促进作用。

第一,礼乐仪式是国家记忆的重要呈现载体。"礼乐文化是中华民族通过各种仪式塑造的有关'礼'与'乐'的共同记忆。礼乐文化记忆并不仅是每一个群体成员的私人记忆相加的产物,而是以文化体系为主体的记忆范畴。"[1]礼乐仪式作为礼乐制度、礼乐文化的呈现载体,在彰显礼乐文明价值的同时,既是作为民族记忆传承复兴的重要方式,也是民族文化基因的呈现载体,在国家认同建构的过程中发展。在古代社会,各类集体庆典仪式是古代国家记忆的重要内容,"仪式的设计权、举行权和阐释权,都牢牢地掌握在君王或祭师的手中"。[2] 国家记忆作为人类记忆、民族记忆的重要内容,是国家政治、经济、文化、社会、公民等的历史记忆,体现着国家的历史与文化。如在祭孔大典、祭黄大典、开国大典、建国周年等各类国家盛大活动中,设置庄严、隆重、典雅的礼乐仪式,不仅可以进一步传承、弘扬、复兴传统礼仪文化,彰显礼仪之邦之内涵,而且可以厚植国家记忆内涵,凝聚国家民族认同,增强文化自觉和文化自信。

第二,礼乐仪式在国家记忆建构中发挥着重要作用。"在礼仪的诸要素之中,最重要的莫过于仪式。"[3]礼乐仪式是礼乐文化、礼乐文明、礼乐制度的外在形式,是彰显礼仪之邦的鲜活载体,在国家重大庆典、纪念、表彰等活动中,通过举办一定的仪式,一方面通过对仪式程序的打磨和细节的凸显来表示国家的高度重视,另一方面通过庄重、庄严、隆重的仪式氛围向社会宣誓国家意志,有利于凝聚国家认同,增强爱国主义情感,提高民族自豪感。如国家通过举行各类授勋仪式,对国家有重大贡献的集体与个人进行授勋,既是对贡献者的一种国家褒奖,也是表示对国家付出者的感谢,体现着国家与国民之间的互动,是构建国家记忆的重要方式与实践路径,既是国家记忆珍贵见证,也是建构国家记忆的有效方式。

第三,礼乐仪式有利于传承延续国家记忆。《礼记·曲礼》有载:"宦学事师,非礼不亲;班朝治军,莅官行法,非礼威严不行。"[4]可见,正是在古代国家治理过程中,"是礼仪激活了专制政权的神圣性,因此看似好像是众臣对君主的顶礼膜

---

[1] 张兵娟,刘佳静.新媒介环境下中国礼乐文化的记忆认同及其建构:以汉服春晚的传播为例[J].新闻爱好者,2015(7):46—49.
[2] 王霄冰.文字、仪式与文化记忆[J].江西社会科学,2007(2):237—244.
[3] 周赟.中国古代礼仪文化[M].北京:中华书局,2019:1.
[4] 戴圣.礼记(上册)[M].胡平生,张萌,译注.北京:中华书局,2017:5.

拜,但其实是作为仪式参与者的众臣对权力的顶礼膜拜"①。在国家重大典礼活动中设置庄严的礼乐仪式,这不仅是为了通过盛大庄严的礼乐仪式来彰显国家权力,而且是通过礼乐仪式来传递"前事不忘,后事之师"的国家意志。"仪式营造场域的目的就是'引人入胜',让仪式的参与者得以接受仪式所要传导的价值或理念。"②为此,国家在重要日期通过设立纪念日,隆重举办纪念仪式,既是对历史的尊重,对遗忘的警示,更是对国家记忆的传承,通过历史记忆的延续,"以史为鉴,面向未来"。无论是通过设置国家公祭日、烈士纪念日纪念革命烈士,还是在建国周年、建军周年、建党周年等重要时间窗口举办纪念活动,都是通过礼乐仪式延续国家记忆的重要方式和实践载体。

二、国家记忆视域下的礼乐仪式

中国传统礼仪文化浩如烟海、博大精深,是在中华民族长期的历史发展中,"经过不计其数的礼学先驱,经历了长期的理论与实践的磨砺,最终铸就而成的",是我国十分珍贵的历史文化遗产,体现着华夏礼仪之邦的文化传统,是华夏民族文化瑰宝,承载着中国国家记忆中的珍贵文化记忆,"通过这些文化载体,一个国家、一种文化会拥有一种凝聚的力量"。③

众所周知,"仪式及其包含的符号是至关重要的,因为个人成其为个人,社会成其为社会,国家成其为国家并不是自然天成的,而是通过文化、心理的认同而构成的,而这种认同又是通过符号和仪式的运作所造就的"。④ 为此,在国家记忆的建构过程中,礼乐仪式作为礼乐文化的核心内容,是彰显国家记忆十分重要的元素。周公通过制礼作乐,形成了一套完善的礼乐制度体系,不仅推动了西周的强盛,而且奠定了中国传统礼仪文明之基,在数千年的中华文明发展史中产生了广泛而深远的影响,至今依然表现出强大的生命力,其中蕴含的治国理念、创新思维、人文精神具有强大的生命力和时代感召力。21世纪以来,我国已经开展了多种形式的国家记忆工程,"既有以'中国记忆'命名的国家记忆项目,也有'中国档案文献遗产工程''中国善本再造工程''国家影像工程'等未以(中国)记忆命名的国家级项目,既是'世界记忆工程'在我国的延伸,也显

---

① 周赟.中国古代礼仪文化[M].北京:中华书局,2019:10.
② 周赟.中国古代礼仪文化[M].北京:中华书局,2019:11.
③ 张兵娟,刘佳静.新媒介环境下中国礼乐文化的记忆认同及其建构:以汉服春晚的传播为例[J].新闻爱好者,2015(7):46—49.
④ 高丙中.民间的仪式与国家的在场[J].北京大学学报(哲学社会科学版),2001(1):42—50.

示出我国国家记忆工程独立开展、全面推进的时代特征"。① 2021年由中共中央办公厅、国务院办公厅联合印发的《"十四五"全国档案事业发展规划》,明确提出了"实施新时代新成就国家记忆工程",并计划在"十四五"时期重点推进"新时代新成就国家记忆工程",通过档案元素展现中国力量、中国精神和中国效率。② 为此,在礼仪文化传承中,可以通过实施"国家记忆工程",保护好、传承好、利用好传统礼仪文化遗产,弘扬传统礼仪文化的精神品质、人文价值和历史魅力,进一步彰显中国礼仪之邦的传统内涵和时代特色,推动中华民族伟大复兴中国梦早日实现。在悠久的中国历史中,逐渐形成了丰富的礼仪文化传承,如我们耳熟能详的封禅大典、开国大典、授勋仪式、阅兵仪式等各类充满礼乐文化精神的庆典仪式,均从不同侧面构筑着中国记忆的丰富内容,既体现着中国古老历史文化传统,也彰显着中国走向复兴的时代精神。其中,封禅大典传承着封建帝王对国泰民安的治理理想,是对治国安邦理念的公开宣誓;开国大典是新中国建立的标志,是"中国人民从此站起来了"的历史记忆;授勋仪式的隆重庄严昭示着国家对功勋人员的褒奖,体现的是对社会主义核心价值观的弘扬;阅兵仪式是对国家武装力量进行检阅的活动,是展现军威士气和国防重器的舞台。

> **专栏 5-2　帝王热衷封禅大典**
>
> 　　封禅大典具有悠久的历史,是中国国家记忆的重要之源,体现着传统盛世王朝国泰民安之理想。封禅,"封"为祭天,"禅"为祭地,专指中国古代帝王在太平盛世或天降祥瑞之时,专程到特定地点举办的祭祀天地的大型祭祀典礼。古代帝王封禅之地一般都首选泰山,能够在泰山举行盛大封禅仪式是古代帝王的至高理想和崇高殊荣(见图5-4)。一般来说,泰山封禅主要包括封禅祷文、祭天、祭地等系列仪式,即"封禅泰山,祭天祀地"。《史记·封禅书》载曰:"登封报天,降禅除地。"据统计,中国历史上共有七位皇帝先后举行过封禅大典,即秦始皇、汉武帝、汉光武帝、唐高宗、唐玄宗、武则天、宋真宗;其中,武则天在嵩山举行。

---

① 丁华东.城乡档案记忆工程推进机制研究[M].北京:人民出版社,2021:59—60.
② "十四五"全国档案事业发展规划[J].中国档案,2021(6):18—23.

图5-4 泰山封禅

资料来源：一点资讯（http://www.yidianzixun.com/article/0VlQ979L?appid=s3rd_op398&s=op398）。

泰山封禅，一方面通过举办封禅仪式，表示帝王自身受王命于天，向天报告太平盛世之状，对上天佑护之功表达诚挚答谢，另一方面，帝王希望通过封禅仪式向天报告帝王的卓越政绩，也包含沟通天人之际，协调天、地、神、人之间的关系，使之达到精神意志与外在行为的和谐统一等。唐代张守节对封禅进行了阐释："此泰山上筑土为坛以祭天，报天之功，故曰封。此泰山下小山上除地，报地之功，故曰禅。"即：在泰山顶上筑圆坛以报天之功（称之为"封"），在泰山脚下的小丘之上筑方坛以报地之功（称之为"禅"）。古代帝王能够选择举行泰山封禅的条件非常苛刻：一般要求具备三个条件，一是作为帝王的统治者在任期间要真正实现统一江山，即实现了国家统一；二是在其统治期间要国泰民安，且统治者即皇帝自身要有非常杰出的治理政绩受到所辖臣民的广泛拥护；三是在决定举办封禅仪式之前要伴有"祥瑞"的出现，以表示自己举行封禅的合法性，上合天意，下应民意。

古代帝王执着于封禅大典，主要有三大目的：一是通过举办盛大的封禅仪式以确立其政治文化范式，表明自身统治地位的合法性。所谓"礼莫尊于告天"（唐玄宗《纪泰山铭》），古代帝王通过在泰山举行庄严恢宏的封禅仪式，并在封禅过程彰显整个仪式的神圣性、崇高性和象征性,用以确定和强化其统治权力的合法性与正当性。二是通过举行封禅仪式宣告赢得权力斗争。"礼者,君之大柄也","礼,王之大经也"。礼仪作为中国古代封建王朝的"立国之本",通过实施封禅仪式,它所彰显的不仅仅是"天命"之理念,表明自身乃受命于天,而且表明自身至高的社会地位,体现的是一种不可逾越的等级秩序。三是通过封禅仪式以昭告天下,威慑周边民族,实现宾服四方。古代中国传统格局为"内诸夏而外夷狄",主张"圣帝在上,诸侯宾服,威振四夷",实现威慑周边夷狄是历代帝王在政治决策中必须考虑的问题,帝王深信通过"封禅泰山,可以镇服四海",维护自身统治地位。①

第三节 礼乐仪式与民族记忆

人类学家戴维·科尔泽指出:"没有仪式和象征,就没有民族","每个民族国家都有专属于自己民族特性的象征。特定的仪式和象征符号有助于爱国主义精神的培育"②。我国是一个多民族的国家,在五千年的历史长河中形成了多元一体的中华民族大家庭,自古具有重视礼乐文化的优良传统。从国家典制到民族服饰、建筑、言谈、举止等,尤其是大量民族特色仪式活动,深受民族风俗习惯和传统文化支配,不仅能够使仪式行为活动的参与者进一步增强民族文化认同,提升民族凝聚力;而且充分体现了极具特色的民族礼乐文化特色,是中华民族礼乐文化精神的重要内容。③ 实际上,在长期的历史发展中,各民族在长期的生产实践中创造了大量的文化遗产,创造了多姿多彩的民族礼仪文化,既是中华礼仪文化的瑰宝,也成为民族文化记忆的璀璨明珠。

一、礼乐仪式与民族记忆传承

仪式既是民族文化的重要载体,更是民族记忆的传承纽带,是构筑、凝聚民

---

① 中国古代帝王为何总是执着于封禅大典?[EB/OL].(2022-08-25)[2022-08-20].https://baijiahao.baidu.com/s?id=1631979868955928780&wfr=spider&for=pc.
② 邱守刚.族群与国家:文化的想象与公民的认同[J].北方民族大学学报(哲学社会科学版),2010(4):21—23.
③ 廖小东.传统的力量—民族特色仪式的功能研究[M].北京:中国社会科学出版社,2015:27.

族记忆的重要载体。德国人类学家扬·阿斯曼在《文化记忆》中对仪式在民族记忆中的功能进行了阐释,对我们理解民族记忆具有重要借鉴价值,他认为:"节日和仪式定期重复,保证了巩固认同的知识的传达和传承,并由此保证了文化意义上的认同的再生产。仪式性的重复在空间和时间上保证了群体的聚合性。"①"仪式的本质就在于,它能够原原本本地把曾经有过的秩序加以重现。"②扬·阿斯曼认为"文本关联"和"仪式关联"是民族记忆传承延续的两种重要方式,其中,"仪式关联"主要是指"一个族群借助于对仪式的理解和传承实现的文化一致性。这些仪式可称作'记忆的仪式',其中附着了各种知识,在举行仪式的时候念诵宗教经文、讲唱神话、吟诵史诗,民族知识获得了重现的机会。在无文字社会或民间社会,重复举行的节日仪式是保持文化记忆的重要途径"。③

麻国庆对民族记忆与中华民族共同体记忆进行了深入研究,他认为:"各民族的祖先记忆、文化记忆、历史记忆、社会记忆等公共记忆是维系民族认同的关键因素。民族认同发展的一个普遍现象就是民族成员不断加强关于中华民族的历史记忆,形成关于中华民族的自觉。"④如何传承民族记忆,筑牢中华民族共同体意识? 具有民族记忆特色的民族礼乐仪式在传承民族文化、凝聚民族认同、筑牢中华民族共同体意识方面具有重要作用,既是民族记忆形成演化的重要载体,也是民族记忆保护传承的核心内容。

第一,礼乐仪式是民族记忆的重要组成部分。民族礼乐仪式是一种深受民族传统文化和风俗习惯影响的象征性、表演性的实践活动⑤,是民族文化的结晶,是各族人民历代相习、积久而成的文化习俗与传统习惯,这些各具特色的民族礼乐仪式是民族记忆的重要内容,"大量个体记忆的碰撞与融合,构建出一个民族的集体记忆,彰显出该民族的历史文化及其在现代中国背景下的民族认同"。⑥究其民族礼乐仪式的实质而言,它是各民族在长期生产实践和社会交往活动中共同创造和遵守的行为规则,"是一种来自民众、传承于民众、规范民众,又深藏在民众的行为、语言和心理中的基本力量,成为本民族中通用的规制或习惯法"⑦,既具有民族性、情境性、目的性、程序性和强制性等特征⑧,还具有规范

---

① 扬·阿斯曼.文化记忆[M].金寿福,黄晓晨,译.北京:北京大学出版社,2015:41—51.
② 扬·阿斯曼.文化记忆[M].金寿福,黄晓晨,译.北京:北京大学出版社,2015:87—88.
③ 黄景春.民族记忆构建的民间文学方式[J].华东师范大学学报(哲学社会科学版),2017(5):38—45,174.
④⑥ 麻国庆.公共记忆与中华民族共同体认同[J].西北民族研究,2022(1):5—14.
⑤ 廖小东.传统的力量:民族特色仪式的功能研究[M].北京:中国社会科学出版社,2015:31.
⑦ 舒静芦.少数民族礼仪[M].上海:上海三联书店,2015:9.
⑧ 廖小东.传统的力量:民族特色仪式的功能研究[M].北京:中国社会科学出版社,2015:32.

人的心理和行为,维系民族文化和民族认同的功能。当前,在各民族相互交流、相互学习、相互融合过程中,尊重并遵守各民族的礼仪风俗,已成为国际社会公认的交往规范。

第二,礼乐仪式是民族记忆传承的功能纽带。当前,"保护民族文化,捍卫民族文化的独立,维护文化的多样性,成为世界各国尤其是广大发展中国家面临的一个重大课题"。① 礼乐仪式既是民族文化的呈现载体,体现着民族文化的独立性、多样性和独特性,也是民族文化遗产的重要内容,在民族记忆传承方面具有无比优越的优势。礼乐仪式通过别具特色的展演过程,有利于参演者和观演者在仪式中获得沉浸式体验,"正是通过民族特色仪式的程序化展演,形成庄严神圣的仪式氛围,然后策略性地把文化心理、价值取向以及风俗禁忌转换为具体可视的表现形式进行公众场合的展示,从而给予民众以直接的感官刺激和心理影响,最终达到规范社会行为、维护社会政治稳定的共享"。② 与此同时,民族记忆还可以在礼乐仪式的展演传承活动中接触、碰撞与杂糅,对中华民族共同体记忆的形成具有不可或缺的推动作用,这正是对礼乐仪式民族记忆传承作用的生动诠释,体现出礼乐仪式在民族记忆传承过程中的纽带功能。

第三,礼乐仪式有利于增进凝聚认同与共识。民族的形成经历了一个由家族到氏族再到部落漫长的历史演进,"共同的语言、共同的地域、共同的经济生活、共同的文化传统构成了民族形成的鲜明特征,这也是民族礼仪形成的历史文化基础"。③ 其中,共同的文化传统是民族最为稳定的特征,深深扎根于民族的文化艺术、风俗习惯以及心理情感等各方面,是形成并保持民族共同体意识的基础,而丰富多彩、别具特色的民族礼乐仪式,正是构筑民族共同体意识的活动载体,不仅是民族记忆的重要载体和民族记忆传承的关键纽带,而且在民族文化认同、民族情感凝聚等方面具有重要作用,"将象征传统民族风俗、习惯、社会价值观念的民族特色仪式纳入现代国家的仪轨之中,对于实现民族地区的社会控制和政治稳定的维护具有重要的现实意义"④,充分发挥民族礼乐仪式的社会整合功能,通过民族特色礼乐仪式,将民族礼乐文化传统外化为可视的行为和鲜活的过程,以较为直观实际的形式规范民众的民族习惯行为,塑造民众的民族认同观念,实现民族文化的传承,增强民族共同体意识,筑牢中华民族共同体意识。

---

① 单霁翔.民间文化遗产保护[M].天津:天津大学出版社,2015:225.
② 廖小东.传统的力量:民族特色仪式的功能研究[M].北京:中国社会科学出版社,2015:36.
③ 舒静芦.少数民族礼仪[M].上海:上海三联书店,2015:2.
④ 廖小东.传统的力量:民族特色仪式的功能研究[M].北京:中国社会科学出版社,2015:126.

二、作为礼乐仪式的民族非遗记忆保护与传承

2003年联合国教科文组织通过了《保护非物质文化遗产公约》,旨在保护以传统、口头表述、节庆礼仪、手工技能、音乐、舞蹈等为代表的非物质文化遗产,对非遗概念进行了界定,认为非遗是指"被各社区、群体,有时是个人,视为其文化遗产组成部分的各种社会实践、观念表述、表现形式、知识、技能及相关工具、实物、手工艺品和文化场所"①,主要分为五个方面:口头传说和表述;表演艺术;社会风俗、礼仪、节庆;有关自然界和宇宙的知识和实践;传统的手工艺技能。② 2005年《国务院办公厅关于加强我国非物质文化遗产保护工作的意见》(国办发〔2005〕16号),也对非遗外延范围进行了确定,主要包括六个方面:口头传统,包括作为文化载体的语言;传统表演艺术;民俗活动、礼仪、节庆;有关自然界和宇宙的民间传统知识和实践;传统手工艺技能;与上述表现形式相关的文化空间。③ 2011年通过的《中华人民共和国非物质文化遗产法》,旨在继承和弘扬中华民族优秀传统文化,加强非物质文化遗产保护与保存等,从法律上对非遗进行了概念界定:"是指各族人民世代相传并视为其文化遗产组成部分的各种传统文化表现形式,以及与传统文化表现形式相关的实物和场所",具体内容包括六大方面:传统口头文学以及作为其载体的语言;传统美术、书法、音乐、舞蹈、戏剧、曲艺和杂技;传统技艺、医药和历法;传统礼仪、节庆等民俗;传统体育和游艺;其他非物质文化遗产。④

非遗既是国家记忆的重要组成部分,是中华文化博大精深的鲜活体现,也是我国民族传统文化记忆的重要内容和呈现载体。无论是联合国《保护非物质文化遗产公约》《国务院办公厅关于加强我国非物质文化遗产保护工作的意见》,还是《中华人民共和国非物质文化遗产法》,均将"礼仪"作为重要内容对待,认为别具特色的民族礼仪既是非遗内容范围的重要组成部分,也是非遗保护的重要对象。当前,从非遗保护与传承视角加强民族礼仪传承,既是《中华人民共和国非物质文化遗产法》的法定要求,也是加强民族团结、筑牢中华民族共同体意识的战略需要,不仅有利于增强民族凝聚力和向心力,弘扬中华民族多元一体文化认同,筑牢中华民族共同体意识,而且有利于促进文化大发展大繁荣,在世界坐标中彰显中华民族文化特质,全面增强国家文化软实力。

---

① 宋俊华,王开桃.非物质文化遗产保护研究[M].广州:中山大学出版社,2013:3.
②③ 宋俊华,王开桃.非物质文化遗产保护研究[M].广州:中山大学出版社,2013:52.
④ 中华人民共和国非物质文化遗产法[N].中国文化报,2011-02-26(1).

第五章 礼仪之邦：礼乐仪式与中国记忆

专栏 5-3　华夏儿女共祭黄帝陵

黄帝姓公孙，名轩辕，是中华文明的奠基者和开拓者。黄帝陵位于陕西省黄陵县桥山之巅，是中华儿女尊崇与景仰的民族圣地。黄帝祭祀是中华民族传统祭典文化的重要组成部分，中华民族祭祀黄帝有着悠久的历史和传统，从黄帝逝世起，华夏族就开始了祭祀黄帝的活动，而在历朝历代举行的郊祭、庙祭、陵祭等各种祭祀活动中，桥山黄帝陵的祭祀活动起源最为久远、最为重要。黄帝被封建王朝国家当作三皇之一纳入中央的历代帝王庙中享受祭祀，经历了史前、三代、春秋战国和整个封建王朝时代，帝王陵寝之一的黄帝陵受到祭祀，一直延续至今。黄帝陵祭典活动分为公祭和民祭两部分，公祭黄帝陵即为以官方名义组织的有严格规模、等级和仪式的大型祭祀活动。

1937年4月5日，在中华民族祭祀祖先的传统节日清明节之际，为进一步营造中国共产党和中国国民党联合抗日的社会舆论，国共两党分别派出代表，共赴位于陕西黄陵县桥山的黄帝陵，举行国共两党共同公祭黄帝陵仪式，这是国共两党自成立以来，首次在同一地点、同一时间、共同公祭中华民族祖先黄帝陵。中国共产党派出的公祭代表是林祖涵（林伯渠），中国国民党派出的公祭代表是张继。两党公祭代表在公祭仪式上，分别宣读两党的《祭黄帝陵文》，中国共产党的《祭黄帝陵文》（见图5-5）系毛泽东亲笔撰写。

图 5-5　毛泽东撰写的《祭黄帝陵文》石刻
资料来源：延安红云平台（http://www.yancloud.red/Portal/Really/really_info/id/15150.html）。

据悉，黄帝陵是国务院1961年公布的第一批全国重点文物保护单位——古墓第一号，世称天下第一陵，1997年被中宣部命名为"全国首批爱国

> 主义教育基地"。对黄帝的祭祀,自秦汉以来一直绵延不断,而且祭祀规模逐年扩大、祭祀规格逐年提高、祭祀仪式和程序逐年规范,黄陵成为中华民族祭祀文化的发祥地。黄帝陵的祭祀活动已在海内外产生了深远影响。黄帝陵祭典被收录国家非物质文化遗产列为"民俗"目"祭典"类第一,黄陵县被中国文联、中国民协授予"中国黄帝祭祀文化之乡",对于继承和发扬民族优秀文化传统,增进民族团结和维护国家统一,增强民族自信心和凝聚力,促进社会主义精神文明建设具有重要而深远的意义。①

第四节 礼乐仪式与生活记忆

著名史学家柳诒徵认为:"中国者,礼仪之邦也。以中道立国,以礼仪立国,是中华民族与其他民族相比较而言最具特色之处。"②礼乐仪式是中国记忆的重要载体,不仅体现在作为集体记忆的国家记忆、民族记忆之中,而且广泛分布在作为个体记忆的生活记忆范畴,正是丰富多彩的礼乐仪式造就了中国作为礼仪之邦的世界文化地位。同样,礼乐仪式不仅是国家记忆、民族记忆的呈现载体,而且在广大民众的生活记忆领域多元分布,成为人民生活记忆的重要组成部分,在人们的生命长河中奔流不息,熠熠生辉。

一、生活记忆发凡

德国学者扬·阿斯曼关于记忆的划分不仅为我们分析阐释记忆提供了理论基础,而且为我们认识理解生活记忆提供了观察视角。在扬·阿斯曼看来,"当提到'记忆'这个概念时,我们首先想到的是一种纯粹的人体内部的现象,它是基于人体大脑的,属于脑生理学、神经学和心理学研究范畴,与历史学研究毫不相干。但是,这种记忆所储存的内容、这些内容是如何被组织整理的、这种记忆被保留的时间长短,却远远不是用人体自身能力和调节机制就可以解释的问题,而是一个与外部相关的问题,也就是说,这是个和社会、文化外部框架条件密切相

---

① 马双喜,等.黄帝陵祭典被列入国家非物质文化遗产 黄陵县被命名为中国黄帝祭祀文化之乡[N].延安日报,2006-10-31(1).
② 柳诒徵.中国文化史[M].上海:上海古籍出版社,2001:35.

关的问题"。① 基于此,扬·阿斯曼从记忆外部维度将记忆划分为四个方面,即摹仿性记忆(主要涉及日常行事与习惯风俗等)、对物的记忆(人对物形成的诸如实用性、舒适型和美观性认识,并从某种程度上投入其中,通过时间索引激发记忆)、交往记忆(主要指向语言和交流,通过人与他人的交往中、在人内部与外部循环反馈合作互动中形成)和文化记忆(主要是指对意义的传承),其中"文化记忆"正是扬·阿斯曼关于记忆研究的核心概念,认为摹仿性记忆、对物的记忆、交往记忆三个维度均或多或少地与文化记忆进行无缝对接,并以仪式为例进行了分析阐释,认为"仪式属于文化记忆的范畴,是因为它展示的是对一个文化意义的传承和现时形式"。②

当前,关于记忆的研究已经成为时代显学,按照扬·阿斯曼的观点,其"根源在于我们正在经历的时代大变革,其中有三个因素使得记忆这个课题受到空前的重视",即电子媒介技术、被保存的海量记忆、正在消失的记忆主体(人)。③"毋庸置疑,记忆的力量是无比强大的,而在这样一个变化多端、极速发展的时代里,记忆更具有不断开放以及不断生成的特征。"④生活记忆正是基于扬·阿斯曼文化记忆理论基础上提出的记忆概念,但并不是严格意义上的学术概念,它是相对于国家记忆、民族记忆、社会记忆等极具集体记忆特征的记忆概念而言的,属于个体记忆范畴概念,但又与国家场域、民族身份、社会活动等集体生活密切相关,突出的是个体在集体组织生活中的个性化体验,主要是指"人在生命历程中追寻生命意义的行动体系的自我再现和经验认知,它融主观性与客观性、个体性与集体性于一身"。⑤生活记忆概念的提出,充分体现了记忆与个体之间的深刻关联,"在人类对自身的一切认识和反思中,记忆是最深刻也最不可或缺的参照。没有记忆,人就无从知晓'我之为我'的缘由和过程,更无法探究'我之有别于他人'的独特性和差异性"。⑥

随着记忆的研究不断深入,记忆的外延不断扩展,记忆的介入领域不断拓展,出现了个体记忆(属于大脑研究和心理学的范畴)、集体记忆(属于社会心理学范畴)、文化记忆(文化科学研究的对象),其中,"文化记忆呈现为一种机制,一方面,它借助社会所提供的各种形式和媒体形成、传播和延续;另一方面,它的内

---

① 扬·阿斯曼.文化记忆[M].金寿福,黄晓晨,译.北京:北京大学出版社,2015:10.
② 扬·阿斯曼.文化记忆[M].金寿福,黄晓晨,译.北京:北京大学出版社,2015:11—13.
③ 扬·阿斯曼.文化记忆[M].金寿福,黄晓晨,译.北京:北京大学出版社,2015:1.
④ 赵静蓉.文化记忆与身份认同[M].北京:生活·读书·新知三联书店,2015:2.
⑤ 赵丽娜.生活记忆及其方法价值[J].哈尔滨工业大学学报(社会科学版),2017(4):50—55.
⑥ 赵静蓉.文化记忆与身份认同[M].北京:生活·读书·新知三联书店,2015:1.

容丰富多彩且难以驾驭,国界和语言等都很难限制它的发展"。"借助文化记忆,古代的人建构了超过上千年的时间视域。不同于其他生命,只有人意识到今生会终结,而只有借助建构起来的时间视域,人才有可能抵消这一有限性。"① 当前,"记忆不仅仅不再局限于心理学的范畴,甚而超越了社会学和历史学的边界,泛化为一个'文化层面'上的概念。由此,记忆摆脱了历史和传统的幽禁,从被认为独属于过去或仅与过去紧密相连的关系中冲将出来,深刻而全面地融入人类的日常生活之中。记忆成了极具现实感的'生活世界'或'生活现象'"。② 生活记忆概念应运而生,成为兼具个体记忆、集体记忆、文化记忆三重属性的新型记忆概念,不仅拓展了传统记忆研究题域,而且为我们分析礼乐仪式提供了又一观察视角,为我们从个体生命体验、人生价值和生活意义等生活记忆视角分析礼乐仪式和日常生活之间的内在关联和记忆建构提供了借鉴参考。

二、礼乐仪式与生活记忆建构

生活记忆作为新型记忆概念,一方面具有多维性特征,不仅涉及集体记忆的国家记忆、民族记忆和家庭记忆,也有作为文化记忆范畴的个体生活记忆,体现的是个人在成长过程中的生命体验和人生感悟。"正是记忆使得我们保持自我,明天的我如同昨天和今天的我。记忆帮助我们在超越生死界限的时间长河中确定位置。"③ 另一方面,生活记忆更具有文化性特征,是文化记忆在现实生活世界的具体呈现,体现的是作为记忆主体的人在生产生活过程中留下的实践体验和回忆呈现,"是个体通过参与交往的过程而形成个体记忆。个体同时属于许多不同的群体——从家庭到宗教的或民族的集体,个体的记忆是这些归属关系中的一个变量"。④

礼乐仪式是中国礼乐文化的核心内容,"大到国家典制、设官分职,小到揖让进退、拜谒通问,都在礼的范畴之中。所以中国有'礼仪之邦'的美誉。无论是美好的治国治民的理念,还是和谐的人际交往原则,都是通过礼来体现的,也是通过礼来贯彻的"。⑤ 礼乐仪式不仅广泛分布在国家记忆、民族记忆各方面,而且在个体生活记忆领域广泛分布,贯穿于人们的生命周期之中,形成了个体各具特色的生活记忆样本,成为个体生活记忆的精彩内容,在个体生活记忆建构过程中

---

① 扬·阿斯曼."文化记忆"理论的形成和建构[N].光明日报.金寿福,译.2016-3-26(11).
② 赵静蓉.文化记忆与身份认同[M].北京:生活·读书·新知三联书店,2015;2.
③ 扬·阿斯曼."文化记忆"理论的形成和建构[N].光明日报.金寿福,译.2016-3-26(11).
④ 扬·阿斯曼.文化记忆[M].金寿福,黄晓晨,译.北京:北京大学出版社,2015;29.
⑤ 彭林.礼乐人生[M].上海:上海文艺出版社,2015;54.

发挥着重要作用。

第一，礼乐仪式丰富了人们的生活世界。《礼记·曲礼》有载，"夫礼者，所以定亲疏、决嫌疑、别同异、明是非也。礼，不妄说人，不辞费。礼不逾节，不侵犯，不好狎，修身践言，谓之善行。行修言道，礼之质也。礼闻取于人，不闻取人"。① 生活是多元且多彩的，别具特色的礼乐仪式不仅是人类绵延发展延续下来的文化记忆，而且在人类成长过程中无处不在，广泛分布在人的生命之中，一方面通过丰富多彩的礼乐仪式为生活增光添彩，并留下多样丰富的生活记忆之源；另一方面，通过参与、体验、传承、创造礼乐仪式，不仅获得了人生体验，而且建构了人生个体的礼乐人生，与礼乐仪式同频共振，在礼乐仪式参与中成长、成才、成人，提升个体人生修养，丰富个体生活记忆。

第二，礼乐仪式规范了人们的社会生活。人具有社会性，如何在复杂、多变的社会环境中学会生存、学会成长始终是人生礼仪的重大课题。礼乐仪式在人的生活世界中广泛分布，如大家所熟悉的"八礼四仪"（仪表之礼、餐饮之礼、言谈之礼、待人之礼、观赏之礼、行走之礼、游览之礼、仪式之礼以及入学仪式、成长仪式、青春仪式、成人仪式等），正是在这一系列的人生关键阶段、重要场合中，通过举办特定的礼乐仪式，不仅是传承、弘扬礼乐文化的需要，而且有利于规范人们的生活世界，塑造个体的幸福人生，实现人生的和谐有序。

第三，礼乐仪式推动了中华民族的文化繁荣。"礼仪是一切文明民族的主要标志之一，是民族文化的窗口。"②中华民族礼仪文化历史悠久、灿烂夺目，丰富多彩的中华礼乐仪式是经过历史的积淀和文化的传承留给当代社会的历史文化遗产，体现着传统礼乐文明深厚的文化内涵和深邃的文化精神，是弥足珍贵的历史文化记忆和人类文明遗产，兼具民族性和世界性，"可与古希腊文明相媲美的礼乐文明一定能够穿越时光的隧道承担起'旧邦新命'的重任，并通过炎黄子孙的继承、发展、丰富、完善，成为中华民族实现伟大复兴的文化支撑力"。③

三、作为礼乐仪式的生活记忆

礼乐仪式作为礼乐文化的日常呈现载体，广泛分布在人类政治、经济、社会、文化生活的方方面面，涵盖在人生成长的各个阶段，成为人们生活记忆中不可或缺的重要内容。在人类漫长的礼仪文明演进发展中，礼仪文化逐步下移，从早期

---

① 戴圣.礼记（上）[M].胡平生，张萌，译注.北京：中华书局，2017：4.
② 彭林.中华传统礼仪概要[M].北京：商务印书馆，2017：3.
③ 张自慧.礼文化的价值与反思[M].上海：学林出版社，2008：309.

专属于上层社会的"专利品",逐步冲破传统"礼不下庶人"的藩篱,走向社会庶民大众生活世界,从贵族时代的吉礼(祭祀之礼)、凶礼(哀悼和吊唁)、军礼(战事之礼)、宾礼(往来之礼)、嘉礼(亲和万民之礼)"五礼"走向平民时代的冠礼、昏礼、丧礼、祭礼、乡饮酒和乡射礼、相见礼等"六礼",使得礼仪文化在民间得到普及,逐步成为庶民文化生活的重要内容,推动着中国传统礼仪文化的延续、发展与创新。

中国礼乐文明源远流长,礼乐文化博大精深,礼乐仪式琳琅满目,造就了中国礼仪之邦的历史形象和文化美誉。当前,礼乐仪式逐步走进人们的生活世界,礼乐文化融入日常化,无处不在,广泛分布,成为人类生产生活的重要组成部分,是人们精神文化生活的重要支柱。日常生活中,耳熟能详的礼乐仪式随处可见,共同构筑成我们生活记忆中的礼乐文化,无论是在政治生活中威严的宪法宣誓、入团宣誓、入党宣誓、入职宣誓、选举仪式、升旗仪式以及各类庆典仪式等,经济生活中普遍推行的开工仪式、开市仪式、上市仪式、签约仪式、奠基仪式、落成仪式等,还是在社会生活中广受欢迎的祭祀仪式、拜师仪式、成人仪式、结婚仪式、开学典礼、毕业典礼等,以及在文化娱乐生活中庄严的祭孔大典、祭黄大典、祭妈祖仪式、开机仪式、揭牌仪式等,这正是传统礼仪文化逐步演进的结果,逐步成为当代现实世界中人们重要的生活礼仪,不仅丰富着人们的精神文化生活,而且在精彩纷呈的礼乐文化实践中,中华礼仪文化传统和精神内核得到进一步承继和弘扬,既有利于增强民族文化自觉、文化自信,又有利于夯实礼仪之邦之基,复兴礼仪之邦传统,实现中华民族的伟大复兴。

专栏 5-4 祭孔大典盛行中华文化圈①

祭孔是中国传统礼乐仪式的典型案例,两千多年来从未间断,在全球华人文化圈备受推崇,俗称"释奠礼",不仅是表达对孔子的崇敬之意,而且体现的是对中华儒家文明的敬意和传承(见图 5-6)。祭孔是一种对"先贤"的尊敬仰慕和追思的纪念活动,历史悠久,流传至今,上可以可追溯到公元前 478 年,孔子卒后第二年,鲁哀公将孔子故宅辟为祭祀场所,把他用过的衣、冠、琴、车、书等,都收藏里面,供人们平调、瞻仰。据统计,全球孔庙超过 3 000 座,每年孔子诞辰日(即 9 月 28 日),形式各样的祭孔典礼在世界各地

---

① 彭林.礼乐文明与中国文化精神[M].北京:中国人民大学出版社,2016:175—196.

第五章 礼仪之邦：礼乐仪式与中国记忆

图5-6 辛丑年公祭孔子大典现场

资料来源：国际在线山东频道（http://sd.cri.cn/20210928/2c7fc061-6921-382f-4281-33c6e9c910d6-7.html）。

孔庙中同时举行。除了群众自发祭拜孔子外，孔子的后裔祭孔延续连绵，主要为"四大丁祭"，即孔子后裔在每年的春夏秋冬四季实施祭孔。

古代帝王具有祭孔的传统。汉高祖刘邦以"太牢"祭祀孔子，成为第一位祭祀孔子的帝王，开历代帝王祭孔之先河，在他之后，共有11个帝王、18次到山东曲阜祭祀孔子。唐太宗非常尊重孔子，将周公和孔子分开祭祀，成王配享周公，颜渊配享孔子；并在各地州县兴建孔庙，以敦行儒学，自那开始，州县有文庙、武庙，文庙即孔庙，武庙即关公庙。自唐朝，释奠礼趋于完善，祭孔一年2次，春秋季的仲月举行。规格分国学、州学、县学；国学行三献祭孔礼。中国历史无论哪个民族掌权，都一定要祭孔。无论民族语言差异多大、民族文化有何不同，在尊孔这一点上、在认同孔子所提倡的道德理想都是相同的。新的历史时期的祭孔大典，不仅将成为中华民族优秀群体集体缅怀先圣、继承优良传统、弘扬中华美德、提高民族素质、加强民族凝聚、增强民族自信、振奋民族精神、激励后昆奋进、促进世界和谐、推动人类文明的有效途径和方式，同时也将在中国文化史、世界祭祀史、人类文明史上留下浓墨重彩的一笔。

> 孔子是文化巨匠,为了表示对他的尊敬,按照古代的习惯,均要给孔子追谥。唐开元年间,追谥孔子为"文宣王",宋朝追谥为"至圣文宣王",元朝追谥为"大成至圣文宣王",明朝追谥为"至圣先师孔子"。2006年5月20日,山东省曲阜市申报的祭孔大典经国务院批准列入第一批国家级非物质文化遗产名录。祭孔大典是山东省曲阜专门祭祀孔子的大型庙堂乐舞活动,亦称"丁祭乐舞"或"大成乐舞",是集乐、歌、舞、礼为一体的综合性艺术表演形式,于每年阴历八月二十七日孔子诞辰时举行。现在的祭孔大典从9月26日持续到10月10日。祭孔大典主要包括乐、歌、舞、礼四种形式,乐、歌、舞都是紧紧围绕礼仪而进行的,所有礼仪要求"必丰、必洁、必诚、必敬"。大典用音乐、舞蹈等集中表现了儒家思想文化,体现了艺术形式与政治内容的高度统一,形象地阐释了孔子学说中"礼"的涵义,表达了"仁者爱人""以礼立人"的思想,具有较强的思想亲和力、精神凝聚力和艺术感染力,对于弘扬优秀传统文化、营造和乐氛围、构建和谐社会、凝聚民族精神具有不可替代的社会作用。①

第五节 弘扬中国礼仪之邦传统

"礼仪之邦"是古代中国礼治文明发展的产物,是中国数千年享有的美誉,是我们为之自豪的文化传统,是推进中华民族伟大复兴的根本要求。从古至今,大到治国、安邦、平天下,小到齐家、修身、律己,中国人民的生活充满着礼仪制度浸染。这些礼仪制度在漫长的历史文化长河中逐渐演化为广大人民群众日常行为的规范,维护着中华民族的和谐延续。当前,网络上的一首名曲《礼仪之邦》十分流行,道出了中华礼乐文化的源远流长与大气蓬勃之势(见图5-7),其歌词如下。

子曰:礼尚往来,举案齐眉至鬓白,吾老人幼皆亲爱,扫径迎客蓬门开;看我泱泱礼仪大国,君子有为德远播,江山错落,人间星火,吐纳着千年壮阔。子

---

① 祭孔大典-中国非物质文化遗产网·中国非物质文化遗产数字博物馆[EB/OL].[2022-08-20].http://www.ihchina.cn/project_details/14982/.

第五章 礼仪之邦：礼乐仪式与中国记忆

曰：礼尚往来,举案齐眉至鬓白,吾老人幼皆亲爱,扫径迎客蓬门开;看我华夏礼仪之邦,仁义满怀爱无疆,山川叠嶂,万千气象,孕一脉子孙炎黄。①

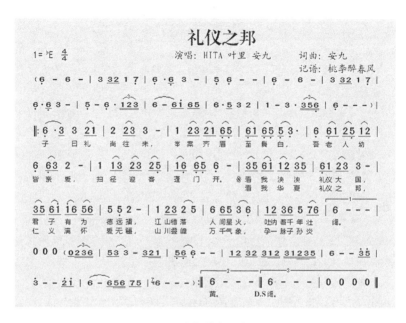

图5-7 歌曲《礼仪之邦》曲谱
资料来源：歌谱收藏站(http://pu.onegreen.net/GePu/HTML/212912.html)。

2006年5月,著名社会学家、上海大学社会学教授邓伟志在《人民论坛》撰文,发出"复兴礼仪之邦"的时代巨声,提出"礼,是人的脸谱。礼,是人际关系的黏合剂。礼仪是一门人人必修而又修不完的学问",并大力倡导："我们在与各种人接触时,都要保持仪态,遵从仪礼,修饰仪容,注重仪表,讲究仪餐,依照仪束,尊重仪俗,恪守会务规则和办公室规则,把握礼仪精神,体谅理解他人,顾及他人感受,从而增强人际间的和谐气氛,复兴礼仪之邦"。② 2017年1月,中共中央办公厅、国务院办公厅联合印发《关于实施中华优秀传统文化传承发展工程的意见》(下文简称《意见》),对如何实施中华优秀传统文化传承发展工程做出了政策规定和具体要求,为新时代开展国民礼仪教育作出了战略部署,明确要求："加大

---

① 《礼仪之邦》[EB/OL].[2022-08-20].https://www.douban.com/group/topic/99404330/?_i=8761576pTADRi4.
② 邓伟志.复兴礼仪之邦[J].人民论坛,2006(5):38.

对国家重要礼仪的普及教育与宣传力度,在国家重大节庆活动中体现仪式感、庄重感、荣誉感,彰显中华传统礼仪文化的时代价值,树立文明古国、礼仪之邦的良好形象。研究提出承接传统习俗、符合现代文明要求的社会礼仪、服装服饰、文明用语规范,建立健全各类公共场所和网络公共空间的礼仪、礼节、礼貌规范,推动形成良好的言行举止和礼让宽容的社会风尚。"[1]《意见》对新时期进一步复兴礼仪之邦具有直接指导作用,是我们开展国民礼仪教育,提升国民礼仪素养的战略行动指南。

礼仪作为一种制度规范和价值载体,具有成风化人的教化功能。习近平总书记指出:"礼仪是宣示价值观、教化人民的有效方式,要有计划地建立和规范一些礼仪制度,如升国旗仪式、成人仪式、入党入团入队仪式等,利用重大纪念日、民族传统节日等契机,组织开展形式多样的纪念庆典活动,传播主流价值,增强人们的认同感和归属感。"[2]中国人自古以来就有强烈的自我文化认同,其根本特征便是礼仪之有无。宋明以降,中国越来越重视和强化礼仪,逐步变成一个礼仪化的国度,其表现形式和塑造机制主要体现在三个方面:一是"礼仪之邦"是域外视角观察中国所获得的真切印象,是在中外文化比较过程中下的结论;二是百姓日常生活越来越礼仪化,这是传统礼制下移的结果,是士大夫们通过庶民通礼、宗族祠堂、家礼家仪、乡规民约等方式合力塑造的结果;三是民间礼乐生活的实践和传承,通过民间日用礼书的广泛传播,推动了中国乡村社会的礼仪化。由是,中国逐渐发展成为一个名副其实的"礼仪之邦"[3]。"中华传统礼仪是中国文化最为典型的物质形态,是中国文化的基本标志,是中国人之为中国人们的文化符号,是中华民族的共有精神家园。"[4]当下,可以通过以下三种方式着力推进弘扬礼仪之邦传统,推动全社会形成适应新时代要求的思想观念、精神面貌、文明风尚、行为规范。[5]

第一,完善国家礼仪文化制度体系,规范礼乐文化制度治理。中华文明是世界上唯一的绵延至今且未曾中断的古文明,我辈有责任有义务继续发扬光大。当前,需要主动对接国家战略,围绕《关于实施中华优秀传统文化传承发展工程的意见》,以礼仪文化制度建设为核心,健全国家礼仪文化制度内容,完善国家礼仪文化制度体系,为国家礼仪文化传承、践行和创新提供制度供给,将优秀的传

---

[1] 中共中央办公厅,国务院办公厅.关于实施中华优秀传统文化传承发展工程的意见[J].中华人民共和国国务院公报,2017(6):18—23.
[2] 郝琴,卫建国.用礼仪制度增强认同感和归属感[N].人民日报,2020-06-09(9).
[3] 杨华.中国何以成为"礼仪之邦"[J].江汉论坛,2020(1):97—104.
[4] 周赟.中国古代礼仪文化[M].北京:中华书局,2019:288.
[5] 王树祥.积极推进礼仪教育[N].人民日报,2020-12-08(9).

统礼仪文化通过制度建构的方式进行确立和完善,着力推进中华礼仪文化的传承和创新。为此,要在国家礼仪制度构建中,充分体现礼仪制度的全面性、民族性和时代性。其中,(1)全面性旨在要求国家礼仪制度的建构具有广泛性和代表性,既完善国家层面的重大纪念庆典活动礼仪制度,又规范社会层面的生产生活礼仪制度;既完善全社会共同遵守的礼仪规范,又制定体现各行各业特点的行为准则。(2)民族性重在通过礼仪制度建构,充分体现以爱国主义为核心的民族精神,传承发展中华优秀传统礼仪文化,在内容和形式上彰显中国文化、中国精神、中国价值、中国力量之特质,树立中华民族文明礼仪之邦的世界形象。(3)时代性重在体现以改革创新为核心的时代精神,符合现代文明基本理念,凸显中华传统礼仪文化的时代价值,并利用现代信息技术丰富其表达方式和呈现样式,彰显礼仪文化的生态活力和文化魅力。

第二,优化国民礼仪文化教育模式,完善国家礼仪文化教育体系。历史文化素养是国民礼仪文化的基础,是提高国民礼仪素养的力量之源,"中华民族要振兴,首先要有文化自尊和民族自信。一个失去了文化自尊和民族自信的民族,是不能凝聚人心、走向腾飞的。"① 与此同时,我们还需要深刻理解钱穆先生在《国史大纲》开篇中所深情表达的"温情与敬意":"所谓对其本国历史略有所知者,尤必附随一种对本国以往历史之温情与敬意"。"所谓对其本国以往历史之温情与敬意者,至少不会对其本国以往历史抱一种偏激的虚无主义,亦至少不会感到现在我们站在以往历史最高之顶点,而将我们当身种种罪恶与弱点,一切诿卸于古人。"② 除了需要对本国历史充满钱穆先生所主张的"温情与敬意"外,更要大力弘扬费孝通先生毕生推崇的文化自觉理念,自觉践行其"各美其美、美人之美、美美与共、天下大同"的文化世界观,既要心怀温情敬意之情,又要秉承文化自觉之念,围绕国民礼仪文化素养主题,强化国民礼仪文化教育,完善国家礼仪文化教育体系,通过成熟而优秀的中华礼仪文化教育,涵养国民礼仪文化修养,提高国民礼仪文化素质,增强国家文化软实力,弘扬中华民族礼仪之邦形象。当前,需要积极构建涵盖家庭、学校、社会协同发力的礼仪教育体系,让人们在实践中自觉感知礼仪、尊崇礼仪、践行礼仪,推动现代文明礼仪内化于心、外化于行,成为全体华夏儿女的行为指南。为此,需要充分发挥家庭、学校、社会三方协同作用,既要发挥家庭作为礼仪教育第一课堂作用,通过言传身教、耳濡目染,促进青少

---

① 彭林.中华传统礼仪概要[M].北京:商务印书馆,2017:9.
② 钱穆.国史大纲(修订本)上册[M].北京:商务印书馆,1996:1.

年学礼尚礼;也要发挥学校作为礼仪教育主阵地作用,通过开设礼仪课程、强化礼仪训练,组织开展升国旗仪式、入党入团入队仪式等礼仪实践活动,把礼仪教育贯穿教育教学全过程;还要发挥社会作为礼仪教育实训基地作用,通过举办礼仪培训班、礼仪文化节等,提高社会公共礼仪水平。

第三,营造社会礼仪文化氛围,弘扬社会礼仪文化风气。礼仪之邦的基础在国民、在社会,不仅要通过制度建构、教育培训提高国民礼仪素养,"弘扬和践行中国优秀礼仪文化,有利于提高广大公民道德水平和综合素质,使社会风气不断好转,促进精神文明建设,为实现中国梦提供坚实的基础,为促进全世界的和平繁荣做贡献"[①];而且要积极营造全民学礼、明礼、尊礼、用礼的浓厚氛围,提升礼仪教育效果,夯实礼仪之邦根基,弘扬社会礼仪文化风气,传递礼仪文化正能量,彰显礼仪文化软实力。具体而言,可以从四个方面协同推进:一是优化重大纪念庆典活动形式和规程,体现仪式感、庄重感、荣誉感,营造国家崇礼重礼的文化氛围。二是加大对重要礼仪的宣传普及,综合运用各种媒体,通过专题栏目、公益广告等形式,大力宣传日常生活中的礼仪活动和礼仪规范,普及礼仪知识,讲好礼仪故事。三是发挥先进典型的示范引领作用,通过评选、表彰文明礼仪模范个人和先进单位,以榜样的力量激励人、鼓舞人,推动全社会形成见贤思齐、争当先进的良好氛围。四是开展群众性文明礼仪创建活动,组织开展文明礼仪比赛、自创自演礼仪剧目等活动,广泛弘扬文明礼仪新风。

学习思考题

1. 为什么要知晓中华礼仪文化、了解中华礼仪文明?
2. 结合个人生活经历,谈谈你对某一具体礼乐仪式的人生体验。
3. 结合具体案例,谈谈礼仪在国家记忆传承中的功能体现。
4. 从国家记忆、民族记忆或生活记忆视角,谈谈如何在新时代进一步弘扬中华礼仪之邦文化形象。
5. 结合个人的认识和体会,谈谈礼仪之邦复兴中我们自身能够做些什么。

参考文献

1. 扬·阿斯曼.文化记忆[M].金寿福,黄晓晨,译.北京:北京大学出版社,2015.

---

① 李荣建.中国优秀礼仪文化[M].南京:江苏人民出版社,2015:2.

2. 彭林.礼乐人生[M].上海：上海文艺出版社,2015.

3. 彭林.礼乐文明与中国文化精神[M].北京：中国人民大学出版社,2016.

4. 彭林.中华传统礼仪概要[M].北京：商务印书馆,2017.

5. 彭林.彭林说礼：重建当代日常礼仪（增补本）[M].北京：清华大学出版社,2018.

6. 宋俊华、王开桃.非物质文化遗产保护研究[M].广州：中山大学出版社,2013.

7. 廖小东.传统的力量：民族特色仪式的功能研究[M].北京：中国社会科学出版社,2015.

8. 周赟.中国古代礼仪文化[M].北京：中华书局,2019.

第六章　华夏儿女：族源传说与中华民族凝聚

　　法国社会学家哈布瓦赫认为，记忆是一种集体社会行为，现实的社会组织或群体（如家庭、家族、国家、民族、或一个公司、机关）都有其对应的集体记忆。我们的许多社会活动，经常是为了强调某些集体记忆，以强化某一人群组合的凝聚。① 目前对集体记忆认同较一致的观点为："所谓集体记忆是各种各样的集体所保存的记忆，它是关于一个集体过去全部认识（实物的、实践的、知识的、情感的等）的总和，可以在文化实践活动（比如仪式、风俗、纪念、节日等）或物质形式的实在（比如博物馆、纪念碑、文献图书资料等）中找到集体记忆的存在，可以在我群体与他群体的互动中感知到集体记忆的力量。集体记忆体现出整个群体较为深层的价值取向、情感表达以及心态变化等方面。"② 每个社会群体的人们都会在社会互动中不断重拾历史记忆，形成相应的集体记忆，并借助集体记忆使族群得以延续，族群认同得以加强。王明珂在总结前人研究的基础上以集体记忆为分析视角以华夏民族为研究对象，解读了历史记忆与族群认同的关系及其过程机制。他认为，记忆是一种集体社会行为，人们从社会中得到记忆，也在社会中拾回、重组这些记忆；族群有族群边界来维持，造成族群边界的是一群人主观上对他者的异己感以及对内部成员的根基性情感；族群成员间的根基性情感，来自"共同祖源记忆"造成的血缘性共同体想象，族群认同是人们从其生长的社群中所得到的社会与文化身份，根深蒂固，因而难以改变。③

　　在集体认同中，人们构筑了对于集体的认同和记忆，而在这个过程中，媒介起到了举足轻重的作用。在文字产生之前，人们主要是靠口头媒介传承记忆。"三皇五帝"通过神话传说的形式补充早期社会历史，形成了华夏儿女的族源集

---

① 王明珂.华夏边缘：历史记忆与族群认同[M].上海：上海人民出版社，2022：86.
② 汪新建，艾娟.心理学视域的集体记忆研究[J].南京师大学报(社会科学版)，2009(3)：112—116.
③ 王明珂.华夏边缘：历史记忆与族群认同[M].上海：上海人民出版社.2022：28—29，90.

第六章　华夏儿女：族源传说与中华民族凝聚

体记忆，并在集体记忆中逐渐形成炎黄情怀，炎帝和黄帝被称为"人文始祖"。炎黄部落在传承中表现出极强的凝聚力，逐渐形成华夏族，在之后与其他部落的长期互动中，华夏族代表的人群也发生了变化，华夏族这一概念也逐步融合扩大，发展成中华民族。中华民族是指中国历史上出现过的各个族群构成的自在的共同体和中国现实中存在的 56 个族群构成的自觉的共同体，以及认同中华文化的海外华人华侨。当今的中华民族是一个由认同中华文化并愿意为之共同奋斗的人们组成的"利益共同体"和"命运共同体"。①

中华民族虽历经磨难，但奋进不止，始终是一个坚实的整体，就在于中华民族具有特别顽强而持久的凝聚力。这种凝聚力与中华民族的起源、形成和发展有着血肉般的联系。"中华民族作为一个自觉的民族实体，是近百年来中国和西方列强对抗中出现的，但作为一个自在的民族实体则是几千年的历史过程所形成的。"②

"华夏儿女"是中华民族共同体认同感的具体表现，海内外的华人以"华夏儿女"自称。那么"华夏族群"的族源集体记忆具体是什么，历史上是如何逐渐形成华夏族，又如何成为中华民族的，将通过接下来的小节进行讲述。

第一节　族源传说与华夏族群的形成

历史记忆中最重要的一部分，是群体的共同"起源历史"。③"起源"的历史记忆是一个民族或族群根基性情感产生的基础，"它们以神话、传说或被视为学术的'历史'与'考官'论述等形式流传"。④在不同的族群中，对于宇宙的起源和民族的起源，都有他们的神话传说，作为具有悠久历史的中华民族也不例外。

一、族源传说

（一）盘古开天辟地传说

关于宇宙是怎样构成的，天地是怎样形成的，谁是天地的开辟者这些问题，中国古代有不少关于这一神话传说的记载。西汉，刘安著《淮南子》卷三"天文

---

① 高强.炎黄文化与中华民族凝聚力[M].北京：人民出版社，2019：418.
② 费孝通.中华民族多元一体格局（修订本）[M].北京：中央民族大学出版社，1999：3.
③④　王明珂.历史事实、历史记忆与历史心性[J].历史研究，2001(5)：136—147,191.

训"中说:"天地未形,冯冯翼翼,洞洞漏漏,故曰太昭。道始于虚廓,虚廓生宇宙,宇宙生气。气有涯垠,清阳者薄靡而为天,重浊者凝滞而为地。清妙之合专易,重浊之凝竭难,故天先成而地后定。天地之袭精为阴阳,阴阳之专精为四时,四时之散精为万物。积阳之热气生火,火气之精者为日;积阴之寒气为水,水气之精者为月。日月之淫为精者为星辰。天受日月星辰,地受水潦尘埃。"意思是说天地还没有形成的时候,混混沌沌,无形无象,所以叫做太昭。道最初的状态是清虚空廓,清虚空廓演化出宇宙,宇宙产生出元气。这种元气是有一定的边际和形态的,其中清明部分飘逸扩散形成天,浊混部分凝结聚集形成地。清明部分的气汇合容易,浊混部分的气凝聚困难。所以天先形成而地后定形。天和地的精气融合起来产生了阴、阳二气,阴、阳二气的精华融合集中产生春秋冬夏四季,四季各自的精气分散产生万物。阳气中的热气积聚便产生了火,而火气的精华部分形成太阳;阴气中的寒气积聚便产生了水,而水气的精华部分形成月亮。太阳、月亮溢出之气的精华散逸为星辰。天空容纳着日月星辰,大地承载着水潦尘埃。①

有关开天辟地,在中华民族中流传最为广泛的是盘古开天辟地的神话。刘安所著《淮南子》中对开天辟地的传说和三国时期徐整写的《三五历纪》吸收了南方少数民族中盘瓠传说,创造了一个开天辟地的盘古神。

> 很久很久以前,天和地还没有分开,宇宙混沌一片,好像一个大大的鸡蛋。有个叫盘古的人就孕育在这个大鸡蛋中。
>
> 盘古在这个大鸡蛋中呼呼地睡着,成长着,经过了一万八千年。有一天,盘古突然醒了。他见周围一片漆黑,他就抡起大斧头,朝眼前的黑暗猛劈过去了。只听一声巨响,一片黑暗的东西渐渐分散开了。缓缓上升的东西,变成了天;慢慢下降的东西,变成了地。
>
> 天和地分开以后,盘古怕它们还会合在一起,头顶着天,脚蹬着地。天每天升高一丈,盘古也随着天越长越高。这样又过了一万八千年,天升得很高,地变得很深,盘古的身子也长得很长,天和地逐渐成形了,盘古也累得倒下来了。
>
> 盘古倒下后,他的身体发生了极大的变化。他呼出的气息,变成了四季的风和云,声音变成了隆隆的雷声,左眼变成了太阳,右眼变成了月亮;四肢

---

① 刘康德.淮南子直解[M].上海:复旦大学出版社,2001:82.

第六章 华夏儿女：族源传说与中华民族凝聚

变成了大地上的四极和五方的名山，血液变成了江河，筋脉变成了道路，肌肉变成了田地，头发和胡须变成了天上的星星，皮肤和汗毛变成了花草树木，牙齿、骨头、骨髓变成了闪光的金属、坚硬的石头、圆亮的珍珠和玉石，汗变成了滋润万物的雨露。①

"自从盘古开天地，三皇五帝到如今。"这是中华民族妇孺皆知的一句民谣，不仅在汉族地区有盘古庙、盘古山、盘古洞，在不少地区的苗族、瑶族、壮族、土家族等民族中，同样流传着与盘古有关的神话故事和相关的节日活动，体现了各民族的文化认同。

（二）黄帝、炎帝与蚩尤传说

我们称之为炎黄子孙，字面意义上就是指的炎帝和黄帝，并不是指炎帝和黄帝就是我们唯一的祖先，而只是一个主流的说法，例如蚩尤也是我们的祖先，当然还有一些其他的祖先。炎黄子孙是说："我们中国人都是以炎黄为代表的那个时代的伟大先民们的后代。"②下面将通过文献记载的相关传说解开"炎黄子孙"这个称呼的由来。

1. 炎帝

《国语·晋语四》中司空季子曰："昔少典娶于有蟜氏，生黄帝、炎帝。黄帝以姬水成，炎帝以姜水成。成而异德，故黄帝为姬，炎帝为姜，二帝用师以相济也，异德之故也。"③司空季子指出黄帝和炎帝同是少典之妻有蟜氏所生，黄帝部落因居于姬水而以姬为姓，炎帝部落因居于姜水而以姜为姓。《史记·五帝本纪》中讲道："轩辕之时，神农氏世衰。"④轩辕即为黄帝，神农氏为炎帝，可以看出，炎帝在黄帝之前，也就是说明为什么历史上黄帝打败了炎帝，而后世还是称为炎黄子孙，而不是黄炎子孙的原因了。关于黄帝与炎帝的战争稍后会说明，这里先介

---

① 根据覃乃昌等著《盘古国与盘古神话》.北京：民族出版社，2007：2—3 所记载，《三五历纪》中记载："天地混沌如鸡子，盘古生其中；万八千岁，天地开辟，阳为天，阴浊为地；盘古在其中，一日九变，神于天，圣于地。天日高一丈，地日厚一丈，盘古日常一丈。如此万八千岁，岁数极高，地输极深，盘古极长，后乃有三皇。数起于一，立于三，成于无，盛于七，处于九，故天去地九万里。"《三五历纪》是由唐代狗样询等编的《艺文类聚》卷一引录的，原书已失传。清代马骕《绎史》卷一引徐整的《五运历年记》："首生盘古，垂死化身，气成风云，声为雷霆。左眼为日，右眼为月，四肢五体为四极五岳，血液为江河，筋脉为地理，肌肉为田土，发髭为星辰，皮毛为草木，齿骨为金玉，精髓为珠石，汗流为雨泽；身为诸虫，因风所感，化为黎芒。"
② 李乔."我以我血荐轩辕"：关于"炎黄子孙"这个词[J].北京观察，2010（7）：58—59.
③ 曹建国，张玖青.国语[M].开封：河南大学出版社，2008：242.
④ 司马迁.史记[M].李翰文，整理.北京：北京联合出版公司，2016：1.

绍一下炎帝。

《绎史》卷四引《帝王世纪》:"炎帝神农氏人身牛首",炎帝对中国农业发展有伟大的贡献。《白虎通·号》曰:"古之人民皆食禽兽肉。至于神农,人民众多,禽兽不足,于是神农因天之时,分地之利,制耒耜,教民农作,神而代之,使民宜之,故谓之神农也。"《新语·道基》曰:"至于神农,以为行虫走兽,难以养民,乃求可食之物,尝百草之实,察酸苦之味,教民食五谷。"炎帝因为教人们种粮食、耕作技术,因此被称为神农氏。此外,还有神农尝百草的传说反映了神农氏创造医药的过程,结合史料记载,炎帝传说主要如下:

> 炎帝出现在世间的时候,大地上的人类已经生育繁多,人们靠打猎、捕鱼、采摘野果为生,经常挨饿、受冻、遇险,过着原始人的生活。炎帝想让大家过上丰衣足食的生活。他想,要是有一种草结出的种子又多又能吃,就好了。他不辞辛苦,冒着生命危险走遍了名山大河,尝试无数千奇百怪的果子,有一次误吃毒果,差点送了命。炎帝不灰心,终于在南方一个山清水秀的地方找到了能结出很多果子又能吃的草,这就是禾苗。经过试种,第一年就收了满满一担黄澄澄的谷子,第二年收获了几十担。从这以后,一传十,十传百,天南地北种谷子的人越来越多。炎帝又教会人们耕作技术,创造了木制耒耜,提高了农作物的产量,百姓得以丰衣足食。为了让百姓不受疾病之苦,炎帝还尝遍了各种药材,以致有一天竟中毒70余次,成为中草药的第一位发现者和利用者。[1]

2. 黄帝

司马迁在《史记·五帝本纪》第一句讲"黄帝者,少典之子,姓公孙,名曰轩辕。生而神灵,弱而能言,幼而徇齐,长而敦敏,成而聪明"。[2] 稍后于炎帝出现的一个神话人物,是黄帝。黄帝是少典的儿子,姓公孙,名字为轩辕。他刚出生就表现出神奇灵异的一面,很小的时候就会说话了,年幼时就思维敏捷,稍大一些则纯朴勤勉,成年以后能够明辨是非。黄帝是中国传说时代的一位代表人物,是他带领中华民族从野蛮走向文明。他发明了下列数项实用的东西:

---

[1] 徐杰舜,余淑玲.中华民族史记(第1卷):根的记忆[M].福州:福建教育出版社,2014:165—166.
[2] 司马迁.史记[M].李翰文,整理.北京:北京联合出版公司,2016:1.

(1) 房屋。姬轩辕教人建筑房屋,人们遂舍弃树枝树叶,改用泥土或石头,使自己的住所更为坚固实用,而且逐渐聚集成为村庄,再由村庄扩大成为城市。

(2) 衣裳。人们一向赤身裸体,容易受到外界的伤害和感染疾病。姬轩辕教他们把兽皮剥下来做成衣裳。后来绸缎出现,尊贵的人又改穿绸缎。

(3) 车船。姬轩辕把木头插在圆轮子中央,使它运转,因而造成车辆。又把树木当中剖空,造成可以浮在水面上的小舟。从此人们能够走向较远的地方。

(4) 兵器。从前作战,只靠用手投掷石块。姬轩辕发明弓箭,遂成为最锐利的一种武器。人们一直使用它,直到19世纪,才完全被火药代替。

(5) 阵法。从前作战,战士们一哄而上,杂乱无章。姬轩辕教给他的军队阵战方法,用各种不同的队形和兵力,应付各种战场情况。

(6) 音乐。姬轩辕同时还是一位伟大的音乐家,他发明了"笛""箫""琴""瑟"等乐器。把人类声音分为五个主音阶,每个音阶各有专名。

(7) 器具。姬轩辕又教他的人民用泥土塑成盆罐之类的用具,放在火上烘烤一个适当的时间,即成为陶器,可以长久储藏食物。人们遂突破农业范围,向工业发展。

(8) 井田。姬轩辕制定闻名世界的井田制度,把全国土地重新划分,划成'井'字形状。周围八家都是私田,当中一块是政府财产,由八家合作耕种,收割的粮食归政府所有。①

3. 蚩尤
《初学记》卷九引《归藏·启筮》曰:"蚩尤出自羊水,八肱八趾疏首,登九淖以伐空桑,黄帝杀之于青丘。"其后《龙鱼河图》(《太平御览》卷七八引)曰:"蚩尤兄弟八十一人,并兽身人语,铜头铁额,食沙石子",任昉《述异记》曰:蚩尤"食铁石","人身牛蹄,四目六手,耳鬓如剑戟,头有角"。马缟《中华古今注》:"(蚩尤)造立刀戟兵杖大弩。"根据文献记载,传说蚩尤一族住在南方,蚩尤一共有八十一个弟兄(部落),一个个都长得狞猛异常,铜头铁额,兽身人语,有四只眼睛,六只手。蚩尤吃的东西也很特别,吃沙子、石头、铁块,善于制造各种兵器,锋锐的矛、坚利的戟、巨大的弓箭等,被称为武战神。

---

① 柏杨.中国人史纲(上)[M].杭州:浙江文艺出版社,2020:61—62.

根据《始祖蚩尤》①《九黎王蚩尤》②等著作的研究,蚩尤为苗族、黎族的祖先。但也有古书记载蚩尤为炎帝的后代,《路史·后纪四·蚩尤传》:"阪泉氏蚩尤,姜姓,炎帝之裔也。"袁珂所著的《中国神话传说》③即是在这一背景下讲述的黄帝、炎帝和蚩尤的战争。

4. 黄帝、炎帝与蚩尤的战争

黄帝、炎帝与蚩尤的战争在古代神话中是记载非常多的,也是非常有名的,本书将引用《史记·五帝本纪》中记载来讲述黄帝、炎帝与蚩尤部落的战争。

轩辕的时候,正处在神农氏衰落的时代。诸侯之间相互攻伐,残害百姓,而神农氏没有能力征讨。于是轩辕就训练士兵使用武器,来征讨不来朝贡的人,诸侯就都俯首称臣。可是蚩尤非常残暴,谁也无法征服他。炎帝想侵犯诸侯,诸侯都归顺了轩辕。轩辕实行德政,整顿军队;顺应自然现象,教民种植五谷;安抚各地民众,规划四方土地;训练一批像熊罴、貔貅、貙虎一样凶猛的士兵,率领他们在阪泉的郊野与炎帝交战。经过三次激烈的战斗,黄帝的军队获得胜利。这时候蚩尤作乱,不听黄帝的命令。于是黄帝就征调诸侯的军队,在涿鹿的郊野和蚩尤交战,最后擒获并杀死蚩尤。这时诸侯都尊奉轩辕为天子,取代神农氏,这就是黄帝。天下有不顺从的,黄帝就去征讨,直到平定才离开。从此黄帝开山通路,从来没有安稳休息的时候。④

通过《史记》的记载,我们看出炎帝、黄帝、蚩尤部落最后都归于黄帝部落,如图 6-1 所示。华夏民族的始祖是三个代表:炎帝、黄帝和蚩尤,把他们统一起来的,是黄帝。

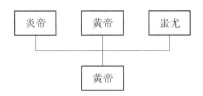

图 6-1　炎帝、黄帝、蚩尤部落最后都归于黄帝部落

---

① 石家齐,王子顺,龙明林.始祖蚩尤[M].张家界:张家界湘龙报业印务有限公司,2009.
② 罗光平,莹颖.九黎王蚩尤[M].南昌:二十一世纪出版社,2010.
③ 袁珂.中国神话传说,从盘古到秦始皇[M].北京:北京联合出版公司,2016:129—134.
④ 司马迁.史记[M].李翰文,整理.北京:北京联合出版公司,2016:1—2.

二、华夏族群的形成

王明珂在《华夏边缘》一书中讲道:"华夏,这个中国人最早的自称,出现在春秋战国时期。"① 约在西周至战国时期,陕、晋、冀三省北方山岳地带农牧混合经济人群南移,争夺农牧资源,造成南方东周诸国以"华夏"认同来彼此凝聚,华夏成为一个强力维护共同资源的族群。② 为什么会称为"华夏"族群?"华夏"族群是如何形成的?

(一)"华夏"中"夏"的由来

"华夏"的"夏"就是来源于夏朝和夏文化。那么夏朝又起源于哪里,为什么夏朝和夏文化在"华夏"中占据这么重要的分量?我们根据《史记》中记载的黄帝后裔关系族谱进行阐释。《史记·五帝本纪》记载了黄帝及其后裔玄嚣、昌意、颛顼、帝喾、尧的族系关系。③

1. 黄帝到帝尧

《史记·五帝本纪》曰:

> 黄帝二十五子,其得姓者十四人。黄帝居轩辕之丘,而娶于西陵之女,是为嫘祖。嫘祖为黄帝正妃,生二子,其后皆有天下:其一曰玄嚣,是为青阳,青阳降居江水;其二曰昌意,降居若水。昌意娶蜀山氏女,曰昌仆,生高阳,高阳有圣德焉。黄帝崩,葬桥山。其孙昌意之子高阳立,是为帝颛顼也。帝颛顼高阳者,黄帝之孙而昌意之子也。静渊以有谋,疏通而知事,养材以任地,载时以象天,依鬼神以制义,治气以教化,絜诚以祭祀。北至于幽陵,南至于交阯,西至于流沙,东至于蟠木。动静之物,小大之神,日月所照,莫不砥属。帝颛顼生子曰穷蝉。颛顼崩,而玄嚣之孙高辛立,是为帝喾。帝喾高辛者,黄帝之曾孙也。高辛父曰蟜极,蟜极父曰玄嚣,玄嚣父曰黄帝。自玄嚣与蟜极皆不得在位,至高辛即帝位。高辛于颛顼为族子。高辛生而神灵,自言其名。普施利物,不于其身。聪以知远,明以察微。顺天之义,知民之急。仁而威,惠而信,修身而天下服。取地之财而节用之,抚教万民而利诲之,历日月而迎送之,明鬼神而敬事之。其色郁郁,其德嶷嶷。其动也时,其服也士。帝喾溉执中而遍天下,日月所照,风雨所至,莫不从服。帝喾娶陈锋氏女,生放勋。娶娵訾氏

---

① 王明珂.华夏边缘:历史记忆与族群认同[M].上海:上海人民出版社,2020:135.
② 王明珂.华夏边缘:历史记忆与族群认同[M].上海:上海人民出版社,2020:6.
③ 司马迁.史记[M].李翰文,整理.北京:北京联合出版公司,2016:3—19.

女,生挚。帝喾崩,而挚代立。帝挚立,不善,而弟放勋立,是为帝尧。①

根据《史记·五帝本纪》记载,黄帝有二十五个儿子,其中获得姓氏的有十四个人。黄帝娶西陵氏的女子嫘祖为妻,生了两个儿子,第一个叫玄嚣,第二个叫昌意。昌意娶蜀山氏的女子昌仆为妻,生下高阳。高阳是个具有至高道德的人。黄帝去世后,他的孙子、昌意的儿子高阳,继承帝位,即为颛顼。

颛顼帝生了儿子穷蝉。颛顼驾崩以后,玄嚣的孙子高辛继承皇帝位,也就是帝喾。高辛的父亲叫蟜极,蟜极的父亲叫玄嚣,玄嚣和蟜极都没能继承帝位,只有到了高辛的时候才继承帝位。

帝喾娶了陈锋氏的女子,生下放勋;娶了娵訾氏的女子,生下了挚。帝喾驾崩后,由挚继承了他的帝位。帝挚在位期间,不善于管理,后来,他的弟弟放勋继承皇位,也就是帝尧。

《世本·帝王世本》记载:"帝喾卜其四妃之子,皆有天下。上妃有邰氏之女,曰姜嫄,而生后稷。次妃有娀氏之女,曰简狄,而生契。次妃陈锋氏之女,曰庆都,生帝尧。下妃娵訾氏之女,曰尝仪,生挚。"②帝喾与姜嫄生了后稷,与简狄生了契,与庆都生帝尧,与尝仪生挚。

通过《史记·五帝本纪》《世本·帝王世本》可画出黄帝后裔的关系族谱图,如图6-2所示。

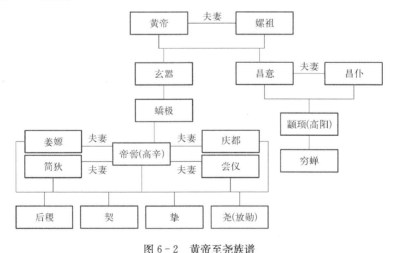

图6-2 黄帝至尧族谱

---

① 司马迁.史记[M].李翰文,整理.北京:北京联合出版公司,2016:3—19.
② 宋衷.世本[M].长春:时代文艺出版社,2008:6.

2. 尧、舜、禹的传说

在前一小节"黄帝到帝尧"里讲到帝挚在位期间,不善于管理,后来由他弟弟放勋(尧)继承皇位。根据《世本·帝王世本》记载,尧的仁德像天空一样浩大,他的智慧像神一样高深。人们像追随太阳那样地追随着他,人们仰望他就像望着天上的云彩。帝尧富有但不骄纵,尊贵但不傲慢。他戴着黄色的冠冕,穿着黑色的衣服,乘坐红色的车子,骑着白色的马。他能发扬高尚的品德,让各个部族都紧密团结在一起。当各部族非常团结的时候,他又去考察百官。当百官的职责也非常清明的时候,天下就非常团结安定了。尧在位已经七十年了,想找一个继承他职位的人,就召集四方部落的首领来商议,说:"你们哪一位能够接替我的职位呢?"首领们一齐回答说:"我们的德行低微,会玷辱了帝位。"尧说:"只要这个人真正有贤能,不管是达官贵人,至亲朋友,还是被疏远或是隐居的人,你们都要向我举荐。"大家听了异口同声地对尧说:"在百姓中有一个还没娶妻的人,他叫虞舜。"尧说:"是的,这个人我听说过,他到底是个怎样的人呢?"首领们说:"他是盲人的儿子。他的父亲心地邪恶,母亲愚悍奸诈,弟弟骄纵不堪,但是,舜用孝行让家里人团结和睦,让家人向善,远离邪恶。"尧说:"既然这样,我就找他来试试看吧!"于是,尧把自己的两个女儿嫁给了舜,通过舜对待妻子的态度来观察舜的德行。舜让两个妻子放下尊贵的心,住到妫水河边的家中,并让她们谨慎遵守做媳妇的礼节。尧对舜这样的做法非常满意,就让舜负责推行五教。在舜的治理下,人们都能按照五教行事。尧又让舜按照五教来整顿百官,结果,百官都能遵章守法地办事。尧还让舜在四门接待宾客,四门充满了肃穆的气氛,前来参观的诸侯和宾客都非常恭敬。尧又让舜进入山林川泽中,当暴风雷雨来临的时候,舜仍然可以前进,不会迷失方向。这样,尧便认为舜很聪明,有能力。他召见舜说:"三年来,我发现你考虑问题周密,说过的话都能办到。现在请你继承我的帝位吧。"舜认为自己的德行还不能胜任帝位,于是一再推让,心中非常不安。正月初一,舜在文祖庙接受了尧的帝位。这种让位,历史上称作"禅让"。

《史记·夏本纪》记载"帝舜荐禹于天,为嗣。十七年而帝舜崩。三年丧毕,禹辞辟舜之子商均于阳城。天下诸侯皆去商均而朝禹。禹于是随即天子位,南面朝天下,国号曰夏后,姓姒氏。""夏禹,名曰文命。禹之父曰鲧,鲧之父曰帝颛顼,颛顼之父曰昌意,昌意之父曰黄帝。"① 舜的儿子商均也是没有才能,舜就在自己去世前向天帝推荐了禹。十七年后帝舜去世。三年丧期结束,禹躲避到阳

---

① 司马迁.史记[M].李翰文,整理.北京:北京联合出版公司,2016:20—34.

城而将天子之位让给舜的儿子商均。天下诸侯都离开商均而去朝见禹。禹于是登上天子之位,面向南方治理天下,国号为夏后,姓姒氏。夏禹的父亲是鲧,鲧的父亲是帝颛顼。禹是黄帝的玄孙,颛顼的孙子。

通过以上记载,我们可以看出从黄帝到尧、舜、禹都是一脉相传的,其关系图谱如图6-3所示。

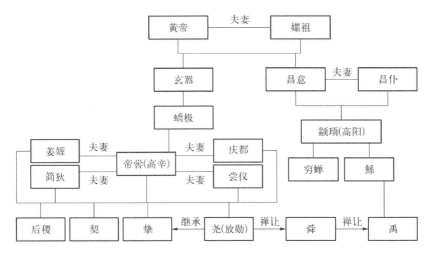

图6-3 黄帝至禹关系族谱

3. 早期华夏族群的组成——夏朝、商朝和周朝

尧将帝位禅让给舜,舜禅让给禹,禹建立夏朝。

《史记·殷本纪》曰:"殷契,母曰简狄,有娀氏之女,为帝喾次妃。三人行浴,见玄鸟坠其卵,简狄取吞之,因孕生契。契长而佐禹治水有功。帝舜乃命契曰:'百姓不亲,五品不训,汝为司徒而敬敷五教,五教在宽。'封于商,赐姓子氏。契兴于唐、虞、大禹之际,功业著于百姓,百姓以平。"①殷契的母亲叫简狄,是有娀氏的女子,为帝喾的次妃。包括她在内的三名女子外出洗澡,看到一只玄鸟生蛋落下来,简狄就捡起来吃了,因而怀孕生下契。契长大后辅佐禹治水有功。帝舜于是任命契说:"百姓不相亲睦,教化不能和顺,你担任司徒,要恭谨地推行五种伦理教化,要以宽厚为根本。"舜把商地封给他,赐姓子氏。契兴起于唐尧、虞舜、大禹的时代,在百姓心中功勋卓著,百姓因此生活安定。可见那时夏与商在同一时代,已经是你中有我、我中有你了。

---

① 司马迁.史记[M].李翰文,整理.北京:北京联合出版公司,2016:37.

《史记·周本纪》曰:"周后稷,名弃。其母有邰氏女,曰姜嫄。姜嫄为帝喾元妃。……弃为儿时,屹如巨人之志。其游戏,好种树麻、菽,麻、菽美。及为成人,遂好耕农,相地之宜,宜谷者稼穑焉,民皆法则之。帝尧闻之,举弃为农师,天下得其利,有功。帝舜曰:'弃,黎民始饥,尔后稷播时百谷。'封弃于邰,号曰后稷,别姓姬氏。后稷之兴,在陶唐、虞、夏之际,皆有令德。"①周朝的始祖后稷,名叫弃。他的母亲是有邰氏的女子,叫姜嫄。姜嫄是帝喾的正妃。弃还是个孩子的时候,就像伟大人物一样有高远的志向。他做游戏的时候,喜欢种植麻、豆,他种的麻、豆都长得很茂盛。等他长大以后,就喜好耕作,观察土地的情况,选择合适的土地种植庄稼,百姓都仿效他。帝尧听说以后,就任用弃为农师,天下人都因此获利,他立下了功劳。帝舜说:"弃,百姓最初忍受饥饿,你担任后稷来播种各种谷物。"于是他被封在邰,号称后稷,另外以姬为姓。后稷的兴起,在唐尧、虞舜、夏禹的时代,这一家族都有美好的德行。

大禹建立的夏朝,契的后代建立了商朝,后稷的后代建立了周朝,夏、商、周一脉同源,均是起源于共同的祖先。他们的族谱关系如图6-4。

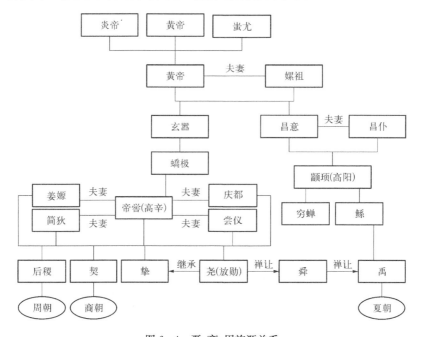

图6-4 夏、商、周族源关系

---

① 司马迁.史记[M].李瀚文,整理.北京:北京联合出版公司,2016:52—53.

从夏铸九鼎,到鼎迁商,又迁周,夏、商、周从政治到文化均一脉相承。《论语·泰伯》中孔子曰:"三分天下有其二,以服事殷。周之德,其可谓至德也已矣。"①孔子认为,周文王拥有天下的三分之二,却仍然臣服于商朝,周朝的道德,可以说是最高的道德了。周文王时周朝是附属于商朝的,其势力已是"三分天下有其二",所控制的地方包括整个渭水流域、晋南、豫西乃至汉水流域的部分地区。通过《史记·夏本纪》《史记·殷本纪》《史记·周本纪》记载,夏朝是大禹建立,其帝位是通过帝舜的禅让而来,殷商的发源地是祖先契受帝舜封于商,以周的发源地是祖先后稷受帝舜封于邰,以姬为姓。大禹建立的夏朝与黄帝部落是一脉相承,商朝和周朝原本是夏朝的两个封地,也可以说是两个部落,他们都是夏朝的子民,虽然后面商汤灭了夏朝,周武王姬发灭了商朝,这些都是原来夏朝内部的部落更替,也因此周王室尝自称"夏",以夏文化的继承者自居。周灭商后,按照周本身的组织形式分封了许多诸侯。这些诸侯的文化和周是一个系统,周王室自称"夏",这些诸侯国,也就自称"夏",因为诸侯国不止一个,所以称为"诸夏"。

(二)"华夏"中"华"的由来

"华夏"中的"华"有三种常见的解释。

第一种是认为"华"与"夏"古字音相近,华字古音敷,夏字古音虎,"夏"字称号使用机会既多,便由音近而推衍出"华"字来,以便加重语气。这样"华"字逐渐成了与"夏"异名同义的称号,有时称"诸华",有时称"华夏"。② 现在我们看古文献和历史类书籍时,对于春秋时期的华夏族群的称谓有时是"诸华",有时是"华族",有时是"华夏"。

第二种是认为"华"是象形字。根据钱伟长的考证,在远古时期,负责保留火种的祝融氏部落保管火种的办法是将火把接起来,插在一起,像个繁体字的"華"字,中间的柄插在一起,里面有四个火把隔开来放的,这样的火把可以维持两个时辰。火把烧完了以后。再用新的火把接上去。所以火把上面再加个火把,就是华字,以后就叫华。"华"其实就是花的意思,花本来还有火的意思。"华"是象形文字,造字的时候是依照人们保管的火把的形状而定的。管火把的人居住在现在的华山北边的一大片斜坡上。这片土地一直连接到运城,面积很大,而且森林茂密,南面就是华山,他们是上不去的。华山的名称的由来也是因为有一个部

---

① 孔丘.论语[M].吴兆基,编译.北京:京华出版社,1999:72.
② 李一宇.中国文化的由来[M].北京:中国档案出版社,2010:125.

落在那儿管火把,所以叫这个山为华山,管火把的祝融氏部落的图腾就是"华"字。祝融氏部落里有一个叫钱铿,在一次打仗中救尧有功,尧封钱铿为大彭国的酋长,钱铿就是一代彭祖。此后,彭祖一直是尧、舜、禹的最忠实的部落首领,特别是一直跟随大禹治水。后来,禹将帝王的位置传给了他的儿子启,禹另外一个儿子起来造反反对启,彭祖就把那个儿子逮起来,平定了叛乱。因此,彭祖就变成了禹的第二号人物。所以,以后就有了"华夏"的称呼。"夏"就是禹建立的夏王朝,而"华"就是彭祖的图腾。因为军力在大彭国手里,但是大彭国不做领袖,只是从军力上辅佐禹及其子孙。"华"的力量比夏的力量大,没有"华"就没有"夏",所以叫"华夏"而不叫"夏华"。华夏原来指河南省从东到西的一带为中心的区域,四周有四方国,所以又叫中国,因此,中国就是华夏。①

第三种是认为"夏"与"华"就是同义词。范文澜在《中国通史简编》中写道:"春秋时代中国人通称为'华'或'诸华'(华是赤色,周朝尊尚赤色)。异族人通称为'夷'。中国西部通称为'夏',东部称'东夏',总称为'诸夏'。"②这里的"夏"与"华"与《左传·定公十年》里孔子所说的:"裔不谋夏,夷不乱华"③的"夏"与"华"一样,都是同义词。

总的来说,"华夏"是春秋战国时期,东方诸侯因为共同忧患意识而团结抵抗强大的戎、狄外患时,形成了一种"华夏"文化的认同。

第二节 民族融合与华夏变迁

华夏,是中国人最早的自称。在上一部分"族源传说与华夏族群的形成"中,我们讲到炎帝、黄帝和蚩尤的后代建立了夏朝、商朝和周朝,夏朝建立最早,从黄帝一直延续到禹,是最为"正统","华夏"的"夏"就是来源于夏朝和夏文化。夏、商、周三代民族为早期华夏族群的主体,随着时间的推移和朝代的变化,华夏族群也在不断变化,下面就华夏族群变迁和中国各民族融合进行阐述。

一、华夏变迁的原因

"华夏"在形成之时,主要为中原地带的黄河流域,有"内华夏、外夷狄"之意

---

① 钱伟长.钱伟长文集(上)[M].上海:上海大学出版社,2013:1347—1351.
② 范文澜.中国通史简编[M].北京:北京联合出版公司,2020:46.
③ 李索.左传正宗[M].南京:华夏出版社,2011:647.

识,随后逐渐向东、南、西扩张,华夏因吸收大量边缘人群而成长壮大。

华夏人群的扩大有三方面的原因,一是因为民族间的斗争融合;二是因为华夏边缘人群假借华夏祖源记忆以称为华夏①;三是因为华夏心目中异族概念向外漂移。② 下面将分别论述。

其一,民族间的斗争融合。华夏在形成之时,称四方"非我族类"为戎、狄、蛮、夷或羌、胡等。其中,南方——长江、汉水流域,是蛮族居住地,有群蛮、百濮等,通称南蛮;淮水流域的夷族居住地;东方——都在山东省境内,通称为东夷,又有戎,别名长狄;北方——都在河北省境内,有北戎、甲氏等,通称北狄;西方——有大戎、小戎、姜戎,通称戎狄。③ 蛮夷等族以雄长华夏为莫大的光荣。春秋是大国争霸的时代,同时也是华夏与其他族战争的时代。春秋时代的楚、齐、晋、秦、吴、越六个大国"周围全是蛮夷狄戎落后的种族,文化上军事上容易把落后种族克服和同化,齐灭莱夷(山东黄县)东境到达海边,晋灭赤狄、白狄、疆土扩大,秦霸西戎,抗衡晋楚"。④ 戎、狄深入中原地区之后,和华夏民族杂居在一起,被中原农耕文化强力消化,逐渐也融合成为华夏族的一部分。

其二,华夏边缘人群假借华夏祖源记忆以称为华夏。这一部分引用王明珂在《华夏边缘》一书中相关论述进行说明。《史记·吴太伯世家》记载:"吴太伯,太伯弟仲雍,皆周太王之子,而王季历之兄也。季历贤,而有圣子昌,太王欲立季历以及昌,于是太伯、仲雍二人乃奔荆蛮,文身断发,示不可用,以避季历。季历果立,是为王季,而昌为文王。太伯之奔荆蛮,自号勾吴,荆蛮义之,从而归之千余家,立为吴太伯。"⑤吴太伯和太伯的弟弟仲雍,都是周太王古公亶父的儿子,周王季历的哥哥。季历很贤明,有个有圣德之名的儿子昌,太王想要立季历为王,将来再传位给姬昌,于是太伯、仲雍二人便去了荆蛮之地,在身上刺上花纹,剪短自己的头发,表示自己已经不能继承王位,以此来避让季历。季历果然被立为王,就是王季,后来姬昌成为文王。太伯到了荆蛮之地,自称句吴。荆蛮之地的人认为他很仁义,所以有一千多家归附他,拥立他做了吴太伯。王明珂通过历史文献、考古学证据等认为"太伯逃位奔吴传说,是周人历史记忆的一部分。当崛起于苏南的吴国逐渐接触华夏,而他们的上层领导家族深度华夏化时,他们逐渐有了如华夏的'心理构图'。在此构图上,过去的历史记忆(太伯传说),被他们

---

① 王明珂.华夏边缘:历史记忆与族群认同[M].上海:上海人民出版社,2020:279—310.
② 王明珂.华夏边缘:历史记忆与族群认同[M].上海:上海人民出版社,2020:311—367.
③ 范文澜.中国通史简编[M].北京:北京联合出版公司,2020:52—53.
④ 范文澜.中国通史简编[M].北京:北京联合出版公司,2020:47.
⑤ 司马迁.史记[M].李翰文,整理.北京:北京联合出版公司,2016:1236.

与华夏共同用来合理化他们的华夏身份。……吴国的统治者找到自己的祖源,而华夏也找到失落祖先的后代,华夏化顺利完成"。①

其三,华夏心目中异族概念向外漂移。王明珂在《华夏边缘》中通过"羌"人的族群变化进行了说明。在商代,商人曾称西方人群或者西方某一人群为羌。羌是商人的异族概念,在商末,戎起初可能指渭水流域善战、好战的人群,包括姜与姬。周克商后,以姬姓周人为首的人群开始东方化,未东方化的戎逐渐被视为异族。当秦人与被征服的戎人都成为华夏域中之民时,华夏的西方族群边界被重新定义,新的族群边界被称作"氐羌"。当汉代中原王朝的势力逐渐扩张至甘肃河西走廊、西域,青海地区的河湟,以及今四川西部、云南北部之青藏高原东缘地区,并与当地人群有往来接触时,原来被称作戎、氐羌或羌的西方华夏边缘人群不断被纳入华夏帝国内而成为郡县之民,于是汉代中原人心中"羌"的概念也向西漂移。如果用汉代以"羌"的异族概念来划分一条线的话,从商代到东汉,这条线由豫西、晋南逐步西移,所过之处的人群都成了华夏,这条线在汉末魏晋时移到了青藏高原的东缘。②

二、民族融合的过程

华夏变迁也是民族融合的过程,在这一过程中,华夏民族不仅不断更新,中华民族也更加繁荣、强大。中国历史有四次比较大的民族大融合。

第一次民族大融合发生在春秋战国时期。周平王东迁之后,强盛的戎族也进入中原腹地。四方异族有的同化于华夏,有的保守旧习,有的因强大而争霸诸夏。各族的人口、文化,同华夏族相比要低,政治上因为人种及地域的分歧,也不可能团结在一起,成为一个国家。而华夏族则相对比较团结,所以利用优势的文化和政治力量,逐渐把戎、狄、夷、蛮族融和。战国时期,各诸侯国纷纷推行新政,谋求富国强兵,兼并扩张,人力、物力、财力趋向大集中。秦统一六国,秦王嬴政登基为秦始皇,统一了全国,采用郡县制代替分封制,消除国家分裂的隐患,而后统一度量衡,统一文字,统一修建驰道,加强国家统一的凝聚力量。秦朝,华夏民族统一,国家与民族结合在一起,建构成了中华民族实体的核心部分。

第二次民族大融合发生在魏晋南北朝时期。在春秋战国时期形成的华夏族,到了秦汉时期演进为秦人、汉人,这是根据朝代来命名的,从"汉人"真正演进

---

① 王明珂.华夏边缘:历史记忆与族群认同[M].上海:上海人民出版社,2020:299—306.
② 王明珂.华夏边缘:历史记忆与族群认同[M].上海:上海人民出版社,2020:332—333.

为"汉族"是在魏晋南北朝时期。经过魏、蜀、吴三国和五胡十六国,中原政权早已被瓦解。北方游牧民族鲜卑、匈奴、氐、羌等入主中原,出现了南北朝对峙的局面。这是秦汉大一统之后的第一个大分裂时期,同时客观上也为中国民族大融合提供了契机。各民族大范围战争频繁,迁徙加剧,这时"汉人"指中原居民,用以区分鲜卑等游牧民族。北魏孝文帝大力推行汉化改革,迁都洛阳,改从汉姓,禁止说鲜卑语,改说汉语。孝文帝改革进一步促进了北方地区的民族融合,强化了"汉人"的族称含义。"鲜卑族一度统一了中国北方,征服了北方汉人,但最终却被汉人融合,族群名称也不复存在。"①费孝通指出:"如果要寻找一个汉族凝聚力的来源,我认为汉族的农业经济是一个主要因素。看来任何一个游牧民族只要进入平原,落入精耕细作的农业社会里,迟早就会服服帖帖地主动融入汉族之中。""汉族的壮大并不是单纯靠人口的自然增长,更重要的是靠吸收进入农业地区的非汉人,所以说是像滚雪球那样越滚越大。"②

第三次民族大融合是辽、宋、金、元时期。此时期几个政权并存,辽宋金元是汉族、契丹、女真、蒙古诸族的大碰撞,民族间战争不断,动荡的社会环境带来了民族迁徙与人口掳掠,客观上推进了各民族的大融合进程。"在民族交融的过程中,契丹、女真、党项等消失了。……辽初,契丹管理渤海人用汉法。金末,渤海人已被视为汉人。元时,渤海人、契丹、高丽、女真等同为'汉人八种'。高句丽人大部分融入汉族;一部分成了新罗人,后又与新罗、百济人形成新的族体高丽族(朝鲜族前身);少数加入突厥;部分后来成了女真人,而加入女真的,大部分在金亡后又成了汉族的成员。"③这次民族融合的特点是不仅少数民族融合于汉族,边疆大量的汉族融合于少数民族。④ 蒙古族为压制汉族,强制推行蒙古文,凡诏令奏章及官府公文用蒙古文字,法律规定蒙古字比各国字地位高。"忽必烈时,江淮行省官员,竟无一人懂得汉文,直到亡国,元朝皇帝和大臣都不学汉文,汉人却非学蒙古文不可。"⑤有意思的是,"托欢铁木耳至元三年,禁汉人、南人学蒙古、色目文字,企图对汉族保守秘密"。⑥

第四次民族大融合在清代。17世纪中叶满族贵族入主中原,清初采取了"留头不留发,留发不留头"的残酷政策,激起了广大汉人的强烈反抗。后来满族

---

① 高强.炎黄文化与中华民族凝聚力[M].北京:人民出版社,2019:168.
② 费孝通.中华民族多元一体格局(修订本)[M].北京:中央民族大学出版社,1999:34,16.
③ 高强.炎黄文化与中华民族凝聚力[M].北京:人民出版社,2019:204.
④ 兰和群.从华夏族到汉族的历史演变看中华民族大融合[J].商丘职业技术学院学报,2005(4):41—44.
⑤⑥ 高强.炎黄文化与中华民族凝聚力[M].北京:人民出版社,2019:473.

统治者意识到仅仅靠高压是无法维持统治的,于是开始推行"满汉一家",重用汉族官员,重视儒家文化,以八旗为主体的满族贵族分布全国各地,在二百多年与汉人共同生活中入乡随俗,互相同化。今天,满族与汉族在语言文字、风俗习惯上相差无几。此外,满族不仅与汉族同化,也与蒙古族、藏族建立了友好同盟关系。

第三节 "中华民族"的提出与认同

2014年9月28日至29日,中央民族工作会议暨国务院第六次全国民族团结进步表彰大会在北京举行。习近平总书记在中央民族工作会议上发表重要讲话,提出"中国特色解决民族问题的正确道路,就是坚持在中国共产党领导下,坚持中国特色社会主义道路,坚持维护祖国统一,坚持各民族一律平等,坚持和完善民族区域自治制度,坚持各民族共同团结奋斗、共同繁荣发展,坚持打牢中华民族共同体的思想基础,坚持依法治国,加强各民族交往交流交融,促进各民族和睦相处、和衷共济、和谐发展,巩固和发展平等团结互助和谐的社会主义民族关系,共同实现中华民族伟大复兴"①。在此次讲话中,习近平总书记提出了"中华民族共同体"思想,并向全国人民释放出了坚决铸牢中华民族共同体意识的信号。从"中华民族"到"中华民族共同体"意识体现了中国各族人民共同的家国情怀。

一、"中华民族"称谓的由来

中华民族是生活在中华大地上所有民族以及海外华人的通称。而"中华民族"这一称谓最早是由梁启超提出。

1901年,梁启超发表《中国史叙论》一文,首次提出了"中国民族"的概念,他说:"中国自古称诸夏,称华夏。夏者以夏禹之朝代而得名者也。中国民族之整然成一社会,成一国家。"梁启超将中国民族的演变历史划分为三个时代:"第一,上世史,自黄帝以迄秦之一统,是为中国之中国,即中国民族自发达、自竞争、自团结之时代也";"第二,中世史,自秦统一后至清代乾隆之末年,是为亚洲之中国,即中国民族与亚洲各民族交涉、繁赜、竞争最激烈之时代也";"第三,近世史,

---

① 习近平.习近平谈治国理政(第二卷)[M].北京:外文出版社,2017:300.

自乾隆末年以至于今日,是为世界之中国,即中国民族合同全亚洲民族与西人交涉、竞争之时代也"。梁启超在这里反复用了三个"中国民族",从宏观上勾勒出三个时期中国民族的不同特点。

1902年,梁启超正式提出了"中华民族"。他在《论中国学术思想变迁之大势》一文中,先对"中华"一词的内涵做了说明:"立于五洲中之最大洲而为其洲中之最大国者,谁乎?我中华也;人口之居全地球三分之一者,谁乎?我中华也;四千余年之历史未尝一中断者,谁乎?我中华也。"接着,梁启超在论述战国时期齐国的学术思想地位时,正式使用了"中华民族"一词:"齐,海国也。上古时代,我中华民族之有海权思想者,厥惟齐。故于其间产出两种观念焉,一曰国家观;二曰世界观。"

1905年,梁启超又写了《历史上中国民族之观察》一文,从历史演变的角度重点分析了中华民族的多元性和混合性,得出结论说:"中华民族自始本非一族,实由多民族混合而成。"由此,梁启超真正完成了"中华民族"一词从形式到内容的革命性创造。这就是,中华民族指中国境内的所有民族,汉满蒙回藏等为一家,是多元混合的。[①]

其后,孙中山提出"五族共和",终于使"中华民族"的概念成为中国56个民族所组成的共同体的代称。"中华民族"这一称谓被国人普遍接受,一直沿用到今天。

二、抗战与中华民族认同的增强

20世纪初,由梁启超提出的"中华民族"这一概念真正深入人心是在抗日战争胜利的时候才最后完成的。

抗日战争时期指的是1931年的"九一八"事变到1945年日本投降这14年,1931年盘踞在东北的日本关东军制造"九一八"事变,正式发动侵华战争,并占领东北地区,建立伪满洲国傀儡政权。1937年,蓄谋已久的侵华日军制造了卢沟桥事变,发动全面侵华战争,随后,侵占我国大片领土。抗日战争时期是中华民族最危险的时候,同时也是中华民族奋起抗争,空前团结,最终赢得民族解放的时期。

1931年"九一八"事变后,朝鲜、满、鄂伦春、赫哲、锡伯等民族组成了抗日义勇军、反日游击队等,1933年成立东北人民革命军,1936年各抗日力量

---

① 徐杰舜,余淑玲.中华民族史记(第6卷):九九归一[M].福州:福建教育出版社,2014:94—95.

统一改编为东北抗日联军,在中国共产党的领导下,与日本侵略者展开顽强的斗争。①

1934年,曲木藏尧、阿弼鲁德、岭光电、王奋飞、安腾飞和曲木倡民等在南京的"夷族"发起成立"西南夷族文化促进会",在发布的"促进会宣言"中对"中华民族遭逢严重之国难"和面临的危机表达了忧虑,认为在中华民族复兴运动中,作为"大中华民族构成分子之一"的西南"夷族""自当奋发追踪"。"促进会"的成立,是为"大中华民族重生"输入新血液,共谋复兴大中华民族,再造大中华民族之光荣。②

在华北平原上有马本斋组织的回民抗日义勇队,义勇队不属于正规的部队,也没有正式的武器,于是他们就拿起大刀、长矛,甚至农具加以抵抗。马本斋在1938年初带领义勇队加入中国共产党领导的河北游击军,改编为八路军第三纵队回民支队。马本斋率领的冀中回民支队转战于冀中平原和冀鲁边区,攻无不克、战无不胜,令日军闻风丧胆。毛泽东还赞誉他们为"百战百胜的回民支队"。为了要挟马本斋,日军还抓了马本斋的母亲白文冠做人质。在日军监狱里,日军对白文冠威逼利诱,让白文冠给儿子写信,劝儿子投降,说只要他的儿子"归顺日军",便会有享不尽的荣华富贵。但是白文冠却宁死不屈,以绝食英勇殉国。

旅居海外的华侨纷纷捐款捐物,以义捐、义演、义卖、侨汇、认购国债等多种方式为祖国抗战捐款捐物筹措军费,筹集大量国内急需的药品、棉纱、汽车等物资。"抗战期间,华侨捐款总计逾13亿元国币,侨汇达95亿元以上。……新加坡侨领陈嘉庚先生曾生动形象地描绘道:对祖国战区的筹赈工作,风起云涌,海啸山呼,热烈情形,得未曾有;富商巨贾既不吝金钱,小贩劳工亦尽倾血汗。……据广东省侨务委员会统计,仅从东南亚、美洲和大洋洲等地回国参战的粤籍华侨就有4万人左右。回国参战的华侨,大多经过严格甄选、短期培训,其中不乏身怀特种技术、国内紧缺的专门人才,他们为中华民族夺取抗战胜利发挥了独特作用。"③图6-5为南美华侨的抗日捐款凭证,凭证上注明"作长期抗战军需之用"。

抗日战争中,中华民族承受了巨大的牺牲,在应对帝国主义入侵的抗争中,

---

① 徐杰舜,余淑玲.中华民族史记(第6卷):九九归一[M].福州:福建教育出版社,2014:114.
② 伊利贵.抗日战争时期西南少数民族精英中华民族认同的表述与实践[J].中央民族大学学报(哲学社会科学版),2022(1):70—77.
③ 刘芳彬.华侨对抗战胜利的突出贡献[N].学习时报,2022-01-14.

图6-5　南美华侨在抗日捐款凭证上注明"作长期抗战军需之用"
资料来源：公益时报网（http://www.gongyishibao.com/html/yaowen/8440.html）。

中国各民族开始淡化地域、族属和阶层的差异，逐渐形成了各民族同休戚、共命运的感情和道义，以及共同归属于一个共同体——中华民族。在生死攸关的考验中，中国各民族及海外华侨同属于中华民族的情感认同进一步升华，凝聚起了中华民族团结一致抵御外敌的强大力量。

> 起来！不愿做奴隶的人们！把我们的血肉筑成我们新的长城！
> 中华民族到了最危险的时候，
> 每个人被迫着发出最后的吼声。
> 起来！起来！起来！
> 我们万众一心，
> 冒着敌人的炮火，前进！
> 冒着敌人的炮火，前进！
> 前进！
> 前进！进！

田汉作词、聂耳作曲的《义勇军进行曲》诞生在中国人民抗日的烽火中，不仅见证了中华民族团结抗战的历史，也必将凝聚中华民族走向伟大复兴。

三、中华民族共同体的认同

党的十八大以来，习近平总书记多次强调"中华民族共同体意识"。2014

年,习近平总书记在中央民族工作会议上对"中华民族共同体"进行了阐释:"各民族共同开发了祖国的锦绣河山、广袤疆域,共同创造了悠久的中国历史、灿烂的中华文化。秦汉雄风、盛唐气象、康乾盛世,是各民族共同铸就的辉煌。可以说,多民族的大一统,各民族多元一体,是老祖宗留给我们的一笔重要财富,也是我们国家的一个重要优势。"[1]2017年,党的十九大报告中指出:"铸牢中华民族共同体意识,加强各民族交往交流交融,促进各民族像石榴籽一样紧紧抱在一起,共同团结奋斗、共同繁荣发展。"[2]"铸牢中华民族共同体意识"作为习近平新时代中国特色社会主义思想的重要内容写入了《中国共产党党章》,成为了党的一个价值遵循,这些无疑是新时代加强"中华民族共同体"建设的最好诠释。

2021年中共中央印发的《中国共产党统一战线工作条例》提出积极培育中华民族共同体意识,"增进各族群众对伟大祖国、中华民族、中华文化、中国共产党、中国特色社会主义的认同"[3](简称"五个认同")。这"五个认同"中,强调了对中华民族的认同、对中华文化的认同,是铸牢中华民族共同体意识的思想之本。

正如习近平总书记对"中华民族共同体"概念阐释中的那样,我国各民族在分布上的交错杂居、文化上的兼收并蓄、经济上的相互依存、情感上的相互亲近,形成了你中有我、我中有你、谁也离不开谁的多元一体格局。历史进程中中华各民族相互交往交流交融形成了如今的中华民族共同体。无论是在封建王朝朝代更迭的过程中,还是在共同抵御日本侵略者的艰苦抗争过程中,或是在社会主义现代化建设过程中,中华民族共同体意识自形成之初就逐渐发展凝聚,不断走向巩固和强化。

中华民族共同体是以传承中华文化、中国记忆为标志的人们共同体。在历史长河中所形成的辉煌灿烂的中华文化是铸牢中华民族共同体意识的重要思想源泉。文化是一个民族的魂魄,文化认同是民族团结的根脉。中华优秀传统文化浩若烟海、博大精深。作为华夏儿女,要自觉主动学习并传承中华传统优秀文化,把优秀传统文化的元素和理念贯彻到自己的日常学习、工作实践中去。

---

[1] 习近平.习近平谈治国理政(第二卷)[M].北京:外文出版社,2017:299.
[2] 习近平.习近平谈治国理政(第三卷)[M].北京:外文出版社,2020:31.
[3] 新华社.中共中央印发《中国共产党统一战线工作条例》[N].人民日报,2021-01-06(1,6).

第四节　华夏儿女与中华民族伟大复兴

五千年的历史文化浩如烟海。华夏儿女,用自己的勤劳和智慧,缔造了强汉盛唐。鸦片战争爆发后,各国列强肆虐神州大地,掠财夺宝,恣意妄为,国家蒙难,中华民族处于水深火热之中。在此危急关头,毛泽东领导的中国共产党,照亮了中国的出路,指引华夏儿女,推翻帝国主义、封建主义、官僚资本主义三座压在人民头上的大山,建立了新中国。新中国成立后,中国共产党又带领全国人民,开始了建设家园、实现民族复兴的历史征程。习近平在纪念辛亥革命110周年大会上的讲话,指出:"实现中华民族伟大复兴,中国人民和中华民族必须同舟共济,依靠团结战胜前进道路上一切风险挑战。……新的征程上,我们必须大力弘扬爱国主义精神,树立高度的民族自尊心和民族自信心,铸牢中华民族共同体意识,紧紧依靠全体中华儿女共同奋斗,坚持大团结大联合,不断巩固和发展最广泛的爱国统一战线,广泛凝聚中华民族一切智慧和力量,形成海内外全体中华儿女万众一心、共襄民族复兴伟业的生动局面。"① 欲复兴中华民族,必须强化中华文化认同、中华民族认同、中国国家认同,铸牢中华民族共同体意识,增强中华民族的凝聚力,实现中华民族的伟大复兴。

一、强化中华民族认同与中国国家认同

"中国有两个层面上的民族:一类是汉族以及国内其他少数民族,第二类是在整个国家层面上的正在形成中的中华民族。""在秦汉至明清的统一多民族国家中,作为国家主体民族的汉民族是一个文化民族;处在形成过程中的中华民族更是一个文化民族。"② "中华民族"这个名称体现了中国各民族整体上的民族认同。③ 中华民族认同与中国国家认同及中华文化认同,具有相当大的一致性。强调国家认同,就是增强中华民族的凝聚。

同一个祖先血浓于水,共一个中华情重如山。黄帝和黄帝陵是华夏儿女表达爱国之心、报国之情、民族认同的重要载体,每年的农历三月初三,公祭黄帝典

---

① 习近平.在纪念辛亥革命110周年大会上的讲话(2021年10月9日)[N].人民日报,2021-10-10(2).
② 王震中.国家认同与中华民族的凝聚[J].红旗文稿,2016,313(1):23—26.
③ 戴逸.中国民族边疆史简论[M].北京:民族出版社,2006:7.

第六章 华夏儿女：族源传说与中华民族凝聚

礼成为连接海内外中华儿女的重要情感纽带。2022年4月3日，农历三月初三，壬寅年黄帝故里拜祖大典在河南郑州新郑黄帝故里以线上拜祖方式隆重举行。全球华人观看直播、网上拜祖，跨越时空，"云"聚黄帝故里，共同恭拜人文始祖轩辕黄帝，为华夏祈福祈愿祈新程。同一天，由中国台湾地区轩辕黄帝拜祖大典筹委会举办的壬寅年恭拜轩辕黄帝大典在桃园黄帝雷藏寺（黄帝大庙）隆重举行，各界贤达人士参香恭拜，表达尊祖敬宗之意。2021年，中国香港、中国澳门各界人士分别在4月6日、4月10日敬拜华夏民族共同始祖轩辕黄帝，祈福祖国繁荣昌盛。恭拜轩辕黄帝大典能让更多中国香港同胞了解到中华民族源远流长的历史，铭记祖先，使我们感受到同为华夏儿女的强烈归属感和民族自豪感。

随着一批批华夏儿女移居海外，中华民族的精神也随之传播到世界各地。海外的许多城市都建有唐人街（见图6-6），走进唐人街，中国红、中国式建筑牌坊、中国字等中国元素迎面扑眼而来。这些中国元素都是中华文化的组成部分。

图6-6 美国西雅图唐人街的"中华门"牌坊

美国匹兹堡大学（University of Pittsburgh）有一座地标建筑，名叫Cathedral of Learning（译为"学习殿堂""学习大教堂"等）。这座大厦里有20多间按照各个国家、各个民族的不同风格装修的教室。中国教室的主色调是红色，门框为花岗岩石制成，门楣匾额是石雕"虚心实德"（典出《肇论新疏游刃》），门柱石雕是中国民间风格的"喜上眉梢"（喜鹊、梅花图案），石狮门墩立于两侧。教室里面雕梁画栋，正面立有孔子像，石质浮雕（见图6-7）。教室的天花板，是中国式的覆斗藻井天顶,悬挂宫灯。四周横梁以蓝色为底,用楷书字体书写了神农、黄帝、唐尧、虞舜、夏禹、伊尹、周公、老聃、孟轲、墨翟、司马迁、诸葛亮、关羽、陶潜、花木兰,这些中国英雄圣贤的名字和故事已经成为海内外华夏儿女记忆和感情的纽带。

图6-7 匹兹堡大学学习大教堂中国教室孔子像

图6-8 匹兹堡大学学习大教堂中国教室横梁文字

二、传承红色基因,增强中华民族凝聚力

在庆祝中国共产党成立 100 周年大会上,习近平总书记讲道:"为了实现中华民族伟大复兴,中国共产党团结带领中国人民,浴血奋战、百折不挠,创造了新民主主义革命的伟大成就。……为了实现中华民族伟大复兴,中国共产党团结带领中国人民,自力更生、发愤图强,创造了社会主义革命和建设的伟大成就。解放思想、锐意进取,创造了改革开放和社会主义现代化建设的伟大成就。……为了实现中华民族伟大复兴,中国共产党团结带领中国人民,自信自强、守正创新,统揽伟大斗争、伟大工程、伟大事业、伟大梦想,创造了新时代中国特色社会主义的伟大成就。……中国共产党和中国人民以英勇顽强的奋斗向世界庄严宣告,中华民族迎来了从站起来、富起来到强起来的伟大飞跃,实现中华民族伟大复兴进入了不可逆转的历史进程!"[1]中国共产党领导中国人民为实现民族复兴的百年奋斗,锻造了中华民族的红色基因。

一百年来,中国共产党人为真理、为解放、为独立、为复兴,艰难求索、赴汤蹈火、舍生取义、不惧牺牲。留下了可歌可泣、气壮山河的英雄史诗,凝聚起亿万人民为民族解放和中华崛起的磅礴力量。中国的红船精神、井冈山精神、长征精神、延安精神、西柏坡精神、抗美援朝精神、"两弹一星"精神为代表的革命精神是中华民族精神层面上的具体表现形式,已深深融入中华民族的血脉和灵魂。历史是最好的教科书,通过开展多种形式的党史、新中国史、改革开放史、社会主义发展史教育和爱国主义、集体主义、社会主义教育,弘扬党和人民在各个历史时期奋斗中形成的伟大精神,不断铸牢中华民族共同体意识,增强中华民族凝聚力,实现中华民族的美美与共。

学习思考题

1. 为新时代的大学生,我们可以为各族人民"同心共筑中国梦"的民族团结事业做些什么?

2. 结合个人的经历和体会,谈谈我们在中华民族凝聚力方面能做哪些贡献?

3. 结合族源传说,谈谈历史故事在国家记忆传承中有哪些作用表现?

---

[1] 习近平.在庆祝中国共产党成立 100 周年大会上的讲话(2021 年 7 月 1 日)[N].人民日报,2021-07-02(2).

4. 阅读《华夏边缘》，结合具体族源传说，谈谈少数民族是如何与华夏建立根脉关联的？

参考文献

1. 柏杨.中国人史纲[M].杭州：浙江文艺出版社,2020.
2. 戴逸.中国民族边疆史简论[M].北京：民族出版社,2006.
3. 费孝通.中华民族多元一体格局(修订本)[M].北京：中央民族大学出版社,1999.
4. 高强.炎黄文化与中华民族凝聚力[M].北京：人民出版社,2019.
5. 石家齐、王子顺、龙明林.始祖蚩尤[M].张家界：张家界湘龙报业印务有限公司,2009.
6. 王明珂.华夏边缘——历史记忆与族群认同[M].上海：上海人民出版社,2020.
7. 徐杰舜.中华民族史记(全6卷)[M].福州：福建教育出版社,2014.
8. 袁珂.中国神话传说：从盘古到秦始皇[M].北京：北京联合出版公司,2016.

第七章 风华国乐：华夏音乐与中国记忆

一个国家有一个国家的音乐，一个时代有一个时代的主旋律。音乐可以承载国家民族记忆，也是一个时代国家民族精神象征和典型记忆。无论是在个体记忆还是在集体记忆中，音乐都扮演着重要的角色。一方面，音乐本身就是承载记忆的重要媒介。无数传说、故事都通过音乐的各种形式流传，许多人物、事件都依赖音乐被后世铭记。另一方面，音乐又可以帮助记忆、唤起记忆。当一些熟悉的旋律响起，深埋在记忆深处的某些场景就会浮出水面。靠着听觉这种感官体验与情感之间的密切联系，音乐成为了构建熟悉事物"在场"感的重要机制。音乐与文学、美术、建筑等各类记忆载体之间的密切关系，也让音乐成为了人类集体记忆中不可或缺的一部分。中国音乐历史源远流长，音乐文化博大精深，记录、反映着朝代的兴衰更替、百姓的喜怒哀愁、民族的交流融合。今天，在日新月异的中国大地上，传统音乐正焕发新的生机，新的音乐形式也在源源不断的产生。一个新时代的旋律正在生成，我们每一个人都有记住、唱响"风华国乐"的责任。

第一节 华夏音乐与中国记忆概述

一、中国音乐发展简介

中国音乐的历史形态，黄翔鹏先生曾提出一个著名论断："历史上经历过以钟磬乐为代表的先秦乐舞阶段，以歌舞大曲为代表的中古伎乐阶段，以戏曲音乐为代表的近世俗乐阶段。产生这种变化的历史背景，就在于社会生活因经济的、政治的原因而发生的剧烈变革。"[①]这个判断完全符合唯物主义辩证史观，音乐

---

① 黄翔鹏.传统是一条河流[M].北京：人民音乐出版社,1990：115—116.

作为上层建筑,受到它所在时代的经济基础的影响。因此一种音乐类型的出现与流行,与它所处的时代有着密切的关系。下面,我们就依照黄翔鹏先生的时代划分,再加上近现代音乐,简单介绍我国音乐的历史与类型。

(一)上古音乐

上古时期包括原始社会时期,以及夏、商、周三朝。原始社会的音乐有原始乐舞和原始乐器构成。原始乐舞的概念是指歌、舞、乐"三位一体"的艺术形式,这是我国音乐的早期形态。"乐舞"是后世出现的名词,先秦时期称作"乐"。《乐记·乐本篇》载:"比音而乐之,及干、戚、羽、旄,谓之乐"①,是说将不同音高的乐音组成旋律进行唱奏,同时手持盾牌、斧头、野鸡毛、牛尾巴等舞具跳舞,这才能称之为"乐"。这是由于原始社会的生产力水平比较低下,艺术上较为粗拙简单,歌、舞、乐三者之间存在着相当程度相互依赖性的缘故。因此,歌唱、舞蹈、奏乐源于同一母体的艺术表演形式称为"乐舞"。② 原始乐舞主要反映了当时"万物有灵"、自然崇拜的观念。比如著名的黄帝部落的乐舞《云门》就表现了对于云图腾的崇拜。原始社会的乐器则以打击类乐器和吹管类乐器为主,出土的乐器包括:石磬、陶钟、鼓、骨笛、骨哨等等。

夏商乐舞之形态和原始乐舞一脉相传,形式上未见很大变化;内容上则鲜明地反映了进入阶级社会后乐舞作品文化性质的重大演变。夏代的《大夏》和商代的《大濩》都是以"人"为歌颂对象,体现着统治者的意志,这是原始乐舞中见所未见的。由"颂神"转向"颂人",是夏商乐舞的时代特色。当然,夏商乐舞依然没有摆脱敬神意识的制约。铜制乐器出现,乐器造型精美,辅以纹样是这个时期乐器的一大特点。

到了周朝,我国音乐发展迎来了一个非常重要的时期,礼乐制度的建立,确定了一套以礼仪和音乐为核心的等级制度。由于音乐在这个时期的重要地位,专门负责音乐的国家机关——大司乐,音乐理论——三分损益,乐器分类——金、石、土、革、丝、木、匏、竹以及各个学派关于音乐的思想都在这个时期得到了长足的发展。《诗经》《楚辞》这样与音乐有关的伟大作品编纂成册并流传至今。然而,这也是一个音乐发生剧变的时代。春秋时期,礼崩乐坏。战国时期的诸侯宫廷之中就已经出现了"郑卫之音"压过"雅乐"的势头。我们现在不仅仅知道像

---

① 戴圣.礼记[M].上海:上海古籍出版社,2016:424.
② 刘再生.中国音乐史简明教程[M].上海:上海音乐学院出版社,2006:8.

师旷、师襄这样在当时非常著名的宫廷音乐家,也知道韩娥这样的民间歌唱家。这些都表明当时的音乐已经开始出现丰富多元并且相互融合的情况。

(二)中古音乐

中古时期包括秦、汉、魏、晋、南北朝、隋和唐,是一个以歌舞伎乐为主流的音乐时代。秦开启了我国大一统的局面,虽然统治时间只有短短15年,留下来的音乐资料并不多,但是它在文字、货币、度量衡等规范化的政策都对音乐产生了影响。《史记·秦始皇本纪》载:"秦每破诸侯,写放其官室,作之咸阳北阪上,……所得诸侯美人钟鼓,以充入之。"说明秦朝是六国音乐的集大成者,这种辉煌的文化成果的取得并非单纯出于胜利者掠夺的结果,而是有着善于吸收各国文化的传统基础。① 1976年,秦始皇陵出土了一件刻有"乐府"字样的"钮钟",证明了秦朝就已经设立了"乐府"作为专门收集民间音乐的机构(见图7-1)。

图7-1 秦乐府钟
资料来源:秦始皇陵博物院网站(http://www.bmy.com.cn/html/public/zl/jbcl/8b0a7b7581c94d33b810ed9b161ce074.html)。

到了汉朝,特别是西汉文景之世(公元前179—公元前141)与汉武帝时期(公元前140—公元前87)接连出现了两个科学文化发展的高峰,音乐文化的发展也相应进入了中古伎乐的新的历史时期。由于汉朝皇室出身于江淮流域的平民阶层,对民间音乐偏爱,宫廷音乐大量吸收了民间音乐的元素;同时,民间音乐也得到了很大的发展。西汉时期乐府发展十分兴旺,规模曾达到1 000余人,各类乐人分工精细。

到了隋唐,特别是唐朝,中国封建社会进入了最为强盛的时代,音乐也进入辉煌时期。强盛的国家、和睦的民族、繁荣的经济使得唐朝在诗歌、建筑、音乐、绘画、服饰、器皿制作等艺术相关领域取得了全面的突破。特别是宫廷燕乐得到了高度的发展,"七部乐""九部乐""十部乐"和"坐部伎""立部伎"的建立标志着隋唐音乐的最高成就,在中国历代宫廷音乐中具有登峰造极的划时代意义。值得一提的是,随着丝绸之路的开通,中原地区与西域文明不断的交

---

① 刘再生.中国古代音乐史简述[M].北京:人民音乐出版社,1989:119.

流融合，西域地区少数民族音乐与佛教音乐的传入，极大地丰富了我国音乐的形式与内容，这也是音乐能够在唐朝达到高峰的一个重要原因。唐朝的歌舞音乐的形式极其丰富多样，有歌舞大曲、健舞、软舞、声诗、曲子、法曲、鼓吹乐、琴歌；各种器乐的独奏形式，如琵琶、五弦、筚篥、古琴、羯鼓、玉笛、筝、笙、箜篌、胡笳等等。

（三）近古音乐

近古主要指的是宋、辽、金、元和明、清。宋朝是我国文化上一个承上启下的时期，在音乐方面同样如此。在隋唐时期兴于民间的"曲子"，到宋代成为了文人群体填词的对象，也让"宋词"这种"文人音乐"成为了这个时期文学的代表。由于宋朝城市经济发达，市民文化繁荣，各种民间艺术异常活跃。民间音乐形式纷纷兴起，在"瓦舍""勾栏"中各显神通，开辟了前所未有的民间音乐时代。宋代说唱音乐形式极其多样，包括：鼓子词、唱赚、诸宫调、货郎儿、陶真、涯词、道情等等。另外，宋代的杂居和南戏开启了我国戏曲音乐的滥觞。至元代，元杂剧高度发展，成为真正之戏曲。而到了明清，音乐继续向着各个民族和地区渗透，各种"小调""小曲"出现，形成了多姿多彩的地方音乐形式。当然，这个时代最重要的音乐突破在于声腔艺术的发展。海盐腔、弋阳腔、余姚腔、昆山腔相继出现，并称为"四大声腔"。而以这些声腔作为表现形式的戏曲迎来了一个传奇时代，得到了上至宫廷下至普通百姓的广泛喜爱。明、清时期，民间器乐艺术异军突起，各类乐器如琵琶、古琴、三弦、唢呐、笛、箫等，名手辈出，源源不绝，演奏水平也有新的突破，这当然也和戏曲艺术的发展有着密不可分的关系。

（四）近现代音乐

封建王朝的终结、新文化运动的兴起、抗日战争与民族解放战争风起云涌、西洋音乐的传入等这些历史、社会和文化因素共同塑造了这一时期的中国音乐，这一时期也诞生了许多脍炙人口、传唱至今的歌曲，可以说是离我们最近、对我们影响最深的一段音乐记忆。20世纪20年代，开始出现专门为工农兵歌唱而创作的歌曲。1923年5月，刊载于北京工人周刊社《京汉工人流血记》中的《奋斗歌》，就有人谱曲传唱。第一次国内革命战争时期，瞿秋白创作《赤潮曲》发表于《新青年》季刊，这首歌也是中国工农革命歌曲创作最早的作品之一。

"九一八"事变后，随着全民抗战的兴起，涌现出大量抗日歌曲和群众歌咏活动，是我国历史上规模最大、历时最长的群众性爱国音乐活动。《大刀进行曲》

《游击队歌》《长城谣》《在太行山上》《到敌人后方去》等各种形式、风格的歌曲大量涌现,抗敌宣传队和各种歌咏团体遍及全国。这其中以冼星海、聂耳等著名音乐家为代表的中国音乐家团体创作了大量传唱度极高的作品,比如《延安颂》《八路军进行曲》《二月里来好风光》《黄河大合唱》《义勇军进行曲》等。

1949年中华人民共和国成立,70多年的筚路蓝缕、开拓创新,国家的经济、文化日新月异,许多经典的音乐作品也随之诞生,成为了共和国记忆中的重要组成。《歌唱祖国》《我的祖国》等表现了普通百姓炙热的爱国之心;《我们工人有力量》《我们的田野》则描绘了新中国成立之初,百废待兴,大家干劲十足,不畏艰难,充满信心的场面;《我的中国心》《冬天里的一把火》《明天会更好》等改革开放以后出现的流行歌曲,则反映了中国人民团结一心、开放包容的全新精神面貌。

二、中国音乐与中国记忆

(一)音乐与记忆

音乐指的是"用有组织的乐音来表达思想感情、反映现实生活的一种艺术"①。音乐与记忆的关系主要体现在两个层面上:第一,音乐记录记忆,许多记忆以音乐的形式流传,流传必然是发生在人际间和代际间的,因此这个层面必然是社会的、集体的;第二,音乐可以帮助或者唤起记忆,这与人类的感官与心理机制有关,多是个人层面的。二者虽然作用的层面不同,但显然是辩证统一的。提出了"集体记忆"这一概念的法国学者莫里斯·哈布瓦赫说过:"关于绝对脱离社会记忆的个人记忆的想法,是几乎没有意义的抽象。"②群体给个人提供了他们在其中定位记忆的框架,记忆是通过一种映射来定位的。同样地,失去了个人层面的记忆,集体记忆一样是抽象的、僵死的,而不是具体的、鲜活的。但是,这种划分对于我们更好地认识音乐与记忆的关系依然是十分有帮助的。

在古希腊传说之中,代表艺术的缪斯(Muse)女神就与记忆关系密切,其中以音乐最为直接。在赫西俄德③的《神谱》中,众神之王宙斯和记忆女神谟涅摩叙涅所生育了9位缪斯,这9位记忆女神的女儿分别司管9种艺术与知识:英雄史诗,历史,抒情诗与音乐,合唱与舞蹈,爱情诗与独唱,悲剧与哀歌,喜剧与牧

---

① 现代汉语大辞典[M].北京:商务印书馆,2016:1561.
② 康纳顿.社会如何记忆[M].上海:上海人民出版社,2000:37.
③ 赫西俄德,古希腊诗人,可能生活在公元前8世纪。

歌、颂歌、修辞学与几何学，天文学与占星学，9位中至少有5位与音乐直接相关。到了公元2世纪，希腊地理学家保萨尼亚斯说一开始只有三位缪斯，为三位一体的老一辈诗歌女神，分别是代表歌唱的阿俄伊得、代表沉思的墨勒忒和代表记忆的谟涅墨。无论是哪个版本的缪斯女神传说，我们都能看出，在作为西方文化源头的古希腊文化中，音乐与记忆之间存在密切的关系。古希腊的大量历史通过史诗形式流传，而史诗早期便是以吟游诗人口中的歌谣广泛流传的。① 据说是记忆术的发明者西蒙尼德斯，正是一位吟游诗人。

在中国，音乐同样很早就承担了记录记忆的功能。我们现在能够看到的最早的中国诗歌总集《诗经》便与音乐关系密切。《墨子·公孟》说："颂诗三百，弦诗三百，歌诗三百，舞诗三百"，意谓《诗》三百余篇，均可诵咏、用乐器演奏、歌唱、伴舞。《史记·孔子世家》又说："三百五篇，孔子皆弦歌之，以求合韶、武、雅、颂之音。"而在先秦历史之中，最能反映音乐记录记忆的文献恐怕要数《左传》中的"季札观周乐"这一篇。吴国公子季札访问鲁国，请观周乐。鲁国乐官每奏一段当时诸侯国的音乐，季札就会想到音乐中所表现的场景。比如在演奏《周南》《召南》时，季札说：美好啊，教化开始奠定基础了，虽然还不算完善，然而百姓已经勤劳而不怨恨了，显然这让他想到了周朝刚刚开始时的样子；再比如演奏《豳风》时，季札又说：美好啊，博大坦荡，欢乐却不放纵，这恐怕是周公东征时的音乐吧。随着音乐的进行，整个周朝的历史和各地风情仿佛出现在季札面前。② 除了这些记录了国家大事的音乐，诗经还有许多记录民间生活的内容，比如《国风·七月》："七月流火，九月授衣""四月秀葽，五月鸣蜩，八月其获，十月陨落""九月筑围圃，十月纳禾稼""二之月凿冰冲冲，三之月纳于凌阳，四之月其蚤，鲜羔祭韭"等时令的描述，表现了丰富多彩的民间民俗生活，也成了我们追忆先人的重要资料。

正是因为与记忆之间这种密切的联系，音乐成为了集体记忆或者社会记忆研究中无法回避的话题。在集体记忆领域有着极其重要影响力的法国记忆研究项目——"记忆之场"中，《马赛曲》毫无争议地成了一个重要的研究对象。③ "记忆之场"项目的主持人皮埃尔·诺拉把那些能够帮助人们从历史中寻找记忆的切入点成为"记忆之场"，由于几乎从人类文明诞生起，音乐就总是出现在重要的

---

① Nagy G. Plato's Rhapsody and Homer's Music：The poetics of the Panathenaic Festival in Classical Athens[EB/OL].[2022-04-23]. https://classical-inquiries.chs.harvard.edu/platos-rhapsody-and-homers-music-the-poetics-of-the-panathenaic-festival-in-classical-athens/.
② 杨伯峻.春秋左传注[M].北京：中华书局,1990：1161—1165.
③ 诺拉.记忆之场[M].南京：南京大学出版社,2015：139—197.

仪式、重大的场合以及重要的事件之中，它无疑成为了我们唤起集体记忆的重要方式。而在社会层面，一个时代总有一个时代的"流行音乐"，研究流行音乐与社会记忆之间的关系成为了这个领域的热点①。中国的音乐历史绵延数千年，形成了非常有特色的音乐文化。许多中国人耳熟能详的歌曲都和中国记忆相关联，许多经典音乐代代相传，经久不衰，它们也成了我们中国记忆至关重要的组成部分②。

（二）中国音乐与中国记忆

中国音乐与中国记忆之间既能体现上述音乐和记忆关系的所有内容，又包涵着自己的特征，这些特征是由中国独有的语言、文化和历史造成的。首先，研究表明音乐家具有更好的工作记忆，而使用声调语言（tonal languages）作为母语的音乐家更是如此。③ 所谓声调语言指的就是依声调之相异而表现出不同语义的语言类型，汉语正是这种语言的典型代表。④ 换句话说，中国人天生说话就带有一点音乐性。我国很早就已经有了"四声"——平、上、去、入——的说法。这个概念始于南朝士子周颙、沈约等，《梁书·沈约传》记载沈约写了一本《四声谱》，专门讨论此问题。到了近代，掌握了现代语言学理论的著名语言学家赵元任在20世纪20年代提出了"五度标记法"为语言标注音调。⑤ 这些研究都表明了，以声调语言为母语的中华民族，音乐和语言、记忆之间的联系要比那些以非声调语言为母语的民族更加密切。

其次，听觉在中国文化中有着特殊的文化意涵。西方文化中，视觉往往被认为是感官中最为重要的一种，因为它与思考联系在一起。最明显的证据就是英语中"I see"可以表达"我明白了"的意思。与之相对的，在中国文化中，听觉似乎和人类思想联系的更为紧密。孔子说："朝闻道，夕死可矣"，这里的"道"就需要有以"耳"为部首的"闻"字来获得。上古中国人对听觉的认识，乃表现为对"耳"这个听觉器官的认识。在殷商甲骨文字当中，"圣"（聖）最能体现听觉的重要性。"圣"字本身与"声"同音，可以通假，部首中的"耳"更是反映了它与听觉的关系。

---

① 张武宜.改革开放30年中国流行音乐的集体记忆[C]//"传播与中国·复旦论坛"（2009）——1949—2009：共和国的媒介、媒介中的共和国论文集，2009：246—258.
② Van Dijck J. Record and Hold: Popular Music between Personal and Collective Memory[J]. Critical Studies in Media Communication, 2006, 23(5): 357—374.
③ Jäncke L. Music, Memory and Emotion[J]. Journal of Biology, 2008, 7(6): 1—5.
④ Deutsch D. Speaking in Tones[J]. Scientific American Mind, 2010, 21(3): 36—43.
⑤ Chao Y R. A System of Tone Letters[J]. Le Maître Phonétique, 1930, 30: 24—27.

| 中国记忆

至晚到战国,它就代表各种崇高事物,有"圣贤""圣人""圣上"等称谓,这说明古人把耳聪看作圣明之人的基本品质。在很长一段时间内,中国人的最高追求就是"成圣","圣"字的字体结构充分反映了听觉对于一个人能否成圣是多么的关键。也正是因为如此,影响了后世两千多年的"圣人"孔子非常重视乐教。他教《诗经》,总是配乐而歌,琴不离手,即使说话,也是一边弹琴,边说话。孔子教学的一大特点,就是"弦歌一堂"①。

再次,中国虽然没有古希腊那样专门负责记忆和音乐的神,但并不缺乏与音乐相关的传说,彰显出中国音乐历史的久远。想象力极其丰富的我国著名典籍《山海经》中的《海经·大荒西经》有云:"有芒山。有桂山。有榣山,其上有人,号曰太子长琴。颛顼生老童,老童生祝融,祝融生太子长琴,是处榣山,始作乐风。"身处榣山的祝融之子长琴在这里被视为我国音乐的鼻祖。据《吕氏春秋》记载,作为我国古代音乐高低标准的律,是黄帝的乐官伶伦发明。他根据山中凤凰的叫声创制了律吕,反映出我国上古文化中音乐与自然之间密切的联系。虽然这些传说并无确凿的证据,但都能体现我国音乐文化之悠久。

最后,由于中国历史中的许多重要场景都与音乐相伴,可以让我们清晰地看到历史与记忆之间的分野。这样的例子十分常见,这里仅举几个例子说明。"荆轲刺秦"的故事想必大家一定不陌生,由于荆轲只身反抗暴秦,在汉朝,他就被塑造成了英雄的形象。论历史,这是战败国的一次失败的刺杀计划;但论记忆,我们每一个人记住的都是荆轲大无畏的精神。在这段记忆中,正是一位音乐家——高渐离和一首《易水歌》把这段记忆推向了高潮,让荆轲的英雄形象得到了最鲜活的彰显。荆轲在燕国临行时,高渐离与太子丹送之于易水河畔,高渐离击筑②,荆轲和之而高歌"风萧萧兮易水寒,壮士一去兮不复还"。后世所有提到荆轲的文献几乎都无法忽视这首歌的存在,而高渐离在荆轲失败后,入秦宫再次在演奏音乐时尝试刺秦,又为这个故事增添了余韵。没过多久,秦末的楚汉之争又为我们提供了理解音乐与记忆的绝佳案例。故事的两位主角——项羽、刘邦似乎都对音乐情有独钟。刘邦夺得天下后,返回沛县,在家乡父老面前曾高歌一曲《大风歌》:"大风起兮云飞扬。威加海内兮归故乡。安得猛士兮守四方!"但是楚汉之争的高潮还是在两军交战的最后时刻,项羽兵败被困、英雄末路之时。"十面埋伏""四面楚歌""霸王别姬"这些出自这个事件的成语都和音乐有关系,

---

① 《庄子·渔父》:"孔子游乎缁帷之林,休坐乎杏坛之上。弟子读书,孔子弦歌鼓琴……"庄子[M]. 北京:中华书局,2010:537.
② 筑是古代的一种击弦乐器,颈细肩圆,中空,十三弦。

"十面埋伏"与音乐的关系主要源自后世创作的琵琶曲,而"四面楚歌""霸王别姬"都是描绘事件发生当时的音乐场景。项羽自知无力回天,面对陪伴在自己的身边的美人虞姬和宝马乌骓,做出千古绝唱《垓下歌》:"力拔山兮气盖世。时不利兮骓不逝。骓不逝兮可奈何!虞兮虞兮奈若何!"四面楚歌和项羽的独唱形成的复调把悲壮的气氛一下烘托到了极致。这一瞬间,中国人关于悲情英雄的浪漫主义想象仿佛全部寄托在了项羽一个人身上。正因为这首《垓下歌》,他悲剧性的英雄形象升华了,他变成了一个艺术的符号,进入美学的层面。而他的对手刘邦虽然夺得了天下,虽然也唱了一首歌,但是却基本停留在了成王败寇的政治层面。项羽的这首歌在后世不断的引起共鸣和回响,宋朝女词人李清照为了抨击南宋王朝偏安一隅,写下"生当做人杰,死亦为鬼雄。至今思项羽,不肯过江东。"而到了现代,毛主席的"宜将剩勇追穷寇,不可沽名学霸王。天若有情天亦老,人间正道是沧桑"虽然以项羽为反面教材,但是我们不禁要问,在渡江战役取得胜利之时,毛主席为何会记起项羽?原来在1949年4月份,他在北京看了一场梅兰芳先生的京剧《霸王别姬》。他看得很感慨,都有点眼眶湿润,结束以后对身边的秘书和警卫员说,你们千万不要学项羽,我也不学。① 一场楚汉之争,可以被视为一场战争史或者一场政治史、一次朝代更迭史。然而,有人被记忆为了雄才大略的政治家,有人被记忆为足智多谋的军事家,有人则被记忆为了豪情万丈的英雄。而由于项羽在敌人合唱中的这段独唱,这场战争在我们的记忆中更多的变成了一段以悲剧英雄为主角的史诗。

第二节 宫廷音乐与帝国雄风

礼乐制度与宗法制度一起,构成整个中国古代的社会制度,对后世的政治、文化、艺术和思想影响巨大。礼乐制度分礼和乐两个部分。"礼"的部分主要从形式上规范什么是正确的外向社会举止,包括每个身份的人应当履行何种礼仪和义务,最终形成等级制度(见第五章)。而"乐"的部分主要从情感上聚合统治范围内的社会心理方向,通过制定典范的诗歌曲目和举行集体奏乐等活动方式缔造统一和谐的社会氛围。"礼乐"中"乐"的部分主要以皇室和贵族作为主体进行实践,因此也就成为了宫廷音乐的主要来源。而随着历史的发展,礼乐所对应

---

① 曹应旺."不可沽名学霸王":毛泽东点评项羽、刘邦[J].党史博览,2016(12):4—8.

的社会等级与关系出现变化,礼乐也就没有了生存的土壤,也就造成了所谓的"礼崩乐坏"。本身以雅乐为主的宫廷音乐开始分化,雅乐仍然承担着重要的仪式功能,但是内容和形式僵化并且很难保存;而起到娱乐功能的宫廷燕乐反而在与民间音乐的融合中逐渐发展,并在隋唐到达了高潮。正是这种音乐与时代之间的对应关系,使得我们可以通过音乐追忆古老而悠久的中华文明,一窥当年的"帝国雄风"。

一、礼乐制度

礼乐制度(此处偏"乐")简单来说就是对于何种场合使用何种音乐,各个等级的贵族可以使用什么规格的音乐都做出了明确的规定。

《礼记·仲尼燕居》篇有言:"子曰:'郊社之义,所以仁鬼神也;尝禘之礼,所以仁昭穆也;馈奠之礼,所以仁死丧也;射乡之礼,所以仁乡党也;食飨之礼,所以仁宾客也。'"这其中提到了五种礼,除了死丧之礼不使用音乐外,其他四类全部需要使用专门的音乐。

祭祀音乐是周朝礼乐中规格最高,最重要的。祭天曰"郊",祭地曰"社";享宗庙,春曰"禘",秋曰"尝";天地宗庙以外,山川社稷等,也是祭祀的次要对象。关于祭祀所用的音乐,在《周礼·春官》中可见一斑。

> 大司乐:掌成均之法,以治建国之学政,而合国之子弟焉。凡有道者、有德者,使教焉;死则以为乐祖,祭于瞽宗。以乐德教国子:中和、只庸、孝友。以乐语教国子:兴道、讽诵、言语。以乐舞教国子舞《云门》《大卷》《大咸》《大韶》《大夏》《大濩》《大武》。以六律、六同、五声、八音、六舞大合乐,以致鬼神示,以和邦国,以谐万民,以安宾客,以说远人,以作动物。
>
> 乃分乐而序之,以祭,以享,以祀。乃奏黄钟,歌大吕,舞《云门》,以祀天神。乃奏大蔟,歌应钟,舞《咸池》,以祭地示。乃奏姑洗,歌南吕,舞《大韶》,以祀四望。乃奏蕤宾,歌函钟,舞《大夏》,以祭山川。乃奏夷则,歌小吕,舞《大濩》,以享先妣。乃奏无射,歌夹钟,舞《大武》,以享先祖。凡六乐者,文之以五声,播之以八音。凡六乐者,一变而致羽物及川泽之示,再变而致裸物及山林之示,三变而致鳞物及丘陵之示,四变而致毛物及坟衍之示,五变而致介物及土示,六变而致象物及天神。①

---

① 周礼注疏[M].北京:北京大学出版社,1999:573—595.

上段文字中提到的乐舞中,最有名的就是《云门》《大卷》《大咸》《大韶》《大夏》《大濩》《大武》几段,它们也被称为六代乐舞,亦称作六乐或者六舞。其中,最古老的是黄帝时代的乐舞《云门》《大卷》和尧时代的《咸池》,这两部乐舞只停留在传说状态,在春秋及其后都没有表演它们的信息。之后,有舜时代的《箫韶》(又称《韶》《大韶》),夏时代的《大夏》(《夏》),商时代的《大濩》(又称《韶濩》)以及周时代的《大武》,流传到东周时期还能表演。

从周朝礼乐的分类中我们已经可以明显地看出,宫廷音乐被分成了两个部分:一部分是用于祭祀的,也就是所谓的吉礼,是服务于天人沟通的;而另一部分则用于一些庆典和娱乐活动,包括宾礼、军礼和嘉礼,主要服务于人际沟通。两者都要受到礼的限制,都属于雅乐,但是后者明显具有较高的灵活性和娱乐性。据学者研究,吉礼中使用的音乐一般都是六代乐舞,而嘉礼中使用的曲目则较为多样,多出于《诗经》中"风""雅",来源区域广阔,有着明显的乡乐性质,其内容多与当代世俗生活相关。

二、宫廷音乐

(一) 宫廷雅乐

虽然雅乐的形式随着历史发展不断变化,但它沟通天地人的文化属性仍在,动天地、感鬼神、格祖考、谐邦国的社会功能犹存,凡是重视正统的王朝都有恢复雅乐的实践。

先秦的雅乐,由于长期战乱和秦始皇"焚书坑儒"等原因,至汉初已严重失传。"汉兴,乐家有制氏,以雅乐声律世世在大乐官,但能纪其铿锵鼓舞,而不能言其义。"[1]汉高祖七年(公元前 200 年),儒者叔孙通欲制定朝仪礼乐,对刘邦说:"臣愿颇采古礼与秦仪杂就之。"十月,长乐宫建成后,诸侯群臣朝贺,"竟朝置酒,无敢欢譁失礼者"。小官吏出身的刘邦兴奋地说:"吾乃今日知为皇帝之贵也。"[2]至汉景帝时,汉代的雅乐又掺杂进了民间音乐。"今汉郊庙诗歌,未有祖宗之事,八音调均,又不协于钟律,而内有掖庭材人,外有上林乐府,皆以郑声施于朝廷。"[3]可见,先秦雅乐至汉代大体上失去了其本来的音乐面目,只是大体保留了"雅乐"的躯壳与形式。[4]

---

[1] 班固.汉书[M].北京:中华书局,1962:1043.
[2] 司马迁.史记[M].北京:中华书局,2011:2723.
[3] 班固.汉书[M].北京:中华书局,1962:1070.
[4] 刘再生.中国音乐史简明教程[M].上海:上海音乐学院出版社,2006:41.

中国记忆

　　至东汉末年,战乱纷纷,雅乐在桓灵二帝以后已经丧失。曹操找到了精通雅乐的杜夔,意图恢复雅乐。杜夔深通音律,聪明过人,丝竹乐器无所不能。在给曹操创制雅乐时,"远考诸经,近采故事",精心研究,并制造乐器,恢复钟、磬等古乐器。在当时动乱的社会中,传统的乐律和乐曲皆已失传,杜夔依照当时的尺度,暂时完备乐律制度,并传授了四首传统的雅乐歌曲:《鹿鸣》《驺虞》《伐檀》和《文王》。但是由于长时间的战乱,这些雅乐未能流传。

　　唐朝雅乐较为开放,唐初制定雅乐时,太常少卿祖孝孙奏道:"陈、梁旧乐,杂用吴、楚之音;周、齐旧乐,多涉胡戎之伎。于是斟酌南北,考以古音,作为大唐雅乐,以十二律各顺其月,旋相为宫。按《礼记》云:'大乐与天地同和',故制《十二和》之乐,合三十一曲,八十四调。"①反映了唐代统治者对各类音乐不抱偏见的开明作风。当然,唐朝雅乐的水平与其燕乐有着天壤之别。

　　从宋元开始,中国音乐就进入所谓民间音乐的时代,宫廷雅乐进一步式微。其形式虽然存在,但内容已无太多亮点。直至明清,雅乐出现了一些复兴的迹象,"中和韶乐"就是其中的代表。②据《明史·乐志》记载,朱元璋希望恢复雅乐的心情十分迫切,但效果却并不理想。虽然他召集了不少通音律的儒者,但是"掌故阙略,欲还古音,其道无由"。不过,在朱元璋的重视之下,明朝的音乐机构和雅乐演奏的规模还是保持了宫廷雅乐应有的派头。比如在冬祀昊天上帝于圜丘时,会依次演奏如下雅乐:

> 迎神,奏《中和之曲》。奠玉帛,奏《肃和之曲》。奉牲,奏《凝和之曲》。初献,奏《寿和之曲》,《武功之舞》。亚献,奏《豫和之曲》,终献,奏《熙和之曲》,俱《文德之舞》。彻豆,奏《雍和之曲》。送神,奏《安和之曲》。望燎,奏《时和之曲》。方丘并同,曲词各异,易望燎日望瘗。太社太稷,易迎神曰《广和》,省奉牲,余并与方丘同,曲词各异。③

　　到了清朝,《中和韶乐》得以保留,继续作为皇家最高规格的雅乐使用(见图7-2)。清之中和韶乐,不仅名称沿用明旧,其全部乐器亦基本上采用明制。

---

① 刘昫.旧唐书[M].北京:中华书局,1975:1041.
② 韶乐,史称舜乐,是汉族传统宫廷音乐。起源于5 000多年前,为上古舜帝之乐,是一种集诗、乐、舞为一体的综合古典艺术。《竹书纪年》载:"有虞氏舜作《大韶》之乐。"《吕氏春秋·古乐篇》同载:"帝舜乃命质修《九招》《六列》《六英》以明帝德。"由此可知,舜作《韶》主要是用以歌颂示范为帝的德行。此后,夏、商、周三代帝王均把《韶》作为国家大典用乐,后演化为"中和韶乐"。
③ 张廷玉,等.明史(第五册)[M].北京:中华书局,2013:1501.

所不同者,只是明代无镈钟、特磬,其余个别乐器仅为名称和数量的差异,清初一直沿用。直到乾隆二十四年,因江西得古镈钟十一枚,后乃参照唐宋乐悬,仿制了铜镀金镈钟十二枚,又采和阗玉制特罄十二枚,遂为定制。清代运用《中和韶乐》运用场合为祭祀、朝会、宴飨等三种。首先,作为祭祀用的《中和韶乐》规模最大,兼用文舞、武舞,连歌生、舞生共用204人,歌词中强调皇帝与神明间的关系,间接抬高统治者的地位,造作一套徒具形式的古乐,故祭祀时皇帝出入仪仗也用到卤簿大乐。其次,朝会和宴飨用的《中和韶乐》,不包含歌和舞,乐器种类相同,但件数减少,只用40人,在大殿举行。

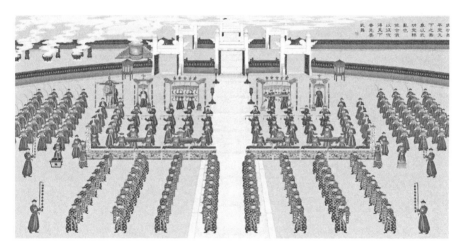

图7-2 清代《中和韶乐》演奏场面
资料来源:贾福林.中和韶乐[M].北京:北京美术摄影出版社,2015:100.

(二)宫廷燕乐

燕乐,又称宴乐、䜩乐,即宴饮之乐。燕乐之名,古已有之。《周礼·春官·钟师》载:"凡祭祀飨食,奏燕乐。"①在周代,郊庙燕射之乐尚无统一名称,此时的燕乐还是雅乐的一部分。至春秋战国,燕乐和雅乐逐渐分道扬镳,各自形成独立的体系。燕乐专指天子及诸侯宴饮宾客时所用的音乐,雅乐则用于庙堂典礼。如前文所述,各个诸侯的宫殿内,注重感官体验的、娱乐性的音乐已经比比皆是。自此,各个朝代都有自己的宫廷燕乐。汉代的宫廷燕乐,史籍中记载较少。《汉

---

① 阮元.十三经注疏[M].北京:中华书局,2009:1729.

书·礼乐志》载:"又有《房中祠乐》,高祖唐山夫人所作也。周有《房中乐》,至秦名曰《寿人》。凡乐,乐其所生,礼不忘本。高祖乐楚声,故'房中乐',皆楚声也。孝惠二年(公元前193年),使乐府令夏侯宽备其箫管,更名《安世乐》。"①这里的房中乐,也是一个源自周代的概念,指的就是用于殿堂,宴享宾客时所用的音乐。

宫廷燕乐的规模和水平与国家的稳定、强大程度有着很大的关系。强盛、统一的隋唐王朝,特别是唐王朝,必须有一套与其繁荣富强相匹配的宫廷燕乐,其规模也达到了空前的高度。而唐朝开放包容的文化政策使得这个时代的各种艺术都有了很大的发展,由此带动的宫廷燕乐水平也成了我国历史上的一个巅峰。

隋朝燕乐是以国名和地名作为名称的,《隋书·音乐志》载:"始,开皇初定令,置七部乐:一曰国伎,二曰清商伎,三曰高丽伎,四曰天竺伎,五曰安国伎,六曰龟兹伎,七曰文康伎。"②隋炀帝在大业年间(605—618年),又增加了"康国""疏勒"两部歌舞,扩充为"九部乐"。从"七部乐"或"九部乐"的名称中我们就不难发现,隋代的宫廷燕乐中有很大一部分来自周边国家或地区,这也反映了一个统一、强大的国家在文化上的繁荣,四夷宾服、万邦来朝的局面在宫廷音乐中体现得淋漓尽致。同时,这一"九部乐"的宫廷音乐制度也为唐朝燕乐走向巅峰打下了基础。

唐朝宫廷燕乐最具代表性的就是李白的名作《清平调》三首,其中第一首前两句"云想衣裳花想容,春风拂槛露华浓"更是千古传诵。《清平调》本身就是唐代大曲名,因此李白这首诗就是为曲填词。从这首诗的描述中我们就不难想象当时唐朝宫殿之中一派歌舞升平的景象。

而唐朝之所以能在音乐上达到如此高度,皆与其统治者在文化上奉行兼收并蓄、开放包容的政策有关系。据《旧唐书·乐志》记载,唐代开国之时制定新乐,其中包括了《玉树后庭花》《伴侣曲》等前朝旧曲。有官员进谏:"前代兴亡,实由于乐。陈将亡也,为《玉树后庭花》。齐将亡也,而为《伴侣曲》,行路闻之,莫不悲泣,所谓亡国之音也。以是观之,盖乐之由也。"杜牧名句:"商女不知亡国恨,隔江犹唱后庭花",说的就是"陈将亡也,为《玉树后庭花》"这段历史。这位大臣认为,这些曲子都有亡国之意,不适合列于乐府之中。然而唐太宗李世民却发表了一段十分深刻、发人深省的意见,他说:"不然,夫音声能感人,自然之道也。故

---

① 班固.汉书[M].北京:中华书局,1962:1043.
② 魏征.隋书[M].北京:中华书局,1973:376—377.

欢者闻之则悦,忧者听之则悲,悲欢之情,在于人心,非由乐也。将亡之政,其民必苦,然苦心所感,故闻之则悲耳,何有乐声哀怨,能使悦者悲乎？今《玉树》《伴侣》之曲,其声具存,朕当为公奏之,知公必不悲矣。"从中可以真切体会出唐朝统治者强大的文化自信。

随着汉族音乐和其他民族音乐不断的融合吸收,唐朝逐渐开始创作出自己具有多种音乐风格的新型乐舞风格,于是宫廷燕乐又形成了"坐部伎"和"立部伎"这两个部分。坐、立部伎共有十四部歌舞。立部伎八曲:《安乐》《太平乐》《破阵乐》《庆善乐》《大定乐》《上元乐》《圣寿乐》《光圣乐》;坐部伎六曲:《燕乐》《长寿乐》《天授乐》《鸟歌万岁乐》《龙池乐》《小破阵乐》。这些歌舞的制成年代大都在太宗、高宗、武后、玄宗四朝,正是唐朝国力最强盛的时期,内容以歌颂统治阶级的功德、盛世为主。① 其中,立部伎的规模较大,用于大型的活动场合,表演人数较多,最少64人,最多可达180人,特点是场面恢宏、气势磅礴;坐部伎相对精简,少至3人,多至12人,特点是轻敲缓击、幽雅细腻。安史之乱之后,唐朝国力走向衰落,立、坐部伎也日渐式微。隋唐之后,中国音乐就进入了民间音乐的时代,宫廷中的燕乐与民间俗乐越来越接近,宫廷燕乐也就再难现隋唐时期的面貌了。

第三节 民间音乐与民间悲喜

一、先秦两汉的采诗观风制度

唐朝结束之后,我们国家的音乐才进入一个民间音乐的时代,但这并不意味着之前没有民间音乐。我们知道,《诗经》中的《风》的部分过去就常被认为是从民间歌谣中采风而来。《礼记·王制》曰:"天子五年一巡守……至于岱宗,柴而望祀山川,觐诸侯,问百年者就见之。命大师陈诗,以观民风。"②朱熹《诗集传序》云:"凡《诗》之所谓《风》者,多出于里巷歌谣之作,所谓男女相与咏歌,各言其情者也。"又诠释"国风"之义曰:"国者,诸侯所封之域,而风者,民俗歌谣之诗也。"③不过到了现代,一些学者却认为,风诗中华丽的语句和所描绘的生活不太

---

① 孙继南,周柱铨.中国音乐通史简编[M].济南:山东教育出版社,2012:58.
② 阮元.十三经注疏[M].北京:中华书局,2009:2875.
③ 朱熹.诗集传[M].北京:中华书局,1956:1.

图7-3 楚简《孔子诗论》（现藏于上海博物馆）

可能来自民间。① 直到《孔子诗论》《采风曲目》这样的出土简牍现世，我们才基本确认了，先秦确实存在采诗观风的制度，而民间也确实存在歌谣一类的民间音乐（见图7-3）。②《孔子诗论》中写道："邦风，其纳物也溥，观人俗焉，大敛材焉。"③由于音乐忠实地反映了当时劳动人民的实际生活和真情实感，因此通过民间音乐了解风土人情和地方治理状况成为了当时统治者非常重视的一种制度，成为民间记忆传承的制度。

采风制度到了秦汉得到了保留，并设置了专门的机构负责采集，这个机构就是乐府。到了西汉，乐府不仅仅是简单的民间音乐采集机构，并且对这些民间音乐进行改编、表演，将它们上升到了艺术的层面。西汉乐府对于民间音乐的采集，也推动了民间音乐的发展。在民间出现不少超越歌谣的音乐类型，比如鼓吹曲、短箫铙歌、横吹曲、相和歌等，其中以相和歌最有代表性。

相和歌是汉代汉族各种民间歌曲的总称。它包括清唱的"徒歌"，一人唱、三人和的"但歌"和"丝竹更相和，执节者歌"的"相和歌"。三者之间的区别在于艺术加工程度之不同。相和歌常用的乐器有节、笙、笛、琴、瑟、琵琶（即阮）、筝七种，均为古老的汉族乐器。现在很多儿童都会背诵的汉代民歌《江南》就是一首相和歌：

江南可采莲，莲叶何田田！
鱼戏莲叶间。
鱼戏莲叶东，鱼戏莲叶西。
鱼戏莲叶南，鱼戏莲叶北。

它被认为是相和歌的正声，为传世五言乐府之最古者。④

---

① 扬之水.诗经别裁[M].南昌：江西教育出版社，2000：3.
② 胡宁.从新出史料看先秦"采诗观风"制度[J].上海大学学报（社会科学版），2017，34(6)：79—93.
③ 季旭昇.《上海博物馆藏战国楚竹书（一）》读本[M].北京：北京大学出版社，2009：15.
④ 刘再生.中国音乐史简明教程[M].上海：上海音乐学院出版社，2006：44.

二、清商乐与西曲

南北朝时期的清商乐,正是承袭了汉相和歌的传统,并且囊括了南北汉族的各种民间音乐,成为了当时民间音乐的总称。据《魏书·乐志》记载,清商乐包括了"中原旧曲"(即相和歌)"江南吴歌""荆楚西声"三种成分。① 其中"吴歌"指的就是江苏一带的民歌,以《子夜歌》最为著名,比如"子夜四时歌七十五首"中描绘春天的一首:

> 杜鹃竹里鸣,梅花落满道。燕女游春月,罗裳曳芳草。

近1500年前人们春游的场景就通过这一样一首民歌生动地呈现在了我们的面前。"吴歌"的风格细腻,内容中以爱情为主。后世对其评价甚高,比如鲁迅曾说:"如《子夜歌》之流,会给旧文学一种新力量。"②

而"西曲"指的则是湖北一代民歌,所收主要产生于长江中游和汉水两岸,以江陵为中心地区,包括其周围一些城市的南朝民歌,现存歌词约一百四十首。西曲名篇包括《乌夜啼》《莫愁乐》《估客乐》《那呵滩》等,内容大都描写商贾的水上生涯和商妇的送别怀念之情,乃是长江流域商业繁盛的产物。

三、多民族融合的民间舞乐

隋唐年间,发达的宫廷燕乐不能掩盖当时民间音乐的发展。应该说,正是由于音乐参与到了社会各阶层、各民族的生活中去,才有了隋唐音乐的成就。并且宫廷燕乐对于民间音乐也有直接的影响。比如唐代诗人白居易的名篇《琵琶行》中有一句:

> 轻拢慢捻抹复挑,初为《霓裳》后《六幺》。

这里的《霓裳》就是著名的《霓裳羽衣曲》,相传为唐玄宗创作或者改编,显然是一首出自宫廷的舞曲。但是《琵琶行》发生的场景并非宫廷而是浔阳江头,可见宫廷音乐可能通过教坊艺人的流动而流传至民间。关于《霓裳羽衣曲》,酷爱音乐的白居易专门有诗《霓裳羽衣歌》描述该曲表演时的场景,为我们提供了生

---

① 魏收.魏书[M].北京:中华书局,1974:2825—2848.
② 鲁迅.鲁迅全集(第6卷)[M].北京:人民文学出版社,2005:102.

动而宝贵的材料。诗句中的《六幺》同样是一首著名的舞曲,名画《韩熙载夜宴图》中就有著名舞蹈家王屋山表演《六幺》的画面。

与当时的宫廷燕乐一样,隋唐民间音乐也受到了西域音乐的影响,再加上积累已久的汉族民间音乐,两相融合,产生了许多流行的曲调。民间歌手、乐工、诗人利用这些现成的曲调进行填词,就产生了所谓"曲子"的长短句歌曲。隋唐时期的很多民间音乐都是通过诗人的作品的流传了下来。比如隋代名曲《杨柳枝》,在白居易、刘禹锡二人的改编、唱和之下就留下不少名篇。

四、说唱音乐

敦煌文献中和民间说唱音乐有关的另一个部分则是变文。变文是唐代佛教寺院用于宗教宣传的一种宗教形式。它把复杂深奥的教义或者语言艰深的典故变成了一种以俗语为主、散韵结合的说唱形式,因此也叫作"俗讲"。后来,人们又利用变文这种形式,把民间故事、传说等世俗性的内容作为题材填入其中,产生了不少与宗教无关、但是寓教于乐的世俗性变文,比如《伍子胥变文》《孟姜女变文》等。这种民间说唱形式深受社会中下层人民的欢迎,韩愈诗歌《华山女》对长安俗讲盛况作了生动描述:"街东街西讲佛经,撞钟吹螺闹宫廷。广张罪恶恣诱胁,听众狎恰排浮萍。"不难看出,我们中国人记忆中的很多经典故事,在唐朝就已经通过"变文"这种形式流传。散韵结合、唱念相间的表演方式也对后世的说唱方式都有影响,宋朝勾栏、瓦舍之中的各种说唱艺术中都能看到"俗讲"的影子。

自宋开始,中国音乐开启了民间音乐的时代,并不是宫廷音乐从此时开始消亡,只是说从宋开始,中国音乐的发展与生命力主要体现在民间音乐上。并且从宋至清,民间音乐的两个发展与记忆的关系格外密切:第一,是具有叙事性的音乐,包括各种说唱音乐、戏曲开始广为流传,成为民间非常流行的娱乐方式;第二,各种民间山歌小调开始受到一些文人的关注,并被编撰成册,为我们了解当时百姓的生活提供了宝贵的资料。

说唱音乐作为一种演唱配合说白的表演方式,在宋代尤为流行。南宋诗人陆游在《小舟游近村舍舟步归》中描绘了这样一个说唱表演的场面:

> 斜阳古道赵家庄,
> 负鼓盲翁正作场。
> 死后是非谁管得,
> 满村听说蔡中郎。

傍晚时分,赵家庄的男女老少围坐在一位背着鼓的盲人老头周围,听他说唱《蔡中郎》的故事。南宋时有一出著名的南戏,叫《赵贞女蔡二郎》,写蔡伯喈"弃亲背妇,为暴雷震死"的剧情,剧本已失传。这位负鼓盲翁表演的正是这个故事。从陆游的这首诗中,我们也可以看到当时的说唱表演并不局限于城市勾栏瓦舍之中,而是深入乡村。而"负鼓盲翁"这个形象也成了一种典型,被后世用来泛指说唱艺人。

我们现在所知道的不少民间故事、历史典故、传说有不少也出现在了说唱表演之中,并通过它们流传下来,比如著名的《西厢记》。《西厢记》的故事最早是来自唐元稹的《莺莺传》,在金章宗时期,董解元改编成《西厢记诸宫调》,又称"董西厢"。这里的"诸宫调"就是宋朝非常流行的一种说唱形式。《西厢记诸宫调》是一部结构庞大、音乐丰富的诸宫调作品,是宋元时期说唱音乐高度成熟的标志。《西厢记诸宫调》是目前所见保存最完整的诸宫调作品,不仅存有全部文字,且有三分之一的乐谱保存在《九宫大成南北词宫谱》中。①

到了明清,说唱又有所发展,特别是北方的说唱艺术,有很多都流传至今。比如说西河大鼓、京韵大鼓这样的鼓书,都是现在仍有艺人表演的艺术形式。西河大鼓起源于河北省中部农村,又名"西河调""河间大鼓"。清道光年间(1821—1850年)的马三峰在"木板大鼓"的基础上,吸收戏曲、民歌曲调,创造出新的声腔,为西河大鼓的唱腔音乐及其表演形式奠定了基础。西河大鼓的传统书目以说唱中、长篇为主,有150余部,小段、书帽370余篇。京韵大鼓则产生于清代末叶,起源于河北中部保定、河间一带。它是"河间调"与"子弟书"②的合流,流行于京津地区。而此时南方说唱艺术的代表则是弹词。弹词的曲种有苏州弹词、扬州弹词、长沙弹词、四明南词、绍兴平湖调等,以苏州弹词影响最大、最富有代表性。"弹词"的伴奏多用琵琶、三弦等弹弦乐器,其名称亦由此而来。演唱形式有一人的"单档"、二人的"双档"和三人的"三档"等区分。弹词的代表曲目包括《白蛇传》《珍珠塔》《再生缘》等等。在识字率很低的时代,很多蕴含着中国文化与民族精神的故事就通过这些说唱艺术活在百姓的记忆中。

五、戏曲

戏曲艺术在我国早有渊源,早在先秦楚国宫廷出现的"优孟衣冠"的表演就

---

① 孙继南,周柱铨.中国音乐通史简编[M].济南:山东教育出版社,2012:90.
② 子弟书指的是乾隆嘉庆年间在八旗子弟中盛行的短篇鼓词。

已经具备了戏曲的元素。南北朝至唐代发展起来的歌舞戏（如《拨头》《踏摇娘》《兰陵王入阵曲》等）和唐代的参军戏，不仅有了故事情节和人物扮演角色，而且有歌唱、舞蹈、说白、化妆、服饰及简单的舞台装置与布景，可以说已经是后代戏剧的雏形。唐玄宗李隆基更是被戏曲界奉为"梨园"始祖。只不过到了宋元时期，随着戏曲这种艺术形式深入社会各个阶层，它逐渐开始挑战歌舞在我国音乐中的统治地位。

戏曲艺术与歌舞艺术真正开始分开在元代，而发展与成熟则在明清。在元代，戏曲表演对于角色的分配，表演的程序已经有了严格的分配。而到了明代，南戏兴起，派生出了许多声腔流派，已经明显将戏曲与歌舞区别开来。特别是戏曲将音乐与叙事完美的融合，不仅使其自身在民间长盛不衰，也让很多经典故事随着戏曲代代相传。比如元杂剧大师关汉卿的《窦娥冤》《望江亭》《单刀会》等剧目，都是至今都会被不断说起的故事。其中《窦娥冤》出自战国邹衍蒙冤的故事，一部元曲将2 000多年前的战国、800年前的元朝和当下联系在了一起，仅从这小小的一个典故就能看出戏曲在传承中华记忆中的作用。除此以外，元代还留下了许多经典的戏曲作品，如王实甫的《西厢记》、马致远的《汉宫秋》（昭君出塞的故事）、白朴的《梧桐雨》（唐玄宗与杨贵妃的故事）、纪君祥的《赵氏孤儿》等等，叙述的都是在我们中华文化中非常具有象征意义而又流传很广的故事。

自明初至清代中叶的三百多年间，南戏传奇取代了日趋衰落的北方杂剧而获得迅速发展，同时由于其流传地区的广泛，促成了多种声腔剧种的形成。海盐腔、弋阳腔、余姚腔、昆山腔，便是流行于江南各地的南曲声腔，号称"四大声腔"。其中昆山腔在魏良辅等戏曲音乐家的改良之下，成为了明中叶至清中叶影响最大的戏曲剧中，经典作品更是层出不穷。《牡丹亭》《长生殿》《桃花扇》《雷峰塔》《玉簪记》至今都是常演的剧目，可见其生命力之强大。清中期，为了给乾隆皇帝贺寿，四大徽班进京，融合了梆子、皮黄、昆曲等多种声腔艺术的京剧开始出现，开启了一个辉煌的京剧时代。在中华世纪坛5 000年文明史甬道雕刻的大事记中，我国第一个京剧科班富连成作为唯一一个戏曲班社被刻录在1904年的历史大事中。京剧今天被誉为"国粹"，可见京剧在中华文明史中的地位，成为中国记忆不可或缺的一部分。

六、民间歌舞

明清时期，尚未有"民歌"的称谓，一般叫做"小曲"或"小唱"。明人卓珂月云："我明诗让唐，词让宋，曲让元，庶几《吴歌》《挂枝儿》《罗江怨》《打枣竿》《银纽丝》之类,为我明一绝耳"①,高度评价了明代民歌的划时代的意义。在这种情况下,许多文人也开始注意到民间歌曲的价值,积极地从事民歌的收集、整理、刊印的工作。尤其是清代刊印的民歌集非常丰富。据杨荫浏《中国古代音乐史稿》一书统计,见于明清著录的小曲中,"出于明人记载的小曲凡 31 曲,出于清人记载的小曲凡 208 曲;除去重复的 20 曲以外,共 219 曲"。这里仅以一首咏月的歌为例子,展示当时民歌的风貌:

> 青天上月儿恰似将奴笑。
> 高不高,低不低,正挂在柳枝梢。
> 明不明,暗不暗,故把奴来照。
> 清光你休笑我,且把自己瞧。
> 缺的日子多来也,团圆的日子少。②

明朝末期,中国的商业已经较为发达,人的流动性也开始增加。很多商人长期在外做生意,而家中的女眷只能独守空房。这首《月》诉说的就是女性对离多聚少的哀怨之情。整首歌词没有任何华丽的辞藻,也没有用古典诗歌中常见的寄相思于明月的表现手法,而是想象了一场与月亮的对话。歌中妇人不再只是自怨自艾,而是大胆地通过埋怨月亮来表达自己的感情。

至于明清时代的民间歌舞,有很多都流传了下来,比如北方的秧歌就是在明清之际达到了自己的巅峰,而南方的代表则有安徽的"凤阳花鼓"。秧歌是中国(主要在北方地区)广泛流传的一种极具群众性和代表性的民间舞蹈的类称,不同地区有不同称谓和风格样式。在民间,对秧歌的称谓分为两种:踩跷表演的称为"高跷秧歌",不踩跷表演的称为"地秧歌"。近代所称的"秧歌"大多指"地秧歌"。

凤阳花鼓又称"花鼓""打花鼓""花鼓小锣""双条鼓"等,是一种集曲艺和歌舞为一体的民间表演艺术,但以曲艺形态的说唱表演最为重要和著名,一般认为形成于明代。凤阳花鼓主要分布于凤阳县燃灯、小溪河等乡镇一带。其曲艺形态的表演形式是由一人或二人自击小鼓和小锣伴奏,边舞边歌。清康熙、乾隆年间,许多文人的诗文记录了凤阳花鼓表演时载歌载舞的热闹场面。清中期以后,

---

① 顾乐真.明代传奇中的山歌小曲[J].上海戏剧,1981(4):55—56.
② 冯梦龙全集 10(挂枝儿)[M].南京:凤凰出版社,2007:84.

舞蹈因素逐渐从民间的凤阳花鼓中淡出,仅剩下唱曲部分,分为"坐唱"和"唱门头"两种形式,长期流行于民间,至今不绝。

第四节　民族音乐与民族团结

中国 55 个少数民族,大部分都有属于自己文化艺术,在他们的生活中,音乐常常起到重要的作用,比如运用在交流、生产劳动、祭祀、娶妻生子等等。清人黄叔璥曾走遍中国台湾地区山区原住民大小部落,记录了 34 首民族歌曲,包括：颂祖歌、祭祀歌、会饮歌、度年歌、捕鹿歌、种稻歌、种姜歌、情歌、贺新婚歌。① 除了与日常生活紧密结合的音乐,我国不少民族都有着自己的史诗作品,其中藏族、柯尔克孜族、蒙古族的民族史诗作品特别具有代表性,并称"三大民族史诗"。这些鸿篇巨制的史诗很多部分都是吟唱出来的,既是少数民族历史记忆的反映、表现和表达,也是少数民族音乐中的瑰宝。

一、三大民族史诗

史诗可以被看作是一部长篇叙事诗,它以高超的风格展现了冒险中地位较高的人物,通过他们与一个中心英雄人物的关系以及对一个国家或种族历史重要事件的发展形成一个有机的整体。英雄一般参加一个周期性的旅行或探险,在旅途中面对试图击败他的对手,并在回家后因其旅行而发生重大转变。史诗中的英雄说明了自己的特点,履行了自己的职责,并体现了史诗发源地社会所重视的某些道德规范。

藏族民间说唱体长篇英雄史诗《格萨尔》、蒙古族英雄史诗《江格尔》和柯尔克孜族传记性史诗《玛纳斯》被并称为中国少数民族的三大英雄史诗,格萨尔、江格尔、玛纳斯都是英雄的名字。这三大史诗本身主要是通过艺人自身的记忆和口头表演代代相传。著名学者叶舒宪认为:"在许多无文字的部落社会,史诗的演唱是神圣仪式的组成部分。这种原生态的仪式功能绝不只是文学的、修辞的或审美的欣赏,而是起到非常重要的文化整合作用。"② 与记录成文字的历史不同,口头传承的史诗经常被拿出来表演,作用于当下,并带有意义和情感。它们

---

① 方芳.番歌考评[J].民族文学研究,2009(2):171—176.
② 李舫.《格萨尔》史诗:抢救一个民族的记忆[N].人民日报,2004-07-09.

帮助聆听史诗的族群找到代表自己的群体符号，使身份群体团结起来，形成一种凝聚力和团结感。因此，史诗也被认为是一个民族活着的记忆。过去民间存在一定数量的史诗手抄本或者描绘史诗中故事的图像，但是直到现代，人们意识到它们存在人亡歌息的风险，才开始了系统性的保护。

（一）《格萨尔》

《格萨尔王传》，简称《格萨尔》，是我国藏族人民创作的一部伟大的英雄史诗，大约产生在古藏族氏族社会开始瓦解，奴隶制国家政权逐渐形成的历史时期，即公元前二、三百年至公元6世纪之间，吐蕃王朝建立之后（公元7世纪初叶至9世纪）得到进一步发展。在吐蕃王朝崩溃，藏族社会处于大动荡，大变革时期，也就是藏族社会由奴隶制向封建农奴制过渡的历史时期（10世纪至12世纪初叶）得到广泛流传并日臻成熟和完善。在11世纪前后，随着佛教在藏族地区的复兴，藏族僧侣开始介入《格萨尔王传》的编纂，收藏和传播。《格萨尔》史诗共有120多部、100多万诗行、2 000多万字，仅从篇幅来看，已远远超过了世界几大著名史诗的总和，代表着古代藏族、蒙古族民间文化与口头叙事传统的最高成就，是研究古代少数民族的社会历史、民族交往、道德观念、民风民俗、民间文化等问题的一部百科全书和珍贵的民族记忆。它通过对主人公格萨尔一生不畏强暴，不怕艰难险阻，以惊人的毅力和神奇的力量征战四方，俘伏妖魔，抑强扶弱，造福人民的英雄业绩的描绘，热情讴歌了正义战胜邪恶，光明战胜黑暗的伟大斗争。2006年5月20日，《格萨尔》经国务院批准列入第一批国家级非物质文化遗产名录，2009年9月《格萨尔》列入联合国教科文组织"人类口头和非物质遗产代表作"名录。

《格萨尔》的演唱部分其实融合了多种流行与民间的音乐形式，比如：高亢悠扬的山歌（藏语叫"那耶""鲁"）、古朴婉转的酒歌（藏语叫"羌谐"）、淳朴无华的说唱（藏语叫"折尕尔"）、深沉厚重的锅庄（藏语叫"卓且"）、幽默诙谐的表演唱（藏语叫"则肉"）、奔放活泼的踢踏（藏语叫"夏卓"）等。在说唱格萨尔故事过程中，为了增强说唱的吸引力，除了在说的文学性方面下足了功夫，在唱的艺术性方面，说唱艺人尽其所能地运用各种民间歌舞艺术表演形式，用山歌、锅庄、踢踏、弦子、劳动号子、寺庙乐舞等的曲调、旋律、节奏、和声及舞蹈动作去描绘格萨尔史诗中的故事情节，这在我国民族音乐中也是一个极其重要的组成部分。

（二）《江格尔》

蒙古族英雄史诗，学界总称"tuul"，在不同地区，有不同的地方性称谓，《江格尔》是其中的代表,其他还包括《格斯尔》以及流传于各地的大、中、小各种形式的史诗。①《江格尔》是由数十部作品组成的一部大型史诗,除一部序诗外,其余各部作品都有一个完整的故事,可以独立成篇。其中,有些作品在故事情节方面有一定的联系,但大多数作品的情节互不连贯,这些作品很难找出它们的先后顺序。贯串整个《江格尔》的是一批共同的正面人物形象。《江格尔》的故事繁多,归纳起来大致有三大类作品,即结义故事、婚姻故事和征战故事,以后一类故事最为常见。

演唱《江格尔》的歌手,蒙古语叫作"江格尔奇"。"江格尔奇"是富有才华的民间艺人,是史诗《江格尔》的保护者、传播者和创作者。按照传统歌手要获得"江格尔奇"称号必须在挑剔的观众面前演唱5部以上《江格尔》。② 不同的江格尔齐,表演江格尔的方式也是不一样的。主要的区别在于弹唱与清唱。一般配合江格尔表演的常见乐器是一种叫托布秀尔的弹拨乐器,但是也有清唱或者配合其他乐器的情况。例如江格尔鄂利扬·奥夫拉及继承人在演唱《江格尔》时不用任何乐器伴奏(甚至连类似俄罗斯民间乐器三角琴的东不拉都不用);有的江格尔奇能用不同的三种乐器(四胡、陶布舒尔琴和马头琴)伴奏来演唱。有时候,江格尔齐表演时还会载歌载舞,这种随着江格尔的律动舞动身体的形式在蒙古语中被称为"伯依勒格"③。

(三)《玛纳斯》

《玛纳斯》是柯尔克孜族的英雄史诗,为全世界第二长的史诗,仅次于藏族史诗《格萨尔王传》,长度超过印度史诗《摩诃婆罗多》。该史诗叙述了柯尔克孜族传说中的英雄和首领玛纳斯及其子孙共八代人领导族人反抗异族(卡尔梅克人)的掠夺与奴役,为争取自由而斗争的故事。全诗共分八部,分别以该部史诗主人公的名字命名,并以玛纳斯的名字作为总名称。《玛纳斯》不只是一部珍贵的文学遗产,而且也是研究柯尔克孜族语言、历史、民俗、宗教等方面的一部百科全书,它不仅具有文学欣赏价值,而且也具有重要的学术研究价值。例如史诗中出现的古老词汇、族名传说、迁徙路线,古代中亚、新疆各民族的分布及其相互关系,大量有关古代柯尔克孜族游牧生活、家庭成员关系、生产工具、武器制造及有关服饰、饮食、居住、婚丧、祭典、娱乐和信仰伊斯兰教前的萨满教习俗等,都是非

---

① 博特乐图,郭晶晶.蒙古族音乐研究百年(五)[J].内蒙古大学艺术学院学报,2015,12(3):74—85.
② 巴图那生,王清.《江格尔传》在和布克赛尔流传情况调查[J].民族文学研究,1984(1):42—54.
③ 莫德格玛.《江格尔》史诗与蒙古舞蹈文化[J].舞蹈,1996(6):21.

常珍贵的民族记忆资料。

《玛纳斯》的叙述方式与其他史诗,包括中亚邻国的史诗所呈现的方式有很大不同。《玛纳斯》是一个综合性的艺术,它的组成部分有:语言、音调、手势动作和模仿,在每一次演唱中都是必不可少的。史诗表演者玛纳斯奇洪亮的歌声、丰富夸张的表情与手势动作再加上优美的曲调,对于观众来说都具有观赏以及悦耳的功能。史诗表演中激烈的斗争场面,以及对那些盛大的婚宴的场面描绘的栩栩如生,会对观众带来视觉以及听觉上的强烈的快感。①

柯尔克孜族人民不分男女老少,不论春夏秋冬,劳动之余,人们总会聚集在一起歌唱史诗《玛纳斯》。柯尔克孜人民无论三五成群的小家庭还是几百上千的大型聚会,无论是婚丧嫁娶,还是节日庆典,只要柯尔克孜人民聚在一起,就肯定少不了歌唱《玛纳斯》。这是柯尔克孜人民的兴趣与爱好,更是柯尔克孜人民的文化与传统,最重要的是,这是柯尔克孜人民的追求与精神寄托。歌唱者们有的正襟危坐,目不斜视;有的跪膝而坐,肃穆庄严;倾听者们注目凝神,耸耳聆听,屏声仰气,戛然无声。②由此我们也可以看到,《玛纳斯》和以上的所有史诗音乐一样都起到了凝聚人心,建构集体记忆,塑造民族身份认同的作用。

二、少数民族歌舞

从上面对于民族史诗的介绍中,我们已经看到,很多民族歌舞其实已经融入史诗的表演中。不过,史诗的表演需要较为专业的表演者,并且配合较为正式的场合。在更加日常生活中,少数民族同样有着多姿多彩的音乐形式,这些音乐一样记录着他们的饮食起居、你来我往和喜怒哀愁。而且,从隋唐开始,我们就看到了大量的少数民族音乐与中原的汉族音乐交流融合,形成了新的音乐形式。因此,我们在少数民族的音乐中也能看到很多民族融合、民族团结的历史。

少数民族的歌舞形式可以说是非常丰富,每个民族都有自己对于歌舞的分类方法。从形式上看,我们大致可以将它们分为三类:鼓舞、跳乐和踏歌。③ 鼓舞,顾名思义就是击打鼓边舞蹈的形式(见图7-4)。鼓舞的表演形式,丰富多样,根据表演的人数可以分为单人、双人、群体鼓舞三类;还可以根据不同的鼓形又可以为猴儿鼓、对跳鼓、四面鼓、团圆鼓鼓舞等四类,花样繁多的表演形式,应对着不同的节庆氛围,精彩纷呈。鼓舞中比较著名的包括朝鲜族的长鼓舞和瑶

---

①② 叶尔垦.新疆柯尔克孜《玛纳斯》表演及其变迁研究[D].新疆师范大学,2016.
③ 魏安石.中国民族音乐与民族舞蹈之间"鱼水"关系的研究[J].大众文艺(理论),2009(17):66.

族的长鼓舞。以瑶族长鼓舞为例,根据我国相关史料记载进行分析,瑶族先民多数情况下是以狩猎为生,在狩猎回来之后,每一次打到猎物,瑶族的先民都会聚集在一个空地上进行庆祝。如果猎物非常地丰厚,在庆祝长鼓舞就要大喊大叫,目的是为了模仿狩猎的动作,并且展现出狩猎的全过程,长鼓舞的诞生由此而来。随着时间的推移,瑶族人民的生活内容越来越丰富,长鼓舞的内容也多了起来,其中有表现播种、收获等不同的动作。① 可见,瑶族的很多民族记忆都通过长鼓舞流传了下来。

图7-4 中华人民共和国成立50周年推出的纪念邮票中的少数民族鼓舞

跳乐,也称作"跳月",是在音乐的配合下,多人一起跳舞的形式,配合跳乐的音乐就叫作"跳乐调"。这种舞蹈以彝族跳乐为代表,配合的主要的乐器是月琴,有时会配合口弦、马布、葫芦笙、胡琴、彝箫、竖笛、唢呐等。"跳乐调"曲目繁多,当地民间老艺人说共有72调,但学者在峨山各彝族村寨收集到的"跳乐调"已经远远超过了以上数目。较有代表性的有《拢总调》《欢乐、欢乐》《两小朵花》《骡子驮棉花》《石榴开花朵朵美》《飘带》《新花大哥哥》《化念坝子有哪样》《希里阳脚》《山茶花》《大麦小麦在一起》《洋烟开花》《正月里来想情哥》《阿哥草地赶马》《阿配白勒克》《阿乖乐》《阿里调》《花腰跳乐》《杂弦调》《赛里罗赛》《上自平》《下自平》等等。②

踏歌即在歌声和乐声中踏着舞步欢跳,是载歌载舞,或歌舞相间,以歌伴舞的形式。由于这种舞蹈非常欢快,适合多人参与,因此也成了促进地方团结的重要形式。尤其是在多民族聚居的地方,踏歌成为了民族团结的重要中介。绘制

---

① 刘玲.瑶族长鼓舞的表演特点和传承文化分析[J].中国民族博览,2021(10):163—165.
② 曾茜,晓伟.彝族民间音乐"跳乐调"[J].民族音乐,2013(1):40—41.

于道教圣地巍宝山的一幅18世纪的壁画——《松下踏歌图》(见图7-5),非常好地反映了这一现象。《巍宝山志》载:"图中所画的踏歌者绝大多数就是当地的彝族群众,一部分半彝半汉的打扮者,很可能是外出做过事或在外地做事回家探亲的彝族人。"① 从图中我们也可以比较容易地看出,代表着多个民族、职业的男男女女都参与到了踏歌中来。《松下踏歌图》既是彝族的踏歌,也是多民族共建的踏歌,可为同一民族共享,也可为不同族属的民众共享,呈现出合作、共享的多主体、多民族的艺术样式,确立为多民族文化对话和多元一体的歌舞知识图谱。②

图7-5 松下踏歌图

资料来源:王玲.云南踏歌图像溯源[J].民族艺术,2015(03):155-161.

第五节 红色经典音乐与红色记忆

清末列强入侵,中华民族面临前所未有的危机,政治、社会、经济和文化都经历着剧变,也正是从这一刻起,中国音乐也开始发生巨大变化,无论是它的形式还是内容都深深地刻上了这个时代的烙印。特别是在中国共产党领导下,在抗

---

① 巍山彝族回族自治县县志委员会办公室.巍宝山志[M].昆明:云南人民出版社,1989:30.
② 薛其龙.多民族交融与中华民族共同体的图像表征:《松下踏歌图》的绘画人类学考察[J].西南民族大学学报(人文社会科学版),2021(12):34—41.

| 中国记忆

日战争、解放战争、社会主义建设、改革开放、新时代中国特色社会主义建设的伟大征程中,形成了一大批红色经典音乐,既是时代的"战歌",也是留给我们的"红色记忆"。

一、中国共产党的成立与《国际歌》

1921年,中国共产党成立。在党成立之初,就产生了大量群众歌曲,发动群众团结革命。这其中的代表作品包括代表性的作品有《五一纪念歌》(1921)、《安源路矿工人俱乐部部歌》(1922),《工农联盟歌》(1922),《京汉罢工歌》(1923),《五色国旗当中飘》,《五卅运动》(1925)、《国民革命歌》、《工农兵联合起来》(1924—1927)、《五一劳动节》、《农会歌》(1926),等等。这一时期的作品有几个特点:首先,它们中有很多都是使用现成的音乐填词,许多曲调源自学堂乐歌、民歌、城市小调和国外革命歌曲,比如《五卅运动》这首歌就是根据《孟姜女》曲调填词的。其次,它们中的很多都真实地反映和记录了当时的革命斗争运动,上述歌曲分别是在"长辛店铁路工人大罢工""安源煤矿大罢工""京汉铁路大罢工""五卅运动""北伐战争""省港大罢工"和"海陆丰农民运动"的历史背景下产生的作品。最后,它们都是在这些革命运动中被唱响的,是运动的有机组成部分,可以说很多革命活动都是伴随着歌声发起和进行的。《五卅运动》《最后的胜利定是我们的》《国民革命歌》等歌曲都在五卅运动中被群众唱响。这些群众歌曲有着鲜明的时代印记,是工农群众在共产党领导下奋起的革命斗争在近代音乐中的历史记录。

在20世纪20年代,还有一首出现在中国的歌曲意义非凡,这就是《国际歌》(见图7-6)。中国共产党并没有规定党歌,但是在从"三大"开始,党的各级代表大会都是在《国际歌》的旋律中闭幕,党的重要会议和重要活动闭幕是同样如此。可以说,《国际歌》在党的百年历程中具有重要的政治象征意义。并且,由于多位革命烈士都不约而同地选择在慷慨就义前高唱《国际歌》,使我们对这首歌曲的记忆更显厚重。

《国际歌》本来是法国革命的产物,它本来是诗人欧仁·鲍狄埃(Eugène Pottier)1887年创作的一首革命诗歌,1888年由法国作曲家皮埃尔·狄盖特(Pierre Degeyter)为其谱曲。歌名中的"国际"指的是当时的"国际工人协会",也就是我们现在所说的"第一国际"。卡尔·马克思是这个组织创始人之一、实际上的领袖。他的政治理念鼓舞了一大批仁人志士参与到革命活动中来,鲍狄埃就是其中之一。当时的第一国际法国支部参加了巴黎公社运动,鲍狄埃通过

第七章 风华国乐：华夏音乐与中国记忆

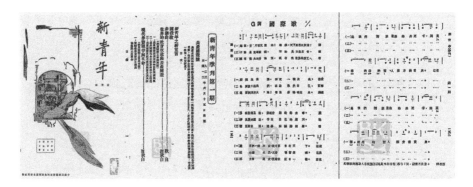

图 7-6 《新青年》季刊第一期中的国际歌①

诗歌，表达了自己寄托在"第一国际"上的、对于未来的期望。1902 年《国际歌》被翻译为了俄文，1918 至 1943 年是苏联国歌，同时也是"俄国社会民主工党（1906 年起）、苏联共产党（1944 年起）和其他共产党、工人党的党歌"。② 而中文版的《国际歌》最早也是由苏联传入我国。

《国际歌》在我国的流传演变其实经历了一个比较复杂过程，产生了多个版本，多位译者对其进行过翻译，其中最为人所知的就是中国共产党早期领导人瞿秋白。1923 年 6 月，中共三大在广州召开，会议期间，瞿秋白中共中央委员会机关刊物《新青年》（季刊）第一期"共产国际号"卷首语《新青年之新宣言》后发表了自己翻译的《国际歌》歌词，并在该期结尾处配有《国际歌》的曲谱。在"三大"结束各项议程后，参会人员在瞿秋白的指挥下，于黄花岗烈士墓前合唱《国际歌》。瞿秋白虽然不是第一个翻译《国际歌》的中国人，但是他的译本有两个第一次：首先他是第一个将歌词与旋律一起引介入中国的人，使得这首歌可以用中文歌唱；其次，他是第一个把歌词中的"Internationale"音译为"英德纳雄纳尔"的人。之后的译本虽然在这个词的翻译上有一些微调，但都继承了瞿秋白音译的做法。1935 年 6 月，瞿秋白在福建长汀遇害，《大公报》上这样记录当时的场景：

> 书毕乃至中山公园，全园为之寂静，鸟雀停息呻吟，信步行至亭前，已见菲菜四碟，美酒一瓮，彼独坐其上，自斟自饮，谈笑自若，神色无异。酒半乃

---

① 此《新青年》为 1923 年 6 月 15 日创办于广州的中国共产党理论刊物，与陈独秀创办的《新青年》并非同一刊物。
② 宋逸炜."英特纳雄耐尔"的文本传布与象征意义：基于三十九份《国际歌》文本的考察[J].学术月刊，2021(6)：205—216.

227

| 中国记忆

言曰:"人之公余稍憩,为小快乐;夜间安眠,为大快乐;辞世长逝,为真快乐。"继而高唱国际歌,以打破沉寂之空气……①

除了瞿秋白,罗扬才、向警予、杨殷、李桂五、刘远翔等共产党人都曾在刑场或者狱中唱戏《国际歌》。这首歌成为了共产党人宁死不屈、顽强抵抗的英勇象征。

二、抗日战争与《义勇军进行曲》

1931年9月18日,日本驻中国东北地区的关东军突然袭击沈阳,以武力侵占东北,成为日本帝国主义发动侵华战争的开端。1932年1月28日,日本海军陆战队突袭闸北。1937年7月7日"卢沟桥事变",全面抗战爆发。日本帝国主义肆意践踏我国大好河山的侵略行径,激起了中国人民强烈的愤慨,全国掀起了抗日救亡的高潮。大量激动人心的抗日救亡歌曲在这个时代涌现,它们既鼓舞了抗日的士气,也成了当时全中国人民英勇抗敌的真实写照。我们现在的国歌《义勇军进行曲》、军歌《中国人民解放军进行曲》(原名《八路军进行曲》)都诞生在这个时代。还有很多被我们反复唱起的红色经典音乐也是在抗日战争的背景下创作,比如聂耳的《毕业歌》、冼星海的《二月里来好风光》《黄河大合唱》(见图7-7)、郑律成的《延安颂》等。

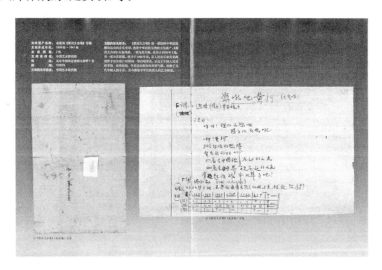

图7-7 中国档案文献遗产名录中的《黄河大合唱》手稿

---

① 瞿秋白毙命纪[N].大公报,1935-07-05(4).

第七章　风华国乐：华夏音乐与中国记忆

现在所有中国人都会唱的国歌《义勇军进行曲》原本是抗日电影《风云儿女》的主题歌,创作于1935年。一·二八事变之后,先后于1932年和1933年加入了中国共产党的田汉、聂耳正身在上海,他们全身心地投入中国共产党领导的抗日救亡运动中。① 1934年春,田汉决定写一个以抗日救亡为主题的电影剧本。在他刚完成一个故事梗概和一首主题歌的歌词时,就被国民党反动派逮捕入狱。另一位共产党员、戏剧家夏衍接手将这个故事写成了电影剧本,聂耳主动要求为田汉写就的主题歌《义勇军进行曲》谱曲。1935年5月9日,该曲第一版录音在百代唱片公司录音棚录制完成。《义勇军进行曲》诞生后,立即就像插上了翅膀,在祖国的大地上传唱开来。伴随着"一二·九"运动的学潮,救亡运动的巨浪,抗日战争的烽火,解放战争的硝烟,遍及大江南北、长城内外。这首革命歌曲甚至享誉海外,在全世界传播。1940年美国著名黑人歌唱家保罗·罗伯逊在纽约演唱了这首歌,接着他又灌制了一套名为《起来》的中国革命歌曲唱片,宋庆龄亲自为这套唱片撰写了序言。在当时的反法西斯战线上,《义勇军进行曲》代表了中国人民最强音的一支战歌。第二次世界大战即将结束之际,在盟军凯旋的曲目中,《义勇军进行曲》赫然名列其中。

1949年6月15日,新政治协商会议筹备会在北平召开。这次会议的一个重要议程就是确定国旗、国徽和国歌。《义勇军进行曲》获得了大部分与会专家的认可,但是也存在一定的争议。有人认为:《义勇军进行曲》曲子很好,但词中有"中华民族到了最危险的时候"不妥,最好修改一下。张奚若、梁思成、黄炎培、田汉等人认为这首歌曲已是历史,为保持其完整性,词曲最好不作修改。周恩来说:"用原来的歌词,才能鼓动情感。修改后,唱起来就不会有那种情感。"最后,毛泽东总结说:"大家都认为《义勇军进行曲》作国歌最好,我看就这样定下来吧。歌词不要改。'中华民族到了最危险的时候'这句歌词过时了吗？我看没有。我国人民经过艰苦斗争终于胜利了,但是还是受着帝国主义的包围,不能忘记帝国主义对我们的压迫。我们要争取中国完全独立解放,还要进行艰苦卓绝的斗争,所以还是原词好。"大家鼓掌表示赞同。会议结束时,全体起立合唱《义勇军进行曲》。②

三、诞生于延安的民族新歌剧《白毛女》

20世纪40年代,我国的红色音乐又有了新的发展和进步。1942年,在延安

---

① 吴北光.几度沧桑话国歌[N].人民日报,2004-03-31.
② 舒云.中华人民共和国国歌立法记[J].党史博览,2019(10):27—31.

整风运动的基础上,毛泽东发表《在延安文艺座谈会上的讲话》,提出了文艺是要为人民大众的,艺术家必须到群众中去吸取创作的源泉。这篇影响深远的讲话指导了这个时期的文艺创作,当然也包括音乐创作,很多直接反映群众参与斗争的高水平作品涌现出来。这其中最具代表性的,就是为党的七大献礼而创作的新型歌剧《白毛女》。这部歌剧是在当时身在延安的多位艺术家集体努力下诞生的,经历了一个不断加工完善的过程。歌剧中的很多曲调都取材自民间,比如《北风吹》就是以河北民歌《小白菜》为素材,《十里风雪》《老天杀人》则来源于山西秧歌《捡麦穗》,歌剧其他唱段还融合了梆子、秦腔等元素帮助塑造人物形象。在歌剧《白毛女》的音乐中,还成功地采用了西方歌剧的合唱、重唱和间奏曲等形式。《白毛女》于1945年5月底左右在延安中央党校礼堂首演。在一个多月的时间里,连续演出了30多场,许多老乡从数十里外赶来观看演出。1945年4月23日至6月11日,中国共产党第七次全国代表大会在延安召开期间,毛泽东、刘少奇、朱德、周恩来等中央首长都观看了演出,对歌剧《白毛女》表示了肯定与赞赏。

1945年8月15日,日本宣布投降。延安在迅速作出军事战略调整的同时,也加紧了文化部署。为了占领全国的文化阵地,延安的文艺工作者作为先遣队奔赴前线,1945年8月24日,包括作家、诗人、木刻家、音乐家和演员等在内的100多位文艺工作者,组成华北文艺工作团和东北文艺工作团,浩浩荡荡分别开往华北和东北两地。正是在这一过程中,《白毛女》从延安走向了全国。"旧社会把人变成鬼,新社会把鬼变成人"的主题,反映受苦大众的翻身做主人的剧情,民间音乐与歌剧的结合,让《白毛女》迅速红遍全国。根据调查显示,解放军19兵团在1946年至1949年间,师以上文工团平均每月演出《白毛女》十五场以上,有时一日两场以至三场。如此算来,一个师在这三、四年间起码要演出五百场以上,若以全国解放军计,一定能够突破万场。同时,各地方的农村剧团也开始纷纷上演此剧。据统计,1945年间,仅胶东一带,在一万个能起作用的剧团中,演出过《白毛女》的就有五千左右。① 在所有《白毛女》演出中最具纪念意义的是1948年春夏之交的中国香港地区公演,三家旅港的"左翼"艺术团体协力将解放区的经典剧目《白毛女》搬上了中国香港地区的舞台。公演之前,郭沫若、茅盾等就在中国香港地区的报纸上盛赞这一剧目,为其造势。演出在中国香港地区引起了轰动,不仅吸引了大量普通百姓,美国领事狄克谢维斯、港督葛量洪都赴现场观看。②《白毛女》的影响

---

① 孟远.歌剧《白毛女》研究[D].中国人民大学,2005.
② 谢力哲."纪念碑式的大事":1948年《白毛女》在香港的公演[J].北京电影学院学报,2020(4):104—111.

力真正走出了解放区,覆盖了大江南北。喜儿、杨白劳的形象深入人心,黄世仁则成为了恶霸地主的"代名词"。随着《白毛女》在全国取得的巨大成功,这个故事又被改编成了越剧、芭蕾舞剧、电影等形式,成为了中国人民心中无法磨灭的红色经典。

新中国成立以后,反映热火朝天的祖国建设、蒸蒸日上的百姓生活、英勇无畏的保家卫国等主题的红色经典音乐层出不穷,构成了一代又一代人的记忆。2019年,为隆重庆祝中华人民共和国成立70周年,热情讴歌党、讴歌祖国、讴歌人民、讴歌英雄,中宣部组织专家遴选了100首优秀歌曲。歌颂党和祖国的《唱支山歌给党听》《歌唱祖国》,反映抗美援朝战争的《我的祖国》《中国人民志愿军战歌》,歌唱美好新生活的《我们走在大路上》《在希望的田野上》等等优秀的音乐作品都入选其中。这些经典的红色音乐或是记录了重大的历史事件,或是呈现出新中国的精神面貌,它们不断在各种场合被唱响,成为了国家记忆的一部分。

第六节 音乐记忆的传承与保护

音乐在人类历史的很长一段时间内主要是通过口口相传的方式流通与传承,只能活在人类大脑的记忆中。一些音乐理论发达的文明,可以通过符号将旋律、歌词以及乐器配置保存在物质媒介上。但是音乐主要是通过激发情感来唤醒记忆,仅仅依靠符号是很难完全还原每一次真实的音乐表演的。直到留声机的出现,音乐这样特殊的记忆载体才有可能跨越时空,得到比较好的保护。我们所熟知的二胡名曲《二泉映月》,就是在1950年由中央音乐学院的两位教授专门奔赴无锡拜访阿炳,然后通过录音保留下来的。阿炳留存下来的曲目有二胡曲《二泉映月》《听松》《寒春风曲》3首和琵琶曲《大浪淘沙》《龙船》《昭君出塞》3首,这6首乐曲的原始录音档案都被《中国档案文献遗产名录》第二辑收录。1950年年底,阿炳去世,如果不是两位教授的抢救性录音,我们恐怕就无法听到如此经典的中华民乐。值得庆幸的是,随着非物质文化遗产越来越受到重视,技术手段的发展,我们现在对音乐记忆的传承与保护已经取得了长足的发展。

目前我们国家一共有1 557个国家级非物质文化遗产代表性项目,3 610个子项目,分为民间文学、传统音乐、传统舞蹈、传统戏剧、曲艺、传统体育游艺与杂记、传统美术、民俗等10个类别,这其中民间文学、传统音乐、传统舞蹈、传统戏剧、曲艺都与音乐相关。仅传统音乐一类，就包括431个国家级非物质文化遗产，如果算上民间文学、传统舞蹈、传统戏剧、曲艺中和音乐直接相关的项目，那音乐类的非遗的项目就占到了国家级非遗项目的四成左右。在这些项目中，昆曲、古琴艺术、新疆维吾尔木卡姆艺术、蒙古族长调民歌、中国朝鲜族农乐舞、蒙古族呼麦歌唱艺术、南音、西安鼓乐、粤剧、花儿、玛纳斯、格萨尔、侗族大歌、藏戏、京剧都入选了联合国教科文组织非物质文化遗产名录。

1997年，中国艺术研究院藏中国传统音乐录音档案入选联合国教科文组织"世界的记忆"项目，并被列入第一批《世界记忆名录》。这是中国首个入选的珍贵档案，也是世界上首个入选的录音档案。"世界的记忆"项目国际咨询委员会给出的入选理由是："中国传统音乐录音档案是数年来在中国几乎所有省份和地区系统地进行田野录音的成果，涵盖了超过50个民族或文化群体的传统音乐。中国古代的音乐遗产通常是口耳相传的，这些录音使得中国古代音乐历经数代传承至今。"项目入选后，中国艺术研究院组织专门团队，采用国际标准，对唱片（粗纹和密纹）、钢丝录音带、开盘录音带、盒式录音带等不同类型的模拟载体进行数字化抢救与保护。经过二十多年的努力，最终形成目前国内收录中国传统音乐录音数量最庞大、历史最悠久、珍贵度最高的专业数据库。2022年4月23日，由中国艺术研究院收藏、建设的"世界的记忆——中国传统音乐录音档案"数字平台（https://www.ctmsa-cnaa.com）正式上线试运行，将先期发布其中约一万条音频数据，此后将陆续推出这批珍贵音响档案的全部曲目（见图7-8）。

图7-8 中国传统音乐录音档案

对于音乐记忆的传承与保护,我国目前已经有了一整套完整的体系,包括法律制度、技术、记忆活化等层面。在法律制度层面,《中华人民共和国非物质文化遗产法》已于2011年6月1日开始正式施行。而各地政府也根据自身情况发布许多相关的法律条例。比如为了保护联合国教科文组织非物质文化遗产——木卡姆艺术,新疆相继出台了《新疆维吾尔自治区非物质文化遗产保护条例》《新疆维吾尔自治区十二木卡姆保护条例》,对保护的对象、主题、方式方法、资金支持等都做了明确的规定。①

技术层面,最初的音乐类非遗保护只能通过访谈、录音等有限的手段,进入信息时代,我们有了各种手段对它们进行全方位的记录并形成数据库。以《格萨尔》的保护为例,2011年西藏自治区图书馆开始建设《格萨尔史诗》专题资源库,目前自治区已经完成首个资源库的建设。《格萨尔史诗》专题资源库分为六个部分,分别为格萨尔精品说唱、格萨尔精品唱腔、格萨尔精品赞歌、格萨尔精品赞舞、格萨尔艺人口述史、遗物遗迹。目前总共收录图片520张,视频总时长27.26小时,音频总时长30余小时,文字约50万字,资源总量约1TB。② 2014年4月9号,中国首个格萨尔文化数据库网站——玛域格萨尔网正式开通,成为展示、推介藏民族英雄史诗《格萨尔》文化研究的第一平台。网站由藏文页面、英文页面、专题页面和数据库四大页面组成。涵盖动态、人物、遗址、成果、音频、视频、图库、专题8个大栏目以及专家学者、说唱艺人、史诗人物、遗迹、遗物、文章、专著、部本等15个子栏目。该网站的开通,不仅能够对外展示格萨尔文化研究最新动态,也将成为全面推介《格萨尔》学常识的第一平台。玛域格萨尔网的开通,为《格萨尔》学事业的发展注入来自互联网的新鲜血液,有利于《格萨尔》史诗文化的抢救、保护、继承和发扬。随着技术的发展,虚拟现实技术、数字博物馆、虚拟表演技术等新方式也会运用到音乐记忆的传承中来。

记忆的活化,需要不断地使用符合当下人民群众喜闻乐见的方式来保持它们的活力,音乐记忆同样如此。在当下,人们娱乐方式越来越多样化,各种新兴音乐形式冲击着大家的感官体验,古老的音乐记忆如何活化成为了音乐记忆传承中必须要面对的问题。中国在这方面已经做了很多有益的尝试,探索出了不少有价值的路径。比如说,让传统音乐和学校教育相结合。联合国2003年签署的《保护非物质文化遗产公约》就已经提出"通过正规和非正规教育"传承非物质

---

① 喀迪尔.十二木卡姆法律保护新探[J].法制与经济,2021,29(1):60—63.
② 王聪华,周玲玲,宋维亮.西藏文化遗产数字化保护现状分析[J].西藏民族学院学报(哲学社会科学版),2015,36(2):83—88.

中国记忆

文化遗产是一项重要的保护措施。如今已经有很多的传统音乐、戏曲、舞蹈等通过各种形式进入中国的学校教育中。2017年,中宣部、教育部、财政部、文化部联合发布《关于戏曲进校园的实施意见》,要求全国大中小学应结合学校教育实际及不同年龄段学生身心特点,选择优秀、经典、适合学生观看的戏曲艺术作品,加强普及教育。目前,各种民歌、秧歌、民族舞蹈等进校园的活动也越来越常见,培养"校园传承人"成为了音乐记忆活化的一个重要目标。另外,通过新的音乐形式让传统音乐焕发活力也是常见的一种记忆活化常见的路径。比如2017年,中央歌剧院首演了歌剧《玛纳斯》,将柯尔克孜族史诗《玛纳斯》搬上了歌剧舞台,获得了热烈的反响。该剧在2019年更是远赴吉尔吉斯斯坦表演,获得了当地人民的高度评价。① 《玛纳斯》可以说是中吉两国共同的记忆,也是中吉两国睦邻友好的象征。歌剧形式的《玛纳斯》真正让这份记忆承担起它应有的功能。

学习思考题

1. 在你的家乡,有没有能够代表当地文化或者描绘当地风土人情的音乐作品?
2. 如果让你选择能够供后人回忆当代的音乐作品,你会选择哪些,为什么?
3. 中国音乐的发展和时代的发展有什么关系?
4. 对于目前流行的古风音乐,你是怎么看的?
5. 你认为有哪些值得推广的音乐记忆的传承方式?

参考文献

1. 杨荫浏.中国音乐史纲[M].上海:万叶书店,1952.
2. 刘再生.中国音乐史简明教程[M].上海:上海音乐学院出版社,2006.
3. 王重民.敦煌曲子词集[M].北京:商务印书馆,1956.
4. 中央音乐学院中国音乐研究会.中国古代音乐书目[M].北京:音乐出版社,1961.
5. Kavin Bijsterveld, José Van Dijck. *Sound Souvenirs: Audio Technologies, Memory and Cultural Practices*[M]. Amsterdam University Press, 2009.

---

① 兰蕙,费斌.数年磨一剑:中央歌剧院原创歌剧《玛纳斯》登上吉尔吉斯斯坦舞台[J].歌剧,2019(7):39—44.

第八章　华夏衣冠：传统服饰与中国记忆

古往今来，世事沧桑变幻，人类的生活也发生了巨大的变化，但最基本的生活需求仍然可以用四个字来形容，那便是"衣食住行"。在这些基本需求中，"衣"是排在第一位的需求，衣服给人安全感，它不仅能使人遮蔽身体，保暖御寒，同时也是人类审美追求的外在体现，有时候也是职业类型、身份地位的标识。服饰的历史源远流长，自从华夏文明形成以来，中华文化的发展就与服饰有着紧密的联系。

在服饰漫长的历史演变过程中，我们的祖先创造了很多与服饰有关的汉字、词语、成语或熟语，如：衣锦还乡、衣食父母、白日绣衣、鲜衣怒马、锦衣夜行、一衣带水、天衣无缝、节衣缩食、布衣之交、丰衣足食、锦衣玉食、衣冠楚楚……

我国古代悠久的服饰文化，就隐藏在博大精深的汉文化里，在我们使用的汉字里，在我们常说的词语里。只要有一天，我们找到了打开记忆盒子的密码，就能激活数千年以来的传统记忆。历史已经过去，记忆却鲜活。本章我们把服饰作为揭开记忆的密码，从现在穿越到过去，一起来认识一下镌刻在我们文化基因上的华夏衣冠。

第一节　华夏衣冠：流淌的记忆

我国传统服饰是重要的文化遗产，其历史源远流长、种类繁多。在漫长的历史进程之中，经过不同朝代的发展演变，传统服饰的形制多有不同，既一脉相承又开陈出新。总体上，传统服饰保持着其一以贯之的基本形态特征：交领右衽、无扣结缨。此外，还形成了几种典型的服饰制度：有"衣裳"制，即上衣下裳的服饰制度；有"深衣"制，即把上衣下裳缝连起来的服饰制度；也有"通裁"制，即身衣贯通的袍服，腰间无缝连等各式类型。

中国记忆

一、服饰之源：传说中的记忆

传统服饰的记忆，可以追溯到文字发明之前的远古时代。最早的原始人类是不穿衣服的。其原因首先是受限于物质条件。早期人类茹毛饮血，物质文明水平十分有限，用以做衣服的纺织材料如丝、帛、绨①等尚未出现。另外，早期人类也还没有遮羞的需求，因此也就没有今天意义上所谓的"衣服"。

大约在新石器时代，人类发明了最早的衣服。新石器时代是考古学家假定的一个时间区段，是考古学上石器时代的最后一个阶段，大约从距今1万年前开始，到距今5 000多年至2 000多年结束。该时期人类物质文化发展到一个崭新的阶段，以使用磨制石器为标志。新石器时代，我国原始社会氏族公社制经历了由全盛到衰落的过程，农耕和畜牧开始出现，人类由依赖自然的采集渔猎经济发展到改造自然的生产经济。这一时期，磨制石器、制陶和纺织品的出现，极大地改善了人类的生活，也为服饰的出现奠定了比较丰厚的物质基础。

了解这一段历史时期，不是靠文献记载而是靠大量出土的文物。如通过原始社会时期留下来的岩画、陶罐等物品，可以窥探当时服饰制度一二。学者研究发现，人类最早的衣裳有如下一些特征：没有纽扣，要用带子挂在身上。一般只有上衣，没有裤子，即新石器时代衣服的基本形制为"有衣无裳"。沈从文先生在其服饰研究著作《中国古代服饰研究》中，考察了人类最初服装的形制。

> 这种服装，在新石器时代出现纺织物以后，可能是逐步规范化了的、普遍流行的一种衣服，而且在社会进程滞缓的民族中一直沿用未变。它是用两幅较窄的布，对折拼缝，上部中间留口出首，两侧留口出臂。它无领无袖，缝纫简便，着后束腰，便于劳作（那种齐地不宜劳动的衣服，可能只有不劳而获的统治阶层出现后才能产生）。这种服装对纺织品的使用，可以说是非常充分而无丝毫浪费的，在原始社会物力维艰的时代，这是一种最理想的服制。②

最早的衣服究竟是由谁、在何处发明、具体是何种形制等问题，已无从准确地考证。根据后世文献对一些传说的记载，黄帝时代是中国人发明衣裳之始。

---

① 细葛布。
② 沈从文.中国古代服饰研究[M].上海：上海世纪出版社，2000：19—20.

第八章 华夏衣冠:传统服饰与中国记忆

黄帝(公元前2717年—公元前2599年)是古华夏部落联盟首领、中国远古时代华夏民族的共主、五帝之首,被尊为中华"人文初祖"。为什么说黄帝时代是中华民族衣裳之始,有如下一些文献为佐证。

首先是《周易》,也称《易经》,是我国现存最早的一部哲学专著,古代汉族人民智慧与文化的结晶,被誉为"群经之首,大道之源",亦是中华文明的源头活水。①《周易·系辞下》有一句话:"黄帝、尧、舜垂衣裳而天下治,盖取诸乾、坤。垂衣裳以辨贵贱,乾尊坤卑之义也。"②意为黄帝尧舜时期,人们将衣裳挂在身上,从而使天下得到治理,这种衣裳的灵感取自天地。这句话揭示了当时社会中人们穿衣服的动机:主要是为了区别贵贱尊卑。这是古人对服饰起源的一种解释。黄帝时代发明衣服,主要是为了治理天下的需要,以服饰作为一种管理的手段。

其次是《拾遗记》。《拾遗记》是东晋王嘉编写的古代中国神话志怪小说集,共十卷。其卷一《轩辕黄帝章》记载:"轩辕……服冕垂衣,故有衮龙之颂。"③小说中提到的轩辕黄帝,其功劳包括"服冕垂衣"。

轩辕黄帝制作的衣服,并不是普通衣物,而是冕服,即帝王的礼服。对衣服的颜色和纹样也有详细的规定。这种服装染有五种颜色,衣服上还有图案,用来表示地位高低之分。

从岩画、古代史书、小说、传记作品中,可以归纳古人对于传统服饰起源的几点认知:新石器时代,有衣无裳;黄帝时代是衣裳之始,确立了上衣下裳的基本形制,上衣下裳来自天地的启发,分别对应着天和地。黄帝时期"天下治"的前提是"垂衣裳"。为什么"垂衣裳"就能"天下治"?从古至今,很多学者对"垂衣裳"的"垂"做了很多解释,也对如此何以"天下治"做出了推测:"人类最早期,是个体生活,因此不需要组织者和管理者。黄帝时代部落联盟形成,需要对部落进行管理,发明衣裳并在上面作画,用服装来区别身份(职务),垂在'五官'身上作为标志,以管理人群。"④

黄帝初制衣裳,是为了管理的需要,衣服挂在官员身上作为标志,以管理平民。平民见身上"垂衣裳"者就知道他是官员,必须服从其命令和管理。舜帝在黄帝的基础之上,发扬和延伸了衣裳的最初形态。在衣服上采用十二章纹来制

---

① 历史春秋网.《周易》简介[EB/OL].(2022-07-01)[2022-08-20].http://guoxue.lishichunqiu.com/jingbu/zhouyi/.
② 十三经注疏[M].北京:中华书局,1980:87.
③ 王嘉.拾遗记[M].北京:中华书局,1981:8.
④ 陈传席.释《易经》"黄帝尧舜垂衣裳而天下治":兼说中国的画与绘记载中绘画起源[J].美术研究,2011(3):30—32,41—46.

| 中国记忆

作帝王和官员的礼服。《十三经注疏·尚书正义》之《益稷篇》记载了舜帝的一番话:"臣作朕股肱耳目。予欲左右有民,汝翼。予欲宣力四方,汝为。予欲观古人之象,日、月、星辰、山、龙、华虫作会,宗彝、藻、火、粉米、黼、黻絺绣,以五采彰施于五色作服,汝明。"①

这段话的意思是:舜帝说:"大臣作我的股肱耳目。我想帮助百姓,你辅佐我。我想用力治理好四方,你帮助我。我想显示古人衣服上的图像,用日、月、星辰、山、龙、雉六种图形绘在上衣上;用虎、水草、火、白米、黑白相间的斧形花纹、黑青相间的'己'字花纹绣在下裳上;用五种颜料明显地做成五种色彩不同的衣服,你要做好。"

从这段话可知,舜帝在帝王的礼服上绣上了日、月、星辰、山、龙、华虫、宗彝、藻、火、粉米、黼、黻十二种图案,称为"十二章纹"(见图8-1)。十二章纹对后世帝王冕服上的图案产生了深远的影响。这十二种图案,有的是天地间原本就有的事物,有的是古人想象中的事物。为什么会选择这十二个图案来作为衣服的装饰?宋代聂学义在《三礼图》②中结合《周礼·春官·司服》的说法,总结了十二章纹的象征意义(见表8-1)。

图 8-1 十二章纹
资料来源:百度百科(https://baike.baidu.com/item/%E5%8D%81%E4%BA%8C%E7%AB%B9%/1725421?fr=aladdin)。

表 8-1 十二章纹的寓意

日、月、星辰(照临)	华虫(文采)	龙(应变)
"取其明也",代表皇权照临四方。	即锦鸡,"取其文理",象征王者要文采昭著。	"取其能变化",象征帝王们善于审时度势。
山(稳定)	粉米(滋养)	藻(高洁)
"取其人所仰",代表帝王的稳重。	白米,取其"养人",象征帝王给养着人民。	取其洁净,象征帝王品行高洁。

---

① 十三经注疏·尚书正义[M].北京:中华书局,1980:141.
② 书名,或题《三礼图集注》,二十卷,是宋代著名学者聂崇义参互考订多种古代《三礼图》所纂辑。其书有图,有解说(集注)。凡图三百八十余幅,原文文字约十余万言。宋代想要恢复古代礼仪制度,包括服饰制度,于是聂崇义撰写了该书。

续　表

宗彝(忠孝)	黼(明辨)	黻(果断)
取其忠孝,象征帝王忠、孝的美德。	取其"背恶向善",代表帝王明辨是非。	取其"割断",象征帝王干练果敢。
火(光明)		
取其光明,象征帝王光明磊落。		

可见冕服的章纹寄托了对帝王美好品质的期许。十二章纹成为历代皇帝冕服的既定款式,一直到明代都维持着十二章纹的规制。在出土的文物中,明定陵神宗皇帝朱翊钧的龙袍是最早的、带有"十二章纹"的实物。其全称为黄缂丝十二章"福寿如意"衮服。出土时,衮服上带有绢制标签,上写"万历四十五年(1617年)……衮服"等字样。这件文物出土时有些破损,后来经过修复,可以很清晰地看到每个章纹的颜色和位置(见图8-2)。如日月分列在肩上,衣服前后共有十二团龙的图案,袖子、衣襟上分别有另外几种章纹。直到清代,十二章纹才渐渐失去了主要地位,成了龙袍上多种装饰图案中的一种,要仔细观察才能发现其所在位置。

图8-2　明定陵出土衮服

资料来源:明十三陵博物馆(http://www.mingtombs.com/sslx/wsbwg/ctwh/201602/t20160217_2424.htm)。

二、传统服饰的典型形制：上衣下裳制

记录黄帝时期发明衣服的历史文献，带着传说的性质，其真实性和可靠性在学术圈还有疑义。传说虽不能成为证据，但也有一定的意义。它至少可以说明中国古代早期服饰具有"上衣下裳"的基本特征[①]，即上身为衣服，下身为裙子。

"衣裳"有两种读法，一种是"yī shang"，后一个字是轻音，当今用来表示所有衣物的统称。第二种读法"yī cháng"，指的是上下装的分称，即为古代这种"上衣下裳"服装形制的简称。衣裳是服饰文化的开始，是我国古代传统服装的典型形制。传说中黄帝时代发明的冕服，就是上衣下裳制，而且上衣的颜色是玄色，下裙的颜色是纁色。

为什么在遥远的古代，我们的祖先会首先确立这样一种服饰文化，其原因并不清楚。学者们对此有一番自己的推理，认为古代社会物质技术落后，对自然界认识不深，停留在初级阶段，很多自然现象无法作出科学的解释，因而在古人朴素的世界观里，认为是一种超自然的力量主宰着世间的万事万物，因而对一切无法解释的现象都存有敬畏和崇拜之心，并发明了相应的仪式来表现崇拜。《周易》所说"黄帝、尧、舜，垂衣裳而天下治，盖取诸乾坤。"乾坤，在八卦中对应的事物之一是天地。上衣下裳灵感来自天地，衣裳即象征着天地。冕服上衣玄色，下裳纁色，玄衣纁裳，其颜色与古人所认为的天地的颜色有相通之处。古人朴素独特的宇宙观认为：上天的颜色是玄色，地的颜色是黄色。所谓"玄色"，颇难理解。古人认为，太阳和月亮出现之后，天色并非其本色，只有黎明时刻，月亮落山之后，日出之前，那样层次丰富的颜色，黑色中带点微微的红色，这样的天色，叫玄色，所以，上衣玄色。而大地的颜色，是古人眼中所看到的土地的本色，如《千字文》开篇就说的"天地玄黄，宇宙洪荒"。

经过上千年的发展演变，这种服饰衍生出许多款式，但其基本特征都得到了延续和继承。具体来讲，上衣下裳制的服饰有这么几个特征：交领、右衽、系带、宽袖。

所谓交领，即衣服的前襟左右相交。右衽指的是左右相交的衣襟一般是向右掩，左前襟掩向右腋系带，将右襟掩藏在内部，称之为"右衽"。系带，即汉服一般不用纽扣，即使有扣子也要把扣子藏起来，靠带子打结来固定衣物。虽然传统服饰中，也有窄袖、短袖、半袖等形式，但大部分传统服饰一般袖子都比较宽大，

[①] 赵连赏.中国史话：服饰史话[M].北京：社会科学文献出版社，2011：7.

穿起来宽松。宽衣、博带、长袖,宽松的整体风格给人一种优雅、飘逸的感受。另外传统服饰中,还有盘领、直领(对襟)圆领等各种补充形式。

三、传统服饰的形制演变:深衣制

上衣下裳之制,至周代发展出"深衣",即上下连属制的整长衣,分裁之后在腰间缝为一体。"深衣"得名来自掩蔽人体严实之故,且衣服的每个部分都被上古儒家赋予了特殊的含义,使深衣的每一部分都有了深意。深衣是对上衣下裳制的继承与改善。

关于深衣的记载,出自《礼记·深衣篇》:"古者深衣,盖有制度,以应规、矩、绳、权、衡。短毋见肤,长毋披土。续衽钩边。要缝半下。袼之高下,可以运肘;袂之长短,反诎之及肘。带,下毋厌髀,上毋厌胁,当无骨者。制十有二幅以应十有二月。袂圜以应规;曲袷如矩以应方;负绳及踝以应直;下齐如权衡以应平。"①

这段话的意思是:古时人穿的深衣,是有一定的尺寸样式的,以合乎规、矩、绳、权、衡的要求。深衣的长度再短,也不能够露出脚背;即令再长,也不能够拖拉到地上。裳的两旁都有宽大的余幅作柱,穿着时前后两柱交叠。深衣腰围的宽度,是深衣下缉的一半。袖子与上衣在腋下连合处的高低,以可以运肘自如为原则。袖子的出手部分的长度,以反折起来刚好到肘为合。用布料十二幅,与一年中有十二个月对应。圆形的袖口,用以象征圆规。方形的交领如矩,用以象征品行端正。背缝像墨线似的从后背直到脚后跟,用以象征品行正直。裳的下缉如秤杆秤锤,用以象征公平。

从《礼记》的描述中,大概能看到深衣的具体形制:衣服的长度要以覆盖脚背为宜,但又不能拖到地上。腰间的宽度为衣服的一半,腋部的高低,应该要适合肘臂活动的方便;袖子的长度,应该以臂长之外再反卷回来过肘部为合适;腰带的位置应该在两胁(从腋下至腰上的部分)之下,髀骨之上。

周代的深衣"得以'先王贵之',并发展为超越阶层、职业、性别的大众常服,影响深远,成为历代汉服中最持久的线索"。② 深衣是一种大众化的服饰形式,它穿着方便,便于活动同时又可以遮蔽身体的皮肤,用途十分广泛,无论男女老幼都可穿,文武百官,军中将士也都可以:"可以为文,可以为武,可以摈相,可以治军旅。"

历代史书中对深衣都有记载,以汉朝为例,《后汉书·舆服志》中记载:"服衣,

---

① 礼记·深衣第三十九[EB/OL].[2022-08-20].http://guoxue.lishichunqiu.com/jingbu/liji/898.html.
② 姚渊.一个族群绵延千秋的记忆:梳理汉服发展史[J].民族论坛,2005(11):43—46.

深衣制,有袍,随五时色。"①"太皇太后、皇太后入庙服,绀上皂下,蚕,青上缥下,皆深衣制。皇后谒庙服,绀上皂下,蚕,青上缥下,皆深衣制,隐领袖缘以绦。贵人助蚕服,纯缥上下,深衣制。入庙佐祭者皂绢上下,助蚕者缥绢上下,皆深衣制,缘。"②

汉代的深衣,演变成了比较简单的袍类服饰。汉代沿用周代的模式,深衣仍然交领右衽、上下连属。同时规定了深衣的着色——五时色,即春天青色、夏天朱色、黄色、秋天白色、冬天黑色。

古代文献虽然记载了"深衣"的存在,并描绘了它的样子,但对于深衣的具体形制究竟是怎样的,学者颇有争议,直到考古发现了深衣的绘画作品和实物,才揭开了深衣的秘密。

如马王堆汉墓出土的两件汉代的襜褕,是汉代的一种单衣,具有深衣上下连属、交领右衽的形式。其中一件是1972年湖南省长沙市马王堆一号汉墓出土的文物——素纱单衣(见图8-3),是一件直裾式的深衣,现藏于湖南省博物馆。这件单衣的"面料为素纱,边缘为几何纹绒圈锦。因无颜色,没有衬里,出土遣策称其为素纱单衣"。③ 这件衣服薄如蝉翼,重量还不到一两,代表了西汉初养蚕、缫丝、织造工艺的最高水平。另外一件是曲裾式的素纱单衣④,衣襟不是垂直的,而是三角形(见图8-3)。

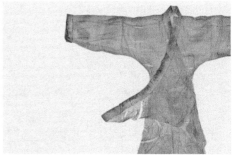

图8-3 素纱单衣

资料来源:(左)湖南省博物馆(http://61.187.53.122/collection.aspx?id=1311&lang=zh-CN)。
(右)湖南省博物馆(https://www.hnmuseum.com/zh-hans/content/%E7%B1%E5%8D%95-%E8%A1%A3)。

---

① 范晔.后汉书[M].北京:中华书局,1975:3666.
② 范晔.后汉书[M].北京:中华书局,1975:3676.
③ 湖南省博物馆.素纱单衣(直裾)[EB/OL].(2022-07-23)[2022-08-20].http://61.187.53.122/collection.aspx?id=1311&lang=zh-CN.
④ 湖南省博物馆.素纱单衣(曲裾)[EB/OL].(2022-07-23)[2022-08-20].https://www.hnmuseum.com/zh-hans/content/%E7%B4%A0-%E7%BA%B1-%E5%8D%95-%E8%A1%A3.

第八章 华夏衣冠：传统服饰与中国记忆

马王堆汉墓出土了不少直裾式的深衣,还有袍式服饰——印花敷彩纱丝绵袍(见图8-4)。"这种款式的绵袍应是汉代妇女喜欢的和深衣不同的另一种时装。有的学者称之为襜褕。它与深衣共同处是衣裳相连,'被体深邃'等,而不同之处在于衣襟的开法。古代深衣一般为曲裾(三角形衣襟),而襜褕则为直裾(矩形衣襟),不像曲裾深衣那样紧裹于身。"①

图8-4 印花敷彩纱丝绵袍

资料来源:湖南省博物馆(http://61.187.53.122/collection.aspx?id=1361&lang=zh-CN)。

深衣在春秋战国时一度盛行,到两汉才渐渐消失。深衣对中国古代服饰发展模式有着极为深远的影响。其后出现的各种袍服、长衫,以至清代女子所穿的旗袍,甚至现代的女士连衣裙,等等,无一不是在深衣的基础上或受深衣启发衍化发展而来的。②

传统服饰是绵延了数千年的历史记忆。自中华民族人文始祖黄帝开创到周朝建制,再到汉朝进行修补、定型,在唐代达到巅峰和繁荣。历朝历代,在基本的形制之上对传统服饰不断改善与丰富,演变出非常繁复多元的款式,适合不同场合、不同季节、不同级别等多种情景,不胜枚举。作为文化表征的服饰,汇入进博大精深的中华文化的海洋之中,成为梳理中国记忆的重要线索。

---

① 湖南省博物馆.印花敷彩纱丝绵袍[EB/OL].(2022-07-23)[2022-08-20].http://61.187.53.122/collection.aspx?id=1361&lang=zh-CN.
② 赵连赏.中国史话:服饰史话[M].北京:社会科学文献出版社,2011:23.

第二节 传统服饰与社会等级记忆

传统服饰的象征意义,远远超过它的实用功能,而成为我们理解古代社会的重要媒介。古代社会等级森严,不同身份地位的人,其饮食起居有着天渊之别。古代社会确立了相应的等级制度,用来确保这些制度得以遵守和执行。服饰则是有效区分社会地位和等级的标志。具体来说,在古代官职体系中,主要有三种服饰标志官阶的等级:(1)冕服制度;(2)品色制度;(3)佩绶制度。

一、等级制度下的冕服制度

冕服是我国古代统治者在国家重大礼仪性活动中所穿的服饰,其款式、纹样和具体用途都有着明确、详细而严格的规范,象征着统治权力和尊贵地位。华夏衣冠之中,以帝王的冕服最为华丽无上。冕服从上到下主要由三部分构成:冕冠、冕服和佩饰。

首先是冕冠。通俗来说,冕冠就是戴在头上的帽子。但它不是普通的帽子,而是一种古代统治者在祭祀典礼时所穿戴的最为尊贵的礼冠,它由冕板、冕旒、冠武等构成(见图8-5)。冠顶上一块方形木板,称之为"綖"或"綖板"。在这块板子的前后檐上,坠有一串一串的珠玉,称为"旒"。旒的数量多寡,对应着地位的高低。冕板之下,是冠武。中部有一只簪子横穿,以起到固定作用。簪的另一端系有朱红色的丝带,为朱纮。冠檐两耳上部系有两条丝带,末端缀有珠玉,称之为"紞"或充耳。成语"充耳不闻"便与这个装饰有着联系,它非常形象地解释了"不闻"的含义。冠武的两侧为朱缨。

冕旒是身份地位的符号化呈现,在一些文学作品中,也因此成为帝王的代称。如王维《和贾舍人早朝大明宫之作》指出"九天阊阖开宫殿,万国衣冠拜

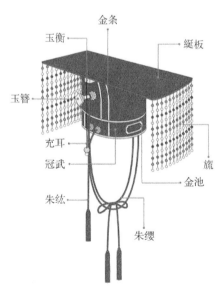

图8-5 冕冠的构成要素

冕旒。"穿龙袍戴冕冠的皇帝,其尊贵威严跃然纸上。

关于冕冠的形制,主要见于古代典籍中的文字描述,留存下来的实物非常少。山东博物馆收藏了明代时期的冕冠,为"九冕冠"(见图8-6)。它出土于鲁荒王朱檀墓,"通高18厘米、长49.4厘米、宽30厘米,为藤篾编制,表面敷罗绢黑漆,镶以金圈、金边。冠的两侧有梅花金穿,贯一金簪;冕的顶部有'綖板',綖板前圆后方,綖板上面涂着黑漆,以示庄重。板前后系垂旒,前后共垂9道旒。每道旒上计有9颗,红、白、青、黄、黑五种颜色的玉珠,共用珠162颗,板下有玉衡,连接于冠上两边凹槽内;衡两端有孔,两边垂挂丝绳直到耳旁,两根丝绳是黑颜色的,叫做'玄紞'。丝绳垂至耳处系着一块美玉,材质是黄玉。冕左右下垂的两块玉,即所谓的'充耳'"。①

图8-6　九旒冕(现藏于山东博物馆)

冕冠上冕旒的数量、玉珠的数量、颜色和质地,都是可以标识身份的要素。根据《明史·舆服志》的记载,明朝皇帝的冕冠,"前后各十二旒,旒五采玉十二珠",天子所戴冕冠前后有12道旒,共24道旒,每道旒上有赤黄青白黑共12颗珠玉,共有288颗;亲王则"冕九旒,旒九玉"②,即亲王的冕冠前后有9旒、每旒有9珠,共162颗。鲁荒王朱檀是明太祖朱元璋第十子,1370年被封为鲁王,他的九旒冕是与他亲王的身份相匹配的。

---

① 山东博物馆.九旒冕(明)[EB/OL].(2022-07-01)[2022-08-20].http://www.sdmuseum.com/detail/3212.html.
② 张廷玉.明史[M].北京:中华书局,1973:1625.

冕服是天子及诸侯的礼服。历代制作冕服的依据是《周礼》。根据《周礼》的记载,周代冕服的基本形态分为上衣和下裳,上衣玄色,下裳纁色,衣服上有象征封建等级思想的十二章纹,即日、月、星、山、龙、华虫、宗彝、藻、火、粉米、黼、黻十二种图案。周代的冕服类型多样,《周礼·司服》记录了六种冕服类型:"王之吉服,祀昊天大帝,则服大裘而冕,祀五帝亦如之;享先王则衮冕;享先公、飨射则鷩冕;祀四望山川则毳冕;祭社稷五祀则希冕;祭群小祀则玄冕。"

这六种冕服类型即为大裘冕、衮冕、鷩冕、毳冕、希冕、玄冕。这些冕服在材质、图案、所搭配的冕冠、使用的场合都有严格的规定(见表8-2)。周代有天子、公、侯、伯、子、男等尊卑顺序,他们在祭祀中都需要着冕服。大裘冕是礼服中规格最高的,属于天子专用。它由黑色羊皮制作而成,冕冠不设置冕旒,上衣没有任何章纹,用在祭天、祭五帝的大礼中。冕服中的第二等为衮冕,天子和上公在祭祀先王时使用。鷩冕是冕服中的第三等,是天子在祭先公、飨射时,侯伯助祭、朝见天子时所穿礼服。毳冕排名第四等,是天子祭祀山川,子、男助祭,朝见天子和公巡时所穿。希冕为第五等,天子、诸侯王在祭祀社稷时的礼服。玄冕时天子在祭祀群小(山林、河泽、土地之神)时,卿大夫在助祭时所穿礼服。

表8-2 周代冕服制度

等级	大裘冕	衮冕	鷩冕	毳冕	希冕	玄冕
	祭天、祭五帝	祭先王	祭先公、飨射	祀四望山川	祭社稷五祀	祭群小
天子	无章纹,冕冠不设垂旒	施九章12旒12玉珠,共288颗	9旒12玉珠,共216颗	7旒12玉珠,共168颗	5旒12玉珠,共120颗	3旒12玉珠,共72颗
公		施九章9旒9玉珠,共162颗				
侯			7旒7玉珠,共98颗			
伯			7旒7玉珠,共98颗			
子				5旒5玉珠,共50颗		
男				5旒5玉珠,共50颗		
卿大夫						3旒3玉珠,共18颗

除此之外,冕服还有一些配饰,包括中单,即穿在冕服内的素纱衬衣;芾,也称蔽膝,围在衣服前面的大巾,用来遮盖大腿至膝部的服饰。它由熟皮制成,上面绘有章纹。天子用朱色,公侯用黄色;大带,即系在腰间的宽丝带;绶,即系在腰间的玉饰组佩;舄,厚底鞋,与冕服配套使用。通过为冕服设置等级,以及冕旒的数量,冕服上章纹的数量、类型等方式,周代社会规定了与身份地位相对应的冕服制度。

自殷商时期创立冕服以来,周代规范冕服制度,经过历代帝王的改制和补充,冕服在历史上流传了两千多年,直到民国时期,袁世凯复辟时,还想着给自己置办龙袍和冕冠。可见冕服是封建时代权力的重要象征之一。

二、等级制度下的品色制度

服饰的色彩,也是标识身份等级、区别尊卑的重要方式。用衣服的色彩来标识官员的品级,一目了然。品色衣制度起源于北周时期,经逐步完善最终形成于隋唐时期,后来被历朝沿用并做了细小的调整。[①]

唐朝是品色制度发展的鼎盛时期。唐高祖初步制定了官服的品色制度。据《旧唐书》记载:"武德初,因隋旧制,天子宴服,亦名常服,唯以黄袍及衫,后渐用赤黄,遂禁士庶不得以赤黄为衣服杂饰。四年八月赦,'三品以上,大科绸绫及罗,其色紫,饰用玉。五品以上,小科绸绫及罗,其色朱,饰用金。六品以上,服丝布,杂小绫,交梭,双紃,其色黄。六品、七品饰银。八品、九品鍮石。流外及庶人服紬、絁、布,其色通用黄;饰用铜铁。"[②]即赭黄色袍为皇帝专用服,其他人不得使用。紫色为亲王及三品以上官员所用,红色为五品以上官员所穿,其余官员的服饰为黄色。

唐高祖之后,唐太宗也很重视品色制度。唐太宗在贞观四年(公元630年)将品色制度改为"紫绯绿青"模式,即三品以上服紫,五品以上服绯,六品、七品服绿,八品、九品服以青。[③] 唐诗中有很多关于官服颜色的句子,如白居易《琵琶行》中的"座中泣下谁最多,江州司马青衫湿";杜甫《夏夜叹》里的"青紫虽被体,不如早还乡";雍陶《送友人弃官归山居》的"不爱人间紫与绯,却思松下著山衣"等诗句,都是用颜色来指代官阶地位。

北宋初期基本沿用唐代的品色制度。公元1078年,宋神宗将青色去除,规

[①] 张书华,梁惠娥.品色衣制度的发展变迁及影响因素研究[J].丝绸,2016(2):73—78.
[②] 刘昫.旧唐书[M].北京:中华书局,1975:1951—1952.
[③] 刘昫.旧唐书[M].北京:中华书局,1975:1952.

定"官阶至四品服紫,至六品服绯;九品以上则服绿"。①

明朝洪武年间,颁布了"补子"制度,即在官员的衣服上绣上禽兽的图案,用不同的禽类和兽类来区分文武百官的官职大小,品色制度才最终退出了历史舞台。根据研究者的统计,从隋朝到明朝,大约有十余次关于官员朝服颜色的规定,涉及紫、绯、红、黄、青、绿等几种颜色(见表8-3)。这十余次的修订有近似之处,又有些许差别,体现了封建王朝时代的色彩观念和等级秩序。

表8-3 品色衣制度发展变迁一览表

朝代	年号	等级								跨度
		一品	二品	三品	四品	五品	六品	七品	八品	九品	
隋	大业六年	紫	紫	紫	紫	紫	绯绿	绯绿	绯绿	绯绿	三色
唐	武德初年	紫	紫	紫	红	红	黄	黄	黄	黄	三色
	贞观四年	紫	紫	紫	绯	绯	绿	绿	青	青	四色
	龙朔二年	紫	紫	紫	绯	绯	绿	绿	碧	碧	四色
	上元元年	紫	紫	紫	深绯	浅绯	深绿	浅绿	深青	浅青	七色
	文明元年	紫	紫	紫	深绯	浅绯	深绿	浅绿	深碧	浅碧	七色
宋	宋初	紫	紫	紫	朱	朱	绿	绿	青	青	四色
	元丰元年	紫	紫	紫	紫	绯	绯	绿	绿	绿	三色
辽	重熙五年	紫	紫	紫	紫	紫	绯	绯	绿	绿	三色
金	—	紫	紫	紫	紫	紫	紫	绯	绿	绿	三色
元	—	紫	紫	紫	紫	紫	绯	绯	绿	绿	三色
明	洪武	绯	绯	绯	绯	青	青	青	绿	绿	三色

资料来源:张书华、梁惠娥.品色衣制度的发展变迁及影响因素研究[J].丝绸,2016,0(2):73—78.

三、等级制度下的佩绶制度

古代官服上,还有一种装饰物——佩绶。佩绶不仅起到外在的装饰作用,更是等级尊卑的显著外在体现,是官员身份地位的象征,起着"分亲疏,辨贵贱,明等威"的作用。

汉朝的印绶制度很具有代表性。在汉代,品色制度尚未形成,在官服上区别官阶的高低,则主要靠官员头上的冠和腰部的印绶。印,是官员的官印,绶是用

---

① 脱脱.宋史[M].北京:中华书局,1985:3563.

丝线编织的带子，一官一印，一印一绶，统称为印绶。《后汉书·舆服志》记载，官员的绶带形制为：

> 乘舆黄赤绶，四采，黄赤缥绀，淳黄圭，长二丈九尺九寸，五百首。诸侯王赤绶，四采，赤黄缥绀，淳赤圭，长二丈一尺，三百首。太皇太后、皇太后，其绶皆与乘舆同，皇后亦如之。长公主、天子贵人与诸侯王同绶者，加特也。诸国贵人、相国皆绿绶，三采，绿紫绀，淳绿圭，长二丈一尺，二百四十首。公、侯、将军紫绶，二采，紫白，淳紫圭，长丈七尺，百八十首。公主封君服紫绶。九卿、中二千石、二千石青绶，三采，青白红，淳青圭，长丈七尺，百二十首。自青绶以上，緺皆长三尺二寸，与绶同采而首半之。緺者，古佩璲也。佩绶相迎受，故曰緺。紫绶以上，緺绶之间得施玉环鐍云。千石、六百石黑绶，三采，青赤绀，淳青圭，长丈六尺，八十首。四百石、三百石长同。四百石、三百石、二百石黄绶，一采，淳黄圭，长丈五尺，六十首。自黑绶以下，緺绶皆长三尺，与绶同采而首半之。百石青绀绶，一采，宛转缪织圭，长丈二尺。①

即绶带的颜色分别有黄赤绶条、赤绶条、绿绶条、紫绶条、青绶条、黑绶条、黄绶条、青绀纶八个等级，黑绶条以上的每个等级的绶带又采用三四种颜色的丝线编制而成，称之为"采"。汉朝又把绶带的细密程度称之为"首"，"首"越多，说明绶带的制作越精密，佩戴它的人地位也就越高。绶带还有长度之分，绶带越长，意味着地位越高。如天子佩戴的黄赤绶，长"二丈九尺九寸，五百首"，到了诸侯的赤绶，则只有"二丈一尺，三百首"。印所采用的玉也不同（见表8-4）。

表8-4　东汉印绶的形制

绶带	佩戴人	丝线颜色	质地	长度
黄赤绶条	天子、太皇太后、皇太后、皇后	四采：黄赤缥绀	500首	二丈九尺九寸
赤绶条	诸侯王、长公主、天子贵人	四采：赤黄缥绀	300首	二丈一尺
绿绶条	诸国贵人、相国	三采：绿紫绀	240首	二丈一尺
紫绶条	公、侯、将军	二采：紫白	180首	丈七尺

---

① 范晔.后汉书[M].北京：中华书局，1975：3673—3675.

续　表

绶　带	佩　戴　人	丝线颜色	质　地	长　度
青绶条	九卿、中二千石、二千石	三采：青白红	120首	丈七尺
黑绶条	千石、六百石	三采：青赤绀	80首	丈六尺
黄绶条	四百石、三百石、二百石	一采	60首	丈五尺
青绀纶	百石	一采	—	长丈二尺

因此，通过佩绶来断定官阶高低，证实了佩绶的实际功能要远远超过它的审美价值。冕服制度、品色制度及佩绶制度，虽是关于服饰的规章制度，实际上反映的是封建社会中森严的等级制度。通过服饰的颜色、图案、配饰、款式、面料等方式，显示出封建社会中自上而下的等级秩序。服饰等级制度的产生，与其所处时代的封建礼教思想、经济技术水平、文学艺术品位等有着天然的联系。

儒家思想制约着传统服饰的形制。在中国古代漫长的封建社会时期，儒家思想占据统治地位。"依礼着服，等级有序，贵贱有别"，是儒家思想制约下服饰制度的显著特点。按照儒家的思想观念，服饰应从属于礼仪，适应礼仪的需要。传统服饰在礼仪活动中的作用举足轻重。无论是各种大型祭祀、朝会，还是兵戎、婚嫁、丧葬，都应穿着相应的服饰，不可随心所欲。

服饰等级制度的完备，还需要以经济技术的发展水平为前提。纺织技术、染色技术、刺绣技术等决定了服饰的复杂程度。只有当社会上拥有了足够多可供选择的服饰材料、手艺纯熟的手艺人，才可能从质地、颜色、图案上分出等级。很多朝代，皇家都设置了专门的织造部门，用以为天子家族和群臣制作服饰，并颁布一些禁令以维护这种特权，如不许民间使用某种颜色、某些纹样等。

服饰等级制度的确立，是维护封建等级制度的一个典型标志。以服饰作为彰显政治制度和社会秩序，是封建等级制度的一项重要内容。在实用功能之上，传统服饰发挥着它的政治功能、文化和礼仪功能，是维护封建社会等级尊卑秩序的有力工具。

第三节　传统服饰与时代风尚记忆

传统服饰可以体现出时代的物质水平和文明气象，同时也反映了一个时代的审美观念和精神风貌。在特定时期内，总有一些大家共同崇尚而流行的某些款式的服饰,形成一时的风尚。关于服饰风尚的记忆,每个朝代都有,下文选择几种典型的古代、近代服饰加以介绍,以服饰为切入点,探讨其所在时代的审美风潮。

一、唐代女子服饰与时代风尚

相比官服,女性服饰是华夏衣冠史上不可或缺的一部分,它以鲜明的时代特色和丰富的审美追求,使得女性服饰美不胜收。唐诗宋词中有大量关于女性服饰的描写,它们或绚丽华美,如杜甫《丽人行》所述"绣罗衣裳照暮春,蹙金孔雀银麒麟";或精美奇绝,如白居易的《缭绫》所言"织为云外秋雁行,染作江南春水色";或清新素雅,如李白《咏苎萝山》所说的"浣纱弄碧水,自与清波闲"……

唐朝初年,国家统一,经济繁荣,纺织业迅速发展,女性服饰在继承前代传统的基础上,广泛吸收各少数民族的优秀服饰风格,创造出了多姿多彩的服装样式。这是一个女性服饰开放热烈、花样繁多的时代,从服饰层面,撕开了古代中国男尊女卑思想的一角,进行了很多大胆的创新,充分表达了当时女性对美的独特理解和感受,为华夏服饰史留下了浓墨重彩的一笔。

唐代妇女平时的着装主要形制为上襦下裙,配以半臂、帔帛、带饰。襦裙是典型的上衣下裳的服饰,属于传统服饰最早也是最基本的服装形制之一,是唐朝前期女性的日常穿着服饰。襦裙兴盛于魏晋南北朝时期,在唐代发展出多种式样,千姿百态,美不胜收。

唐代的襦裙,上襦较短,形式多样。衣袖有窄有宽,衣襟有对襟、斜襟,穿时,下摆可以放进裙内,也可以垂在外面。上衣领子的式样则非常多样:有方领、圆领、直领、斜领,等等。

唐朝在女性服饰的探索上,展现出了其雍容华贵、开放大度的时代风貌和统一、自信的社会氛围。具体体现在以下几个方面。

首先,低领露胸的服饰一度流行。唐代女子喜欢穿一种上衣是方领或圆领的襦衫,衣领口开得很大,下身着一件长裙,裙腰提得很高,再搭配半臂或披帛,以这种低领露胸的服饰为美。唐代诗人周濆《逢邻女》一诗,用生动形象的文字记录了低领露胸的时尚:"日高邻女笑相逢,慢束罗裙半露胸。莫向秋池照绿水,参差羞杀白芙蓉。"诗歌从一个侧面间接展现了唐代女性服饰开放的气质。唐代周昉的《簪花仕女图》(见图 8-7),则对唐代贵族妇女端庄典雅的形象进行了刻画。在这幅画上,女士们身着束至胸部的红色长裙,外罩薄纱一样轻盈透明的外衣,搭配着同样轻薄飘逸的披帛。画面上,贵妇们或拈花、戏蝶、逗犬、或赏鹤、沉思、徐行,妆容精致,体态丰盈,摇曳生姿。

| 中国记忆

图8-7　周昉簪花仕女图（现藏于辽宁省博物馆）

其次，唐朝女子的裙子种类繁多、精美华丽。有间裙、百鸟裙、石榴裙、花笼裙等各种设计华美、造价昂贵的裙子。

间裙是用两种以上颜色材料间隔而成的裙子。整条裙子有数种相间的颜色交相辉映，是中国隋至初唐时期女子的典型流行服饰之一。[1] 此时间裙样式多呈朱绿或紫碧二间色，由十二片拼间而成，为"十二破""高腰掩乳裙"样式。[2] 唐阎立本画作《步辇图》中，女士穿的裙子便是两种颜色相间（见图8-8）。

图8-8　阎立本步辇图卷（局部）

资料来源：故宫名画记（https://minghuaji.dpm.org.cn/paint/appreciate?id=4b24c04a7a544661a1d523b98f74fdd3）。

---

[1]　张焱维,刘瑜.日本飞鸟、奈良时代与中国初唐间裙的传承变异探析[J].丝绸,2020,57(2)：78—82.
[2]　包铭新.传阎立本《步辇图》与隋唐高腰掩乳女装[J].东华大学学报(自然科学版),2001(5)：21—25.

第八章　华夏衣冠：传统服饰与中国记忆

百鸟裙是用多种飞禽的羽毛捻线织成，价值连城。唐中宗的女儿安乐公主就拥有两件百鸟裙，都是稀世珍宝。为了制作这两件裙子，负责备办宫中衣物的机构尚方采集了各种鸟类的羽毛，使公主的百鸟裙"正视为一色，傍视为一色，日中为一色，影中为一色，而百鸟之状皆见！"①百鸟裙的颜色艳丽无比，尊贵华美，耗费巨大，安乐公主把其中的一件献给了自己的母亲韦皇后。这样的裙子一般人没法拥有，但"贵臣富家多效之，江、岭奇禽异兽毛羽采之殆尽"。

石榴裙是唐代年轻女子中流行的单色红裙。红裙在很多朝代都有，红裙的"红"，并不是一种单一的红，它指的是红这一色系。包括了"赤、朱、绛、绯、丹"等深浅不一的红。唐人所说的红裙，则与石榴花的红特别的关联起来。此种裙子的红色鲜艳美丽，堪比石榴花的红，因此唐代的红裙，也被浪漫化为"石榴裙"。石榴裙在唐代女子中普遍流行，是上至宫廷女子、贵族女子，下至民间少女、舞女歌妓的心爱之物。根据学者的研究，在《全唐诗》中，至少有 23 处提及了石榴裙②，如万楚《五日观妓》中的"眉黛夺将萱草色，红裙妒杀石榴花。"描写的是穿石榴裙的舞女，比石榴花还明艳动人；武则天《如意娘》中的"不信比来长下泪，开箱验取石榴裙。"则是武后借石榴裙表达绵绵相思。张谓《赠赵使君美人》中的"红粉青蛾映楚云，桃花马上石榴裙"，则是妙龄少女的俏丽动人。《簪花仕女图》中的女子，则都身着红裙，加上体态丰腴，游园的闲适惬意，给人以雍容华贵之感。

红裙的制作，看上去很简单，其实在古代存在一定的难度。首先是原材料，其次是染色技术。作为赤色系染织原料之一的红花本不是中原产物，却在民族交流过程中，使得其大量传入中原，在染色上得到了广泛的运用。③唐代染色技术提高，并设立了专门管理织染的部门——织染署，"令一人，正八品上。臣二人，正九品上。掌供冠冕、组绶及织纴、色染"。④ 具备了这些条件，唐代女性追求深浅不一红裙才具备了物质基础。

花笼裙在上层贵族流行，其特点是轻软、细薄、半透明、有多种颜色和图案。

再次，唐代女性还好着男装，即女子头戴软角幞头，身穿翻领或圆领缺胯袍，腰系蹀躞带，穿小口裤，黑、红皮革靴。幞头，又名折上巾，是一种包裹头部的纱罗软巾，起始于汉代，盛行于唐代。在中国历史上通行了千余年。最初的幞头是

---

① 欧阳修，等.新唐书[M].北京：中华书局，1975：878.
②③ 王莉，邵旻."红裙妒杀石榴花"：《全唐诗》"红"服饰文化研究[J].服饰导刊，2021(6)：21—26.
④ 欧阳修，等.新唐书[M].北京：中华书局，1975：1271.

软的,即头上系一块头巾,头巾的四边有四个角,在头上折裹出不同的造型。隋末唐初开始在幞头内设置定型的骨架,幞头罩在骨架上,便于定型。原本幞头的四个幞脚很柔软,中唐后植入丝弦做成的骨,于是幞脚具有了一定的形状,比如有平直型,也有两脚交叉,或成某种角度的幞头。本来幞头是男子的首服,到了唐代女子也开始戴。蹀躞是系在腰间,能挂载小物品小勾的玉带。

女着男装是一种大胆的服饰文化现象。在唐以前的朝代或是唐以后的朝代,女主男装都被视为一种不正常的异端行为,不被认可,甚至被唐以后撰写历史的人称之为"服妖"。在撰写《新唐书·五行一》作者的笔下,唐代有不少"服妖"或"近服妖"的事迹:"太尉长孙无忌以乌羊毛为浑脱毡帽,人多效之,谓之'赵公浑脱'。近服妖也。""武后时,嬖臣张易之为母臧作七宝帐,有鱼龙鸾凤之行,仍为象床、犀簟。""韦后妹尝为豹头枕以辟邪,白泽枕以辟魅,伏熊枕以宜男,亦服妖也。"①

女子穿男装自然也受到批判,但它是唐代女子所特有的服饰风尚。女子着男装的现象最早出现在宫中。《新唐书·五行志》记载了一个故事:唐高宗举行内宴,太平公主穿着紫色袍,腰间系玉带,头上戴着黑色的折上巾,玉带上挂有纷、砺等七件装饰品,俨然一幅武官打扮,为参与宴会的宾客跳舞助兴。高宗看了觉得新奇,对武后说,女子不能成为武官,怎么打扮成这样呢?("高宗尝内宴,太平公主紫衫、玉带、皂罗折上巾,具纷砺七事,歌舞于帝前。帝与武后笑曰:'女子不可为武官,何为此装束?'")②听上去皇帝对女子着男装并不十分认可。开元之后,这一风尚传入民间,成为时尚。晚唐时期,女性以穿这种没有贵贱之分的男装为时髦。李白《对酒》诗也说:"吴姬十五细马驮,青黛画眉红锦靴。"

除了文献的记录之外,还有一些文物对"女着男装"进行了佐证。谭重言、刘裕伦、陈梓森三位学者在论文中对考古发现的女着男装图像进行了梳理,发现在唐朝的陵墓中,一些壁画或陶俑上女扮男装的形象频繁地出现(见表8-5)。这些穿男子服饰的女子,大部分人的身份是宫廷仕女。唐以后这一现象就消失了。

表8-5 考古发现所见女着男装图像

编号	年代	墓主	出土地	女扮男装/胡服女性
1	643	长乐公主	昭陵	男装女骑马俑;胡服女骑马俑
2	649	司马睿	西安	胡服女骑马俑

①② 欧阳修,等. 新唐书[M].北京:中华书局,1975:878.

第八章　华夏衣冠：传统服饰与中国记忆

续　表

编号	年代	墓　主	出土地	女扮男装/胡服女性
3	651	段蔺璧	昭陵	男装女骑马俑；天井4-5号壁画：男装侍女
4	657	张士贵	昭陵	男装女骑马俑；胡服女立俑
5	660	新城长公主	昭陵	过洞2-5壁画：男装侍女，有捧包裹、秉烛、持诗卷者
6	664	郑仁泰	昭陵	男装女立俑；男装女骑马俑
7	667	苏定方	咸阳	过洞6壁画：男装侍女
8	668	李爽	西安	墓室壁画：男装侍女，一捧物，一吹箫
9	673	大长公主	献陵	甬道与墓室壁画：男装侍女，有提壶、持花托盘者
10	675	李凤	献陵	甬道壁画：男装侍女，一持团扇，一捧包裹，一持如意
11	675	阿史那忠	昭陵	过洞3-5壁画：男装侍女，有托盘、包裹、盒者；天井3-5壁画：男装侍女，有持物，捧幞头帽，抱弓及箭囊者
12	684	安元寿	昭陵	男装女立俑；过洞壁画：男装提壶侍女
13	688	麦匊氏	吐鲁番	男装女戏弄俑
14	699	梁元珍	固原	墓室壁画：男装侍女，一捧包裹，一端果盘
15	706	章怀太子	乾陵	甬道壁画：托假山男装侍女；墓室壁画：捧包裹侍女及宫苑侍女
16	706	懿德太子	乾陵	甬道壁画：男装侍女；墓室壁画：男装侍女
17	706	永泰公主	乾陵	甬道壁画：男装侍女；墓室壁画：男装侍女；石椁内外：男装侍女，有持瓶、捧方盒者
18	706	李嗣本	洛阳偃师	胡服女骑马俑
19	708	韦泂	韦曲	石椁画：男装侍女，有捧包裹、托盘、托瓶、持花、抚鸟者
20	708	韦浩	韦曲	墓室壁画：男装侍女，男装喂鸟侍女
21	710	节愍太子	定陵	过洞、天井、甬道壁画：男装侍女，有持壶、拱手、相向而语等多种
22	710	薛氏	咸阳	墓室壁画：男装侍女，一提物，一托盘
23	718	李贞	昭陵	男装女骑马俑
24	718	韦顼		石椁画：胡服女侍
25	721	薛儆	山西万荣	石椁画：男装侍女，有捧包裹、端碗、拱手、捧方盒者
26	724	金乡县主	西安	男装女立俑，胡服女立俑；男装骑伎乐俑；天井壁画：胡服侍女，持方盒；墓室壁画：男装侍女，抱包裹
27	728	薛莫	西安	墓道壁画：捧盘女侍
28	737	李承乾	昭陵	男装女立俑
29	745	苏思勖	西安	墓室壁画：男装女侍，持如意

资料来源：谭重言，刘裕伦，陈梓森.胡服盛行与女着男装：论唐代前期服饰风尚与女性社会地位关系[J].文博，2019(4)：69—75.

唐代女子穿男装,并不是主流,只是当时的一种独特的社会现象。有学者认为唐代上层妇女的追求与向往,仍然是"云想衣裳、鬓簇珠翠"。①

最后,唐代女子还喜穿胡服、戴胡帽。唐代人所称谓的"胡",指的是唐朝边疆附近的回鹘、突厥、吐谷浑和吐蕃等国。与宽衣博带的汉服不同,游牧的少数民族为了方便骑马射箭,穿短跑长裤,脚穿长靴。唐经济文化繁荣,对外交流频繁,吸纳接收了许多外来事物,服饰也吸收了胡服的因素。文献中出现一些女穿胡服的记录。唐代文学家元稹在其诗《和李校书新题乐府十二首·法曲》中记载道:"女为胡妇学胡妆,伎进胡音务胡乐。"指出唐代的女子愿意学习西域人的衣着打扮,歌女也愿学习西域的音乐舞蹈。《新唐书》也记录:"天宝初,贵族及士民好为胡服胡帽,妇人则簪步摇钗,衿袖窄小。"②

唐代女子的服饰,反映出唐朝多种文化交融的格局。以及其对外开放包容的态度。唐朝与外界的交流、贸易往来频繁,社会风气相对开放包容,这为唐朝女子追求另类的服饰之美提供了便利。

二、中山装与崇尚平等的服饰风尚

辛亥革命推翻了延续千年的封建帝制,同时也瓦解了封建时期的规章制度,作为维护封建等级制度的服饰制度被彻底废除。新的时代,人们渴求服饰能够表达自我的审美情趣,不受身份地位的约束,不区分等级的平等服饰制度应运而生,中山装和改良的旗袍,成为当时社会的新风尚。

中山装因孙中山设计并首先穿着而得名。关于中山装具体的诞生时间、地点和过程,流传着两种说法:一说是孙中山以日本士官服、学生装为蓝本,进行改造,创制出第一套中山装。它诞生于辛亥革命后的上海荣昌祥,由洪帮裁缝王才运缝制。③ 另一种说法是孙中山 1923 年任广东大元帅时,主张以当时南洋华侨中流行的"企领文装"上衣为基样设计新装。他在企领加上一条反领,以代替西装衬衣的硬领;又将上衣的三个暗袋改为四个明袋,衣袋上再加上软盖,使袋内的物品不易丢失,并用洋服店老裁缝黄隆生当助手,制成世界上第一套中山服。④

中山装样式简洁大方,实用,采用国货中价格相对低廉的棉布进行生产,与

---

① 孙机.唐代之女子着男装与胡服[J].艺术设计研究,2013(4):26—27.
② 欧阳修,等.新唐书[M].北京:中华书局,1975:879.
③ 叶亚廉,夏林根.上海的发端[M].上海:上海翻译出版公司,1992:366.
④ 尚明轩.孙中山的历程:一个伟人和他的未竟事业[M].北京:解放军文艺出版社,1998:598.

第八章 华夏衣冠：传统服饰与中国记忆

"阶级平等"的服饰构想相符合，具备进行大众化推广的潜能。1929年4月，第二十二次国务会议议决《文官制服礼服条例》："制服用中山装。"就此，中山装经国民政府明令公布而成为法定的制服。① 随着当时政府的指令，中山装成为公务员的统一制服。一时之间，普通民众追随着中山装的潮流，学校中的老师和学生、社会人士也争相着中山装，中山装在社会的影响力日益增强，成为20世纪中国社会一个鲜明的符号和时代潮流。

毛泽东对中山装就情有独钟，且特别喜欢灰色的中山装礼服。从1927年国共分裂，到土地革命时期、抗日战争时期，到1945年8月国共重庆谈判时期，到解放战争时期，到抗美援朝时期，再到"文革"时期，直至他生命终结，都一直穿着中山装，中山装伴随他一生。② 由于毛泽东的喜爱，中山装也因之而在国外被称为"毛式中山装"。2007年英国媒体评选出"影响世界的十套服装"，数以千万中国人都曾经穿过的"中山装"亦在展出之列。③ 新中国成立以后，因为伟人效应，中山装仍然受到国内各界人士的喜爱和重视。在国内外重大礼仪场合，中方领导人均有穿中式礼服出席的情形。

中山装在清末民初的流行和其持续的影响力，反映出以下一些时代风貌。

首先，中山装的流行，是对传统服饰文化的继承。中山装结构的形成与发展过程深受《易经》、周礼的影响，中山装造型中前身的四个口袋用来代表礼、仪、廉、耻——"国之四维"，前襟的五粒纽扣用于象征行政、立法、司法、考试、监察——"五权分立"，袖口的三粒纽扣代表民族、民权、民生——"三民主义"，上部小口袋的倒山形体架式袋盖（亦称作"笔架形袋盖"）寓意中国革命需依靠知识分子。这种暗喻的方式是中国传统服饰审美思维中最具代表性的特征。中山装整体造型结构所体现的"平和、庄重、坚韧、含蓄"的风格也同样是对中国传统文化精神的体现与传承。④

其次，中山装体现了时代的包容精神。中山装是在传统服饰的基础上，广泛吸收外来服饰文化中的精华而创作出来的。中华民族的传统文化有着极大的包容性，民族精神中的深刻内涵能够积极地吸收外来文化的营养，有所取舍地加以扬弃，将外来文化消化为本土文化。最初的中山装采用西式裁剪方法，衣身合体，服装有肩缝与腰省，领形为翻领，袖子采用西式装袖的结构，前衣襟中心通过

---

① 内政部年鉴编纂委员会.内政年鉴(第4册)[M].上海：商务印书馆，1936：F13.
② 万宗瑜.毛泽东与中山装[J].毛泽东思想研究，2013(4)：75—78.
③ 肖亭.英国展出影响世界的10套服装："中山装"入选[EB/OL].(2022-08-23)[2022-08-20].http://www.chinadaily.com.cn/hqzg/2007-11/23/content_6275480.htm.
④ 李迎军.从中山装看传统服饰文化的继承与创新[J].艺术设计研究，2010(1)：34—37.

七粒纽扣系结,前身共有四个明贴袋,口袋均有袋盖并开扣眼,上部两个口袋的袋体有叠褶且袋盖呈倒山形体架式,后背结构开中缝,后背腰节处有腰带。后来,参照《易经》的记述与周代礼仪传统进一步赋予服装更加深刻的内涵,并且从使用的功能性上简化了服装的结构与分割线:取消了后背中缝与后腰带的结构;前衣襟的纽扣确定为五粒;袖口有三粒纽扣;取消前身上两个口袋的叠褶结构改为平贴袋,下面的两个口袋改为立体的箱式贴袋。经过调整的中山装由于将体现中华民族传统审美精神、符合社会革命思想、满足时代生活需要这三大方面的需求成功的统一起来而被广大民众所接受。[1]

三、新式旗袍与近代服饰风尚

我国封建社会时期,历朝历代封建礼教思想主宰之下,妇女服饰多以"遮掩"女性特征为主要目的。1911年辛亥革命之后,中国历史上最后一个封建王朝被推翻,服饰上等级森严的桎梏得以解除。民国初年,新旧交替,旧式的旗女长袍被摒弃,新式旗袍开始形成。新式旗袍摈弃了旧式旗袍的宽大和繁复,强调简练、实用,并以凸显女性身材曲线为特点进行剪裁。"旗袍为清朝服式之变相。现经相当之改良,已为目下我国妇女通常之服式,若剪裁得宜,长短适度,则简洁轻便,大方美观。"[2]

20世纪20年代,旗袍完成几次改良。新式旗袍马甲与短袄合二为一,并采用西式裁法和服装结构,采用胸省、腰省、肩缝和装袖以及垫肩,使旗袍的肩部和腋下部位变得更为合理。新式旗袍的简便与美观,受到女性的追捧与欢迎,受众范围不断扩大,成为一时流行的服饰。旗袍既可以作为出席晚宴的礼服,也可以作为日常穿着的常服,可以非常实用,也能很美观,受到当时女性的追捧也就不足为奇。《社会晚报时装特刊》中记载当时的影星宣景琳女士说的一段话,"最适于中国妇女的服装还得算是旗袍,旗袍可以说是最普遍的绝无阶级的平等服装"[3]。

除了实用和美观,旗袍体现的是时代新风貌,展现的是妇女的解放、思想独立和自由精神。新式旗袍的出现,体现了女性对展现自己身材之美的时尚追求。经过五四新文化运动的洗礼,社会各界都在提倡思想解放。服装作为文化的表征,都市时尚女性的服装开始从掩盖自身曲线的直线装束向显示自己曼妙身材

---

[1] 李迎军.从中山装看传统服饰文化的继承与创新[J].艺术设计研究,2010(1):34—37.
[2] 佚名.旗袍之流行[J].中国大观图画年鉴,1930:229.
[3] 陈听潮.旗袍是妇女大众的服装[J].社会晚报时装特刊,1911:20.

的曲线装束挺进。① 新式旗袍的设计,也体现了近代服饰设计观念的转变,即从只看到服饰的礼仪功能到看到穿衣服的"人",从"重物"到"重人"的转变。在服饰设计的过程之中,广泛吸收了古代服饰和西方服饰的精华,在制作工艺、款式、材质等多方面进行了改良,体现了近代服饰兼容并蓄的文化风格。

20世纪20年代,上海成为这种新兴的女性服饰风尚的中心。上海在20世纪初发展成为中国最大的国际港口,是20世纪中国魅力与时尚的缩影,旗袍是展现老上海魅力,体现中国元素的绝佳方式。当时的学生、名媛、电影明星、家庭主妇、艺术家、大家闺秀……无不身着旗袍。改良的旗袍,代表了当时女性,尤其是上海女性的审美观和价值观,是展现上海文化的一个窗口,对于了解近代上海的文化史、工艺史、女性生活史等都有重要的意义。2007年,上海将"海派旗袍制作技艺"和"龙凤旗袍制作技艺"列入市级非物质文化遗产名录。2011年"龙凤旗袍制作技艺"被列入国家级非物质文化遗产名录。通过非遗保护,在数字时代挖掘上海的文化遗产和重塑集体记忆迎来了新机遇。

第四节 传统服饰的传承与复兴

我国传统服饰是一种文化符号,它在衣裳之上承载着古代社会的文化记忆,以及古人对秩序和美的追求,对周遭世界的理解以及科学技术的水平。当今对于传统服饰及其背后的文化解读,是以文字记录、图画作品、考古发现的古代实物等为基础的。服饰记忆通过留存的各类古代文献和考古实物而得以传承到现代。

一、承载传统服饰记忆的载体

首先,承载传统服饰记忆的最重要的载体之一是文字。甲骨文中就存在一定数量的服饰字,在这些服饰字中蕴涵了大量的文化信息。甲骨文服饰字是指字形直接描摹服饰的形体或以其他组合方式表示服饰的字。研究者总结了甲骨文中的服饰字。根据章念的整理,甲骨文中约有十几个服饰字,分别为:衣、裘、巾、弁、冑、糸、丝、帛、黹、卒、袆、玉、贝、珏朋、尾。② 表8-6是章念对甲骨文中服饰字的概括。

---

① 张繁文,韩雪松.中国时尚文化史.清民国新中国卷[M].济南:山东画报出版社,2011:106—108.
② 章念.甲骨文服饰字研究[J].重庆科技学院学报(社会科学版),2009(6):156—158.

表8-6 甲骨文中的服饰字

汉字	甲骨文①	含 义
衣		一件衣服的俯视图；本义为衣服，甲骨文中借用为祭祀词和地名
裘		一件皮衣的形象；本义为皮衣，甲骨文中借用为地名
巾		佩巾
弁		古代的帽子
胄		上半部分如古代武士所戴有缨饰之帽子；下半部分有释为月，即冒、帽之初文。卜辞中有指甲胄
糸		本义为细丝，在甲骨文中借用为人名
丝		《说文》："丝，蚕所吐也，从二丝"
帛		丝织品的总名
黹		刺绣的服饰
卒		衣服上的文饰
韨②		本义为蔽膝，甲骨文中疑假借为地名
玉		象玉之形
贝		象海贝之形
珏朋		王国维以朋珏为一字，于玉则为珏，于贝则为朋。殷周人初取朋作颈饰
尾		本义为尾饰，在甲骨文中假借为方国名

成语和俗语中，也蕴藏着服饰文化信息。如成语中的"白衣卿相"，古时指进士，后来引申为尚未发迹的读书人。古时读书人中了进士，相当于是获得为官的资格。唐代制定了官服的品色制度，读书人虽然还没有资格穿上紫袍、绯袍等有颜色的官服，但其前途不可限量。唐朝的宰相多由进士出身，因此把着白衣的进

---

① 徐中舒.甲骨文字典[M].成都：四川辞书出版社，2003：34,862,868,871,933,939,944,973,1409.
② 徐中舒.甲骨文字典[M].成都：四川辞书出版社，2003：933.

第八章 华夏衣冠：传统服饰与中国记忆

士称为"白衣卿相"，表达了对白衣之士未来官运的期许。再比如"冠冕堂皇"，我国古代形成冕服制度，周朝时，凡有祭祀之礼，帝王、百官皆穿冕服，冕服包括冕冠，是当时天子、诸侯、卿、大夫所戴的一种礼帽。戴上冕冠之后，人的容貌体态端正威严，后来人们用"冠冕堂皇"来形容故意显得外表庄严体面或正大的样子，实际上并非如此。再比如"巾帼不让须眉"，意思是女子亦可有所作为，不一定比男子差。"巾帼"指的是女性的头巾和头发上的装饰物。"帼"是假髻，用铁丝做固定，外圈有饰物和毛发做装饰，是汉代女士广泛使用的盛装装饰之一。帼戴在头上，远远望去就好像是一个美丽的花篮，于是便渐渐引申为妇女的代称。现代常常称呼女性中的佼佼者尊称为"巾帼英雄"。

这样的成语还有很多，羽扇纶巾、天衣无缝、黄袍加身、衣冠禽兽……细究起来，每个成语背后都有和服饰文化相关联的典故。当代学人搜集了大量与服饰有关的成语，编纂而成了《服饰成语导读》①《洗尽铅华——服饰文化与成语》②等研究著作。

服饰成语是能够窥见我国古代服饰文化的历史、认识古代服饰演变发展轨迹的重要线索之一。一般非服饰研究者或非服饰爱好者，对考古发现的文物或生僻的古文字无所了解，但只要读过书，学过语文课，就一定会记住一些成语。汉语中有关古代服饰的知识，他们很有可能不是直接从古代典籍中了解到的，而是从成语中感受到的。应该说当代人对古代服饰的最初感受，是通过文字，尤其是成语而得到的。

其次，承载传统服饰的另一载体是古代典籍。在古代的典籍中，有大量关于服饰的记录，它较为系统，为后世研究历朝历代的服饰制度提供了最重要的史料基础。

如二十五史中历代《舆服志》主要记录了统治阶层的车骑服饰制度，尤其是参加朝觐、祭祀、出行等重大礼仪活动时的规则，可以说是研究古代服饰文化最重要的史料。如果要研究唐代服饰，最基本的参考资料为《旧唐书·舆服志》《新唐书·车服志》。两书中记载了大量关于唐代冕服、朝服、公服、常服、女性服饰的信息。学者据此写作了《〈旧唐书·舆服志〉与〈新唐书·车服志〉比较研究》③《从两〈唐书·车(舆)服志〉中看唐代女性服饰特色》④《〈旧唐书·舆服志〉中的

---

① 冯盈之.服饰成语导读[M].杭州：浙江大学出版社，2007.
② 霍仲滨.洗尽铅华：服饰文化与成语[M].首都师范大学出版社，2006.
③ 黄正建.《旧唐书·舆服志》与《新唐书·车服志》比较研究[J].艺术设计研究，2019(4)：31—36.
④ 孙立，纪向宏.从两《唐书·车(舆)服志》中看唐代女性服饰特色[J].设计艺术研究，2015,5(1)：99—102,107.

服色及章纹体系建制》①等论文。以及其他基于各朝各代舆服志写作而成的专著:《中国历代〈舆服志〉研究》②《中国古舆服论丛》③《历代〈舆服志〉图释·元史卷》④等。

除了史书的记载之外,诸如诗歌一类文学作品中,也能寻找到古代服饰的蛛丝马迹。如唐诗中就有很多诗歌描写了服饰的色彩、质地、样式等信息,甚至用人物的衣着来暗示人物的性别、官阶等信息。如"紫袖""罗裙""轻裾"等服饰的词语出现在诗中,读诗的人就知道诗中描写的是女子。如王昌龄《采莲曲》"荷叶罗裙一色裁,芙蓉向脸两边开",描写了采莲少女的裙子色彩碧如荷叶、少女的脸庞红润如荷花。而当乌帽、绶等字眼出现之时,则暗指是男子。另外,笔记、诗词曲赋、戏剧、小说等作品中也包含了古代服饰的信息。

再次,承载传统服饰记忆的实物载体是考古文物。考古文物承载的服饰记忆,相比文字及文字作品而言,更为直观鲜活,也更加真实可靠。文字作品经过创作者的加工,有时候跟事实确有差距。比如文献记载中屡屡提及胡服在唐代各阶层流行的情况,但考古发现的实物材料却与文献记载不尽一致。如出土陶俑中"着胡服或男装的女子多为宫廷侍女或家内侍仆,少见身份高的女性"⑤。唐墓的壁画和线刻画中的女子,都是着裙衫者居前;着男装的"袍袴"⑥手捧器物随从于后,身分显然较低,从未见过由袍袴或着胡服的女子牵头的。⑦ 从考古实物上来看,着胡服或男装的女性多为身份较低的社会底层人士,并非唐代女装的主流。因此,在研究古代服饰、揭示服饰文化记忆的过程中,文献记载与考古发现的实物材料,二者需要互相对照和判断,更多的则是相互佐证。

文字记录的信息较为抽象,有时候通过文字的表述并不能还原当时的衣着。结合考古发掘的实物,如石窟艺术、人物雕塑、俑像、壁画、画像石砖等文物,当代人就可以很形象地了解过去的服饰文化。如甲骨文虽然包含了许多服饰文字,却难以知道殷商时期具体的服饰形态。比如古人头上的"首服",有"巾""胄""弁"等形态,说明了在商代人们就开始用头巾,戴甲胄作为护具,但至于头巾、甲胄具体长什么样子,则需要实物来佐证。江西省博物馆所藏商兽

---

① 纪向宏.《旧唐书·舆服志》中的服色及章纹体系建制[J].艺术与设计(理论),2012(12):123—125.
② 华梅.中国历代《舆服志》研究[M].北京:商务印书馆,2015.
③ 孙机.中国古舆服论丛[M].上海:上海古籍出版社,2013.
④ 李薏.历代《舆服志》图释.元史卷[M].上海:东华大学出版社,2016.
⑤ 荣新江.女扮男装:唐代前期妇女的性别意识[M]//唐宋女性与社会.上海:上海辞书出版社,2003:723—750.
⑥ 即婢女。
⑦ 孙机.唐代之女子着男装与胡服[J].艺术设计研究,2013(4):26—27.

面纹青铜胄便是古代的头部护具(见图 8-9)。和衣服有关的则有衣、袆、卒、裘、黹。其中卒是带有纹饰的衣服,黹是有刺绣的衣服,而裘则是皮质的衣服。说明商代先民在衣服的制作上已经具备了一定的水平。衣服的纹样、刺绣、玉饰等,则反映了商代先民追求服饰的美学功能。这些推测,经过出土的文物得到了佐证。

图 8-9　商兽面纹青铜胄(现藏于江西省博物馆)

最后,古代画作也承载了部分服饰记忆。古代没有今天的记录媒介发达,无法记录图像和视频信息。只有通过绘画的形式,艺术化地呈现一些场景和物品。古代画作,包括绘画、岩画、壁画等多种类型的文物,也都是了解服饰文化的重要线索。

如史前时代,没有文字记载的历史时期,要解读服饰文化,就必须依赖考古发现的实物。如研究者通过研究新旧石器时代的岩画,推测出来早期人类穿衣的诉求,主要不是御寒蔽体,而是某种象征含义。原始社会时期,服装来区别身份(职务),垂在"五官"身上作为标志,以管理人群:"从岩画、陶罐上的绘画来看,新旧石器时代,并非所有人都穿了衣服。新石器中后期的岩画上,衣服大多是跳舞时的穿戴,有的也许是为了伪装以捕猎野兽,有的是装神以通天。至于三皇五帝时期,为什么要'垂衣裳',学者解释:人类最早期,是个体生活,因此不需要组织者和管理者。黄帝时部落联盟形成,需要对部落进行管理,发明衣裳并在上面作画,用服装来区别身份(职务),垂在'五官'身上作为标志,以管理人群。"①

对服饰文化的解读,需要综合运用古代文献等文字类史料、古代岩画、壁画、绘画等艺术作品以及陶俑、服饰实物等古代文物等,这些资料之间互为补充、可以对比解释、相互印证,从来为今人了解过去的服饰文化,寻回华夏民族的共同记忆提供了依据。

二、传统服饰的当代复兴

中国古代服饰具有其独特的风格和特色,所蕴含的文化意义远远大于服饰本身。21世纪以来,我国综合国力增强,对优秀传统文化的向往和追求也日益凸显。传统服饰对现代社会的影响日益高涨,逐渐兴起了传统服饰复兴的热潮。传统服饰作为中华传统文化的重要组成部分,它的复兴有利于文化自信的建立与增强。

2001年APEC会议上,各国领导人身着唐装拍了合影,引发了互联网上对"什么是中国传统民族服装"的讨论。2003年,郑州青年王乐天身着深衣走上街头。该深衣为王乐天和其志同道合者们参考古文献缝制而成,王乐天穿着它走过现代的闹市,从而使消失在大众视野已上百年的中国传统服饰重现。他的举动得到很多公众的支持和响应。新加坡的张从兴记者在《联合早报》上刊登了王天乐的报道,该报道被汉网的成员转载在国内各大论坛当中,开启了点状传播带向面的传播,鼓舞了大批汉服爱好者从线上到线下的行为实践。② 在各种因素综合作用之下,掀开了传统服饰在当代复兴的热潮。

除了在国内外重大礼仪活动中,领导人身着传统服装以彰显本国服饰文化之外,受过高等教育的年轻人也在各个公开场合开始身着传统服饰,以此彰显鲜明的民族性格和坚定的文化自信心。根据艾媒咨询的调查,传统服饰的消费群体以"中青年为主,女性用户居多,生活在大城市,大多受过高等教育"③。这股热潮持续体现在传统服饰的制作与消费、相关文化社团的建立、文化节的开展等方面。根据iiMedia Research数据显示,2022年传统服饰消费的市场规模预计达125.4亿元,同比增长23.4%,用户规模超过4亿人。④

---

① 陈传席.释《易经》"黄帝尧舜垂衣裳而天下治":兼说中国的画与绘及记载中绘画起源[J].美术研究,2011(3):30—32,41—46.
② 杨雪,张冉,孔令旭."传统"的再造与流行:对青年汉服文化演变逻辑的考察[J].当代青年研究,2022(2):40—47.
③ 艾媒数据中心.2021年中国汉服消费者基本画像[EB/OL].[2022-07-22].https://data.iimedia.cn.
④ 艾媒咨询:2022—2023年中国汉服产业现状及消费行为数据研究报告[EB/OL].(2022-07-22)[2022-08-20].https://www.iimedia.cn/c400/87077.html.

第八章 华夏衣冠:传统服饰与中国记忆

为什么当代年轻人会喜欢传统服饰?传统服饰在当代得到关注和重视的深层次原因是什么?青年人喜爱传统服饰的热潮,体现了传统与现代交织着的一股张力,或许可以从很多层面上进行解读。

从文化的角度而言,传统服饰复兴的现象,体现的是青年人的文化自觉意识。21世纪以来,我国经济持续高速增长,其结果是使得人们的物质生活得到极大丰富,青年人很容易就能获得来自世界各地的物质产品。但中国文化的"断层"致使青年一代难以回答"我是谁"的问题。在全球化背景下,多元文化相互激荡,更是触发了青年一代的民族文化自觉,促使他们产生了"寻根"的需求。[①] 为了解决认同危机,他们选择回归本民族的历史中寻找解决方案。[②] 传统服饰是华夏文化的表征,蕴含着深厚的文化和历史底蕴,体现出华夏文明的文化传统、社会伦理观念、审美情趣,曾经以丰富的文化内涵与精妙绝伦的工艺而闻名于世,对后世的服饰风格产生了深刻而久远的影响。传统服饰的复兴,实际上是文化的复兴。随着我国综合实力的提升和民族自豪感的升华,繁荣并弘扬传统文化已成为一种必然。

传统服饰的复兴,意味着传统服饰中本身所蕴含的审美得到了当代人的认可。回顾我国传统服饰发展的历程,可以看到其中蕴含着的美不胜枚举。它可以含蓄和美,可以华丽绚烂,可以精彩绝伦,可以飘逸风雅,典雅大气,给人以丰富的服饰美学享受。

传统服饰的复兴,也体现了当代社会的创造力。复兴并非复古,而是当代人在充分尊重传统文化的基础上,提炼精华,重构出来的当代服饰。当代的传统服饰,它一方面继承了传统服饰的文化基因,一方面又根据当代人的审美情趣进行了诸多创新。在继承中实现了创新,使其符合新时代的审美情趣。传统服饰的复兴,要以优秀的传统文化为内核,更要创新发展与时俱进,融入中华民族伟大复兴的征途。

源远流长的服饰文化,不仅诞生于华夏文明之中,更是这一文明发展的见证者。衣裳之上,承载着华夏民族的共同记忆。当我们从社会记忆的角度去解读服饰,就赋予了服饰更加丰富的意义,它超出了服饰作为实物的形象,承载了更广泛的社会政治、经济文化内涵。勤劳智慧的中国人民,创造出了具有绚烂多彩的服饰文化,展现了丰富的时代背景、多元的审美情趣和集体智慧。

[①] 周星,杨娜,张梦玥.从"汉服"到"华服":当代中国人对"民族服装"的建构与诉求[J].贵州大学学报(艺术版),2019(5):46—55.

[②] 霍布斯鲍姆,兰格.传统的发明[M].顾杭,庞冠群,译.南京:译林出版社,2008:1,17,18.

| 中国记忆

从衣裳开始,历经继承、改良、断裂与复兴等漫长的发展演变过程,从中华民族的人文始祖黄帝开创到周朝建制,再到汉朝进行修补、定型,最后在唐代达到巅峰。当代制作的传统服饰,大都以古代服饰制度的基本特征作为灵感和基础,进行了重新设计和剪裁,在保留中国传统文化痕迹的基础上,体现了当代人的社会文化和审美观念。在原汁原味地保留民族性和体现时尚性两个方面进行了平衡,对继承和发扬民族传统文化具有重要意义。

学习思考题

1. 试考察一个关于服饰的成语,查找形成该成语的典故和背景知识。
2. 我国的古诗中有许多对服饰进行描写的诗句,你能想到的提到服装颜色的诗句有哪些?它们分别有怎样的时代背景?反映了怎样的服饰制度?
3. 传统服饰通过何种方式来体现等级秩序?
4. 为什么年轻人开始喜爱传统服饰?
5. 传统服饰在当代得到了何种继承与创新?
6. 在传统服饰复兴的过程中,继承与创新之间应该如何平衡?

参考文献

1. 沈从文.中国古代服饰研究[M].上海:上海书店出版社,2011.
2. 刘昫.旧唐书[M].北京:中华书局,1975.
3. 孙机.华夏衣冠:中国古代服饰文化[M].上海:上海古籍出版社,2016.
4. 赵连赏.中国史话:服饰史话[M].北京:社会科学文献出版社,2011.
5. 华梅.中国历代《舆服志》研究[M].北京:商务印书馆,2015.
6. 孙晨阳,张珂.中国古代服饰辞典[M].北京:中华书局,2015.
7. 姚渊.一个族群绵延千秋的记忆:梳理汉服发展史[J].民族论坛,2005(11):43—46.

第九章　民族脊梁：长城象征与国家记忆场

> 都说长城两边是故乡，
> 你知道长城有多长？
> 它一头挑起大漠边关的冷月，
> 它一头连着华夏儿女的心房。
> 都说长城内外百花香，
> 你知道几经风雪霜？
> 凝聚了千万英雄志士的血肉，
> 博出万里山河一轮红太阳。
> 太阳照　长城长
> 长城他雄风万古扬……①

　　一曲《长城长》响遍中华大地，它抒发着人们对历史的追忆、对长城的萦怀、对祖国的热爱、对和平生活保卫者的赞颂。长城不单是历史古迹，更是中华民族的骄傲，是华夏儿女抗御强敌、珍爱和平的象征。2019年8月，习近平总书记在视察甘肃嘉峪关长城时指出："长城凝聚了中华民族自强不息的奋斗精神和众志成城、坚韧不屈的爱国情怀，已经成为中华民族的代表性符号和中华文明的重要象征。"②本章以长城为对象，分析有关长城的历史文化记忆，探讨长城作为中华民族象征、国家象征形成的时代背景和历史过程；从"记忆之场"角度解读长城象征的时代内涵和艺术表现，长城保护和新时期"新长城"的构筑。"把我们的血肉筑成我们新的长城"，永远激励中华儿女在中华民族伟大复兴的征程上，勠力同心，奋勇向前。

---

① 1992年，由闫肃作词、孟庆云作曲及董文华演唱的歌曲《长城长》。
② 习近平在甘肃考察时强调　坚定信心开拓创新真抓实干　团结一心开创富民兴陇新局面[N]. 人民日报, 2019-08-23(1).

| 中国记忆

第一节　关于长城的历史记忆

绵亘在中华大地上的万里长城，不仅仅是一项军事工程，它承载了中华民族数千年的历史记忆和生存精神。中国长城学会常务副会长、著名长城专家董耀会指出："长城是一座历史的雕塑，成为传承中华文明的重要载体，长城文化蕴含着中华民族特有的精神价值、思维方式和文化意识，体现着中华民族伟大的生命力和创造力。了解博大精深的长城，弘扬长城文化，唤起积淀在人民心里的民族意识，是我们要保护长城文化遗产的长远意义所在。"[①]"长城，便是我们这个民族与国家永远的记忆。"

一、"秦始皇筑长城"的记忆

梁启超1921年在南开大学讲授《中国历史研究法》时，曾在其讲稿中写道："任执一人而问之曰：今之万里长城为何时物？其人必不假思索，立答曰：秦始皇时。殊不知此答案最少有一大部误谬或竟全部误谬也。……若果尔者，则现存之城或竟无一尺一寸为秦时遗迹亦未可知耳"。[②] 长城并不只是秦始皇时代修筑的，但中国人留下的几乎都是"秦始皇筑（修）长城"记忆，是讨论中国记忆极有意思的现象。

长城修筑的历史延续了两千多年，从战国齐、楚、魏、赵、中山、燕、秦，到秦汉、北魏、北齐、北周、隋唐、宋金，一直到明清，除了少数王朝外，大部分入主中原的王朝都修筑过长城或类似长城的防御工事，简要回顾一下长城修筑的历史，是我们理解长城记忆的认识基础和历史基础。

（一）春秋战国长城

长城开始修筑的时期，大约在公元前7世纪春秋战国时期。由于诸侯之间相互兼并，出现了齐、楚、燕、韩、赵、魏、秦等几个较大的诸侯国，各诸侯国为防御需要，开始在自己的土地上修筑长城。

最早修筑长城的是楚国的"方城"。西端从湖北竹山县，跨汉水，经河南邓

---

① 董耀会.长城的崛起[M].北京：北京大学出版社，2012：241.
② 梁启超.中国历史研究法[M].汤志钧，导读.上海：上海古籍出版社，1998：77.

县、内乡、鲁山、叶县,到达泌阳县,全长1 000里,为楚国都城郢西北和东北的防御线。齐长城也较早,大致在战国初年修筑。《水经注》记载:"汶水,出朱虚县泰山,山上有长城,西接岱山,东连琅琊巨海,千有馀里,盖田氏所造也。"目前,齐长城仍有遗迹可见。后来魏、秦、赵、中山、燕等国均筑长城,位于北方。

(二)秦长城

公元前221年,秦吞并六国,统一天下。为了巩固帝国的安全,前215年秦始皇派大将蒙恬率30万大军北击匈奴,取河南地,后筑起了西起临洮(今甘肃山尼县),东至辽东(今辽宁省),蜿蜒一万余里的长城。自秦始皇筑长城后,始有万里长城之称。《史记·秦始皇本纪》记载:"皇帝奋威,德并诸侯,初一泰平。堕坏城郭,决通川防,夷去险阻。"

(三)汉长城

汉初,长城已破烂不堪,但仍发挥了军事防御作用。程不识是驻守长城的名将,戍边期间匈奴不敢来犯。其后卫青、霍去病、公孙贺、公孙敖等出击匈奴,均以秦、赵长城为进攻退守的主要据点。

汉武帝时,连续发动多次对匈奴的战争,将其驱逐至漠北,修复了蒙恬所筑秦长城,又修建了外长城,筑成一条西起大宛贰师城,东至鸭绿江北岸,全长近一万公里的长城。此时,战国时期的秦、赵、燕长城才被放弃。

(四)隋长城

隋炀帝杨广即位以后,除防御北方突厥外,还要对付来自西北方面吐谷浑的侵袭,曾先后两次修筑长城,动用民力前所未有。自开皇元年至大业四年的28年中,先后7次调发近200万劳力,于北部和西北部边境修筑长城、增建城垒,在前代北魏和周、齐修筑长城的基础上,使东迄紫河,中经朔方、灵武之境,西至榆林谷以东的长城、筑垒基本连成一线。

2007年,山西省岢岚县发现一方隋长城施工刻石,是现今出土的最早的有纪年的施工碑记,也是隋代长城遗址出土的唯一一方施工碑记。

(五)唐长城

学术界一般认为"唐代无长城",但唐代确实也修筑过长城,位于山西省榆社县。不过,与传统意义上的"拒胡长城"不同,建筑这条长城是为了统一战争。

《新唐书·地理志》载：山西太谷县"东南八十里马岭有长城，自平城至于鲁口三百里，贞观之年废"。

唐代还修筑了牡丹江边墙，位于黑龙江省牡丹江市境内，始建于唐代渤海国时期，距今已有1 200多年的历史，为渤海国防止黑水靺鞨侵扰而建。

（六）宋金长城

宋长城今天发现有两段：一段为山西省岢岚县，西起青城山，东至荷叶坪山。现存38千米墙体全部由片石砌成；一段在固原市原州区战国秦长城南北两侧。

金朝修有两道长城，一道是修筑于明昌末至承安初期间；另一道乌沙堡长城修筑于承安五年（1200年），大安二年（1210年）修缮并修筑边堡、屯兵城等设施，大安三年（1211年）修缮不久后即被成吉思汗率领蒙古大军攻破。

（七）明长城

明长城分内外两道。其中外长城东起鸭绿江，西抵嘉峪关，全长12 700多里，也叫"外边"或"外墙"、边墙，区别于由秦始皇所修的万里长城。内长城，也叫"内边"，是以北齐所筑为基础，起自内蒙古与山西交界处的偏关以西，东行经雁门关、平型诸关入河北，然后向东北直达居庸关，又由北向东，至怀柔四海关，与"外边"长城相接。明长城是历史上规模最大、最坚固、最雄伟的长城。为了巩固北方的边防，在明朝的200多年统治中几乎没有停止过对长城的修筑。

（八）清长城

清朝统治者禁止汉人进入内蒙古和东北，实行种族隔绝政策，在辽宁和内蒙古修建壕沟，沿壕植柳，称"柳条边"，禁止汉人进出东北。因此，清长城（"柳条边"）与历代长城不同，是用来对内血腥镇压农民起义和民族起义的工具。清长城是满清政府的权宜之计，相对粗糙且保存不多，作用单一，故而很少提及，更无法同明长城比肩。

各时期修筑长城的历史虽然史书上有记载，但无论是民间百姓还是文化精英，都一直流传着"秦始皇修建长城"的记忆印象，确实是历史的另一种"奇迹"，是选择性记忆和结构性遗忘相互作用的结果，体现出历史记忆的某些特质，后文将逐步展开分析。

二、长城内外战争的记忆

在中国古代文明的整体发展中,长城及其长城地区始终发挥着不同程度的重要作用,是中原王朝与边疆地区、农耕文化与游牧文化的"交流区"和"冲突区"。由于历史的原因,游牧民族经常越过长城扰掠中原,因而时常发生战争。"长城看见过太多的战火硝烟,见证了太多战争给人们带来的灾难。"[①]长城记忆主要就是战争记忆,其中主要包括如下战争。

秦蒙恬北击匈奴。秦并天下后,公元前 215 年秦始皇派大将军蒙恬率三十万大军北击匈奴,蒙恬的大军攻占了河南地(今内蒙古境内位于黄河干流以南的河套地区)、占据阳山(内蒙古乌加河以北),设九原郡(今内蒙古包头九原区麻池古城);同时修筑长城,威震匈奴。

西汉对匈奴的战争。汉武帝反击匈奴之战,始于武帝元光六年(公元前 129 年),共历时四十四年之久,其中又以取得漠北决战胜利为标志,从根本上解决了匈奴的南下骚扰问题。这三次战略反击,分别是河南、漠南之战,河西之战,漠北之战。

东汉对北匈奴的战争。汉明帝永平十六年(公元 73 年),发动郡兵与南单于、乌桓、鲜卑、羌胡共数万骑,分道从酒泉塞、张掖居延塞、平城塞、朔方高阙塞出兵,在天山东击破北匈奴。和帝永元元年,北匈奴发生内讧,窦宪、耿秉与南单于合并,分击朔方、西河、五原郡,与北单于战于稽落山,大获全胜,20 余万众来降。耿秉追击出塞 3 000 余里,登燕然山(蒙古国杭爱山)刻石记功而返。永元三年,遣耿夔出居延,围北单于于金微山(阿尔泰山),北单于逃走,汉出塞 5 000 里而返,从此北匈奴衰败。

北魏对柔然的战争。北魏时,北方柔然逐渐强大,连年进犯北魏。北魏明元帝、太武帝都亲自征讨。太武帝亲征 10 次之多。公元 424 年,太武帝被柔然铁骑重重包围 50 余层;至 429 年,魏大军分兵深入,东至瀚海,西及张掖水,北渡燕然山,其范围东西 5 000 里,南北 3 000 里,得柔然降人 30 余万。太安四年(458 年),用车 15 万辆,骑 10 万,旌旗千里,远渡大漠。柔然远遁,文成帝刻石记功而返。从此,柔然不敢复南,边境息警。

明初对鞑靼、瓦剌的战争。元末明初,元人败退北归后,屡图复兴,不断骚扰北边。明太祖朱元璋频频派遣徐达、常遇春、李文忠、沐英、冯胜、蓝玉率大军出

[①] 董耀会.长城的崛起[M].北京:北京大学出版社,2012:5.

击。1387年,破元大军深入捕鱼儿海(内蒙古贝尔湖),大捷,俘获7万余人,"漠北削平"。永乐初年,元蒙后裔鞑靼、瓦剌时常犯境。永乐七年,成祖命五将军率精骑10万北讨,结果五将军均战死。第二年,成祖亲率50万人征讨,鞑靼大溃,追至斡难河(黑龙江上游)班师。三次亲征,成祖竟于1424年崩于亲征班师途中。鞑靼衰败后,(也先)瓦剌势力逐渐增强,构成对明王朝威胁。正统十四年(1449年),瓦剌大举入寇,太监王振挟英宗亲征。大军至大同,形势不利,遂退至土木堡(河北怀来东),也先轻骑追至,明军溃败,死伤数十万,英宗被掳,史称"土木堡之变"或"土木之变"。1455年,也先被杀,瓦剌衰落,而鞑靼又起。嘉靖二十九年,俺答进犯河北,大掠怀柔、顺义、低通州,直逼京师。后焚掠三天三夜而去。隆庆元年,俺答深入山西孝义、介休、平遥、文水、交城、太谷等,曾7次逼近京师。后明王朝一方面启用抗倭名将戚继光镇守蓟门(蓟镇);另一方面封俺答为顺义王,边境稍安宁。

明后期对满族的战争。1583年,建州女真努尔哈赤兴起。1636年,其继任者皇太极改汗为皇帝,建国号大清,统称满洲族,定都盛京。清在成立过程中,不断发动对明朝战争。1626年,努尔哈赤两渡辽河攻宁远(辽宁兴城),受到守将袁崇焕率军抵抗。袁与将士刺血为书,与清军作战。清军退走,努尔哈赤病死。1629年,皇太极发数十万大军越长城攻遵化、蓟州、通州,袁崇焕急速驰援,和清军大战于京师广渠门。袁身先士卒,浑身"箭如猬集"。皇太极感叹"十五年未尝遇此劲敌"。于是,皇太极用反间计,谋害袁崇焕。崇祯在魏忠贤余党的谗言下,将袁崇焕逮捕下狱,崇祯三年将其诛于市。皇太极假手昏庸的崇祯杀死袁崇焕,明再无良将守边,清军也因有明叛将叛臣的帮助,1644年进入山海关,长驱直入,宣告明朝灭亡。

无数次战争给人们留下悲壮惨烈的历史场面,也留下气吞山河的壮志豪情。汉代贾谊《过秦论》中说:"使蒙恬北筑长城而守藩篱,却匈奴七百余里;胡人不敢南下而牧马,士不敢弯弓而报怨。"汉将陈汤上书直言:"明犯强汉者,虽远必诛"!唐代边塞诗人王昌龄《出塞》云:"秦时明月汉时关,万里长征人未还。但使龙城飞将在,不教胡马度阴山。"这些都表达了为国成边的壮志豪情,也成为长城战争的中国记忆,永远留在中国人的记忆里,被一代代颂扬。

三、秦始皇暴政与民怨记忆

在生产力落后的古代,修建城墙这样巨大的防御工程,是以劳动者的血泪和生命为代价的。据记载,秦始皇使用了近百万劳动力修筑长城,占当时全国总人口的二十分之一。由此也形成秦始皇的"暴君"形象或秦王朝的"暴秦"形象,在各种历史记述中时有所见。《史记·陈涉世家》有载:"陈胜曰:'天下苦秦久矣。'"汉贾谊的《过秦论》也有:"秦王怀贪鄙之心,行自奋之智,不信功臣,不亲士民,废王道而立私爱,焚文书而酷刑法,先诈力而后仁义,以暴虐为天下始。""苦秦久矣""以暴虐为天下始"都是"暴秦"的表达。

民间故事"孟姜女哭(倒)长城"(或称"孟姜女传说""孟姜女传")是最典型的揭露"暴秦"象征,它所表达出来的民众对秦政权、秦始皇的愤恨、怨恨和痛恨,随着传说故事的不断流传、演化和再造,在百姓心中种下了"根深蒂固"的"暴秦"记忆或"民怨记忆"。①

"孟姜女哭长城"故事原型来源于《左传·襄公二十三年》的"杞梁妻哭夫",说杞梁为齐国将领,在齐国临淄战死,杞梁妻迎丧于郊。"齐侯归,遇杞梁之妻于郊,使吊之。"从春秋到西晋,杞梁妻哭夫的故事被添枝加叶,但说的都基本上是齐国的事,只是内容描述上更加细致,如"杞妻哭梁,山为之崩""送寒衣""投淄水"等。到唐代,故事时空发生转换:从齐国临淄城移植到了秦始皇时代的秦长城;杞梁由将领战死演化为杞梁被役夫打死;杞梁妻演变成有姓有名的孟仲姿。这种移植第一次出现在唐朝贯休的《杞梁妻》诗中:

<blockquote>
秦之无道兮四海枯,筑长城兮遮北胡。
筑人筑土一万里,杞梁贞妇啼呜呜。
上无父兮中无夫,下无子兮孤复孤。
一号城崩塞色苦,再号杞梁骨出土。
</blockquote>

在唐代《琱玉集》中,基本形成了较为完整的孟姜女传说的故事情节:杞梁(杞良、喜良等)在秦始皇时筑长城,逃走,入孟超后园。超女仲姿浴于池中,见杞梁惊而唤之,答说:"我叫杞梁,燕国人,服役筑长城,因不堪其苦而逃此。"仲姿说:"女人之体,不可视,君视我体,即为君妻。"告其父母,遂结为夫妻。杞梁俄而被追捕、打死,筑入城墙。仲姿寻夫,哭倒长城而认夫尸。这个故事也基本上是后世"孟姜女哭长城"的"正版"或"基本版"。

宋代文献学家郑樵说:"杞梁之妻,与经传所言者,数十言耳,彼则演成万千

---

① 在愤恨、怨恨、痛恨中,选用"怨恨"似乎更贴切点,因为在孟姜女故事中所表达出来的"恨",不完全是敌对关系的"恨",还存有君臣的伦理。

言。"①元代开始,孟姜女的故事被搬上舞台。明代老百姓为了发泄对封建统治者的不满,又改杞梁妻为"孟姜女",改杞梁为"万杞梁"(或万杞良、万喜梁、范喜梁、万子梁等),加入了诸如招亲、夫妻恩爱、千里送寒衣、投海等情节,创造出全新的"孟姜女哭长城"传说。

孟姜女与白蛇传、梁祝、牛郎织女,被誉为我国古代四大民间传说或四大民间爱情故事,通过动人的哭(倒)长城故事,既是对封建统治阶级暴虐行为的控诉,也是对被奴役者不畏强暴、坚贞不屈精神的歌颂。这一传说能在上千年内盛传不衰,妇孺皆知,颇值得深思:一个春秋时齐国的故事如何演变、归结为对秦始皇的控诉?它是如何既为社会底层劳苦大众所接受,又为历代统治者所接受?"孟姜女哭长城"作为民怨记忆与作为忠贞爱情记忆是如何融合演化发展,为民众所喜爱?孟姜女哭长城流传两千年,对中华文化连续性与统一性产生了哪些影响?等等。

据说山海关孟姜女庙中有一幅南宋名臣文天祥题写的楹联:"秦皇安在哉,万里长城筑怨;姜女未亡也,千秋片石铭贞。"②这副楹联可以说是对孟姜女记忆的写照。

四、离愁别恨的记忆

"长城之歌至今不绝。"③古代与长城有关的诗歌一是反映秦始皇的暴政,反映民夫役卒筑城的艰辛;二是反映战争的惨烈,反映戍边征战的壮志与牺牲;三是反映亲朋之间的离愁别恨,以及对亲人故园的眷念相思。

长城地处西北边陲,关山远隔,音讯往来传递经年,因此,与长城有关的边塞诗传递出一种离愁别恨的感怀悲伤,特别是汉唐时期。

汉末女诗人蔡琰(蔡文姬)的《胡笳十八拍》,以感人的音调诉说其一生的悲苦遭遇,反映了战乱给人民带来的深重灾难,抒发了对祖国、故土的强烈思念和骨肉不忍分离的悲伤情感。其中第六拍写道:

> 夜闻陇水兮声呜咽,朝见长城兮路杳漫。
> 追思往日兮行李难,六拍悲来兮欲罢弹。

---

① 郑樵.通志[M].上海:上海古籍出版社,1990:357.
② 有考证说这副对联为文天祥所撰是讹传,南宋偏安江南,文天祥不可能去山海关。
③ 班固.汉书[M].赵一生,点校.杭州:浙江古籍出版社,2000:871.

第九章　民族脊梁：长城象征与国家记忆场

第十拍写道：

> 城头烽火不曾灭，疆场征战何时歇？
> 杀气朝朝冲塞门，胡风夜夜吹边月。
> 故乡隔兮音尘绝，哭无声兮气将咽。
> 一生辛苦缘离别，十拍悲深兮泪成血。

《胡笳十八拍》整个曲调今天演奏起来也令人哀婉伤叹！荡气回肠！

汉代乐府诗《饮马长城窟行》描写了一位独居的思妇梦见远行丈夫的来信及对丈夫的思念之情。

《饮马长城窟行》

> 青青河畔草，绵绵思远道。
> 远道不可思，宿昔梦见之。
> 梦见在我傍，忽觉在他乡。
> 他乡各异县，辗转不相见。
> 枯桑知天风，海水知天寒。
> 入门各自媚，谁肯相为言。
> 客从远方来，遗我双鲤鱼。
> 呼儿烹鲤鱼，中有尺素书。
> 长跪读素书，书中竟何如。
> 上言加餐饭，下言长相忆。

这首乐府诗最早见于南朝梁萧统所作的《昭明文选》，注曰："长城，秦所筑以备胡者。其下有泉窟，可以饮马。征人路出于此而伤悲矣。言天下征役，军戎未止，妇人思夫，故作是行。"诗歌以"上言加餐饭，下言长相忆"这样简单几句的真切关怀，化虚为实，表达了夫妻之间真挚而深厚的感情，寄寓对女主人公坚持的希望。

王维的《渭城曲·送元二使安西》、高适的《别董大》等也都是古代脍炙人口的名诗佳作，与长城边塞息息相关，寄托依依惜别的真挚情感，千百年来为人们一代代传诵。根据《渭城曲·送元二使安西》谱写的古琴曲《阳关三叠》，也为我国十大古琴曲之一。

王维《渭城曲·送元二使安西》
渭城朝雨浥轻尘,客舍青青柳色新。
劝君更尽一杯酒,西出阳关无故人。

高适《别董大》
千里黄云白日曛,北风吹雁雪纷纷。
莫愁前路无知己,天下谁人不识君?

五、建筑工艺与劳动人民智慧的记忆

当代著名的散文家和教育家吴伯萧说:"万里长城至今亮在祖国人民的心中,伫立在祖国连绵的山上,成为千余年文明古国的标志。这不是因为万里长城是秦始皇的什么丰功伟绩,而是因为它是几千万古代劳动人民血肉的结晶。"①

城墙是长城的主要建筑工程,一段城墙不会引人注目,但万里长城把成百座雄关、隘口,成千上万座敌台、烟墩连成一气,这就造成了一项古代建筑工程史上的奇观。历代长城的城墙建筑形式、建筑方法、建筑结构都不完全相同,就是一个朝代的城墙也因地制宜,在建筑结构和形式上各具特点。"因地形,用险制塞",在规划设计、施工管理、材料供应、施工方法等方面克服重重困难,充分体现出古代劳动人民的智慧。

据调查,修筑长城的建筑材料,一般都是因地制宜,就地取材。在高山峻岭处,就地开取石料,用石块砌筑;平原黄土地带就地取土,用土夯筑,或烧砖筑墙;沙漠地区,采用芦苇或红柳枝条层层铺砂来修筑,今天还保存在新疆罗布泊与甘肃玉门关一带的汉长城就是这样修筑的。它们承受了半年酷热和半年寒风的交替侵袭,居然屹立千年,至今仍然层次分明;在东北辽东,长城则用编柞木为墙、木板为墙的,用木板夹着泥土,加水,层层垒高。

在建筑材料的运送上,或用人力搬运,或用简单机具运输,或用动物(骡、马、驴)等驮运。在修建过程中,流传着许多民间故事,如"冰道运石"就是其中之一。

当初修建嘉峪关城时,需要成千上万块长 2 米、宽 0.5 米、厚 0.3 米的石条,

---

① 吴伯萧.我还没有见过长城[M]//郭保林.阅读大中国:长城雄风.北京:石油工业出版社,2007:112.

工匠们在黑山将石条凿好后,却人抬不起,车拉不动,且山高路远,无法运输。大伙儿边凿石条边发愁,眼看隆冬季节就要到了,石条还没有从山里运出一块,若要耽误工期,没有工钱是小,这脑袋可就难保了。大家正在长吁短叹,这时,忽然山顶一声闷雷,从白云中飘下一幅锦绸,众工匠赶紧接住,只见上面若隐若现有几行字,大家看后恍然大悟,按其行事。等到冬季到来后,众人从山上往关城修一条路,在路面上泼水,让其结成一条冰道,然后把石条放在冰道上滑行运输,结果非常顺利地把石条运到了嘉峪关城下,不但没有延误工期,反而节省了不少工期。众工匠为了感谢上苍的护佑,在关城附近修建庙宇,供奉神位,并成为工匠出师后必须参拜的地方。

魏巍长城,绵延烽燧,坚固城防,构成完整的防御体系,其气势恢宏、飘逸灵动,也是劳动人民建筑艺术的丰碑和劳动智慧的象征。

六、对长城历史记忆的评价

对长城的历史记忆还有许多,难以一一述及。从历史唯物主义角度看,长城在古代起到了许多今天看来都非常重要的作用。

一是提高抵御外族入侵或者说"安边"的能力。在"冷兵器"时代,修筑长城是一种消极防御的措施,对阻止外族入侵的一种有效手段。西部民族(匈奴)飘忽不定的游骑,顷刻而来,飘然而去。面对匈奴的扰掠,"救之,少发则不足,多发,远县才至,则胡又已去。聚而不罢,为费甚大;罢之,则胡复入。如此连年,则中国贫苦而民不安矣"[①]。正是由于长城的抵御作用,"匈奴单于不胜秦,北徙",对维护边界稳定和中原帝国安全起了相当大的作用。同时,筑成、屯垦、戍边,促进了中原人口向边塞的迁移,加速了中原地区的文化、生产技术、生活方式向边疆的输入,极大改变边境地区的落后面貌,为戍边、安边提供了人力、物力和社会基础。

二是促进民族之间融合。"秦始皇当初设计它的意图,是想把'塞外'和'塞内'的人民隔开,彼此不相往来,甚至仇视。但历史的发展却得出了相反的结果。"[②]由于长城处于农耕民族与游牧民族的交错地区,为争取资源、空间,游牧民族经常南下扰掠。长城以外的游牧民族并不只有匈奴一家,走了匈奴,来了鲜卑;走了鲜卑,来了柔然;走了柔然,来了突厥;走了突厥,来了契丹;走了契丹,来

[①] 班固.汉书[M].赵一生,点校.杭州:浙江古籍出版社,2000:737.
[②] 叶君健.在长城上[M]//郭保林.阅读大中国:长城雄风.北京:石油工业出版社,2007:70.

了女真,走了女真,来了蒙古……"内外的各民族不管是以和平往来的形式,还是以战争的形式进行交流,都对中华民族内部各民族之间的交往与融合,起着重要的促进作用。"①游牧民族在与农耕民族和平交往或南下扰掠过程中,获得了与农耕文明交流的机会,使游牧民族的文明得到了很大的提高,也加速了北方民族"汉化"过程。"长城内外民族融合范围极广,规模极大。民族融合的过程,也是中华民族多元一体格局形成的过程。在这样一个融合的过程当中,也就形成了对中华文化的认同。不论是在魏晋南北朝时期,辽金统一北方时期,还是元、清统一全国时期,都一直坚守着对中华文化的认同和归属。这种现象,在欧洲是没有的。"②

三是保障中西方经济文化交流。汉代开辟的丝绸之路是连接东西方政治、经济、文化交流的重要通道,揭开了古代中国与中亚、西亚、南亚乃至西欧在经济文化交流的历史篇章。长城是丝绸之路这条大通道的守护者,对维护丝绸之路的畅通和安全,有着非凡的历史意义,起到为商贸、文化交流提供物质补充和保驾护航的重任。几千年来,有长城的屏障和保护,令中外友好使团频繁往来于这条古道,让中外文化在此融合交汇。

但这些都是现代人心中对长城的肯定与评价,而在古代人心目中,除少数人认识到长城对安全的积极作用外,对长城的认识更多是负面的,筑城、战争、暴政、劳民伤财,给劳苦大众增添了无数负担、痛苦和灾难,由此也充满着深重的伤痛记忆。

唐代汪遵《长城》诗云:"秦筑长城比铁牢,蕃戎不敢过临洮。虽然万里连云际,争及尧阶三尺高"。宋代汪无量《长城外》诗云:"君看长城中,尽是骷髅骨。鼓楼几千年,犹且未灭没。空衔千年冤,此冤何时雪。祖龙去已远,长城久迸裂。叹息此骷髅,夜夜泣秋月"。清代康熙皇帝批评秦始皇:"万里经营到海涯,纷纷调发逐浮夸。当时用尽生民力,天下何曾属尔家。"这些诗句都是从不同立场角度表达对长城的批判。

"长城有多长,我的祖先的痛苦就有多么漫长;长城有多重,我的祖先的苦难就有多么深重!"③作为祖先的纪念碑,人们对长城充满着复杂的情感,并逐步演化为中华民族的精神象征。

---

① 董耀会.长城的崛起[M].北京:北京大学出版社,2012:3.
② 董耀会.长城的崛起[M].北京:北京大学出版社,2012:240—241.
③ 周涛.城墙的故事[M]//郭保林.阅读大中国:长城雄风.北京:石油工业出版社,2007:148.

第二节　长城作为国家象征的形成

长城是人类文明史上的一个奇迹,今天,它已越来越突显出"中华民族的精神象征""中华民族象征",乃至中国"国家象征"的意义与历史意涵。"长城的存在,标志着中华民族力量的存在、智慧的存在,它凛凛之风操、浩浩之气势又是中华民族精神之象征,如果没有传承,正如没有黄河、长江一样,'中国'的概念将是模糊的、空洞的。也就是说,只有长城才配得上五千年文明古国的称谓,正如埃及必须有金字塔、古罗马必须有角斗场,那是一部凝固的历史"。① 但长城作为民族(精神)象征、国家象征,并非与生俱来,而是在时空转换,在民族救亡图存的时代背景中,最终完成其意义的升华,实现从最初的战争防御功能到民族、国家象征意义的转变。这是民族意识觉醒觉悟的过程,也是中国从贫弱走向强盛,像长城一样屹立于东方的过程。

一、长城作为民族象征意义的萌生

自有长城以来,人们对长城的认知和感情大多受历史文献、诗歌散文、民间传说、民间戏剧的影响。历史文献带给人们的主要是对长城形制的客观描述及对其军事、政治、经济、文化、社会等功能的介绍和评价;诗歌散文主要描绘长城及其周边环境构成的情景和意象,烘托苍凉沧桑的自然状态、残酷悲壮的战争场面和落寞悲凉的人生境遇;民间传说和民间戏曲的主体是遍布全国、历久不衰的孟姜女哭长城故事,其基调表达的是对长城及其代表的统治阶级的控诉。总之,"在鸦片战争以前,长城主要是作为一种古老、庞大的客观存在和一种沧桑、悲凉的象征物而被人们所认识,并且由于孟姜女哭长城的故事在民间长期而广泛的流传,它还被蒙上了令人畏惧的负面色彩,因而并不具有宏大而正面的国家象征意义"。②

如果说在鸦片战争之前,长城有其象征意义的话,那就是秦始皇的"暴秦"或封建王朝的"暴政"象征,这种象征意义一方面通过孟姜女哭长城在民间广泛流传;另一方面也作为"仁政""德化"的反面典型被统治者所强化。清康熙时期,

---

① 郭保林.阅读大中国:长城雄风.北京:石油工业出版社,2007:1.
② 王雁.论长城国家象征意义的形成[J].理论学刊,2020(1):161—169.

1691年古北口总兵蔡元向朝廷提出,他所管辖的那带长城"倾塌甚多,请行修筑"。为此,康熙颁发谕旨道:"秦筑长城以来,汉、唐、宋亦常修理,具时岂无边患?明末我太祖统大兵长驱直入,诸路瓦解,皆莫能当,可见守国之道,惟在修德安民。民心悦则邦得,而边境自固,所谓'众志成城'者是也。如古北、喜峰口一带,朕皆巡阅,概多损坏,今欲修之,兴工劳役,岂能无害百姓?且长城延袤数千里,养兵几何方能分守?"①说明清统治者强调对政权的巩固不能仅凭"形胜",依靠长城来进行维护,而要重视德化和人心向背。"形胜固难凭,在德不在险"。②康熙、乾隆在赴承德、围场途中,路经古北口时有诗云"但以雄关存旧迹""但留形胜壮山河",表明长城的历史防御功能已经结束,清统治者欲将其作为历史旧迹来加以保存。长城逐渐转变为"历史的遗物"。③

鸦片战争之后,中国面临日益深重的民族危机。文人志士开始通过长城表达忧国忧民、保家卫国的思想。林则徐在遣戍伊犁,途经凉州时写下"关山万里残宵梦,犹听江东战鼓声";出嘉峪关时又写下"严关百尺界天西,万里征人驻马蹄",表达了抗击外敌侵略的愿望和悲壮不屈的浩然之气。康有为1888年经过昌平时曾以"时平堡堠生青草,欲出军都吊鬼雄"的诗句,寄托自己的忧国之情和保国之志。1900年,英华所作"英雄热泪痛沾裳,慷慨徒余侠义肠。弱昧凭凌一至此,长城拊髀忆康梁",把发动戊戌变法的康有为、梁启超比作抵御外寇的长城。通过这些抒怀言志的诗句可看出,历史上作为抵御外敌屏障的长城,在国家遭受西方列强侵凌的危难时刻,被初具近代民族意识的进步人士赋予"保卫国家"的宏大意义。长城的国家象征意义初露端倪。④

近代最早有意识地把长城与中国正面、直接联系起来的是孙中山先生。他在1919年出版的《建国方略》中写道:"始皇虽无道,而长城之有功于后世,实与大禹之治水等。由今观之,倘无长城之捍卫,则中国之亡于北狄,不待宋明而在楚汉之时代矣。"⑤在他看来,正是因为有了长城这道屏障,中华文明才得以和平地延续。在领导资产阶级民主革命的过程中,孙中山已经意识到,要实现民族的独立和国家的振兴,有必要以某种宏大的象征物及其蕴含的积极意义来激发全体民众的认同感和凝聚力。⑥

---

① 转引自马建华.长城:镌刻在大地上的文明[M]兰州:甘肃人民出版社,2014:157.
② 于敏中.钦定日下旧闻考[M]//文渊阁四库全书.台北:台湾商务印书馆,1986:360.
③ 罗哲文.长城史话[M].北京:北京出版社,2019:20.
④⑥ 王雁.论长城国家象征意义的形成[J].理论学刊,2020(1):161—169.
⑤ 孙中山.孙中山文选[M].北京:九州出版社,2011:213.

二、长城抗战与长城精神象征的形成

（一）长城抗战爆发与中国军民的浴血抵抗

1931年"九一八"事变后,日本发动侵华战争,在迅速占领东三省后,1933年初将矛头指向华北地区,开始进犯长城沿线。"日本军队对长城沿线关隘的进犯非常具有象征意味,表明日本已经开始觊觎中国华北领土,让国人进一步感受到外国侵略之严峻。战局的发展以及随之而来的强烈危机意识使'一无所用'的长城重新进入公众视视线",使长城在20世纪获得了全新的意义。①

1933年元旦,日军开始向山海关进攻。中国守军英勇还击,揭开了长城抗战的序幕。3月起,驻守长城的中国军队,包括原属冯玉祥的西北军、原属张学良的东北军和蒋介石嫡系的中央军共13个军,在全国抗日救亡浪潮的推动下,奋起抵抗,在长城义院口、冷口、喜峰口、古北口等地,凭借着长城,与日军进行了激烈战斗,给骄横的日本侵略军以沉重打击,阻止了日军的进攻。

在喜峰口、罗文峪战斗中,国民政府第二十九军宋哲元部在赵登禹、何基沣、佟麟阁的指挥下,以有我无敌的大无畏气概,与日军展开了非常激烈的搏斗。他们没有先进的武器装备,用平时练就的大刀术,晚上手持大刀摸进敌营,与敌人近距离拼死肉搏,使日军的先进武器失去了优势,歼灭日军五六千人,杀得日军闻风丧胆、丢魂落魄,打出了中国军队的威风,极大振奋了中国军民的抗战斗志。就连当时的日本报纸都载文哀叹,称这是"六十年未有之侮辱"。后来风靡中华大地的歌曲《大刀进行曲》,虽然为全国抗战后音乐人麦新创作,但其素材就源于长城抗战时二十九军大刀队的英雄业绩。

在古北口战斗中,国民政府第十七军徐廷瑶部,在关麟征、黄杰、刘戡的轮番指挥下,与日军血战八昼夜,给日军造成了重创。在争夺南天门战斗中,在极强火力掩护下,日军步兵、骑兵、坦克倾巢出动,轮番猛冲。而中国军队在师长黄杰率领下,冒着日军密集的炮火,凭借有利地形,构成了一道无坚不摧的血肉堡垒,一次次将蜂拥而至的敌人杀退。日军付出惨重代价仍无济于事,索性集中全部炮火对高地实施空前猛烈的报复性轰击。从清晨到黄昏,无数炮弹连续不断地倾泻到高地上。高地被削掉了一层又一层,许多战士血光四溅,但没有一个人退却。有一次,日军以大炮轰炸中国守军坚守的一个山头,炮击后组织步兵冲锋,

---

① 吴雪杉.长城:一部抗战时期的视觉文化史[M].北京:生活·读书·新知三联书店,2018:46.

却被愤怒的子弹和手榴弹击退。日军连续几次都未能攻下中国守军的阵地,当最后一次攻上去时,只看到7个勇士的躯体。日军官兵惊叹不已,仅7个战士就击退了他们的多次冲锋,"七勇士"人在阵地在,誓与阵地共存亡,为抗战流尽了最后一滴血。虽然南天门最终失守,但在扼守南天门血战中,中国军人所表现出的不屈不挠、血战到底、誓与阵地共存亡的英雄气概惊天地、泣鬼神。

从1933年3月上旬到4月底,持续一个多月的长城抗战结束,日军最终越过长城,进入华北,但中国军队长城抗战的事迹与抗战精神永存。

(二)"血肉长城"提出与长城精神象征的形成

长城抗战不久,大量二十九军将士在长城上奋勇抗敌的照片被刊登在报纸杂志上,从军事长官、士兵训练、前线备战到上阵杀敌,一应俱全。在宣传过程中,长城与"血肉"日益关联起来,"血肉长城"成为时代的呐喊和号角。

1933年3月19日的《益世报》发表社论《喜峰口的英雄》,评价道:"宋哲元将军领导的一班英雄,在喜峰口那几次战事,在今日中国有绝大的意义……十九路军淞沪一战,使世界认识了中国人;喜峰口的几仗,使我们中国人还可做人。"①1933年3月底,喜峰口、罗文峪战事尚在进行中,华北战事新闻社就出版了《二十九军宋哲元血战杀敌记》;4月1日,又由中国艺术公司出版《宋哲元二十九军长城血战记》,附写真图数十幅,以视觉形象传达二十九大刀对的勇武。同时,孟宪章在北平创办的《长城血战记》画报半月刊,辑录《宋哲元部二十九军长城血战记》一书,于1933年4月出版。书中收录100余幅照片,表现了中国将士长城抗战的勇武和"敌有枪炮,我有血肉"的悲壮(见图9-1)。

"血肉"概念在1933年最早出现,可以追溯到张学良。山海关失陷后,1月18日,张学良在北京私邸召开的中外记者会上说:"我以各国之和平运动,今已无效,我们为争民族的

图9-1 宋哲元将军题词
资料来源:百度(https://baijiahao.baidu.com/s?id=1710128712274035987)。

---

① 任振儒.喜峰口长城带保护发展刍议[C]//中国青山关长城学术研讨会论文集,2004:50—79.

生存,只有拿我们的血肉,我们的性命,来维持和平,来保障中国,再无别法了。"①张学良的这段话随后被各大报刊、书籍引述,1月13日,《社会新闻》以《张学良的血与命》为题,指出:"目下什么话都不用说了,凡属中国人,谁都应该拿出血与命来,维护他的国家;仅仅张学良的血与命,是维护不了这残创重重的多难的国家;仅仅举当政者的血与命,也是维护不了这残创重重的多难的国家。"②

1933年3月19日,《清华周刊》发表李斯彦的诗《喜峰口》,诗中写道:"帝国主义的剥削,占领,瓜分,满洲,东四省,鬼脑里的平津,叫古战场的愤恨,热血奔腾,嘘口气,便化作铁血的长城。"第一次将"血肉"与"长城"结合起来。

1933年4月,《时事月报》上刊登梁中铭的画作《只有血和肉做成的万里长城才能使敌人不能摧毁》(见图9-2),描绘了一个巨人般的战士紧握步枪,正要迈出脚步,跨越低矮的高耸的城墙,冲向前方。战士的身后是万丈光芒,仿佛神灵降世,寄寓了誓死捍卫每一寸国土的表达主题。这幅带有漫画性质的插画占据了1933年4月《时事月报》的整个扉页,十分醒目。同期《时事月报》还配有《在古北口加紧训练之义勇军》《在喜峰口前线我军达到的越壕杀敌》《石河前线之抗日军队》《九门口前线之防守兵》等新闻照片,共同构成梁中铭作品中那个"血和肉做成的万里长城"。

图9-2　梁中铭漫画《只有血和肉做成的万里长城才能使敌人不能摧毁!》

与梁中铭发表《只有血和肉做成的万里长城才能使敌人不能摧毁》画作同期的《时事月报》,还发表一篇名为《到热河去》的札记,形象地说明了"长城"在"今"天所发生的转变:

> 长城本我国工程浩大之防边工事,数千年来仍未变其性质与地位,空军之发达,必有防空,海军之发达,赖有防海,陆军军器之进步,已远非笨拙之

---

① 中央社.以血肉保障中国:张学良昨招待中外记者,痛斥日人侵略蛮横无理[N].中央日报,1933-01-09(1).
② 洁清.张学良的血与命[J].社会新闻,1933(5):60.

长城所能济用,今已进至人的长城时代,动的长城时代,非死的砖石的长城时代了。①

1933年初长城抗战是长城获得新的象征意义的重要节点,"人的长城""动的长城""铁血的长城",以及"血和肉做成的长城"随着战争进程一一呈现,成为中华民族"抗战精神"的象征,或者说中华民族的精神象征。长城象征、长城精神与抗战精神、民族精神、民族魂融为一体,为后来的"新的长城"概念或长城象征奠定了历史基础。②

三、《风云儿女》与"新的长城"正式提出

在抗战精神的感召下,"长城这座足以代表中国古老文明的庞大建筑,在抗日战争初期的长城抗战中,因中国将士的英勇表现而被进一步涂染上了光荣而悲壮的色彩,从而全面消解了它在既往历史上曾有的负面意义,并在外敌入侵、国破家亡的危难时刻被赋予了正面而宏大的象征意义。在这样的背景下,无论是实体的长城还是意象的长城,都越来越成为中国社会各界人士瞩目的对象,围绕长城创作的作品,其数量也在急剧增加。"③

1934年5月,聂耳、田汉创作的抗日新歌剧《扬子江暴风雨》,描写1932年"一·二八"事变后,上海码头工人和人民群众不顾帝国主义和国民党特务的迫害,团结一致,奋起反抗,把日本帝国主义屠杀中国人民的军火扔到江里去的斗争。聂耳为此剧创作了《码头工人歌》《打砖歌》《打桩歌》(以上均由蒲风作词)和《苦力歌》(后改名为《前进歌》,田汉作词)四首歌曲。《扬子江暴风雨》首次公演后便遭国民党当局查禁,但《前进歌》却在全国很快流传开来。歌中唱道:"我们不做亡国奴,我们要做中国的主人。让我们结成一座铁的长城,把强盗们都赶尽!让我们结成一座铁的长城,向着自由的路前进!"

1935年,由田汉、夏衍编剧,许幸之执导,袁牧之、王人美、谈瑛等人主演的一部抗战故事片《风云儿女》上映。影片将情节设置在1932年至1933年,原来只顾享乐的诗人辛白华,因为挚友梁质夫的牺牲,在"长城抗战"精神的激励下,走出温柔乡,加入义勇军,最后高唱《义勇军进行曲》,号召民众化身"新的长城",加入抵抗外敌的行列。影片中,长城及长城抗战是推动影片叙事发展的核心线

---

① 希天.到热河去[J].时事月报,1933(4).
② 吴雪杉.长城:一部抗战时期的视觉文化史[M].北京:生活·读书·新知三联书店,2018:62—83.
③ 王雁.论长城国家象征意义的形成[J].理论学刊,2020(1):161—169.

第九章　民族脊梁：长城象征与国家记忆场

索,因此,在情节、对话、影像,乃至后期宣传上都涉及长城元素和对"长城"的塑造。如影片的英文标题为"A Poem of Great Wall",即"一首长城的诗";影片中穿插了许多关于长城的细节和画面;影片1935年5月24日首映,在《申报》上用整版广告图文并茂推介这部电通公司"倾全力摄制的无上伟大贡献",广告的核心图像即是男女主人公的巨幅头像和一段长城组合在一起(图9-3)。"自崇山峻岭间浮现的照片头像便有了巨人般的尺度感。两个'巨型'头像恰好覆盖了最前方一段城墙,他们仿佛生长在城墙上,成为城墙的化身。"①最关键也是最突出的是影片的主题曲——由田汉作词、聂耳作曲的主题曲

图9-3　《风云儿女》电影海报

《义勇军进行曲》:把"中华民族"和"新的长城"联系在一起,"成为关于长城新内涵最经典的表达方式",凸显长城的精神象征意义。

《义勇军进行曲》

起来! 不愿做奴隶的人们!
把我们的血肉筑成我们新的长城!
中华民族到了最危险的时候,
每个人被迫着发出最后的吼声。
起来! 起来! 起来!

《义勇军进行曲》以其高昂激越、铿锵有力的旋律和鼓舞人心的歌词,表达了中国人民对帝国主义侵略的强烈愤恨和反抗精神,体现了伟大的中华民族在外侮面前勇敢、坚强、团结一心共赴国难的英雄气概。

1935年,随着《风云儿女》在各大影院的播映,《义勇军进行曲》立即在观众中

---

① 吴雪杉.长城:一部抗战时期的视觉文化史[M].北京:生活·读书·新知三联书店,2018:119—120.

引起强烈反响,成为流行极广的抗战歌曲。1937年抗日战争全面爆发后,伴随着中国民族主义的勃兴,社会各界精英逐渐形成了清晰的现代国家意识,同时希望通过某种共同接受和认可的象征力量来凝聚人心、鼓舞士气、共赴国难、发奋图强,以挽救中华民族的危亡。在这种背景下,伴随着《义勇军进行曲》,"新的长城"责无旁贷地担负起唤醒民族意识、强化国家认同、凝聚各方力量的重任和使命。

抗战期间,国民党中央广播电台定期安排播放该曲;国民党很多军校把《义勇军进行曲》定为军歌,如戴安澜将军的国民革命军第200师曾将该曲定为该师的军歌;1935年,"一二·九"运动中,全国各地的学生、工人、爱国人士和支持中国的国际友好人士在集会、游行时都高唱该曲;1937年,淞沪会战爆发后,《义勇军进行曲》成为"八百壮士"孤军营内鼓舞士气的战歌之一;1938年,台儿庄战役中,中国官兵在观战的美国驻华海军副武官卡尔逊的带领下高唱《义勇军进行曲》……在《义勇军进行曲》的回响中,"新的长城"凝练成为中华民族众志成城、保家卫国的自发动员令。国际友人爱泼斯坦曾说:《义勇军进行曲》"使举国奋起,众志成城"①,"从前线到大城市,从城市到最遥远的乡村,每一个中国人都知道这首歌,都会唱"②。美籍华裔历史学家黄仁宇在回忆中国远征军入缅作战时也指出,《义勇军进行曲》给了中国军队战胜一切困难的力量,这首歌曲为中国军魂。

1937年春,上海华艺影片公司拍摄抗日救亡电影《关山万里》,主题歌《长城谣》唱道:"万里长城万里长,长城外面是故乡。四万万同胞心一条,新的长城万里长。""新的长城"又与"长城内外""四万万同胞""故乡"等紧密联系在一起,长城的民族精神象征和团结抗战的意义进一步升华。

这一时期,还发表了一批绘画作品,如黄尧的《铁的长城》、陶今的《用我们的血肉,做成我们新的长城——一九三八年的新阵容》、黄新波的《祖国的保卫》等等,都将"血肉长城""钢铁长城""新的长城"与"保卫国家"联系在一起,为长城赋予"祖国"的象征意义、赋予民族抗战的精神象征意义。

四、党对长城象征的接受与长城象征国家化

中国共产党人在领导人民开展抗日战争过程中也充分接受、认同、强化"新

---

① 爱泼斯坦.见证中国:爱泼斯坦回忆录[M].沈苏儒,等,译.北京:新世界出版社,2004:83.
② 爱泼思坦.人民之战[M].贾宗谊,译.北京:新华出版社,1991:18.

第九章 民族脊梁：长城象征与国家记忆场

的长城"的象征意义，并随着全国的解放和新中国的建立，为新生的人民政权所确认，长城象征逐步国家化。

1935年10月，红军长征翻越六盘山时，毛泽东即写下咏怀词作《清平乐·六盘山》："天高云淡，望断南飞雁。不到长城非好汉，屈指行程二万。六盘山上高峰，红旗漫卷西风。今日长缨在手，何时缚住苍龙？"1936年2月，初到陕北后，毛泽东又写下了那首气吞山河的经典词作《沁园春·雪》："北国风光，千里冰封，万里雪飘。望长城内外，惟余莽莽；大河上下，顿失滔滔。"这两首词大气磅礴，隽异挺拔，具有强烈的感染力，虽然都是后来才发表①，但已经初步表达出中国共产党人对"长城""长城内外"代表的壮美山河的热爱，表达出"江山如此多娇"的爱国情怀和抗战必胜的坚定信念②，长城被初步赋予了国家象征的意义。

全面抗战爆发后，中国共产党领导的抗日武装在抗日民族统一战线正确路线的指导下，一直战斗在长城内外，取得了一次次重大胜利，给日军以沉重打击。1937年9月25日，八路军第115师主力在平型关伏击日军，首战告捷，一举歼灭日军1 000余人，击毁日军汽车100余量辆，打破日军"不可战胜"的神话。接着，八路军三个师又配合国民党军队进行忻口战役，相继取得雁门关大捷、夜袭阳明堡日军机场等胜利，极大地振奋了全国军民的抗战信心，"全线士气为之一壮"。③

为宣传共产党的抗战主张，反映八路军英勇顽强的抗战精神，动员广大民众投身抗日，党领导下新闻等媒体对八路军在长城内外的抗战进行了深入报道，"血肉长城""铁的长城""铁血长城""钢铁长城"等词语广泛使用，进一步丰富、传达了"新的长城"的内涵和象征意义。

1937年10月，胡绳出版《后方民众的总动员》一书，其中第八章以《组织成一座铁的长城》为标题，文章中写道："全国人民在同一的意志下团结起来，组织起来，结成一座铁的长城，这才是我们的抗敌战争的政治基础。"④

1938年8月7日，《新华日报》在报头位置刊登了题为《我们新的长城》的漫画，描绘一排战士手握钢枪组成人墙，枪上的刺刀指向矮小的日本士兵。1940

---

① 《清平乐·六盘山》最早发表于《诗刊》1957年1月号;《沁园春·雪》最早发表于1945年11月14日重庆《新民报晚刊》。
② 长城成为抗战前线的象征，成为保卫国家的象征;"缚住苍龙"，既指国民党反动派，也指日本侵略者。参阅吴雪杉.长城：一部抗战时期的视觉文化史[M].北京：生活·读书·新知三联书店,2018：327."苍龙是泛指敌人……无论说日本侵略者还是国民党反动派，都没错。"费德林.费德林回忆录：我所接触的中苏领导人[M].周爱琦，译.北京：新华出版社,1995：18—20.
③ 本书编写组.中国共产党简史[M].北京：人民出版社，中共党史出版社,2021：80.
④ 胡绳.后方民众的总动员[M].武汉：生活书店,1937：38.

年1月15日,《新华日报》刊登张谔漫画《向我们铁的长城致敬》,画面上中国士兵排列成一堵人墙,上面写着"为国家尽忠,为民族尽孝",同日的社论中则写道:"我忠勇为国的将士,以自己的忠骨筑成新的长城,阻止敌人的前进。"①

沙飞被誉为"中国革命新闻摄影第一人","七七事变"爆发后即奔赴华北战场,"以一个艺术家的自由身份去参与一场保卫和平的宣传摄影事业"。② 1937年秋至1938年春,作为全民通讯社的摄影记者,沙飞跟随115师转战山西、河北,"拍摄出中国最具民族象征意义的一批长城摄影作品",仅《沙飞摄影全集》中以长城为背景的照片就有29幅。这些照片以八路军"战斗在古城墙"为共同主题,主要发表在20世纪40年代的《晋察冀画报》上。这些照片通过长城这一象征物,把中国共产党的抗战伟业同中国的命运紧密联系在一起,让人"深切地感受到沙飞是在通过摄影让万里长城永存"③,也"使每一个不愿意做奴隶的中国人看到这种生动的画面都感到振奋,感到自豪,对坚持抗战,争取最后胜利增添了信心和力量"。④

1938年1月,八路军在河北阜平县召开晋察冀边区军政民代表大会,成立边区抗日民主政府,建立起第一个华北敌后抗日根据地。沙飞用照片《创建第一个抗日民主政府》(见图9-4)记录下这个重要时刻。值得强调的是照片中第一

图9-4 《创建第一个抗日民主政府》(沙飞拍摄)

资料来源:吴雪杉.长城:一部抗战时期的视觉文化史[M].北京:生活·读书·新知三联书店,2018:330.

---

① 王雁.论长城国家象征意义的形成[J].理论学刊,2020(1):161—169.
② 匡达.沙飞诞辰110周年:从文艺青年到革命青年的激流瞬间[EB/OL].(2021-12-26)[2022-08-20].https://baijiahao.baidu.com/s?id=1720168480254068473.
③ 林塞.万里长城百年回望:从玉门关到老龙头[M].北京:五洲传播出版社,2007:126.
④ 刘亚.沙飞军事新闻摄影三论[J].军事记者,2008(10):54.

排与会代表拉起的横幅上,书写着"筑成我们新的长城",横幅为"阜平县政委员会暨各群众团体合赠"。这个横幅既是社会各界对共产党政府的期待,也同样可以理解为晋察冀边区抗日民主政府在当时的理想或者目标——"筑成我们新的长城"。① 照片在《晋察冀画报》发表后,获得了人民的充分认可,也标志着以"新的长城"来表达表示新生的民主政权的开端。

1949年9月,中国人民政治协商会议第一届全体会议表决,决定以《义勇军进行曲》为代国歌;2004年3月14日,第十届全国人大第二次会议通过的宪法正案,正式规定《义勇军进行曲》为中华人民共和国国歌;2017年9月1日,第十二届全国人大常委会第二十九次会议通过《中华人民共和国国歌法》。国歌的第一句歌词"起来,不愿做奴隶的人们,把我们的血肉,筑成我们新的长城",明确把"新的长城"推向新中国的国家象征地位。

从长城抗战之后,长城由古代"砖石"防御工事、无用的遗物,逐步与抗战精神相结合,与"保卫国家"、民族复兴相结合,形成民族救亡图存的"血肉长城""钢铁长城""新的长城",逐渐成为中华民族精神象征、民族象征、国家象征,并在新中国建立后得到国家法律上的确认。

第三节 作为国家记忆场的长城象征

两千多年来,规模宏伟的长城历经沧桑,承载了中华民族的历史与文化,蕴含了其作为民族象征、国家象征的内在品格。在中国人民反抗帝国主义的侵略斗争中,特别是在全民族团结起来抗击日本帝国主义侵略、救亡图存、保家卫国的战争中,长城逐步升华为民族抗战精神的象征,升华为保家卫国的国家象征。在《义勇军进行曲》庄严雄伟、高昂激越的旋律中,在各种诗歌、绘画、雕塑、照片、邮票等的艺术表现和渲染中,"血肉长城""铁血长城""新的长城""雄伟长城""美丽长城"不断唤起中华民族的自觉、自醒、自信、自强的民族意识和国家意识,成为我们的"民族记忆之场""国家记忆之场"。

一、长城:中国的记忆之场

20世纪80年代初,法国历史学家皮埃尔·诺拉动员120位作者,穷十年之

---

① 吴雪杉.长城:一部抗战时期的视觉文化史[M].北京:生活·读书·新知三联书店,2018:329.

功,编纂出版了由135篇论文组成的三部七卷鸿篇巨制《记忆之场——法国国民意识的文化社会史》,回溯历史,探讨形塑法国国民意识的"记忆之场"。

"记忆场"(Les Lieux de Mémoire,或译为记忆场所、记忆之场、记忆之所、记忆地点等)是由法国历史学家皮埃尔·诺拉提出并使用的重要概念。在诺拉撰写的第一部"导言"《记忆与历史之间:场所问题》中,对"记忆之场"有较为充分的阐释,结合其他部分的论述,可以将其核心思想概括为四个方面。

其一,记忆场是记忆沉淀的场域。诺拉说,记忆之场首先是些残留物,历史之所以召唤记忆之场,是因为它遗忘了记忆之场,而记忆之场是尚存有纪念意识的一种极端形态。博物馆、档案馆、墓地和收藏品、节日、周年纪念、契约、会议记录、古迹、庙宇、联想,所有这些就是别的时代和永恒幻觉的见证者。"记忆之场诞生并维系于这样的一种意识:自发的记忆不再存在,应该创造档案,应该维持周年纪念活动、组织庆典、发表葬礼演讲、对文件进行公证,因为这些活动已不再是自然的了"①,而是成了"人们从历史中寻找记忆的切入点"。②

其二,记忆场具有多种多样的形态。诺拉指出,记忆之场属于两个王国,"既简单又含糊,既是自然的又是人为的,既是最易感知的直接经验,又是最为抽象的创作"。③ 这些场所可以是具有地形学上的地点,也可以是有纪念性的地点,或象征性的地点、有功能性的地点。

> 这些场所是社会(不论是何种社会)、民族、家庭、种族、政党自愿寄放它们记忆内容的地方,是作为它们人格必要组成部分而可以找寻到它们记忆的地方,这些场所可以具有地名意义,如档案馆、图书馆和博物馆;也可以具有纪念性建筑的属性,如墓地或建筑物;也可以带有象征意义,如纪念性活动、朝圣活动、周年庆典或各种标志物;也具有功能属性,如教材、自传作品、协会等。这些场所都有它们的历史。④

记忆场的范围可以不断扩大,这种记忆场概念的"不确定性不会阻碍它们结出丰硕成果,其判断标准是它们的实际运用,它们的模糊性可以成为它们的力量

---

① 诺拉.记忆之场[M].黄艳红,等,译.南京:南京大学出版社,2015:11.
② 孙江.皮埃尔·诺拉及其"记忆之场"[J].学海,2015(3):65—72.
③ 诺拉.记忆之场[M].黄艳红,等,译.南京:南京大学出版社,2015:20.
④ 诺拉为《新史学》撰写的"集体记忆"词条.转引自沈坚.记忆与历史的博弈:法国记忆史的建构[J].中国社会科学,2010(3):205—219,224.

第九章 民族脊梁：长城象征与国家记忆场

之源"。①

其三,记忆场是物质、象征和功能的统一。记忆之场并非仅指物质性场所或纪念性场所,它是"实在的、象征的和功能性的场所","这三层含义同时存在,只是程度不同而已"。② 记忆场的三层含义不是指向三种不同的记忆场,而是记忆场是三方面内涵特征的统一。其中,诺拉特别强调记忆场的象征性和功能性,他指出记忆场"承载着一段历史的纯粹象征化的现实"③;"一切在物质和精神层面具有重大意义的统一体,经由人的意志或岁月的力量,这些统一体已经转变为任意共同体的记忆遗产的一个象征性元素"。④

其四,记忆场是记忆与历史双重影响的结果。诺拉认为,记忆场既不是记忆本身,也不属于历史,它处在记忆与历史之间。它要成为"记忆场所",首先必须有"记忆的愿望",这些场所由记忆凝聚而成,记忆"寓身"其中;同时记忆场的形成也必须有历史、时间和变化的介入,历史通过对记忆的"歪曲、转变、塑造和固化",造就了记忆的"场所"。正是历史和记忆的往复运动构建起了"记忆的堡垒":"那些脱离历史运动的片段,如今又被送回到历史运动中。它们不再是全然鲜活的,也不是已经完全死亡,就像这些贝壳在活生生的记忆海洋退潮之后栖息在岸边。"⑤

诺拉的《记忆之场》出版后,人们开始谈论"统一欧洲的记忆场所""德国的记忆场所",浙江大学沈坚教授也在自问:那么中国呢？中国是否也有自己的"记忆场所"?

"记忆之场"是"最具象征意义"的地方,"对记忆之场的研究发生于两场运动的交汇点上……这两种趋势都使得我们以同样的热情同时去照观历史研究的基本工具和我们记忆中最具象征意义的对象"。⑥ 根据诺拉的理解,中国的"记忆之场"无限丰富:黄河、长江、"三山五岳"、黄山、黄帝陵、四川三星堆、秦陵兵马俑、孔庙、故宫、四书五经、《太平御览》、《永乐大典》、《四库全书》、卢沟桥、长征、革命纪念地(井冈山、延安、西柏坡)、国旗、国歌、天安门广场、中国第一历史档案馆、中国第二历史档案馆、国家图书馆、国家博物馆、各种纪念馆、上海外滩、"五四运动"……不胜枚举。凡是历史沉淀的地方(事物),处于历史和现实交汇点的

---

① 沈坚.记忆与历史的博弈:法国记忆史的建构[J].中国社会科学,2010(3):205—219,224.
② 诺拉.记忆之场[M].黄艳红,等,译.南京:南京大学出版社,2015:20.
③④ 诺拉.记忆之场[M].黄艳红,等,译.南京:南京大学出版社,2015:76.
⑤ 诺拉.记忆之场[M].黄艳红,等,译.南京:南京大学出版社,2015:11.
⑥ 诺拉.记忆之场[M].黄艳红,等,译.南京:南京大学出版社,2015:10.

对象,都可以作为国家的记忆之场。

长城是最具代表性的国家记忆之场之一,它的悠久历史、雄伟气魄、铁血峥嵘,与古老、博大、坚强的中国一脉相承,作为国家象征,其内涵极为丰富。

二、长城作为国家象征的内涵

(一)民族精神气质的象征

2019年《长城保护总体规划》提出,长城是"中华民族的精神象征",承载着"团结统一、众志成城的爱国精神;坚韧不屈、自强不息的民族精神;守望和平、开放包容的时代精神"。这三大精神历经岁月锤炼,已深深浸入中华民族的血脉之中,成为实现中华民族伟大复兴的强大精神力量。

在肯定这些精神象征的基础上,人们更多强调长城作为民族精神气质的象征蕴意或意象、作为"民族脊梁"的蕴意和意象。

> 举目远眺,万山纠纷,苍宇低垂,长城穿云过雾,曲折回环,不见来踪,也不见去脉。我顿时呆了,不能道一语,不能赞一词,只有肃然赫然而已。或忆起,是谁曾以龙喻长城?真是个天才的比喻。但此刻,我却奇怪地感到,长城只是一条巨龙的脊梁,有了它,背负长城逶迤而去的群山都活了,在激动,在飞腾。听,还伴着这条巨龙的吟啸之声呢!……我也想起一句话:"长城,我们的国魂。"[1]

长城不仅与中国的"龙"形似,而且神似,蜿蜒盘旋在莽莽的群山山脊之上,"赛似一条探首天际的巨龙。它仿佛有生命,正在奔腾似的,雄伟而又潇洒,庄严而又矫健"[2]。不能不说,用它来比喻、象征我们的"民族脊梁",其寓意深刻、贴切而又生动。

(二)国家力量的象征

有人说修筑长城与国强国弱并无直接关系,汉朝为对抗匈奴,明朝为对抗蒙古才大修长城,元和清都是由长城外打到长城内的帝国,自然没有修的必要;唐朝国力强盛,却并没有怎么修长城,而是直接用军事和外交手段解决了突厥。但

---

[1] 匡夑.在长城,我没有留照[M]//郭保林.阅读大中国:长城雄风.北京:石油工业出版社,2007:110.
[2] 秦牧.长城远眺[M]//郭保林.阅读大中国:长城雄风.北京:石油工业出版社,2007:85.

值得注意的是,"第一个中央集权封建制统一国家和第一道万里长城的并肩出现"①并非偶然。公元前221年,秦始皇并灭了六个强大的诸侯国,建立中国第一个大一统的中央集权封建制国家,为了巩固大帝国的统一和发展生产、安定生活,始皇才从加强国防的需要出发,修筑超过万里的"万里长城"。孙中山先生曾赞誉说:"中国最有名之陆地工程者,万里长城也……工程之大,古无其匹,为世界独一之奇观。"②如此规模巨大的万里长城,没有强大的国家实力支撑,如何能修筑起来。把万里长城修起来,必然是国力强盛之时。

万里长城以它雄伟的身影,坚强不屈的性格,激励并见证了中华民族反击外来入侵、战胜外来之敌的历史。"长城……象征着中华民族伟大坚强的力量,任何敢于来犯的侵略者,都将在这一伟大力量的面前被打得落花流水,体无完肤,片甲不存。"③人们至今仍清楚地记得陈汤的那句豪言壮语:"犯我强汉者虽远必诛!"也记得王昌龄的"但使龙城飞将在,不教胡马度阴山""城头铁鼓声犹振,匣里金刀血未干"这些《出塞》诗句。这是汉唐帝国的气象,也是国家、民族强盛的象征!

在抗日战争中,中华儿女在《义勇军进行曲》的雄伟嘹亮歌声中,用"我们的血肉筑成我们新的长城",打败了日本侵略者,保卫了中华民族,再次展示出这个古老国家的雄浑气力和中国人民的坚强意志。中国人民把保卫国家安全、人民生活安定的子弟兵称为"钢铁长城",正是这一伟大坚强力量的体现。1983年启用的新警徽、2007年启用的司法行政徽章、2009年启用的新检察徽章中,用上长城图案或标志,都"具有明确的国家象征意义"④,是国家权力的行使和国家力量的体现。

(三)民族团结的象征

长城是中国古代劳动人民血汗和智慧的结晶。这里的劳动人民,不仅指汉族,也包括各少数民族。自秦始皇以后,凡是统治中原地区的朝代,几乎都要修筑长城。汉、晋、北魏、东魏、西魏、北齐、北周、隋、唐、宋、辽、金、元、明、清等十多个朝代,都不同规模地修筑过长城。从修筑长城的统治民族看,少数民族修长城的朝代要比汉族统治的朝代多。北魏、东魏、北齐、北周、辽、金、元、清各朝,都大

---

① 罗哲文.长城史话[M].北京:北京出版社,2019:15.
② 孙中山.孙中山文选[M].北京:九州出版社,2011:213.
③ 罗哲文.长城史话[M].北京:北京出版社,2019:23.
④ 王雁.论长城国家象征意义的形成[J].理论学刊,2020(1):161—169.

小不同的修筑长城。① 清康熙时期,虽然停止了大规模的长城修筑,但后来也曾在个别地方修筑了长城,"柳条边"也属于长城的另一种形式。可以说,长城是各民族共同创造的文化象征,虽然各时期修筑的长城不是同一条长城,但都属于"长城"范畴。

长城也是各民族交往交流的桥梁和纽带。在修筑、防守和作战过程中,长城见证了各民族相互融合发展、团结一心抵御外侮的历史。那些长年戍守长城的士兵都是来自中原的农民家庭,他们对于塞外的游牧民族没有那么多的仇恨;塞外被奴隶主驱使来骚扰中原的牧民、匈奴士兵对塞内人民也没有太大的恶感,他们逐渐了解了彼此的共同境遇,建立了友谊,在这种友谊的交流中,中原的耕作技术和文化也传到了塞外。② "长城就是一种国家治理秩序,使各民族可以在其关口里自由交易,而不是通过战争相互掠夺。""茶马互市""塞外江南"就是这种交流的结果。在战时,各民族共同奋战,御敌于国门之外。抗日战争中,如《关山万里》的插曲《长城谣》所唱:"万里长城万里长,长城外面是故乡。四万万同胞心一样,新的长城万里长。"歌曲表达出各民族的心声。长城的修建,对中华民族的繁衍生息,对中华文化的发展兴盛具有重要作用,它见证和推动了中华民族多元一体格局的形成与发展。

(四)古代文明的象征

"上下两千年,纵横数万里",长城像一条巨龙,翻越巍巍群山,穿过茫茫草原,跨过浩瀚沙漠,连接起我国东端和西部,成为我国现存体量最大、分布最广的历史文化遗产,也成为中国在世界范围内识别程度最高的标志性文化符号之一。③

公元前2世纪的拜占庭科学家斐罗曾将埃及金字塔、巴比伦空中花园、阿耳忒弥斯神庙、阿波罗神像、亚历山大灯塔、摩索拉斯陵墓、宙斯神像,列为"世界七大奇迹",作为当时人类文明的标志性成果。当时中国未与世界交往,所以没有文化遗产列入七大奇迹之内。15世纪以后,原七大奇迹除金字塔外,其他遗产

---

① 元代版图地跨欧亚,远出长城以北很远,而且统治者本身原来就是长城以北的游牧民族,长城对他们来说意义不大。但为了防止汉族和其他各民族人民的起义、反抗,检查过往客商,也对许多关隘险处加以修缮,设兵把守。前文未介绍,这里补充说明。参阅罗哲文.长城史话[M].北京:北京出版社,2019.
② 叶君健.在长城上[M]//郭保林.阅读大中国:长城雄风.北京:石油工业出版社,2007:72—73.
③ 本刊编辑部.中华民族的精神象征:长城传[J].传记文学,2021(12):6—7.

第九章　民族脊梁：长城象征与国家记忆场

均不存在，为此人们选出新的七大奇迹，作为中古时期文明的标志：包括意大利的罗马大斗兽场、利比亚沙漠边缘的亚历山大地下陵墓、英格兰的巨石阵、中国的万里长城、中国南京的大报恩寺琉璃宝塔、意大利的比萨斜塔、土耳其的索菲亚大教堂等。后来有人把秦始皇兵马俑也列进来，作为"世界八大奇观"。可见长城在世界文明史上的地位。

1987年，长城被联合国教科文组织列入《世界遗产名录》，成为中国第一批载入世界文化遗产的项目。

（五）壮美河山的象征

万里长城已成为华夏儿女魂牵梦绕的精神家园。穿越千年的广阔时空，昔日战场已"凤凰涅槃，辉煌再现"，化为锦绣河山、无比壮美的历史胜迹，每次登临长城，都会让观光者感到强烈的心灵震撼和无比自豪！中国古建筑学家、著名长城学者罗哲文用一幅优美的长联吟诵出万里长城的历史与壮美：

起春秋、历秦汉、及辽金、迄元明，上下两千多年。有多少将帅元戎、戍卒吏丞、百工黔首，费尽移山心力，修筑此伟大工程。坚强毅力、聪明智慧、血汗辛勤，为中华留下丰碑国宝。

跨峻岭、穿草原、横翰海、经绝壁，纵横一万余里。望不断长龙雉堞、雄关隘口、亭障烽堠，有如玉带明珠，点缀成江山锦绣。起伏奔腾、飞舞盘旋、月宫遥见，给世界增添壮丽奇观。①

散文作家鲁野说：作为审美对象，长城"已完全抽掉了原始意义中那份罪恶与耻辱的内涵，而由它派生出来的光风霁月与举世无双的意象虽然属于一种心理平衡，但它确实满足过我们引以为豪的审美体验，诸如壮美、险峻、伟大、恢宏"。②

长城的雄伟壮丽是无法用言语来的，人们经常用毛泽东的词句"不到长城非好汉"来表达对长城的景仰和登临感受；也经常用艺术手法来表达长城带给人的美的超越。长城的美是穿越时空的美，是"江山如此多娇"的美，是"大美中国"的美。

---

① 由中国古建筑学家、国家文物局古建筑专家组组长、原中国文物研究所所长罗哲文创作的对联《长城赞》，并已录入北师大版六年级下册语文课本中。
② 鲁野.长城夜话[M]//郭保林.阅读大中国：长城雄风.北京：石油工业出版社，2007：95.

（六）和平友好的象征

历史上长城作为防御工事，并不是为侵略而修建，其核心和本质旨在维护和平。北魏中书监高闾说修长城有五利："罢游防之苦，一也；北部放牧无抄掠之患，二也；登城观敌，以逸待劳，三也；息无时之备，四也；岁常游运，永得不匮，五也。"①隋炀帝也表达过修长城的原因："肃肃秋风起，悠悠行万里。万里何所行，横漠筑长城。岂台小子智，先圣之所营。树兹万世策，安此亿兆生。""无抄掠之患"，"安"亿万生民，是修筑长城的目的和宗旨。长城边确实发生大大小小数以万计的战争，但对中国来说，那都是"保境安民""保家卫国"。

近现代以来，长城已成为中外和平友好的交流平台。几百年来，许多国家的使者、科学家、旅行家、传教士等不断来华，把中国长城介绍到国外。新中国后，凡来中国进行国事访问的国家元首、政府官员、驻华使节，以及经贸往来、文化交流、专家学者、留学生、旅游者、友好人士等，莫不到长城一览雄姿。英国前首相希思游长城时说："中国的过去与将来，同样具有魅力……抵达长城时，我觉得比以往从照片上、刺绣上和绘画上见到的长城更为壮观。"美国前总统尼克松在参观长城后说："我认为，你一定会得出这样一个结论——只有一个伟大的民族，才能造得出这样一座伟大的长城"。当年尼克松总统登临长城，北京80万人连夜为其扫雪开道，以表达中国人民的友善好客。

西方现代思想家马克斯·韦伯指出：长城是和平的象征，中国人以守住自己的家园为满足，不想贪得无厌地征服全世界。韦伯的话充分体现长城作为和平友好象征已得到国外学者的认可。1990年北京举办的第11届亚运会会徽，其图案以雄伟的长城组成"A"字型，以此表达北京亚洲运动会将成为亚洲各国人民友爱团结的纽带。

长城的象征意蕴或许还可以再发掘再阐发，正是长城作为记忆之场的历史深厚与意境博大，在时代的变迁中才担当起越来越丰富的象征意蕴。

三、长城象征的艺术表达/表现

国家象征具有"保存历史记忆，形成政治态度，激发群众激情，产生政治信仰，引起政治认同，支配政治行为，促进政治沟通"等多方面的意义。②新中国成

---

① 司马光.资治通鉴[M].北京：古籍出版社，1956：4262—4263.
② 胡国胜.革命与象征：中国共产党政治符号研究（1921—1949）[M].北京：中国社会科学出版社，2014：2.

立以来,长城作为民族象征、国家象征得到政府("官方")确认,长城形象作为象征元素、符号和标志,被广泛应用于艺术创作和艺术实践中,激发人们的爱国热情和家国情怀。

(一)绘画

人民大会堂作为人民民主政权的国家标志,在最显著的位置装饰了多幅长城画作。傅抱石、关山月于1959年合作完成的巨幅山水画《江山如此多娇》(见图9-5),始终悬挂于人民大会堂迎宾厅。这幅画作取材于毛泽东《沁园春·雪》,画中的万里长城透迤起伏,极具祖国大好河山的象征意义。窦宪敏、侯德昌等于1994年创作的《幽燕金秋图》悬挂在人民大会堂东大厅,是迄今为止人民大会堂内最大的一幅国画作品,多次见证了中央政治局常委集体亮相的场面,且几乎每晚都会出现在中央电视台《新闻联播》中。许仁龙于2002年创作的巨幅国画《万里长城》悬挂于人民大会堂接待大厅,体现了浩荡的国家情、民族情。[1]

图9-5　傅抱石、关山月创作的山水画《江山如此多娇》

(二)纪念邮票

纪念邮票既是艺术作品,也是记忆作品。长城作为平和友好的象征,也越来越成为世界人民友谊的象征。为加强中国与世界各国之间的友谊和交往,往往

---

[1] 王雁.论长城国家象征意义的形成[J].理论学刊,2020(1):161—169.

在外交取得重大进展或重要纪念时刻,我国或他国就发行纪念邮票,作为"国家名片"和"友好使者"。如为加强中日两国人民的团结和友谊,我国邮电部于1965年8月25日发行一套5枚纪念邮票,象征中日友好进入一个新的时期,犹如万里长城和富士山一样永世长存。1978年8月12日,中国与日本签订了中日和平友好条约,邮电部发行一套2枚纪念邮票,图案是郭沫若手书的"中日两国人民世世代代友好下去",背景用雄伟的万里长城、美丽的富士山及盛开的鲜花,来表达两国人民的共同愿望。2000年10月,泰国诗丽吉王后代表国王来我国进行国事访问,为纪念诗丽吉王后的这次访华,泰国于2001年发行邮票一套1枚,画面是诗丽吉王后与江泽民主席握手,背景是两国友谊象征、蜿蜒于群山之中的万里长城。2003年柬、中建交45周年,柬埔寨发行吴哥窟及长城邮票一套2枚。① 这些邮票上的长城图案、背景,都表达着中国与各国人民友好相处的愿望与期待。

(三)歌曲

改革开放以来,涌现出诸如《万里长城永不倒》《我的中国心》《长城长》等许多脍炙人口的经典歌曲。

电视剧《大侠霍元甲》的主题曲《万里长城永不倒》(卢国沾作词,黎小田作曲)唱道:"昏睡百年 国人渐已醒/睁开眼吧 小心看吧/哪个愿臣虏自认/因为畏缩与忍让/人家骄气日盛/开口叫吧 高声叫吧/这里是全国皆兵/历来强盗要侵入/最终必送命/万里长城永不倒/千里黄河水滔滔/江山秀丽 叠彩峰岭/问我国家哪像染病/冲开血路 挥手上吧/要致力国家中兴/岂让国土再遭践踏/个个负起使命"。通过"万里长城不倒",表达重振中华民族雄风,保卫秀丽山河的坚强民族意志。

由黄霑作词、王福龄作曲的《我的中国心》:"河山只在我梦萦/祖国已多年未亲近/可是不管怎样也改变不了/我的中国心/洋装虽然穿在身/我心依然是中国心/我的祖先早已把我的一切/烙上中国印/长江长城、黄山黄河/在我心中重千斤/无论何时、无论何地/心中一样亲/流在心里的血/澎湃着中华的声音/就算身在他乡也改变不了/我的中国心。"歌曲运用"长江长城、黄山黄河"这样具有象征性的中华文化标志来传达爱国之情,唱出天下炎黄子孙、华夏儿女对祖国的深情赞美和归属认同,令海外游子心潮澎湃,热血沸腾。这首歌1984年由张明敏在

---

① 刘祖鞭.长城,中华民族的象征[J].集邮博览,2010(10):17—18.

中央电视台春节联欢晚会上演唱,甫一唱出即风靡全国乃至海外,受到海内外华夏儿女一致喜爱。

(四)雕塑

1997年,为纪念中国香港回归祖国,中央政府赠送给中国香港特别行政区一座金紫荆铜雕,该铜雕被安放在具有标志意义的香港金紫荆广场上。金紫荆铜雕的基座即以万里长城代表中国,上面的紫荆花则代表香港。

(五)电视节目

2015年中央电视台纪录片频道播出12集史诗纪录片《长城:中国的故事》,采用剧情纪录片的方式,将电影化的视觉效果和表演技巧引入纪录片创作中,使真实的历史故事拥有最震撼的影像呈现。该片三个摄制组行程10万公里,跨越11个省,历时3年,拍摄了2 000多年来建造保留的长城遗址,3D技术展现了历代长城的原貌,讲述了70多个历史故事。

中央电视台《远方的家》推出的大型系列特别节目《长城内外》,以长城为主线,通过寻找长城历史印记,聚焦时代变革、家园美丽、人性光辉。节目组行走辽宁、河北、北京、山西、陕西、宁夏、甘肃、青海等省市境内的明长城遗址,湖南、贵州、山东、河南、内蒙古、新疆等省区现存的春秋战国、北魏、北齐、辽、金时期的长城遗址,首次对长城进行长距离、大体量的全景式记录。节目共194集,2015年9月在央视播出后,深受海内外华人的一致好评,被认为是对家国精神的追寻、对"长城精神"时代解读的经典佳作。

在今天几乎所有的艺术形式中,都可以看到长城的艺术形象,看到长城象征的艺术表现/表达,既展示出艺术的生命力,更表达出艺术家对长城、对民族、对中国的挚爱!

第四节　长城保护与"新长城"再筑

2019年8月,习近平总书记在考察嘉峪关长城时指出:当今世界,人们提起中国,就会想起万里长城;提起中华文明,也会想起万里长城。长城凝聚了中华民族自强不息的奋斗精神和众志成城、坚韧不屈的爱国情怀。长城、长江、黄河等都是中华民族的重要象征,是中华民族精神的重要标志。我们一定要重视历史文化保护传承,保护好中华民族精神生生不息的根脉。① 长城体现了中国古代劳动人民的汗水心血和聪明才智,也是构成中华民族的民族记忆、国家记忆和民族认同、国家认同的重要遗产。在中华民族伟大复兴的征程中,我们不仅要保护好历史上的长城,还有筑成新时代的"新的长城",让长城精神代代传扬下去。

一、长城的记忆遗存/资源

如果说个体记忆仅是个人在心理上对过去事项(人物、事物、活动)的反映,是对"不在场"的过去的回忆,那么社会记忆就具有更复杂的内涵:它不仅是精神的,也是物质的;不只是个别的记忆事项(某个人物、事物、活动),也是总体的记忆事项(历史、文化、传统总和);不仅储存于人们的头脑之中,通过口述或行为表达出来,也脱离人脑(人体)而存在,是一种外化、物化(物态化)记忆或文本记忆。相应地,长城记忆也不只是人们头脑中关于长城的印象(影像),不只是"一线孤立绵延的城墙",而是长城本体、长城历史、长城文化的集合,是两千多年历史绵续演变中形成累积的长城记忆遗存或资源。长城记忆遗存或资源归纳起来大体由三部分构成。

(一) 物态化记忆遗存

物态化记忆遗存简单说就是以物质形态留存下来的长城记忆,包括长城城墙遗存(长城本体)及各种与长城密切相关的遗迹遗物,构成人们对长城的器物记忆和空间记忆。

长城城墙遗存需要做两方面整体理解:一方面,它既包括现存较完整的明代长城遗存,也包括现存的战国长城、秦长城、汉长城、东魏北齐长城、隋长城、唐代长城、辽金长城、甚至清代的柳条边遗迹。另一方面,城墙遗存不只是墙体,还包括敌楼、关城、墩堡、营城、卫所、镇城、烽火台等等,这些构成各自发挥不同的功能,共同组合成完整的军事工事和建筑群,构成了御敌系统、烽传系统和兵备系统于一体的防御体系,形成了进攻退守的纵深空间,为抵御侵扰提供了有效的安全保障。

长城资源主要分布在河北、北京、天津、山西、陕西、甘肃、内蒙古、黑龙江、吉林、辽宁、山东、河南、青海、宁夏、新疆15个省区市,156个县域。2012年6月5日,国家文物局宣布,历经近5年调查认定,中国历代长城总长度为 21 196.18 千

---

① 李凤双,曹国厂,郭雅茹."山海"之间,长城精神生生不息[N].新华每日电讯,2022-06-12(4).

米,包括长城墙体、壕堑、单体建筑、关堡和相关设施等长城遗产43 721处。这是中国首次科学、系统地测量历代长城的总长度。其中明长城总长8 851.8千米(壕堑359.7千米,自然天险2 232.5千米)。

长城的每一处城墙、敌楼、关城、墩堡、营城、卫所、镇城、烽火台都是历史记忆,甚至一砖一石、一梯一阶,都铭记着沧桑的历史痕迹与记忆。

(二)非物质记忆遗存

非物质记忆遗存主要是通过口述、仪式等形式表现、保存的记忆遗存。关于长城的非物质记忆遗存也十分丰富,其中典型的就是"孟姜女哭(倒)长城"故事或"孟姜女传说",2006年被国务院列为首批国家级非物质文化遗产。

孟姜女传说在我国家喻户晓、妇孺皆知,充分体现了其深刻的历史文化意涵和传播生命力。孟姜女传说的故事梗概和生成演化前文已做过分析,但其作为社会记忆现象,作为记忆遗存或资源其构成也是多方面的,非常值得关注和专门探讨。

民间关于孟姜女记忆的家传人诵难以考察,那估计往往是在"听外婆讲故事"时,就接受到的"传统教育"和"认知记忆"。版本或简或烦、情节或完整或遗漏、人物或清晰或模糊,故事的梗概大体是错不了的,至于故事细节和意义并不深究,但正是在这种传说传奇故事中培养出朴素的家庭观念和历史意识。

孟姜女传说流传广泛的一个重要载体就是民间小调或民间戏剧《孟姜女送寒衣》,历史上各地有许多演绎、改版,其中"孟姜女十二月调"流传最广泛。

> 正月里来是新春,家家户户挂红灯。
> 别家丈夫团圆聚,孟姜女丈夫造长城。
> 二月里来暖洋洋,双双燕子到南洋。
> 新窠做得多端正,对对燕子在高粱。
> 三月里来是清明,桃红柳绿正当春。
> 别家坟上飘白纸,孟姜女坟上冷清清。
> 四月里来养蚕忙,姑娘双双去采桑。
> 桑篮挂在桑树上,勒把眼泪拌把桑。
> 五月里来是黄梅,黄梅发水去种田。
> 家家黄秋都转青,孟姜女田中是草堆。
> 六月里来热难当,蚊虫飞来叮胸膛。

蚊虫吃奴千口血,莫叮奴夫万喜良。
七月里来七秋凉,家家唱书在后厢。
青衣红衫家家有,孟姜女家中是空箱。
八月里来雁开门,孟姜女寻夫岸上来。
小哭三声西湖干,大哭三声长城坍。
九月里来是重阳,重阳米酒菊花香。
满满酌酒无人吃,寂寞孤舟不成双。
十月里来稻上场,牵砻做米落囤箱。
家家户户都打粮,孟姜女家中是空箱。
十一月里来雪花飞,孟姜女出外送寒衣。
前面乌鸦来领路,只见长城冷清清。
十二月里过年忙,杀猪杀羊闹嚷嚷。
家家都有猪羊杀,孟姜女家中空荡荡。①

词曲凄楚哀婉,诉说了一段凄美的爱情故事,也表达古代底层劳动人民生活的艰辛与不易,催人泪下。大体上有共同的生活感受,所以才有情感、心灵上的"共鸣"。

孟姜女哭长城的传说在我国山东、山西、陕西、湖北、甘肃、河北、北京、河南、湖南、云南、广东、广西、福建、浙江、上海、江苏等地都有流传,在形成多种传说版本的同时,各地方也都认为孟姜女(或万杞梁妻)属于本地人,建立了许多姜女庙、贞女祠以示纪念。现在所知最早的孟姜女庙建于北宋,河北徐水和陕西铜川都发现北宋祥符和清嘉庆年间重修姜女庙的碑刻。临淄、同官(铜川)、安肃(徐水)、山海关和潼关都有孟姜女的墓冢。

在众多孟姜女传说发源地中,山海关被认为是孟姜女痛骂秦始皇、投海的地方,建有孟姜女庙,由长阶、山门、神亭、前殿、后殿、望夫石、梳妆台、整衣亭、海眼、孟姜女苑等景点组成。在山海关人的节日习俗中,每年的农历四月十八是姜女庙的庙会,周边四乡八镇的乡亲们聚集这里,有买有卖,驾车挑担,热闹非凡,仿佛一个盛大的节日。庙会是社会记忆仪式操演的一种重要形式。

(三)文献记忆遗存

文献记忆遗存是通过记述、拍摄、摄录等方式,以文本形式表现的记忆体或

---

① 顾颉刚.孟姜女故事研究及其他[M].北京:商务印书馆,2017:362.

第九章 民族脊梁：长城象征与国家记忆场

记忆制品。法国哲学家米歇尔·福柯说："历史是上千年的和集体的记忆的明证，这种记忆依赖于物质的文献以重新获得对自己的过去事情的新鲜感。"①文献记忆遗存不仅指纸本文献（图书、档案等），也包括录音、照片、影像等声像资料。几千年来关于长城的史书史料记述、文学描写、图画照片、影像资料、学术成果等不计其数，是关于长城的重要记忆资源，为我们提供一个"想象"中的长城。

就现有材料看，最早记述长城的史书是《左传》对楚国方城的记载。《左传》上记载有这样一个故事：公元前656年（楚成王十六年），齐国要进兵攻打楚国，军队已经到了陉这个地方，楚成王派屈完去迎敌，到了召陵地方，屈完对齐侯说，如果真想打一仗的话，楚国有方城可以作为城防，有汉水可以作为城池，足可以抵挡一阵子的。齐侯见楚防御工事果然坚固，只好收兵。②《左传》中也有其他诸侯国对长城的记述。如公元前555年（灵公二十七年）记载："晋侯伐齐，……齐侯御诸平阴，堑防门而守之广里"（平阴为齐国修筑的一段防御工事）。此后史书史料记述如《吕氏春秋》《竹书纪年》《汉书》《史记》《水经注》，再往后的各朝史书、地方志、历史档案（居延汉简、敦煌文书）等都有关于长城的记载。

长城的文学艺术描写，包括历史上各时期的诗歌、散文、小说、民间故事、楹联等文学作品。从诗歌散文看，突出的像汉代的乐府诗、唐代的边塞诗，其中出现许多脍炙人口的经典名篇佳句，如汉末文学家陈琳的《饮马长城窟行》；唐代王昌龄的《从军行》、岑参的《白雪歌送武判官归京》、王维的《送元二使安西》等等。从小说、民间故事看，除了孟姜女传说文本外，还有"八达岭传说"，2008年入选国家级非物质文化遗产名录。

历史上的长城图片（表）主要是史志中的"舆图"或"舆地图"。19世纪末，摄影/摄像技术的发明以后，长城的照片、影像资料越来越多，如长城抗战时期留下的许多珍贵照片和影像记录。

以上只是对长城记忆遗存/资源所作的点滴介绍。2016年，由中国长城学会组织编纂的大型长城志书——《中国长城志》出版，分10卷12册，依次为《总述·大事记》《图志》《环境·经济·民族》《边镇·关隘·堡寨》《建筑》《遗址遗存》《军事》《文献》《文学艺术》《人物》，约2300万字，是第一部全面记述长城历史的史志体大型文献，也是长城记忆资源的集大成之作。长城记忆资源与长城本身一道，悠远、绵长、深厚、博大。

---

① 福柯.知识考古学[M].谢强，等，译.北京：生活·读书·新知三联书店，2003：6.
② 罗哲文.长城史话[M].北京：北京出版社，2019：55—56.

二、新中国长城保护的发展

万里长城凝聚了我国古代无数劳动人民辛勤汗水和无穷智慧,积淀了人类文明的宝贵精神资源和物质财富,作为国家象征、民族象征,让其能够更长久更完整地流传给子孙后代,是当代人义不容辞的责任和义务,也是我们需要担负的人类共同责任。1964年5月在威尼斯召开的第二届历史古迹建筑师及技师国际会议通过的《国际古迹保护与修复宪章》指出:"世世代代人民的历史古迹,饱含过去岁月的信息,留存至今成为人们古老的活的见证人。人们越来越意识到人类价值的统一性,并把古代遗迹看作共同的遗产,认识到保护这些古迹的共同责任。"[①]

新中国成立以前,由于风雨的侵蚀、战争、自然灾害以及人为的破坏,长城已是满目疮痍,在残垣断壁、杂草丛生中,往昔的雄风已埋没在历史的记忆之中。新中国成立以后,长城保护受到高度重视,保护工作得到不断加强和推进。

(一)第一阶段:建国初期的初步恢复

新中国成立之初,国家就认识到长城保护、维修和综合利用的重要意义。从1950年开始,在中央人民政府和主管部门所发布的文物保护命令、指示、条例中,都把长城作为重点项目之列。1952年,政务院副总理兼文化教育委员会主任、著名历史考古学家、文学家郭沫若先生提议"修复八达岭长城,对外接待中外游人"。在此提议下,1953年国家从紧张的财力中,拨出专款,对八达岭长城开始进行较大规模的修复。将"居庸外镇"和"北门锁钥"门洞顶部裂壁照原样修复,并将21处坍倒城墙和城墙漏水路面加工整修。1957年,又对八达岭长城进行较大规模修复。延庆县政府成立"八达岭修缮委员会",修复项目包括彻底整修"北门锁钥",修复北岭从关城至四楼、南岭从关城至四楼、关城东门"居庸外镇",修建休息场所。修复后,大体恢复八达岭长城原貌,可供游览的长城长达1300多米,于1958年正式向游人开放。这些维修不仅使长城更好地得到了保护,而且为宣传教育、改革开放、旅游事业的发展都做出了贡献。

20世纪50年代初,国家即派出专家学者对长城进行考察和重点的考古清理与发掘工作,出土了大批简牍文书和珍贵文物。在调查研究的基础上,1961年公布了山海关、居庸关、八达岭、嘉峪关三处为第一批国家级重点文物保护单位。80

---

① 陕西省文物局.国际古迹保护与修复宪章[EB/OL].(2013-09-30)[2022-08-20].wwjhaanxi.gov.cn/zfxxgk/fdzdgknr/flfg/gjgy/201309/t20130930_2131148.html.

年代后,第二批、第三批又相继公布了玉门关长城烽燧、居延(烽燧、塞墙)、金山岭长城、兴城城墙(宁远卫城)等长城重点地段、关城、卫城为国家级重点文物保护单位。

(二)第二阶段:改革开放后的大规模开展

1984年7月,《北京晚报》《北京日报》《经济日报》、八达岭特区办事处等联合举办"爱我中华,修我长城"社会赞助活动。7月中旬,中央政治局委员习仲勋,高度评价赞助活动,并题词。9月1日中央顾问委员会主任、中央军委主席邓小平为赞助活动手书"爱我中华,修我长城"的八字题词,把赞助活动推向高潮,也将长城保护维修推向一个划时代意义的阶段。在这一题词的号召下,国家对许多重点地段的长城进行了维修,如北京的居庸关、八达岭、慕田峪、司马台等处长城,天津的黄崖关长城,河北的山海关老龙头、金山岭、马兰关长城,辽宁的九门口、虎山长城,山西的雁门关,陕西的镇北台,甘肃的嘉峪关、玉门关、阳关,等等,重现了当年长城雄关的风貌。

1985年11月我国成功加入《保护世界文化与自然遗产公约》缔约国行列,1987年开启世界遗产申报工作,当年有6个世界遗产(长城、明清皇宫·北京故宫、秦始皇陵及兵马俑坑、敦煌莫高窟、周口店北京猿人遗址、泰山)获批,其中长城位居首位。联合国教科文组织世界遗产委员会评价认为:"长城反映了中国古代农耕文明和游牧文明的相互碰撞与交流,是中国古代中原帝国远大的政治战略思想,以及强大的军事、国防力量的重要物证,是中国古代高超的军事建筑建造技术和建筑艺术水平的杰出范例,在中国历史上有着保护国家和民族安全的无与伦比的象征意义。"①

2006年,为了加强对长城的保护,规范长城的利用行为,国务院通过《长城保护条例》,明确将"墙体、城堡、关隘、烽火台、敌楼等"纳入"长城"保护范围,标志着长城保护由此走向法制化轨道。"意味着我国在综合性文物保护法规之外有了针对单项文化遗产地的专项法规,这是文化遗产保护立法工作的重要突破。"②

(三)第三阶段:新时代的整体性保护

党的十八大以来,习近平总书记多次就文化遗产保护和长城的保护工作作

---

① 懂视网.关于长城的资料介绍[EB/OL].(2022-04-03)[2022-08-20].https://www.51dongshi.com/eedfbgrghdc.html.
② 中华人民共和国中央人民政府.《长城保护条例》颁布的必要性和重要意义[EB/OL].(2006-11-27)[2022-08-20].http://www.gov.cn/ztzl/chchbh/content_454762.htm.

出重要指示批示，推动我国长城保护工作再上新台阶。

根据《长城保护条例》的精神要求，国家文物局2006年开始启动《长城保护总体规划》编制前期工作，2010年完成长城资源调查，2012年完成长城认定，2015年完成长城信息系统，2016年完成省级长城保护规划。2019年，经国务院同意，文化和旅游部、国家文物局联合印发《长城保护总体规划》（下文简称《规划》），明确以秦汉长城和明长城为保护重点，遵循"原址保护、原状保护"的总体策略，以实现"传承弘扬长城精神，宣传推介长城文化，保护传承建筑遗产，延续长城文化景观"的总体目标。《规划》出台是贯彻落实习近平总书记重要指示批示精神的重要举措，是实施《长城保护条例》的重要进展，是国家统一部署、多方鼎力协作的重要成果。[1]

2019年12月，中共中央办公厅、国务院办公厅印发《长城、大运河、长征国家文化公园建设方案》，明确了"长城国家文化公园，包括战国、秦、汉长城，北魏、北齐、隋、唐、五代、宋、西夏、辽备长城特征的防御体系，金界壕，明长城"，涉及15个省、自治区、直辖市。其中北魏、北齐、西夏、辽长城和金界壕都是少数民族政权修建的长城。

2020年11月，国家文物局又发布第一批国家级长城重要点段名单，以秦汉长城、明长城主线，与抗日战争、长征等重大历史事件存在直接关联，以及具有文化景观典型特征的代表性段落、重要关堡、重要烽燧为主，共计83段/处，使长城保护的对象和范围更加具体明确，充分体现出国家长城保护"全面保护、重点维修、重点开放"的总方针。

三、"筑成我们新的长城"

战争的烽火硝烟已然过去，在全面建设小康社会，努力实现中华民族伟大复兴的征程中，作为中国记忆的传承者、保护者和建设者，我们既要保护好历史上留存的长城，更要构筑迈向新时代的"新长城"。国歌中"把我们的血肉筑成我们新的长城"，永远都是时代主旋律和前进号角，激励中国人民自强不息，奋进新时代，启航新征程。今天"新的长城"的象征内涵是什么？我们应该有怎样的责任和使命担当？值得我们探讨、思考，并为之奋斗。

（一）国家安全长城

国家安全是安邦定国的重要基石，维护国家安全是全国各族人民根本利益

---

[1] 王纬,尚文霞.将长城保护纳入地方政府绩效评估的研究：基于绩效棱柱模型视角[C]//中国长城文化学术研讨会论文集.2019：188—195.

所在。它关系着国家的生存与发展,关系着人民的安居乐业。习近平总书记指出:"国家安全工作是党治国理政的一项十分重要的工作,也是保障国泰民安一项十分重要的工作。"①

国家安全涉及"国家政权、主权、统一和领土完整、人民福祉、经济社会可持续发展和国家其他重大利益相对处于没有危险和不受内外威胁的状态,以及保障持续安全状态的能力"。2014年4月15日,在主持召开中央国家安全委员会第一次会议上,习近平总书记首次提出总体国家安全观,他强调"我们党要巩固执政地位,要团结带领人民坚持和发展中国特色社会主义,保证国家安全是头等大事"。

在总体国家安全观理论体系下,国家安全就是一个国家所有国民、所有领域、所有方面、所有层级安全的总和。党的十九届六中全会指出,总体国家安全观涵盖政治、军事、国土、经济、文化、社会、科技、网络、生态、资源、核、海外利益、太空、深海、极地、生物等16个领域或基本内容。党的十八大以来,我国的国家安全得到全面加强,经受住来自政治、经济、意识形态、自然界等多方面的风险挑战考验,为党和国家兴旺发达、长治久安提供了有力保证。放眼第二个百年,世界百年未有之大变局与中华民族伟大复兴战略全局相互激荡,机遇前所未有,同时各种矛盾也加速向强起来的中国汇集,国家安全形势更趋复杂严峻,维护塑造国家安全的使命任务更加繁重艰巨。站在全面建设社会主义现代化国家新征程新起点,需要我们深入贯彻落实总体国家安全观,以政治安全为根本,以经济安全为基础,以军事、科技、文化、社会安全为保障,牢固树立国家安全观念,切实增强维护国家安全的责任感使命感,共同构建维护国家安全的钢铁长城。

(二)文化自信长城

文化是人类繁衍与生存的一种模式,是国家、民族在长期的发展历程中所形成的人生观、价值观、世界观,是一个国家软实力的重要组成部分。中华文化沉淀着中华民族最深沉的精神追求,包含着中华民族最根本的精神基因,代表着中华民族独特的精神标识,是中华民族绵延不绝,历久弥新,发展壮大的丰厚滋养源泉。一个国家的综合国力,既包括经济、科技、军事为主要内容的硬实力,同样也包含着意识形态、文化等软实力。中国拥有庞大的优秀文化资源,在数千年的发展历程中,中华各民族相互碰撞,形成了丰富多彩、多元一体的优秀传统文化

---

① 阮成发.筑牢祖国西南安全屏障[N].人民日报,2021-04-22(11).

特色。

党的十八大以来,习近平总书记反复强调文化自信,并做过许多深刻阐述。2021年,在福建武夷山市考察时,习近平总书记指出:"没有中华五千年文明,哪有我们今天的成功道路。"①2016年11月30日,在中国文联十大、中国作协九大开幕式上,他再次强调:"文化是一个国家、一个民族的灵魂。历史和现实都表明,一个抛弃了或者背叛了自己历史文化的民族,不仅不可能发展起来,而且很可能上演一幕幕历史悲剧。文化自信,是更基础、更广泛、更深厚的自信,是更基本、更深沉、更持久的力量。坚定文化自信,是事关国运兴衰、事关文化安全、事关民族精神独立性的大问题。"②

长城是中华民族坚持文化自信的根基。长城作为中国古代文明标志和象征,既是中华优秀文化的标志和证明,也是筑牢今天文化自信的精神动力。中国社科院学部委员刘跃进教授说:"弘扬长城精神就是弘扬厚德载物、自强不息的民族精神,就是弘扬众志成城、坚韧不屈的爱国精神,就是为了增强我们民族的文化自信,迎接中华民族的伟大复兴。"③筑起文化自信的新长城,也就是坚定文化自信,垒铸中国人民精神的万里长城。

(三)科技创新长城

有一本书叫《筑向太空长城:中国"两弹一星"揭秘》(彭子强著,昆仑出版社1989年版),把我国"两弹一星"的成功比喻为"筑向太空的新长城",意思直接明了。1966年10月27日9时,当装载核弹头的东风二号导弹呼啸而出,完美的蘑菇云从罗布泊目标区滚滚升起时,中国人无不为此感到骄傲和自豪!国际舆论也称"这次试验成功,说明中国人有着超级的胆略和技术,这是二者的完美结合"。中国改革开放的总设计师邓小平说过:"如果60年代以来中国没有原子弹、氢弹,没有发射卫星,中国就不能叫有重要影响的大国,就没有现在这样的国际地位。这些东西反映一个民族的能力,也是一个民族、一个国家兴旺发达的标志。"

---

① 人民网.习近平考察朱熹园谈文化自信:没有中华五千年文明,哪有我们今天的成功道路[EB/OL].(2021-03-23)[2022-08-20]. http://politics.people.com.cn/n1/2021/0323/c1024_32057954.html.
② 中国共产党新闻网.习近平在中国文联十大、中国作协九大开幕式上的讲话[EB/OL].(2016-11-30)[2022-08-20]. http://cpc.people.com.cn/n1/2016/1201/c64094-28915769.html.
③ 兰州新闻网.【牢记总书记嘱托 喜迎党的二十大】刘跃进:弘扬长城精神 增强民族文化自信[EB/OL].(2022-08-10)[2022-08-20]. http://www.lzbs.com.cn/special/2022/xy20d/content_5018832.htm.

习近平总书记强调:"科技是国之利器,国家赖之以强,企业赖之以赢,人民生活赖之以好。"①"中国要强盛、要复兴,就一定要大力发展科学技术,努力成为世界主要科学中心和创新高地。我们比历史上任何时期都更接近中华民族伟大复兴的目标,我们比历史上任何时期都更需要建设世界科技强国!"②

党的十八大以来,"天眼"探空、神舟飞天、蛟龙深潜、墨子号量子卫星"传信"、高铁奔驰、北斗组网、超算"发威"、国产大飞机首飞,中国桥、中国路、中国港、中国车、中国楼……不断书写中国科技创新和科技发展的新奇迹,也在不断构筑中国科技创新的"新长城"。在2021年5月中国科学院、中国工程院院士大会上,习近平总书记再次强调:"科技立则民族立,科技强则国家强";要"弄通'卡脖子'技术的基础理论和技术原理",要瞄准人工智能、量子信息、集成电路、先进制造、生命健康、脑科学、生物育种、空天科技、深地深海等事关发展全局和国家安全的基础核心领域和前沿领域,"坚决打赢关键核心技术攻坚战","实现高水平科技自立自强"。③

(四)国家记忆长城

米歇尔·福柯说:"记忆是斗争的重要因素之一……谁控制了人们的记忆,谁就控制了人们行为的脉络……因此,占有记忆,控制它,管理它,是生死攸关的。"国家记忆是一个国家、一个民族的身份之根、历史之源、文化之魂,是一个关乎民族国家生死存亡、尊严与前途的重大问题。

人的本性可以有不同的诠释,但人是"善于记忆的动物"是关键和基本的一点。记忆不但关系到人类生存的维系、知识的积淀、文明的延续,更关系到尊严的保持、道义的捍卫。人类的记忆必然要被时间磨损,但除了自然磨损,还有人为的磨损,甚至有意识地摧毁同类的记忆。与人类文明逆流而动的邪恶力量,深知摧毁一种文明,必须要摧毁人们的群体记忆。无论中外,每当出现改朝换代或异族统治,刷新臣民记忆的工作就会大张旗鼓地进行。新的神话、新的创世纪、新的教义将居于民族记忆的核心。当暴力和邪恶过于强大,被统治者失去公开反抗的可能性,捍卫记忆就是表明自己不甘凌辱的最后方式。通过记录苦难、迫

---

① 习近平.为建设世界科技强国而奋斗:在全国科技创新大会、两院院士大会、中国科协第九次全国代表大会上的讲话[N].人民日报,2016-06-01(2).
② 习近平.在中国科学院第十九次院士大会、中国工程院第十四次院士大会上的讲话[N].人民日报,2018-05-29(2).
③ 习近平.在中国科学院第二十次院士大会、中国工程院第十五次院士大会、中国科协第十次全国代表大会上的讲话[N].人民日报,2021-05-29(2).

| 中国记忆

害和罪恶,以便有朝一日重见天日,让子孙后代永志不忘。一个民族、一个国家难免有悲剧发生,但不论祸患是起于内部还是外部,只要我们还保有祖先的记忆,就不会失去尊严。捍卫记忆就是捍卫尊严。①

一段时间以来,国内出现极少数人身穿日本军服出现在抗日纪念场所的不合适行为②,这是忘记了日本侵略战争给中国人民带来的深重灾难,忘记了国耻家恨,是背叛历史的可耻行为。

记忆的遗失不仅是过去的缺损,而且是未来的坍塌,"珍视它和呵护它,就是维护我们的尊严和生命"。③ 因此,我们也要筑牢"中国记忆""国家记忆""新的记忆长城",牢记历史,毋忘国耻。这也是"中国记忆"课程的目的所在。

"把我们的血肉筑成我们新的长城"永远具有时代内涵,催人奋进。每个中华儿女在构筑"新的长城"征途上,都是一块砖、一片瓦,都是筑城人、守城人。"国家兴亡,匹夫有责"!

学习思考题

1. 谈谈你对"秦始皇筑长城"记忆形成的历史思考。
2. 分析"孟姜女哭长城"传说的历史演变。
3. 谈谈你对新时代"新的长城"建设内涵的再思考。
4. 我们应如何"再寻找"长城象征艺术表达/表现?
5. "民族脊梁"的当代表现是什么?
6. 寻找中国"记忆之场",剖析其象征内涵。

参考文献

1. 罗哲文.长城史话[M].北京:人民出版社,2019.
2. 叶小燕.长城史话[M].北京:社会科学文献出版社,2011.
3. 董耀会.长城的崛起[M].北京:北京大学出版社,2012.
4. 景爱.中国长城史[M].上海:上海人民出版社,2006.
5. 郭保林主编.长城雄风[M].北京:石油工业出版社,2007.
6. 吴雪杉.长城:一部抗战时期的视觉文化史[M].北京:生活·读书·新

---

① 夏中义.大学人文教程[M].桂林:广西师范大学出版社,2003:108—109.
② 2017年8月7日,4人披着日军军服在抗战纪念地四行仓库搞怪;2017年8月13日两名男子披着日军军服在广西宾阳高铁站作秀;2018年2月20日,两名男子穿着日本军服,在南京紫金山抗日守军碉堡前摆造型拍照。
③ 徐川.记忆即生命[M]//夏中义.人与国家[M].桂林:广西师范大学出版社,2002:6.

知三联书店,2018.

7. 马建华.长城:镌刻在大地上的文明[M].兰州:甘肃人民出版社,2014.

8. 王雁.论长城国家象征意义的形成[J].理论学刊,2020(1):161-169.

9. 刘祖鞭.长城,中华民族的象征[J].集邮博览,2010(10):17-18.

10. 本刊编辑部.中华民族的精神象征:长城传[J].传记文学,2021(12):6-7.

11. 吉人.长城是和平的象征:浅谈长城文化(摘要)[J].万里长城,2008(3):22-24.

12. 张量.浅议长城抗战与长城精神[J].万里长城:庆祝中华人民共和国成立70周年论文集[C].中国长城学会专题资料汇编,2019(12):100-103.

13. 许嘉璐.筑起中华民族新的精神长城[J]//万里长城:庆祝中华人民共和国成立70周年论文集[C].中国长城学会专题资料汇编,2019(12).

14. 文化和旅游部、国家文物局.长城保护总体规划[Z].

第十章　时代音符：奏响国家记忆传承的时代强音

梁漱溟先生指出："眼前的社会事实固须知道，而单看眼前事实是不能够发现他的意义的；要从其他来历背景而有以测其前途将要如何，才行。"①中华民族的历史、记忆经过五千年的沉淀，凝聚了中华民族重要的历史发展、艺术审美、科学进步与社会实践，具有强大的感染力和穿透力。同时，它对一个国家的历史认同、情感皈依、社会维系与稳定都发挥着重要的文化基础作用，而且在国际层面还可以实现抵御文化霸权、促进文化交流互鉴的功能。②近年来，随着世界记忆工程在全球范围的开展，保护和传承国家记忆已得到党和政府的高度重视，一系列政策措施都在强调对国家记忆的传承。如2016年3月第十二届人民代表大会通过的《中华人民共和国国民经济和社会发展第十三个五年计划纲要》提出"实施国家记忆工程"；2017年2月，在文化部印发的《文化部"十三五"时期文化发展改革规划》中进一步对"国家记忆工程"实施提出了具体意见；2021年6月中共中央办公厅、国务院办公厅联合印发的《"十四五"全国档案事业发展规划》在"十三五"的基础上，提出"实施新时代新成就国家记忆工程"，将脱贫攻坚、新冠肺炎疫情防控等档案记忆项目纳入了新时代国家记忆工程建设范畴。

一个有远见的民族，总是把关注的目光投向青年。党的十八以来，党中央召开了党的历史上第一次中央党的群团工作会议，出台了中国历史上第一个青年发展规划，并将青年和青年工作纳入了党的十九大报告和党的第三个历史决议之中。③ 习近平总书记更是在十九大报告中，明确指出"中华民族伟大复兴的中国梦终将在一代代青年的接力奋斗中变为现实"，足以彰显党和国家对青年的重

---

① 梁漱溟.乡村建设理论[M].上海：上海人民出版社，2011：8.
② 习近平.在党史学习教育动员大会上的讲话[J].党建，2021(4)：4—11.
③ 上观新闻.中国共产党的这一"忠实助手"，何以有别于其他同类组织[EB/OL].(2022-09-10)[2022-09-20].https://export.shobserver.com/baijiahao/html/500709.html.

第十章 时代音符：奏响国家记忆传承的时代强音

视。为此,青年人作为党和国家事业的生力军,弘扬国家优秀传统的主力军,理应在国家记忆的保护与传承中以青春韶华砥砺峥嵘岁月,扛起国家记忆构建与传承的使命大旗,掀起"争做社会主义建设积极分子"的热潮,奏响国家记忆传承的时代强音。

第一节 中国记忆传承的认知取向

历史记忆是国家进步、民族复兴的重要条件。人们可以容忍在记忆的断裂处彷徨徘徊,却无法容忍长期陷入社会记忆的真空。① 正如保罗·康纳顿所言,在任何社会秩序下的参与者必须有一定共同的记忆。在这一框架下,国家记忆是一种具有凝聚性的文化结构,可以对内实现认同与融合的促进,对外达到区隔与划界的作用。孙德忠在《社会记忆论》中提出,社会记忆对于人类认识的形成和积累、文化的传承和流变、社会的启蒙与控制、历史的横向延伸和纵向深入等,都具有极其重要的推进机制和强化功能。② 通过传承国家记忆,将隐喻于历史记忆背后的精神追求与文化情结充分释放,不仅可以调节和弥合现代性对中华历史文化的冲击、中国记忆的流失与断裂,还能在共时性与历时性的统一中彰显中华民族屹立不倒的民族精神,为中华民族伟大复兴梦的实现增添历史底色。

一、中国记忆传承是中华文化积累和维系的机制

悠久的人类社会发展进程中,记忆既是过去也是未来,它关乎社会认同,关乎人类前进的方向,是"文化之母""生存进化之本"。③ 扬·阿斯曼曾说:"文化不是刀光剑影的结果,而是人类记忆长期积存、维护、传播知识的结晶。"④换言之,即中华文化是通过中国记忆凝练、累积、存储而形成的。由于中华民族的文明史跨度较大,社会环境不断发生变化,根植于当时当地的中华文化不可避免地会被部分遗忘或难以理解⑤,亟须借助一定的载体或工具予以贮存和传递。阿莱达·阿斯曼将文化记忆分为功能记忆和存储记忆两部分,其中"存储记忆可以

---

① 孙德忠.社会记忆论[M].武汉:湖北人民出版社,2006:173.
② 孙德忠.社会记忆论[M].武汉:湖北人民出版社,2006:125.
③ 丁华东.城乡档案记忆工程推进机制研究[M].北京:人民出版社,2021:90.
④ 扬·阿斯曼.文化记忆:早期高级文化中的文字、回忆和政治身份[M].金寿福,黄晓晨,译.北京:北京大学出版社,2015:70.
⑤ 任宽.中国考古大会:民族文化记忆建构的有益尝试[J].中国广播电视学刊,2022(3):66—68.

看作是未来的功能记忆的保留地。它不仅仅是我们称之为'复兴'的文化现象的前提条件，而且是文化知识更新的基本资源，并为文化转变的可能性提供条件"。① 中国记忆将中华文化的精髓以文字、图片、录音、录像等方式留存下来，"以克服时光流逝和社会变迁带来的遗失与破坏，使之成为中华民族未来岁月最美好的往昔与回忆"。王岳川在《后殖民主义与新历史主义文论》中指出："历史未必或者根本就不知道个体生命经历过的事情，但它却通过公众活动一代代地在人们的记忆中传递，成为保持文化连续性的重要方式，这也是集体记忆的重要之处。"② 如红色档案作为我国革命历史记忆的物化形态，其背后隐喻着深刻的历史文化与国家精神，是"激活中华民族红色基因最直接的密码"③。通过举办红色档案展览、构建爱国主义基地、开展红色主题教育等形式，不仅能够实现中华民族文化的传承，同时还能够将蕴藏于其中的建党精神与红色文化充分挖掘与创新利用，并以此凝聚人心，携手全国人民共赴社会主义现代化建设新征程。

二、中国记忆传承是国家文化认同培育的沃土

认同问题是"我们"可能成为什么，会如何被再现，以及"我们"该如何面对再现的问题。这与文化和集体记忆密切相关，而集体记忆既是民族和国家认同的基础，也是文化认同的重要内容。即文化认同功能的产生与实现都有赖于记忆，正如麦金泰尔所说，我自己的生活史总是被纳入我从中获得自我认同的那个集体的历史之中。正是由于中国记忆的存在，我们才会对我国产生"故乡""故土"的依恋感，才会掀起"文化乡愁"的讨论热潮。海外华文文学家王宗法把乡愁分为小乡愁、大乡愁和文化乡愁，其中大乡愁多指向国家层面，而文化乡愁则更加侧重涵盖广远的文化传统。文化身份的焦虑造成了20世纪60年代美国华文文学中普遍的悲剧意识和精神压抑，最终这种精神苦难在回归祖国文化的过程中获得疗治。④ 而他们回归祖国文化的重要方式，则是从"中国记忆"中寻找"中国文化"的精神支柱，即蕴含在每个中国人血液中的民族文化之魂，并通过积极重塑使其在凸显本土化特质的同时也能适应世界化、全球化的趋势。⑤ 由此可见，

---

① 阿莱达·阿斯曼.回忆空间：文化记忆的形式和变迁[M].潘璐，译.北京：北京大学出版社，2016：151—153.
② 王岳川.后殖民主义与新历史主义文论[M].济南：山东教育出版社，1999：53.
③ 赵雪芹，王青青，蔡铨."档案＋"视角下红色档案的开发与利用新路径探析[J].山西档案，2021(5)：128—135.
④ 李亚萍.故国回望：20世纪中后期美国华文文学主题探求[M].北京：中国社会科学出版社，2006：26.
⑤ 王言.从失根到生根[D].四川师范大学，2019.

中国记忆承载着我们这个民族优秀的品格和精神内涵,滋养着深厚的文化情结和民族精神,镌刻着民族记忆中动人心魄的历史文化,是中华民族培育文化归属感、身份感、根源感、自豪感的肥沃土壤。通过激活民族文化记忆,不仅可以唤起民族的集体意识和国家文化延续的共识,还可以提升民众对中国优秀传统文化的认可与传承意愿,从而提升中华民族的文化自觉与文化自信,使中华文化屹立于世界文化之林。

三、中国记忆传承是中华民族群体维系的纽带

中华优秀传统文化是中华民族的"根"与"魂",是民族历史记忆的重要构成,历史记忆的断裂必然会给本民族带来强烈的"无根之感"。如历史地理学家葛剑雄曾指出,地名是中国的历史坐标,离开了这些坐标,历史的空间就无法准确复原,国家民族和家族个人的记忆就会断裂消失。① 开展中国记忆传承行动,构建历史本体和历史认识的连续性,是弥合历史记忆鸿沟、筑牢中华民族存在之根的关键力量。一方面,传承中国记忆可以唤醒中华民族族群认同。在社会结构的流动、信息技术的推动、公民意识的觉醒下,个体乃至群体认同正在渐渐瓦解,亟须借助外力重新进行巩固。通过对历史记忆进行客观真实的挖掘、研究,可以形成正确的历史认识和历史观念以强化国家、民族、人民对自身根基历史的记忆,使中华民族共同体建构矗立在坚实的地平线之上,进而实现历史记忆与优秀文化的传承。② 另一方面,传承中国记忆可以构建国家认同。虽然民族(族群)和国家在本质上都是群体,但国家往往包括了比民族(族群)更大的范畴。一个由多民族群体构成的国家,它建立的关键是从记忆中寻找认同和合法性的依据。中国记忆作为中华民族的共同记忆,在社会变迁中回答了"我们是谁"的问题。同时通过档案这一"记忆之场",以原始记录性捍卫着民族记忆和国家根本,避免了由"社会失忆"现象导致"记忆断层",及由此带来的记忆偏差乱序、民族认同感解构等连锁反应,从历史的角度塑造并稳固着国家民族认同。如第十四届海峡论坛的重要项目——"闽台两地建设共同家园、两岸人民留存共同记忆"展览活动,通过展览两岸人民的共同记忆,深化两岸同胞对闽台历史渊源的正确认识,进一步增强了中华民族认同,凝聚两岸同胞爱国精神,助推海峡两岸融合发展。

---

① 凤凰文化网.地名是历史坐标,乱改地名会致记忆断裂[EB/OL].(2015-06-05)[2022-08-20].http:///culture.ifeng.com/a/20150605/43914015_0.shtml.
② 中国档案资讯网.传承历史记忆 坚定文化自信[EB/OL].(2017-12-08)[2022-08-20]. http://www.zgdazxw.com.cn/news/2017-12/08/content_213126.htm.

四、中国记忆传承是捍卫国家正义的抓手

在国家记忆建构中,档案通过国家的选择、认知和情感的认同后成为国家记忆中不可或缺的组成部分。在记忆的遗忘、建构、重构和恢复中发挥着重要的社会功能,是寻找遗失记忆和发现过去记忆事实真相的重要载体,是保护过去、记录现在和联系未来的桥梁。① 一个没有档案的国家必然是一个没有记忆的国家,是一个患有记忆缺失症的国家,也是一个没有身份的国家。② 如鲍贤伦曾指出:"记忆具有方向性,当我们追寻新的生存方式时,业已存在或消失的过往可以作为一种评判的砝码,甚至被直接作为一种效仿和追寻的对象。"③以档案为重要构成和体现的中国记忆,既是中华民族过往经历的伴生物和证据,更是人类社会承前启后连续发展的桥梁。通过"让过去告诉现在",能够"以广阔、细致的视野去发现隐蔽歪曲的历史真实以及丰富多彩的文化样态,在整体性和长期性的研究中走入历史的深处"④。尤其是在历史虚无主义和民族虚无主义的威胁下,中国记忆不仅能彰显中华民族精神的魄力、维护国家领土完整,同时还能帮助世界人民感知历史全貌、维护国家权益。如中国社会科学院研究所以历史档案为基础出版了《国家记忆·海外稀见抗战影像集》,以铁证粉碎了战后日本部分政客和保守右翼分子否认侵华战争的谎言,维系历史的真实性与正义性。再如福建省档案馆于 2012 年 10 月 27 日主办国内首个与钓鱼岛相关的主题展览——《钓鱼岛:历史与主权》展览,围绕钓鱼岛的历史和主权归属问题展出大量翔实的历史文献、中外地图和图片资料等有力的档案凭证,证实了钓鱼岛及其附属岛屿自古属于中国版图的历史事实,维护了国家统一和领土主权的完整。

第二节 中国记忆传承的实践行动

文化学者徐友渔(徐川)指出:"记忆是最宝贵的精神财富,不论对个体还是民族,记忆就是历史,记忆就是生命。是否具有健全的记忆,是衡量个人和群体

---

① 徐艳红.论档案学理论与社会记忆理论的相互影响[J].兰台世界,2013(5):10—11.
② 国家档案局.第十三届国际档案大会文件报告集[C].北京:中国档案出版社,1997:209.
③ 郑巨欣.历史与现实:文化遗产保护及发展国际学术会议论文集[C].济南:山东画报出版社,2013:序二.
④ 汪俊.档案在社会记忆建构过程中的作用研究[D].安徽大学,2012.

精神状态和精神素质的一个标尺。"①而如何在人类社会演化过程中保证文化血脉的畅通,守住人类最后的情感皈依和精神归属,已成为世界各种文化语境下的重要议题。为此,联合国教科文组织在1992年共同启动实施了国际性文献遗产保护行动计划——"世界记忆工程",旨在针对具有世界、地区和国家有重要意义的濒危文献遗产进行抢救,从而使人类记忆得到更为完整的保护和利用。在"世界记忆工程"的带动下,许多地区、国家亦开始了本地区、国家的记忆工程项目,如"美国记忆"项目、"新加坡记忆项目"、"加拿大社区记忆项目"等。同样,中国为保护本国文献遗产、留存集体记忆,先后启动了包括国家记忆项目、城市记忆工程以及乡村记忆工程在内的各种记忆项目,充分彰显了我国对中国记忆传承的认同、尊重和重视。

一、中国记忆项目

21世纪以来,我国"遵循以构建人类命运共同体为价值追求、传承人类共同记忆为基本使命、立足于从'遗产大国'迈向'遗产强国'的切实需求"②,积极参与世界记忆项目并开展了包括"中国记忆"项目、"中国档案文献遗产工程"、"中华善本再造工程"等在内的国家级记忆项目。这些项目不仅是"世界记忆工程"在我国的延伸,更是凸显了我国国家记忆工程独立开展、全面推进的时代特征。

(一)"中国记忆"项目

"中国记忆"项目是国家图书馆从2011年开始构思和策划,并于2012年正式实施。该项目以中国现当代重大事件、重要人物为专题,采集或收集口述史料、影像史料、手稿、信件、照片以及实物等文献和信息承载物,形成多载体、多种类的专题文献资源集合,通过在馆借阅、在线浏览、多媒体展览、专题讲座等形式向公众提供服务。③ 截至2018年4月,项目通过多机构合作的方式相继建设了20多个资源专题,积累了逾1 800小时的口述史料、影像文献和大量历史照片、

---

① 徐川.记忆即生命[M]//夏中义.人与国家.桂林:广西师范大学出版社,2002:6.
② 徐拥军,郭若涵,王兴广.中国参与世界记忆项目:理念、路径与展望[J].档案与建设,2022(1):11—18.
③ 中国记忆项目试验网站.项目简介[EB/OL].(2022-07-23)[2022-08-20].http://www.nlc.cn/cmptest/int/.

手稿、非正式出版物等文献资源。① "中国记忆"项目在试验网站上线了"我们的文字""蚕丝织绣""中国当代音乐家""大漆髹饰""中国年画""东北抗日联军"6个内容丰富、形式多样的专题资料库。以"东北抗日联军"专题为例,网站内设中国记忆、抗联简介、老战士口述、历史照片、文献目录、在线展览、媒体报道七个部分。每个部分不仅有详细的文字说明和图片展示进行背景和内容介绍,还通过当事人的影像视频讲解个人经历,以强化历史记忆的温度与厚度。该主题自2012年启动资源建设工作,不仅遍访东北,还对北京、湖北、四川、新疆、广东、山东等地尚健在的25位抗联老战士、60余位抗联家属和后代、20余位抗战亲历者和历史研究者进行了采访,共收集到超过400小时的口述史料,成为"中国记忆"项目启动时间最早、建设时间最长、受访人数最多、文献建设总量最大、载体形态最多样的专题资源库。② 同时,"中国记忆"项目还通过借用现代新媒体技术(如微信、微博、论坛等)来发布实时信息、成果展示、资料共享与收集,以吸引社会公众特别是青年群体参与国家记忆的构建。③ 如2020年国家图书馆官方微博积极策划"中国战'疫'记忆库"等项目,为社会和大众记录时代印记、构建国家记忆提供了便利渠道。

(二)中国档案文献遗产工程

为加强社会档案文献保护意识,有计划、有步骤地开展抢救、保护重点档案中的珍品,更好地抢救全国重要档案文献。④ 2000年国家档案局正式启动"中国档案文献遗产工程",并成立了由国家档案局局长、中央档案馆馆长毛福民担任组长的领导小组;同年,国家档案局成立"中国档案文献遗产工程"课题组,将其作为软科学进行研究。2001年5月,国家档案局、中央档案馆在北京召开了"世界记忆工程"暨"中国档案文献遗产工程"申报工作座谈会,并讨论通过了《中国档案文献遗产工程总计划》,要求各级档案局、档案馆深刻认识遗产工程的目的和意义,把"中国档案文献遗产工程"与档案抢救工作结合起来,与"世界记忆工程"结合起来,与特藏室建设结合起来,并加强与各有关部门的合作,以使中华民

---

① 北晚新视觉.国家图书馆"中国记忆"项目:把文化和历史记录并传承下去[EB/OL].[2018-04-19].http://www.takefoto.cn/viewnews-1451505.html.
② 文汇报.英雄赴难,山河为证! 国图"中国记忆"项目东北抗联专题资源库历经十年建设,铭记抗战英烈[EB/OL].(2021-09-18)[2022-08-20]. https://wenhui.whb.cn/third/baidu/202109/18/424679.html.
③ 丁华东.城乡档案记忆工程推进机制研究[M].北京:人民出版社,2021:60—61.
④ 张新."世界记忆工程"和"中国档案文献遗产工程"简介[J].四川档案,2001(3):12.

族珍贵的档案文献遗产得到最大限度的宣传、保护和利用①;同年 11 月,国家档案局成立了由季羡林先生担任名誉主任的"中国档案文献遗产工程"国家咨询委员会,负责开展《中国档案文献遗产名录》的申报、评审、公布等工作,并从中选取具有世界文化价值的档案文献,推荐申报《世界记忆亚太地区名录》和《世界记忆名录》。② 2002 年至 2015 年,我国先后评选公布四批共 142 件(组)档案文献入选《中国档案文献遗产名录》③。截至 2017 年,我国共有 13 项文献遗产入选《世界记忆名录》④。

(三) 中华善本再造工程

"中华善本再造工程"(后改名为"中华古籍特藏保护计划")是由财政部、文化部共同主持,国家图书馆具体承办的兼顾文物保护和利用的建设项目。该项目目的是将分藏于国家图书馆和各省、自治区直辖市图书馆以及高校、科研系统图书馆、博物馆的珍贵古籍善本,有计划地利用现代印刷技术复制,适量出版;并根据所选用底本的历史、学术价值和版本特点,采取不同的"再造"方式,仿真复制后,分藏于国家图书馆和各省、自治区、直辖市图书馆,以满足各家图书馆补充入藏善本的需要,为学术界提供丰富的宝贵资料。⑤"中华再造善本工程"计划收书 1 300 余种,共分《唐宋编》《金元编》《明代编》《清代编》《少数民族文字文献编》,每编下以经、史、子、集、丛编次。"卷首选录范围包括我国内地和港澳台地区,最大范围地涵盖了中华文化典籍的精髓。它的有效实施,在古籍整理和中国文化建设史上树起一座丰碑。"⑥首批推出《唐宋编》计 446 种,2002 年至 2004 年,该工程已出版发行善本古籍 100 多种。⑦

二、城市记忆工程

"城市记忆"是受城市化建设与改造、"世界记忆项目"和"中国档案文献遗产工程"影响而提出的,它是指城市形成、变迁和发展中形成的具有重要保存价值的历史记录。⑧ 20 世纪 90 年代以来,城市化进程给城市的风貌和风格带来了巨大变化,同时也造成了城市文化、城市历史的部分断档和缺失,降低社会公众对

---

① 赵海林."世界记忆工程"与"中国档案文献遗产工程"[J].档案,2001(6):1.
②③ 丁华东.城乡档案记忆工程推进机制研究[M].北京:人民出版社,2021:61.
④ 卜鉴民,王玉珏.传承人类记忆遗产:联合国教科文组织世界记忆项目研究[M].苏州:苏州大学出版社,2021:168.
⑤⑦ 潘德利."中华再造善本工程"及其思考[J].图书情报工作,2005(2):147—149.
⑥ 李彦平.中华再造善本工程的意义及其验收利用对策[J].图书馆学刊,2010,32(7):55—57.

城市的认同感和归属感。① 为留存城市历史与文化血脉,不少城市相继开展了以保护城市文化遗产为目的的"城市记忆工程"。2002年青岛市档案局(馆)率先提出"城市记忆工程",成为城市文化和城市精神传承的排头兵。在其示范效应推动下,武汉、广州、上海、大连等城市亦相继开展了此项目。据不完全统计,截至2017年6月30日,我国开展城市记忆工程的城市已达到82个,其中直辖市和省会城市20个,地级市(含直辖市的区)55个,县级市4个,港澳台地区3个。②

(一)青岛城市记忆工程

2002年,青岛市档案馆提出"城市记忆工程"方案,主要针对街道、小区、广场、村庄、特色建筑、风景名胜,具有悠久历史的机关、团体、企事业单位工作场所进行拍摄记录,以留存21世纪青岛的城市面貌和风土人情。2002年至2006年,青岛市档案馆通过拍摄影像和文字记录,"形成了850条主要街道、120个城市村庄、195个企事业单位、80座优秀建筑、60个风景名胜点、116个居民小区、40个古遗址、76个里院建筑、37个名特优产品、15条河流、100多个建设项目等共计1752个项目的2万多分钟录像档案和2万张照片档案,在国内率先形成了规模化的城市面貌档案库"③。2006年以后,青岛城市记忆工程不断拓展,不仅将拍摄对象延伸到全市中小学、农贸市场和搬迁老企业等,还以城市大型建设活动为主线,扩大范围接收和收集如2008年奥运帆船比赛、青岛客运北站、2014年世界园艺博览会等全市重点建设项目的珍贵档案。截至2015年青岛市档案馆收集了12万多张城市照片,17万多分钟录像资料。同时还实施了"城市记忆声像档案文献工程"和城市记忆的开发利用工作。如青岛市档案馆建立了"青岛记忆"(原名为"青岛记忆文献陈列馆")微信公众号,推送青岛历史档案讲解文章、分享相关历史照片和视频,不仅拓展了群众检索查阅资料的途径,更生动、形象地再现了青岛这座城市的历史变迁状况,深化民众与青岛的文化情结和精神归属。

(二)"重庆城市数字记忆"工程

2008年,重庆市档案局在全市档案信息化工作会议上提出全市在"十二五"

---

① 牛力,韩小汀.基于分层资源库的"北京城市记忆"工程构建[J].计算机系统应用,2016,25(1):56—62.
② 丁华东.城乡档案记忆工程推进机制研究[M].北京:人民出版社,2021:67.
③ 杨来青.青岛市档案馆"城市记忆工程"的实践与思考[C].2008.

第十章　时代音符：奏响国家记忆传承的时代强音

期间全面启动"重庆城市数字记忆"工程。该工程建设的总体目标：一是以全市各级各类档案馆，各级机关、团体、企事业单位档案室为建设对象，以分布式档案信息资源库建设为核心，重点建设涵盖馆（室）藏档案的全市性、超大型、分布式、规范化、可共享的档案目录数据库、档案全文数据库和多媒体档案数据库；二是各级档案行政管理部门完成电子文件中心建设，建立起与重庆电子政务统一规划、同步建设的电子文件归档管理和电子档案移交与接收管理系统。实现电子文件与纸质文件同步运行的"双轨制"归档管理，以及电子档案保管利用的全过程管理；三是建立包括电子文件在内的档案信息资源库容灾害异地备份基地；四是所有区县建立档案网站，完善以"重庆档案信息网"为主体的开放档案信息公共服务平台，使其在"十二五"期间达到重庆历史文化门户之一的目标。① 同时，在2018年的重庆数字出版创新发展研讨会上，正式宣布启动重报大数据研究院原创的"城市记忆文化大数据平台"研发工作②，并将其申报重报数字出版发展项目库。这一举措不仅是"重庆城市数字记忆"工程的延续，还将提炼和保存重庆人文精神和历史文化内涵，与文化传播、档案信息资源开发利用等工程形成了统一、协调、互补的平台。③

（三）"香港记忆"工程

"香港记忆"项目是2006年由康乐及文化事务署、香港赛马会慈善信托基金联合创办，香港大学亚洲研究中心（现为香港人文社会研究所）负责具体实施，旨在以数码形式将散落的历史及文化资料集中储藏于档案库，并建有"香港记忆"网站将文献、图片、海报、录音以及电影等史实资料进行展示，为读者接触和分享这些资料提供了一个互动平台。通过让市民参与整理历史，唤起和分享中国香港市民的集体记忆，进而加强中国香港人的本地归属感和年轻一代的历史感，以鼓励他们追索过去和思考未来，同时也能让世界各地人士认识中国香港的不同面貌。"香港记忆"主要分为专题特藏、展览和口述历史三个部分。前两个部分均内设有历史与社会、地理与环境、艺术与文化、传播与媒体四个主题，且每个主题下都分设有不等数量栏目，对该主题历史文献进行分类，用户可通过点击栏目名称或搜索关键词进行查阅。口述历史部分是"香港记忆"的重要组成部分，设

---

① 特约记者刘学国.全面启动"重庆城市数字记忆"工程[N].中国档案报，2008-07-10(001).
② 华龙网.重报大数据研究院启动城市记忆大数据平台研发[EB/OL].(2018-08-31)[2022-08-20].http://cq.cqnews.net/html/2018-08/31/c_50035957.htm.
③ 挂云帆."城市记忆工程"概述[EB/OL].(2021-03-13)[2022-08-20].https://www.guayunfan.com/baike/92374.html.

有浏览口述历史档案、专题故事和"香港留声"口述历史档案数据库三个部分。其中"香港留声"口述历史档案数据库收有2008年至2013年完成的约120个录音或录像访谈,访谈对象来自不同年代、籍贯、族群和行业,访谈内容涉及出生、家庭、故乡、移民、教育、事业、婚姻、居住、社交以及社区参与等内容,并以此组建了"七瓜湾——小工业与社区互相依存""御前围吴氏祖堂""战前女子教育""承教杂记——细说老师百态""香港工业的人情味"五个专题故事。同时辅以文字解说和声频资料,不仅全面、深入地展示了昔日中国香港的人文积淀和城市风貌,将大众思绪拉入历史画卷中,感受历史记忆的浓厚感染力和穿透力。①

三、乡村记忆工程

村落是乡村传统文化的承载体、"文化容器",也是传统文化的生命体,滋养着一方水土的人、事、物,是华夏儿女的根系所在。② 然而,随着城镇化、工业化的不断推进,许多传统村落被纳入城镇化规划,其背后所承载的乡土社会特征和文化内涵亦随着村落的消失而断裂。国务院发展研究中心主任李伟曾表示,中国古村落数量从2000年到2010年消失了数十万个,相当于每天就有300个村落正在消失。③ 为构建乡土记忆、保护和传承乡土文化,留住当代人民的乡愁,在"城市记忆工程"的推动下,"乡村记忆工程"应运而生。

(一)浙江历史文化记忆工程

2011年,浙江省委出台《关于贯彻十七届六中全会精神推进文化强省建设的决定》,提出"文化强省建设六大任务""文化强省建设增强六中能力"等方案,明确要求实施"浙江历史文化记忆工程"。而后相继出台的《浙江省档案事业发展十二五规划》《浙江省档案局关于大力推进档案文化建设的意见》对该工程的实施进行了全面规划,并于2012年由浙江省档案局正式启动,成为国内最早开展"乡村记忆工程"的地区。"浙江历史文化记忆工程"依托地理位置、历史文化等优势重点实施浙江名人、浙江方言、记忆浙江、著名村镇、浙江之最、浙江老照片、浙江档案文献遗产工程、浙江档案文献编纂、家庭档案、家谱族谱等十大项目。自2013年浙江省"文化大礼堂"建设,"浙江历史文化记忆工程"推进范围进一步扩大,全方位"记录浙江经济社会发展,挖掘浙江传统人文优势,研究历史文

---

① 香港记忆[EB/OL].(2022-07-23)[2022-08-20].https://www.hkmemory.hk/.
② 丁华东.城乡档案记忆工程推进机制研究[M].北京:人民出版社,2021:117.
③ 李燕文,田铁流,孙晓说.文化留住乡愁复兴"空心村"[N].惠州日报,2015-12-15.

化,弘扬浙江精神"①,开展了包括浙江名人建档、编纂《记忆浙江》系列丛书、浙江方言语音建档、建立"乡村记忆示范基地""企业记忆之窗"、开发乡土记忆文化产品以及建设"浙江乡村记忆"网站在内的一系列工作,"呈现出项目带动、注重策划、突出重点、彰显特色的良好发展态势"②。

(二)山东"乡村记忆工程"

针对城市化进程中农村地区历史文化遗产的破坏与流失,2014年1月17日山东省委副书记、省长郭树清在省十二届人大三次会议的《政府工作报告》中要求组织实施"乡村记忆工程",以实现在提高新型城镇化和新农村建设水平的同时,创新保护齐鲁文化遗产模式。③ 2014年2月7日,山东省文物局、省委宣传部等九个部门联合下发了《关于实施"乡村记忆工程"的通知》对乡村记忆工程进行了全面部署,并正式启动了山东"乡村记忆工程"。与"浙江历史文化记忆工程"不同,山东"乡村记忆工程"是由文物部门牵头、多部门联合开展④,主要涉及四个方面的内涵和任务:一是保护、征集、整理和展示有地方特色的物质和非物质文化遗产,并加强文化遗产的抢救性记录工作,建立档案和相关数据库。二是充分发挥民俗生态博物馆、乡村(社区)博物馆的社会功能,以"民俗馆""乡情展"的形式,全面记录乡村的沿革、变迁。三是科学宣传民俗生态博物馆、乡村(社区)博物馆的理念,重视民众的参与,培养社区居民的生态文化价值观,提高农民的生态文化素质。四是强化文化展示传播功能,开展相关文化遗产调查研究,搜集物质和非物质文化遗产资料、信息,利用博物馆展示手段向外界宣传,提高资源价值和利用率,向遗产保护的专业化、博物馆化方向发展。⑤ 自2014年以来,山东"乡村记忆工程"已开展了包括山东乡村文化遗产普查、开展乡村记忆工程试点布展、遴选公布第一批乡村文化遗产名单以及成立乡土文化遗产保护研究重点科研基地在内的四项工作,实现了对当地乡土建筑、街区遗产、农业遗产、农业生产劳作工艺、服饰、民间风俗礼仪、节庆习俗等的整体性和真实性保护。

---

①② 朱南雁.打开"记忆"之门:浅谈"浙江历史文化记忆工程"的实施[J].浙江档案,2012(8):24—25.
③ 齐鲁网.山东省组织实施"乡村记忆工程"有关情况发布[EB/OL].(2014-02-13)[2022-08-20].http://www.iqilu.com/html/shouquan/shilu/2014/0213/1864692.shetml.
④ 丁华东.城乡档案记忆工程推进机制研究[M].北京:人民出版社,2021:80.
⑤ 山东省人民政府网.我省组织实施"乡村记忆工程"有关情况新闻发布会[EB/OL].(2014-07-18)[2022-08-20].http://www.shandong.gov.cn/art/2014/7/18/art_98258_229907.html.

（三）福建省"乡村记忆档案示范项目"

2015年福建省档案局印发《福建省"乡村记忆档案"示范项目建设方案》，省财政厅、省档案局联合印发《关于下达福建省"乡村记忆档案"示范项目建设专项资金的通知》，标志着"以当地党委、政府为主导，省、市、县三级档案部门共同努力，立足档案的原始性、直观性和凭证性，充分发挥档案的记忆功能，用两年时间着力打造全省57个'乡村记忆档案'示范村，推动和规范乡村记忆档案收集、整理、编研、展览、开发及保护工作"为目标的"乡村记忆档案示范项目"建设正式启动。《福建省"乡村记忆档案"示范项目建设方案》指出，乡村记忆档案示范项目建设内容主要涉及三个方面：一是打造"乡村记忆档案"示范村，要求各级档案部门以地方党委、政府为主导，积极配合、共同完善档案安全保管场所建设，乡村文化展示场所、"乡村记忆档案"展览场所建设。二是做好乡村记忆档案编研开发工作，要求开展村史、村志、家谱等乡土文化编修工作，制作乡村特色记忆文化口述档案，制作展览，拍摄视频专题片，编印专题书籍图册等。三是开展乡村记忆档案信息化建设，要求开展乡村记忆档案信息化建设，建立文件级目录数据库，开展档案数字化扫描，配备乡村记忆档案管理软件等信息化设备，保护原始档案，实现档案信息共享。[1] 为进一步推动示范项目的顺利完成，省档案局还制定了《福建省"乡村记忆档案"示范项目建设验收标准》，要求示范项目所在的县（市）区档案局与省档案局、示范村分别签订《福建省"乡村记忆档案"示范项目建设协议书》，确保示范项目有效实施、顺利通过验收。

第三节　中国记忆传承的青年使命

记忆是保存和忘却相互作用的结果，没有传承的记忆便等同于遗忘。"每一代人有每一代人的长征路，每一代人都要走好自己的长征路。"中国青年作为最有理想、最有青春气息、最有生命力的一代，理应成为国家记忆传承中绽放得最灿烂的花朵。

---

[1] 重庆档案信息网.福建启动"乡村记忆档案"示范项目[EB/OL].(2015-12-23)[2022-08-20]. http://jda.cq.gov.cn/xwzx/hyxx/content_24840.

第十章 时代音符：奏响国家记忆传承的时代强音

一、青年传承国家记忆的重要性

青年是国家的未来、民族的希望，是推进社会进步和时代发展的生力军，代表着时代最深层的精神状态和民族整体风貌。恩格斯曾在《至国际社会主义者大学生代表大会》中表达他对青年担当时代责任创造美好明天的伟大设想，认为青年将会是一个国家、民族进步的重要力量。"从一百多年前五四运动的振臂高呼，到革命青年的抛洒热血，到垦荒的青年挥汗如雨，到科研青年的攻坚克难，再到疫情期间青年志愿者的毅然逆行"①，青年一代始终奋斗在前线成为每个时代都不可或缺的建设者。一直以来，党和国家领导人始终高度重视青年和青年的思想教育工作，希冀以优秀的传统文化和深厚的民族精神筑起其成长发展的沃土，使其在信念坚定的爱国者和锐意创新的奋斗者的潜移默化下，将个人梦想和中华民族伟大复兴的中国梦相联结，积极投身于新时代中国特色社会主义事业的伟大实践中去，成为新时代中国特色社会主义现代化建设的青春火炬手。

（一）铸造青年思想品格，抵御民族虚无主义

习近平总书记指出："中国梦是我们这一代的，更是青年一代的。"他们是最富有朝气、最富有梦想的力量，是党、国家和民族的希望。然而，自改革开放以来，外来文化从国门一拥而入，生活在和平年代、缺乏警惕性和斗争意识的他们或多或少受到各种社会思潮的影响，尤其是以否定民族文化传统和历史遗产为主要表现的民族虚无主义正逐渐萌芽兴起。近年来该思潮利用青年的猎奇心理强、社会阅历浅、辨识能力弱等特点，常打着"解密"幌子任意歪曲历史、披着学术的外衣诋毁英雄人物、利用大数据手段设置思维陷阱扰乱视听，对青年一代进行精神上的毒害和民族文化的磨灭。② 正所谓，"蒙以养正，圣功也"。鉴于民族虚无主义的隐蔽性和迷惑性，党中央提出要旗帜鲜明地开展党史学习教育，加强对青年一代的思想引导和理论辨析，澄清对一些重大历史问题的模糊认识和片面理解，引导青年学子树立正确的人生观和价值观。中国记忆作为中华民族共有的关于过去的记忆，蕴涵着共同的文化认知和民族意识，具有强大的凝聚力和感召力。通过弘扬、传承国家记忆，不仅可以在时间层面使过去的经验和回忆以某

---

① 黑龙江八一农垦大学.时代青年的责任与担当[EB/OL].(2021-12-23)[2022-08-20].http://www.byau.edu.cn/2021/1223/c3181a89952/page.html.
② 光明网.引导青年学生旗帜鲜明地反对历史虚无主义[EB/OL].(2021-05-28)[2022-08-20].https://m.gmw.cn/baijia/2021-05/28/34884318.html.

种形式固定下来，为现实年轻人答疑解惑，还能在空间层面创造一个中华民族共有的行为空间，使群体内部产生认同感和归属感。[1] 如青年通过对红色记忆的传承，可使其在回忆中国共产党从诞生、发展到壮大的峥嵘岁月完善历史记忆链的同时，亦能感知到隐藏在红色档案背后的中国共产党人不畏艰难险阻、敢为人先、一心为民的开拓精神与家国情怀，进而达到以国家记忆铸造青年品格、引导民族价值取向的目的。

（二）延续民族精神之魂，筑就青春奋进力量

民族精神是中华民族在数千年文明进步中孕育出的精神文化成果，是青年全体担当新时代使命的精神文化力量源泉。[2] 在对开放交往日益扩大的现实中，探讨构成我国民族精神、民族性格的新内容，传承以爱国主义为核心的国家记忆精神是一种比其他任何时候都更强烈地期望国家富强，民族复兴的愿望。自1919年五四运动以来，我国形成的包括"五四精神""长征精神""井冈山精神""抗疫精神"等在内的国家记忆精神，凝结中华民族绵延不绝的传统文化基因，需要中国青年一代在新的时代语境下把中国精神安放内心，把中国精神付诸行为，把中国精神视为使命。如胡锦涛同志在视察井冈山时说："对革命传统要继承又要发展，我们应该把革命优良传统和改革开放以来焕发出的新的时代风貌结合起来，熔铸成新的民族精神、时代精神，并把它灌注到广大人民群众中去，形成强大的凝聚力，有力地推动改革开放和现代化建设的顺利进行。"[3]通过对国家记忆精神的重温与传递，延续在21世纪青年人身上弥足珍贵的民族大义式爱国精神，使其以更加理性的思维、开放的心态和发展的眼光，共同解读百年来中国共产党带领各族人民筑起的精神谱系、锻造的精神丰碑、书写的精神史诗，实现国家记忆精神在青少年价值观塑造中的优势，并将广大青年培养成实现中华民族复兴的强大力量。

二、青年传承国家记忆的时代责任

一代人有一代人的使命，一代人有一代人的担当。新时代给青年人创造了更大的舞台，提供了更多的机遇，同时也赋予了其更大的历史责任和时代使命。

---

[1] 王娟,殷超.传承文化记忆:建构香港青年国家认同的重要路径[J].青年与社会,2020(20).
[2] 周林炎.新时代中国青年担当时代使命研究[D].山西大学,2021.
[3] 井冈山革命博物馆.胡锦涛谈井冈山精神[EB/OL].(2022-08-07)[2022-08-20].http://www.jgsgmbwg.com/newsshow.php?cid=57&id=1015.

第十章　时代音符：奏响国家记忆传承的时代强音

2016年4月26日，习近平总书记考察中国科技大学时强调："青年是国家的未来和民族的希望。希望同学们肩负时代责任，高扬理想风帆，静下心来刻苦学习，努力练好人生和事业的基本功，做有理想、有追求的大学生，做有担当、有作为的大学生，做有品质、有修养的大学生。"①新时代中国青年肩负民族复兴的民族使命、面临建设社会主义现代化强国的国家使命、承担携手构建人类命运共同体的国际责任，要求他们不仅要成为民族记忆的传承者、诠释者，还应勇立潮头成为时代记忆的刻写者和建设者。

（一）立足使命，勇当民族记忆的传承者

青年一代作为最积极、最有生气的力量，需立足历史使命，以榜样为参照，明确自身地位，在青春的赛道上奋力奔跑，成为传承国家记忆、延续革命精神、实现民族复兴的青春火炬手。

一方面，中国青年应明确自身使命，自觉成为国家记忆的传承人。新时期的青年作为民族情怀内涵最丰富，文化能量爆发最活跃的主体，理应以自己的青春和热血、忠诚和生命为担保，为激发中华民族记忆的生命力与活力而砥砺奋斗，担负起守护和传承民族记忆、铸牢中华民族共同体意识的时代责任。如2022年7月浙江传媒学院媒体工程学院师生以聆听老兵故事、传播民族印记为目标，以视频、录音、照片、文字等形式对杭州市上城区笕桥街道22位老兵进行口述资料的记录和传播，希冀通过聆听革命历史、聆听共和国之路的艰辛，将蕴涵其中的家国情怀和革命精神进行传递和延续，实现以史励志、以史铸魂，将历史的记忆融入所有人的血脉。

另一方面，中国青年需自觉成为民族记忆的传播者，推动中国记忆走向世界。习近平总书记在给《文史哲》编辑部全体编辑人员的回信中指出："增强做中国人的骨气和底气，让世界更好认识中国、了解中国，需要深入理解中华文明，从历史和现实、理论和实践相结合的角度深入阐释如何更好坚持中国道路、弘扬中国精神、凝聚中国力量。"②青年学子作为最富创造力、创新精神的一股力量，有责任亦有义务以具体行动向全世界传播中华文化和民族记忆。如2019年在新中国成立70周年之际，西南石油大学外国语学院为激发青年大学生爱国之情，

---

① 新华社.人民日报署名文章：总书记这样和大学生谈心(4)[EB/OL].(2022-08-07)[2022-08-20].https://baijiahao.baidu.com/s?id=1717877130530216243&wfr=spider&for=pc.
② 光明网.深入理解中华文明增强做中国人的骨气和底气[EB/OL].(2022-08-07)[2022-08-20].https://m.gmw.cn/baijia/2021-08/04/35051327.html.

结合自身语言优势和专业特色组建了"巴蜀青年筑梦"社会实践队分赴"一带一路"沿线国家讲述新中国故事,将新中国成立以来的重要实践、民族精神、国家记忆传递给世界,成为青年学子走出国门讲述中国故事的典例。

(二)勇立潮头,争做时代记忆的建设者

陈独秀先生在《敬告青年》中写道:"青年之于社会,犹新鲜活泼细胞之于人身。新陈代谢,陈腐朽败者无时不在自然淘汰之途,予新鲜活泼者以空间之位置及时间之生命。"奋斗是青春最亮丽的底色,中国青年需以新时代的接力者、奋斗者、开拓者的刚健姿态走好新的长征路。① 一方面,中国青年需敢于承担,争做合格的社会主义接班人。历史告诉我们,每个人的前途命运都与国家和民族的前途命运紧密相连。青年一代需有时代担当意识,在百年交会的十字路口争做时代先锋,努力在实现中华民族伟大复兴中国梦的生动实践中放飞青春梦想,刻写属于21世纪青年的时代记忆。如面对传统技艺即将失传的危机,18岁的翟天麟挑起了撕纸技艺传承的担子,用一系列创新与实践赋予撕纸技艺新的时代特色和内涵,并在庆祝中国共产党成立100周年之际,指导100名学生将艺术与党史结合,创作100幅涵盖南湖红船、井冈山星星之火等内容的撕纸作品,成为青年传承、发展国家记忆的学习榜样。另一方面,中国青年需自强不息,争做时代记忆的建设者。青春正当时,不负好时光。21世纪的青年学子生在新中国长在红旗下,有中华民族几千年来沉淀的民族文化和国家记忆滋养,理应将其转化为内沁于心、外化于行的精神力量,在新时代接过谱写国家记忆的接力棒,努力实现自身的个人价值和社会价值。如东京奥运会获得首金的00后小将杨倩、冬奥会刷新我国四人雪车项目最好成绩的21岁永康小伙叶杰龙、冬奥会获得双项奖牌的19岁健将谷爱凌等均是通过坚持不懈的奋斗,不仅踏上了人生高峰,还为21世纪国家记忆添上了浓墨重彩的一笔。青年一代应以此为榜样,奋力拼搏成为一个对社会有贡献、对民族有期望的人,努力在实现中国梦的实践中放飞青春梦想。

三、青年传承国家记忆的实现路径

毛泽东同志曾形象地比喻过,我们的任务就像过河,只有找到船和桥才能过

---

① 黑龙江八一农垦大学.时代青年的责任与担当[EB/OL].(2021-12-23)[2022-08-20].http://www.byau.edu.cn/2021/1223/c3181a89952/page.html.

河。国家记忆传承是一项系统工程,仅青年一代意识到传承国家记忆的时代责任还远远不够,还需要国家、社会和青年的通力合作,共同为实现中华民族的伟大复兴而努力。

(一)国家层面:固本培元,巩固认同基础

文化记忆理论提出者扬·阿斯曼曾言:"一旦文化连续性的重担完全落在具有奠基意义的文本之上,相关的人群必须想方设法让这个文本保持鲜活的状态,尽一切可能克服文本与现实之间不断加大的距离。"[①]如何使国家记忆之源的中华文明焕发生机,使青年学子从中汲取智慧和养分,并结合新时代的社会发展需求,探索出夯实国家青年认同基础的路径是关键。

1. 构建民族文化资源库,丰富国家记忆载体

中华优秀传统文化积淀着中华民族最深沉的精神追求,代表着中华民族独特的精神标识,是中华民族历史记忆得以传承的文化载体,是青年学子传承国家记忆的生动素材。一方面,借助新文科建设东风,多方位收集记忆资源。文科对一个国家民族精神、文化自信、社会发展而言是至关重要的,因为它们所产生的文字材料和结果,充分展现了这个民族的精神、文化、文明层面的内容,是构成国家记忆的重要组成部分。然而,在文科范围之外的理工科,如信息技术、工程建设等领域亦蕴藏着中华民族的重要精神。如以无私奉献、艰苦奋斗、顽强拼搏等为重要表现的"两弹一星"精神就是最好的证明。为构建完整的国家记忆链,在新文科建设的时代背景下,充分落实跨学科、跨专业记忆资源的收集与人才的培养,最大范围地收集和培养国家记忆的物质载体和"生物载体",丰富国家记忆库的资源类型,如 2013 年文化部民族文艺发展中心开展的"中国记忆——中国传统文化艺术基础资源数据库"建设。另一方面,加大对民间档案的收集,完善国家记忆链。档案的存储是记忆传承的资源基础和先决条件,而档案馆是存储档案的制度化设置,是档案的专门性保管机构,因而对记忆的传承延续起着无可替代的作用,可谓"记忆的殿堂"。由于我国文明史跨度较大,社会环境的变迁,导致很多历史档案流散民间,为构建更为完整的国家记忆链,应加大对社会档案资源的征集和收集,如自 2021 年来,湘乡市档案馆面向社会各界开展民间档案征集活动,截至目前,共收集民间档案 300 多件,为复原湘乡改革发展的记忆链增

---

① 扬·阿斯曼.文化记忆:早期高级文化中的文字、回忆和政治身份[M].金寿福,黄晓晨,译.北京:北京大学出版社,2015:33.

添了珍贵的文字材料。

2. 深入挖掘历史文化内涵，书写生动叙事肌理

"在社会记忆传承、建构与控制的过程中，我们采取的表达与表现形式越丰富，越生动，对社会记忆能量的发挥和释放就越强劲。"① 一直以来，通过结构叙事、文本叙事、空间叙事和互动叙事等维度的切入，在不断创新传统文化呈现历史的各个横切面的同时，还将进一步挖掘并创新革命文化地缘，一方面，深入挖掘民族精神内涵，寻找传统文化与核心价值观的耦合。通过对优秀传统文化中自强不息精神、匠心精神等的全新诠释，使之与新时代中国特色社会主义核心价值观相呼应，强化其历史底蕴和现实适用性，可以激发青年学子的民族认同感和归属感。如从共通性出发，可以实现中华民族优秀传统文化中的和谐、至真、至善、至美、中正、勤劳与中国香港地区核心价值观中崇尚的民主、自由、法治、拼搏、和谐、稳定等不谋而合，进而为国家统一、民族团结贡献历史力量。另一方面，以精神力量谱绘文博知识的价值肌理。以社会主义核心价值观为主导，利用现代化技术实现历史记忆的多模态叙事，不仅可以迎合青年一代的好奇心，同时还能不断挖掘文博背后的精神蕴涵，彰显中华民族文化的渊博与厚重。如可以2006年《CCTV-10中国记忆》、2016年CCTV-4央视中文国际频道推出的创新节目《国家记忆》等为典例，开展进一步的叙事创造，以优化民族记忆的叙事张力和感染力。

（二）社会层面：协同发展，传承红色基因

理想信念教育并非一日之功，需要在青年的学习及日常生活中持续有效地渗透，引导青年构建与时代需求相匹配的理想信念。② 而这一目标的实现需以学校教育为核心，融合多方社会力量形成合力，充分发挥家庭教育、学校教育和社会教育的多主体协同作用，为青年一代筑起红色文化教育空间。

1. 搭建多主体红色教育矩阵，推动理论与实践相结合

红色文化是中华民族发展强盛的精神财富，习近平总书记在庆祝建党95周年大会上曾强调"要加强中华优秀传统文化和革命文化、社会主义先进文化教育"。③ 通过加强高校与档案机构的双向互动，将中华优秀传统文化和革命文

---

① 丁华东.档案与社会记忆研究[M].北京：人民出版社，2016：292.
② 周林炎.新时代中国青年担当时代使命研究[D].山西大学，2021.
③ 国际在线.习近平在庆祝中国共产党成立95周年大会上的讲话[EB/OL].（2022-08-07）[2022-08-20].https://baijiahao.baidu.com/s?id=1697091454230648708&wfr=spider&for=pc.

化、社会主义先进文化的理论教育与社会实践相结合。一方面,引进红色档案资源,开设红色主题教育系列课程。通过将红色档案融入高校职业教育,一方面针对学生群体以多元化、个性化的方式开设"三位一体"(选修、必修、远程教学)红色档案系列课程、推动红色档案专项研究、举办红色话剧展演等,传承红色基因、传递革命精髓,激励青年学子为实现中华民族伟大复兴砥砺前行,丰富社会主义现代化建设的后备军队伍。另一方面,走进红色历史场馆,在实践中感知红色文化的魅力。通过高校与红色机构的联动,推动青年学子走进红色记忆场馆讲解红色历史,使红色基因潜移默化地融入青年思想。如江西省于都县中央红军长征出发纪念馆自2019年5月至今,已组建"长征源合唱团""长征源宣讲团",开展公益演出543场、宣讲472场,招募培养"小红星讲解员"400多人,完成讲解2 000多场;打造干部党性教育和红色研学现场教学点30个,形成8条"不忘初心、牢记使命"教学精品线路;接待全国各地的党性教育、红色培训、教育研学团队达12 000多批次,充分发挥了红色资源的实践教育价值。①

2. 充分发掘图档博红色基因,构建爱国主义教育基地

党的十八大以来,习近平总书记曾多次强调"要把红色资源利用好、把红色传统发扬好、把红色基因传承好",并指出"革命历史是最好的营养剂,多重温我们党领导人民进行革命的伟大历史,心中就会增添很多正能量"。② 图书馆、档案馆与博物馆作为"国家红色基因库",理应扛起青年思想教育的大旗,将凝结于红色文化资源中的精神内涵外化形成激励青年学子实现伟大复兴的动力源泉。一方面,搭建馆众交互平台,深化红色历史教育。图书馆、博物馆与档案馆可通过开展红色图书阅读推广、红色档案展览、红色文物讲解等活动增加历史叙事过程中的主客体互动,并赋予每一位青年学子自己的历史叙事语言,让更多的青年力量加入红色记忆传承的队列中来,自觉成为红色文化的传播者和诠释者。如2020年国家档案局参与主办的"追寻先烈足迹"短视频征集活动,鼓励社会机构、组织、个人在尊重历史真实性基础上将自我感受最为深刻的历史瞬间以小视频的形式呈现出来,以实现对红色历史的大众化叙述。该活动累计收到1.4万余件视频作品,"追寻先烈足迹"微博话题曾两度登上热搜榜,阅读量达3.6亿。③另一方面,推动红色文旅融合,构建"别样"爱国主义教育基地。多年来,国家一

---

① 于都发布.我县举行习近平总书记视察于都三周年之长征文化专场新闻发布会[EB/OL].(2022-07-18)[2022-08-20].https://mp.weixin.qq.com/s/uMgGo8nl-fF962pQFIIGhQ.
② 党面临的"赶考"远未结束[J].思想政治工作研究,2013(8):1.
③ 刘坤锋,陆朦朦,王智."档"说党史:档案见证建党百年辉煌历程典型叙事评述[J].档案管理,2021(5):14—16.

直强调要发挥红色旅游在爱国主义和革命传统教育方面的作用,并号召广大党员、干部、群众,特别是青少年参与其中。根据北京第二外国语学院旅游科学学院与社会科学文献出版社共同发布的《中国红色旅游发展报告(2021)》,截至2021年年底,我国红色旅游市场趋于"年轻化",党员和青少年是红色旅游的核心客群,并成为红色教育的重点对象。据统计,2019年全国纳入统计的370家红色旅游景区共接待党员干部近5 000万人次;仅全国红色旅游经典景区就接待14岁以下游客和党员近1亿人次,占经典景区接待游客总数的25%以上;2020年参与红色旅游的游客中,25岁及以下的青年约占50%。[①] 由此可见,红色旅游不再仅仅是中老年人回忆峥嵘岁月的怀旧旅游,更是广大党员干部和青年群体接受爱国主义教育和革命传统教育的重要形式。

(三)个人层面:自强不息,勇立时代潮头

毛泽东在《湖南农民运动考察报告》中提道:"革命不是请客吃饭,不是做文章,不是绘画绣花,不能那样雅致,那样从容不迫,文质彬彬,那样温良恭让。"当代青年人的使命是实现中华民族的伟大复兴,唯有找到可行的、高效的途径才能发挥青年人在传承国家记忆中的生力军作用。

1. 坚定理想信念,树立社会主义核心价值观

"理想信念,是一个政党治国理政的旗帜,是一个民族奋力前行的向导",[②]也是任一有志之士不可或缺的重要品质。我国古有陈胜"燕雀安知鸿鹄之志哉!"今有周总理"为中华之崛起而读书",国外伟大的思想家、政治家、革命家,如马克思"为无产阶级和全人类的解放而奋斗终生",无一不是在青年时期就树立了远大理想。[③] 为此,青年一代为担起传承国家记忆与民族使命的重担,理应树立远大理想和坚守社会主义核心价值观。一方面,立志高远,做有远大理想和坚定信念的爱国者。习近平总书记在全国高校思想政治工作会议上指出,"要引导学生从社会主义思想源头和历史演进中,从我们党探索中国特色社会主义历史发展和伟大实践中,认识和把握人类社会发展的历史必然性,认识和把握中国特色社会主义的历史必然性,不断树立为共产主义远大理想和中国特色社会主义共同理想而奋斗的信念和信心"。树立远大理想和信念的青年学子,必须将个人

---

① 于都政府网.红色旅游蓝皮书:红色旅游市场趋于"年轻化"[EB/OL].(2022-02-23)[2022-08-20].https://www.yudu.gov.cn/ydxxxgk/c100263cd/202202/6c136d3603004a9e904d195ef70ef35e.shtml.
② 中共中央文献研究室.十六大以来重要文献选编[M].北京:中央文献出版社,2006:636.
③ 高素勤.助推中国梦:青年人的使命与担当[J].北京青年研究,2016(3):27—32.

第十章　时代音符：奏响国家记忆传承的时代强音

理想与国家前途和民族命运紧密结合,听党话,跟党走,胸怀爱国忧民之心,坚定不移传承和发展优秀传统文化,坚决抵制享乐主义、民族虚无主义和历史虚无主义。另一方面,以社会主义核心价值观,锤炼精神品格。"人类社会发展的历史表明,对一个民族、一个国家来说,最持久、最深层的力量是全社会共同认可的核心价值观。"①青年学子应以社会主义核心价值观为指导,以不怕困难、攻坚克难、筚路蓝缕的坚强意志,在推进社会主义现代化的实践中磨砺个人品质,形成坚毅有为的民族品格,主动承担起时代赋予的历史责任,以实际行动助推民族记忆的传承与时代记忆的发展。②

2. 立足社会实践,砥砺奋斗中发展民族基因

"人生万事须自为,跬步江山即寥廓。"青年学子在认识到自身使命的同时还应有"纸上得来终觉浅,绝知此事要躬行"的自觉认知,以实际行动追逐个人梦想助推中华民族伟大复兴的实现。一方面,勤奋学习,练就过硬本领。正所谓"打铁还需自身硬",青年人如果没有扎实的知识文化储备和专业技能,传承国家记忆、实现中华民族伟大复兴就只能是空头支票。"面对日新月异的知识更新,日益细化的社会分工,层出不穷的新技术新模式新业态"③,广大青年必须意识到"不经一番寒彻骨,哪得梅花扑鼻香"的真理,脚踏实地勤奋学习,夯实基础、专业知识,要"继承发扬'拓荒牛'精神,让劳动拼搏成为天生禀赋,让勤劳智慧成就青春序曲"④。另一方面,勇于创新,在发展中传承。习近平总书记强调:"只有创新才能自强、才能争先,要坚定不移走自主创新道路,把创新发展主动权牢牢掌握在自己手中。"⑤实现中华民族革命精神的创造性发展和创新性传承,关键在于培养青年一代的创新创造意识,充分发扬青年的智慧和力量。⑥为此,每个中国青年都应该在理论学习和社会实践中培养自主创新意识、养成善于思辨的习惯、提升独立思考的能力,将"创新理念融入中国式现代化道路,将创新的成果融入中华民族伟大复兴的历史使命之中"⑦。

---

①　习近平在中共中央政治局第十三次集体学习时强调把培育和弘扬社会主义核心价值观作为凝魂聚气强基固本的基础工程[J].中国地质教育,2014(1):1.
②　高素勤.助推中国梦:青年人的使命与担当[J].北京青年研究,2016(3):27—32.
③　李德刚.新时代青年人的使命担当[J].奋斗,2020(2):17—18.
④　黑龙江八一农垦大学.时代青年的责任与担当[EB/OL].(2021-12-23)[2022-08-20].http://www.byau.edu.cn/2021/1223/c3181a89952/page.html.
⑤　南国早报.牢牢掌握创新发展主动权[EB/OL].(2022-08-07)[2022-08-20].https://baijiahao.baidu.com/s?id=1716152064784571460&wfr=spider&for=pc.
⑥⑦　光明网.新时代中国青年的使命担当[EB/OL].(2022-05-18)[2022-08-20].https://m.gmw.cn/baijia/2022-05/18/35745913.html.

| 中国记忆

学习思考题

1. 记忆与文化有什么关系？文化如何能够影响记忆？
2. "我"是作为记忆的内容？还是记忆的载体？或是二者兼具？
3. 你将为中国记忆的建构贡献什么样的内容？作为记忆载体的你将采取什么行动自觉成为中国记忆继承者与守护者，为中国记忆的传播承担自己的使命？

参考文献

1. 丁华东.城乡档案记忆工程推进机制研究[M].北京：人民出版社,2021.
2. 丁华东.档案与社会记忆研究[M].北京：人民出版社,2016.
3. 阿莱达·阿斯曼.回忆空间：文化记忆的形式和变迁[M].潘璐,译.北京：北京大学出版社,2016：1.
4. 扬·阿斯曼.文化记忆：早期高级文化中的文字、回忆和政治身份[M].金寿福,黄晓晨,译.北京：北京大学出版社,2015.
5. 费孝通.乡土中国　生育制度[M].北京：北京大学出版社,1998.
6. 卜鉴民,王玉珏.传承人类记忆遗产：联合国教科文组织世界记忆项目研究[M].苏州：苏州大学出版社,2021.
7. 夏中义.人与国家[M].桂林：广西师范大学出版社,2002.
8. 孙德忠：社会记忆论[M].武汉：湖北人民出版社,2006.
9. 刘坤锋,陆朦朦,王智."档"说党史：档案见证建党百年辉煌历程典型叙事评述[J].档案管理,2021(5)：14—16.
10. 牛力,韩小汀.基于分层资源库的"北京城市记忆"工程构建[J].计算机系统应用,2016(1)：56—62.
11. 杨来青.青岛市档案馆"城市记忆工程"的实践与思考[C].2008.

后 记

"中国记忆"课程开设以来,团队教师坚守"为党育人、为国育才"使命,以"立德树人"为根本,采撷与萃取中华文化精华,厚植与丰沃华夏文明基因,演绎与呈绘大国文脉图景,充盈与复兴民族文化魅力,带领同学们走进"中国记忆"之门,受到学生喜爱。经过五个学期的教学锤炼,在教学改革和人才培养上初见成效,在此基础上,团队撰写出版《中国记忆》教材,以此为契机,进一步深化课程内涵,优化课程设计,凝练课程特色,推进课程向高品质、高水平提升。

根据上海大学短学期制特点,本教材按专题共分十章,其中:第一章《宅兹中国》由丁华东撰写;第二章《历史印记》由唐长乐撰写;第三章《经典崇拜》由熊静撰写;第四章《镇国重器》由张衍撰写;第五章《礼仪之邦》由倪代川撰写;第六章《华夏儿女》由王向女撰写;第七章《风华国乐》由张劼圻撰写;第八章《华夏衣冠》由李芙蓉撰写;第九章《民族脊梁》由丁华东撰写;第十章《时代音符》由周林兴撰写。全书由丁华东统稿。十个专题,既独立成篇,又融汇贯通,初步形成体系,充分展示"中国"历史之厚、人文之美、气象之大!

课程建设和教学中,得到上海大学教务部副部长、上海市思政课名师工作室主持人顾晓英教授的精心指导,多次亲临课程讨论会和课堂,现场把握课程建设方向,帮助谋划课程设计;得到上海大学图书馆馆长、人类学家、博物馆学家潘守永教授,上海大学文学院中文系主任黄景春教授,上海市档案馆石磊研究馆员等学界、业界专家支持,为课程教学提供优质资源和理论导引,并亲自参与课程讲授。教材在出版过程中,得到图书情报与档案管理学科建设经费项目的大力支持,得以出版;得到上海大学出版社江振新、徐雁华、陈荣等多位老师的精心指导和细致审校。付梓之际,一并表示衷心感谢!

"中国记忆"作为一门探索性新课程,由于建设经验不足,加之学识水平有限,教材中难免存在诸多舛误之处,恳请读者批评指正,帮助我们共同提高!